Die materielle Gültigkeit von internationalen Gerichtsstandsvereinbarungen

Internationalrechtliche Studien

Beiträge zum Internationalen Privatrecht, zum Einheitsrecht und zur Rechtsvergleichung

Herausgegeben von Ulrich Magnus und Peter Mankowski

Band 81

PETER LANG

Jeannette Hamm

Die materielle Gültigkeit von internationalen Gerichtsstandsvereinbarungen

PETER LANG

Bibliografische Information der Deutschen Nationalbibliothek
Die Deutsche Nationalbibliothek verzeichnet diese Publikation in der Deutschen Nationalbibliografie; detaillierte bibliografische Daten sind im Internet über http://dnb.d-nb.de abrufbar.

Zugl.: Freiburg (Breisgau), Univ., Diss., 2021.

Gedruckt auf alterungsbeständigem, säurefreiem Papier

D 25
ISSN 0947-0395
ISBN 978-3-631-86662-7 (Print)
E-ISBN 978-3-631-86664-1 (E-PDF)
E-ISBN 978-3-631-86665-8 (EPUB)
DOI 10.3726/b19063

Peter Lang – Berlin · Bern · Bruxelles · New York · Oxford · Warszawa · Wien

Diese Publikation wurde begutachtet.

www.peterlang.com

Vorwort

Diese Arbeit hat der juristischen Fakultät der Albert-Ludwigs-Universität Freiburg im Sommersemester 2021 als Dissertation vorgelegen. Rechtsprechung und Literatur wurden bis Mai 2021 berücksichtigt.

Ich danke meinem Doktorvater, Herrn Prof. Dr. Jan von Hein, für die Beratung bei der Themenauswahl sowie die fachkundige Betreuung. Herrn Prof. Dr. Alexander Bruns, LL.M. (Duke Univ.), danke ich für die rasche Erstellung des Zweitgutachtens.

Von ganzem Herzen Danke sage ich meinem Liebsten für die liebevolle und unverzichtbare Motivation und meinen wunderbaren Eltern, die mich in allen Lebenslagen, aber ganz besonders in der letzten Phase meiner Arbeit selbstlos unterstützt haben.

Bonn, im August 2021
Jeannette Hamm

Inhaltsverzeichnis

A. Ziel der Arbeit und Gang der Untersuchung

Die vorliegende Arbeit beschäftigt sich eingehend mit der Frage, nach welchen rechtlichen Maßstäben die materielle Gültigkeit von internationalen Gerichtsstandsvereinbarungen zu bestimmen ist.

Diese Frage hat erhebliche praktische Relevanz, denn Gerichtsstandsvereinbarungen spielen im internationalen Wirtschaftsverkehr eine tragende Rolle:[1] Verträge mit grenzüberschreitendem Charakter enthalten für den Fall möglicher Rechtsstreitigkeiten neben der Bestimmung des anwendbaren Rechts regelmäßig eine solche Zuständigkeitsvereinbarung. Knapp 70 Prozent aller europäischen Unternehmen, die im Waren- oder Dienstleistungsbereich in anderen Mitgliedstaaten der Europäischen Union agieren, und sogar 90 Prozent der Großunternehmen (mit mindestens 250 Mitarbeitern) machen davon Gebrauch.[2]

Dieser Bedeutung entsprechend hat die Europäische Kommission (im Folgenden: „EU-Kommission") im Rahmen der grundlegenden Überarbeitung der europäischen Verordnung über die gerichtliche Zuständigkeit und die Anerkennung und Vollstreckung von Entscheidungen in Zivil- und Handelssachen (im Folgenden: „Brüssel I-VO")[3] von Beginn an das Ziel formuliert, die Wirksamkeit von Gerichtsstandsvereinbarungen zu verbessern.[4] Die

1 Vgl. *Magnus/Mankowski*, ZVglRWiss 2010, 1, 11; *Magnus*, FS von Hoffmann, 664; *Radicati di Brozolo*, IPRax 2010, 121; *Kröll*, ZZP 113 (2000), 135.

2 Arbeitsunterlage der Kommissionsdienststellen, Zusammenfassung der Folgenabschätzung, Begleitdokument zum Vorschlag für eine Verordnung des Europäischen Parlaments und des Rates über die gerichtliche Zuständigkeit und die Anerkennung und Vollstreckung von Entscheidungen in Zivil- und Handelssachen (Neufassung), SEK (2010) 1548 endg., Abschnitt 2.3.1.

3 Verordnung (EG) Nr. 44/2001 des Rates über die gerichtliche Zuständigkeit und die Anerkennung und Vollstreckung von Entscheidungen in Zivil- und Handelssachen vom 22. Dezember 2000, ABl. 2001 L 12/1.

4 Vorschlag für eine Verordnung des Europäischen Parlaments und des Rates über die gerichtliche Zuständigkeit und die Anerkennung und Vollstreckung von Entscheidungen in Zivil- und Handelssachen (Neufassung), KOM(2010) 748 endg. (im Folgenden: „EuGVVO-E"), Abschnitt 3.1.3; Zusammenfassung der Folgenabschätzung (Fn. 2) Abschnitt 2.3.2.

Gerichtsstandsvereinbarung bezeichnet sie als „one of the most important jurisdictional devices of modern times".[5]

Im Vergleich zur Bedeutung von Gerichtsstandsvereinbarungen in der Praxis des internationalen Wirtschaftsverkehrs ist die Zahl der gerichtlichen Urteile, die sich spezifisch der Wirksamkeit einer solchen Vereinbarung widmen, eher gering.[6] Die Frage nach der (Un-)Zuständigkeit ist in aller Regel bloße Vorfrage; der Streit darüber kann häufig im Laufe des gerichtlichen Hauptsacheverfahrens beigelegt werden.[7]

Anlass für diese Arbeit bieten die substantiellen Modifikationen der für Gerichtsstandsvereinbarungen geltenden Regeln in der Neufassung der Brüssel I-VO. Seit dem 10. Januar 2015 ist die heutige Verordnung[8] in Kraft,[9] die in allen EU-Mitgliedstaaten außer Dänemark[10] unmittelbar Anwendung findet.

Dabei ist zu beachten, dass die Auslegung der Vorgängervorschriften durch den EuGH – gemeint sind Art. 17 des Brüsseler EWG-Übereinkommens über die gerichtliche Zuständigkeit und die Vollstreckung gerichtlicher Entscheidungen in Zivil- und Handelssachen vom 27. September 1968 (im Folgenden: „EuGVÜ")[11] und Art. 23 Brüssel I-VO – auch auf Art. 25 Brüssel Ia-VO übertragen werden kann, freilich nur, soweit die Bestimmungen dieser Rechtsakte als gleichwertig angesehen werden können; dies hat der EuGH im Verhältnis zwischen den nahezu wortgleichen Art. 17 EuGVÜ und Art. 23 Brüssel I-VO

5 Commission Staff Working Paper, Impact Assessment, Accompanying Document to the Proposal for a Regulation of the European Parliament and of the Council on Jurisdiction and the Recognition and Enforcement of Judgments in Civil and Commercial Matters (Recast), SEK (2010) 1547 endg., Abschnitt 2.3.1.1. (in deutscher Sprache ist nur die in Fn. 2 erwähnte Zusammenfassung verfügbar).

6 Vgl. *Magnus*, FS von Hoffmann, 664.

7 *Magnus*, FS von Hoffmann, 664.

8 Verordnung (EU) Nr. 1215/2012 des Europäischen Parlaments und des Rates vom 12. Dezember 2012 über die gerichtliche Zuständigkeit und die Anerkennung und Vollstreckung von Entscheidungen in Zivil- und Handelssachen (Neufassung), ABl. 2012 L 351/1 (im Folgenden: „Brüssel Ia-VO").

9 Vgl. Art. 81 Unterabs. 2 Brüssel Ia-VO.

10 S. Erwägungsgrund 41 der Brüssel Ia-VO; aufgrund einer entsprechenden Erklärung des Königreichs Dänemark vom 20. Dezember 2012 an die EU-Kommission finden die Bestimmungen der Brüssel Ia-VO aber auch dort über eine Umsetzung in nationales Recht Anwendung, s. ABl. 2013 L 79/4; dazu auch Reithmann/Martiny/*Hausmann*, Rn. 8.10.

11 ABl. 1972 L 299/32, in Kraft getreten in Deutschland am 1.2.1973, bekannt gemacht im BGBl. 1973 II S. 60.

wiederholt ausdrücklich anerkannt.[12] Auch in den neueren Entscheidungen zu Art. 25 Brüssel Ia-VO hat der Gerichtshof wie selbstverständlich auf die vorherige Rechtsprechung zu Art. 23 Brüssel I-VO Bezug genommen.[13]

Die Brüssel Ia-VO enthält eigene Regelungen zur Zulässigkeit, zur Form und zur Wirkung von Gerichtsstandsvereinbarungen. Die materielle (Un-)Gültigkeit einer Gerichtsstandsvereinbarung richtet sich hingegen – zumindest in Teilen – nach dem nach den Regeln des Internationalen Privatrechts (im Folgenden: IPR) anwendbaren Sachrecht.

Die Frage, wie das insoweit anwendbare Sachrecht zu bestimmen ist, bleibt allerdings auch nach der Revision der Brüssel I-VO in weiten Teilen ungeklärt, wie nicht nur die fortgesetzten Auseinandersetzungen im Schrifttum zeigen, sondern auch die Tatsache, dass der Deutsche Rat für IPR das Thema bereits auf der Tagesordnung hatte.[14]

Der Versuch einer Beantwortung der offenen Fragen zur materiell-rechtlichen Wirksamkeit von Gerichtsstandsvereinbarungen wird den Schwerpunkt dieser Arbeit bilden. Zwar enthält die Verordnung nach ihrer Revision für die Frage der materiellen Gültigkeit von Gerichtsstandsvereinbarungen erstmals eine einheitliche Kollisionsnorm: Art. 25 Abs. 1 Satz 1 Halbsatz 2 Brüssel Ia-VO verweist insoweit auf das Recht im Staat des vereinbarten Gerichts (forum prorogatum). Ausweislich des Erwägungsgrundes 20 der Brüssel Ia-VO handelt es sich hierbei allerdings um eine Gesamtverweisung. Damit bleibt jedoch offen, welche Kollisionsregeln aus Sicht des deutschen IPR in Betracht kommen.[15] Weitere EU-einheitliche Kollisionsnormen existieren insoweit nicht (mehr). Die Rom I-Verordnung von 2008[16] schließt in Art. 1 Abs. 2 lit. e

---

12 EuGH 7.2.2013 – C-543/10, ECLI:EU:C:2013:62 Rn. 19 = EuZW 2013, 316 – Refcomp/Axa; EuGH 21.5.2015 C-322/14, ECLI:EU:C:2015:334 Rn. 27 = EuZW 2015, 565 – El Majdoub/CarsOnTheWeb; EuGH 21.5.2015 – C-352/13, ECLI:EU:C:2015:335 Rn. 60 = EuZW 2015, 584 – CDC/Akzo Nobel; EuGH 7.7.2016 – C-222/15, ECLI:EU:C:2016:525 Rn. 30 = EuZW 2016, 635 – Höszig/Alstom Power Thermal Services; dazu *Backhaus*, jurisPR-HaGesR 5/2017 Anm. 4; EuGH 28.6.2017 – C-436/16, ECLI:EU:C:2017:497 Rn. 31 = NJW 2018, 226 – Leventis und Vafeias/Malcon Navigation und Brave Bulk Transport.

13 EuGH 8.3.2018 – C-64/17, ECLI:EU:C:2018:173 Rn. 25 = BB 2018, 776 – Saey Home & Garden/Lusavouga-Máquinas e Accessórios Industrials; EuGH 18.11.2020 – C-519/19, ECLI:EU:C:2020:933 Rn. 41 = NZV 2021, 36 – Ryanair/DelayFix.

14 Vgl. hierzu *Magnus*, IPRax 2016, 521 ff.

15 Näher MüKo-BGB/*v. Hein*, Art. 4 EGBGB Rn. 166 f.

16 Verordnung Nr. 593/2008 des Europäischen Parlaments und des Rates über das auf vertragliche Schuldverhältnisse anzuwendende Recht („Rom I") vom 17.6.2008, ABl. 2008 L 177/6; im Folgenden: „Rom I-VO".

Gerichtsstandsvereinbarungen aus ihrem Anwendungsbereich aus.[17] Und die autonomen deutschen Kollisionsnormen der Artt. 27 ff. EGBGB a.F. wurden zum 17. Dezember 2009 durch das Gesetz zur Anpassung der Vorschriften des Internationalen Privatrechts an die Rom I-VO[18] aufgehoben, so dass – zumindest auf den ersten Blick – nur eine Analogiebildung in Betracht kommt. Offen bleibt aber wiederum die Frage, welche Regelungen insoweit überhaupt analogiefähig sein könnten. Dieser Problematik soll ausführlich nachgegangen werden.

Innerhalb dieser Erörterungen wird auch der Einfluss von Eingriffsnormen auf Gerichtsstandsvereinbarungen untersucht. Der Begriff der Eingriffsnorm wird in Art. 9 Rom I-VO legaldefiniert: Es handelt sich dabei um eine zwingende Vorschrift, deren Einhaltung von einem Staat als so entscheidend für die Wahrung seines öffentlichen Interesses angesehen wird, dass sie ungeachtet des auf den Vertrag anzuwendenden Rechts ihre Wirkung entfaltet.

Die Definition findet sich deshalb in der Rom I-VO, die Regeln zum IPR – und nicht zum internationalen Zivilprozessrecht – enthält, weil die Eingriffsnorm dort, also im IPR, ihre originäre Wirkung entfaltet. Sie beinhaltet aus Sicht eines Staates unverzichtbare Werte oder Wertungen und findet aus diesem Grunde Anwendung "ungeachtet des auf den Vertrag anzuwendenden Rechts". Im internationalen Handelsverkehr hat grundsätzlich die Parteiautonomie oberste Priorität. Regelmäßig legen die Parteien das auf den Vertrag anzuwendende Recht in eigener Verantwortung durch Rechtswahl fest (vgl. Art. 3 Rom I-VO). Diese Rechtswahl bleibt jedoch unberücksichtigt, soweit dem eine Eingriffsnorm der erwähnten Art entgegensteht. Die Eingriffsnorm ist international zwingendes Recht und schränkt insoweit zumindest im Bereich des IPR die Parteiautonomie (nicht unerheblich) ein. Im Interesse der staatlichen Ordnung soll es einen solchen harten Kern zwingender Normen geben, dessen Geltung unabhängig vom Parteiwillen garantiert wird.

Wie aber verhält es sich bei Gerichtsstandsvereinbarungen, die – ebenso wie Rechtswahlklauseln im IPR – die Parteiautonomie verwirklichen? Zwar könnten Eingriffsnormen und die ihnen zugrundeliegenden Wertungen eines Staates theoretisch auch von Gerichten anderer Staaten beachtet werden; eine Garantie ihrer Durchsetzung gibt es jedoch nur vor den eigenen Gerichten. Deshalb

17 Die entsprechende Vorläufervorschrift war Art. 1 Abs. 2 lit. d des Übereinkommens über das auf vertragliche Schuldverhältnisse anzuwendende Recht (Übereinkommen von Rom) vom 19. Juni 1980, ABl. 1980 L 266/1 (im Folgenden: „EVÜ").

18 Gesetz zur Anpassung der Vorschriften des Internationalen Privatrechts an die VO (EG) Nr. 593/2008 v. 25. 6. 2009 (Rom I-Anpassungsgesetz), BGBl. I S. 1574.

stehen diese immer dann vor einem Problem, wenn ihre gesetzlich vorgesehene Zuständigkeit durch Gerichtsstandsvereinbarung erfolgreich abgewählt wird. Es besteht dann die Gefahr eines Umgehens oder Leerlaufens von Eingriffsnormen.

Inwieweit ein angerufenes Gericht dazu berechtigt (oder auch verpflichtet) sein soll, die Vereinbarkeit einer Gerichtsstandsvereinbarung mit den eigenen Eingriffsnormen oder mit dem (internationalen) ordre public zu prüfen, wenn die Zuständigkeit der Gerichte dieses Staates eben nicht gewählt oder gar abgewählt wurde, ist Gegenstand lebhafter Diskussionen.[19] Diese Problematik soll eingehend erörtert werden, insbesondere auch vor dem Hintergrund des Art. 31 Abs. 2 Brüssel Ia-VO, nach dem im Falle ausschließlicher Gerichtsstandsvereinbarungen Gerichte, deren Zuständigkeit abgewählt wurde, bei ihnen dennoch anhängig gemachte Verfahren so lange auszusetzen haben, bis das auf Grundlage der Vereinbarung angerufene Gericht erklärt hat, dass es gemäß der Vereinbarung nicht zuständig ist.

Die Änderungen in Art. 25 und in Art. 31 Abs. 2 und Abs. 3 Brüssel Ia-VO sind bewusst an die Artt. 5 und 6 des Haager Übereinkommens über Gerichtsstandsvereinbarungen vom 30. Juni 2005 (im Folgenden: „HGÜ")[20] angelehnt,[21] das am 1. Oktober 2015,[22] also rund zehn Jahre nach Abschluss der Verhandlungen, für die Mitgliedstaaten der EU (zunächst mit Ausnahme von Dänemark)[23]

---

19 Vgl. dazu *Basedow*, FS Magnus, 337, 344 mit zahlreichen Nachweisen.

20 ABl. 2009 L 133/3.

21 EuGVVO-E, Abschnitt 3.1.3: „Beide Änderungen sind den Lösungen nachempfunden, die das Haager Übereinkommen über Gerichtsstandsvereinbarungen aus dem Jahr 2005 vorsieht, unter anderem auch deshalb, um den möglichen Abschluss dieses Übereinkommens durch die Europäische Union zu erleichtern."; vgl. auch die Schlussanträge des Generalanwalts Szpunar v. 7.4.2016 – Rs. C-222/15, ECLI:EU:C:2016:224 Rn. 49 f. – Höszig/Alstom Power Thermal Services; *Freitag*, FS Magnus, 419, 427; *Heinze*, RabelsZ 2011, 581, 584; als Ziel formuliert von *Magnus/Mankowski*, ZVglRWiss 2010, 1, 15, *Magnus*, FS von Hoffmann, 664, 665, *Mankowski*, IGKK/IACPIL 2010, 31, 47; *Geimer*, FS Delle Karth, 319, 329 und in der Zusammenfassung der Folgenabschätzung (Fn. 2) Abschnitt 2.3.1.; vgl. auch Heidelberg Report Rn. 338 Abs. 2, Rn. 349 Abs. 23.

22 Vgl. Art. 31 Abs. 1 HGÜ. Zeitgleich ist das deutsche Durchführungsgesetz (Gesetz vom 10.12.2014 über das Inkrafttreten des Gesetzes zur Durchführung des Haager Übereinkommens vom 30.6.2005 über Gerichtsstandsvereinbarungen sowie zur Änderung des Rechtspflegergesetzes, des Gerichts- und Notargesetzes, des Altersteilzeitgesetzes und des Dritten Buches Sozialgesetzbuch, BGBl. I S. 2082) in Kraft getreten.

23 S. hierzu den Beschluss des Rates vom 26. Februar 2009 über die Unterzeichnung – im Namen der Europäischen Gemeinschaft – des Übereinkommens über Gerichtsstandsvereinbarungen (ABl. 2009, L 133/1, später zitiert: 2009/397/EG) und den Beschluss

und Mexiko und am 1. Oktober 2016 zusätzlich für Singapur in Kraft getreten ist. Später kamen Montenegro[24] und Dänemark[25] hinzu. Neben diesen Staaten haben bislang die Vereinigten Staaten von Amerika,[26] die Ukraine,[27] China,[28] die Republik Nordmazedonien[29] und Israel[30] das Übereinkommen gezeichnet; in Kraft getreten ist das HGÜ in diesen Ländern allerdings noch nicht.[31] Der Beitritt weiterer Staaten wird erwartet; Beitrittsinteressenten sollen Argentinien, Australien, Costa Rica, Kanada und Neuseeland sein.[32] In besonderem Maße wird auf die Ratifikation durch die USA gehofft; mit einem raschen Verfahren gerechnet wird allerdings eher nicht.[33]

Das HGÜ sieht mit einem globalen Geltungsanspruch international vereinheitlichte Regeln über die Vollstreckung gerichtlicher Entscheidungen sowie – und darauf kommt es für diese Arbeit an – Bestimmungen für ausschließliche Gerichtsstandsvereinbarungen vor. Ebenso wie Art. 25 Abs. 1 Brüssel Ia-VO enthält bereits Art. 5 Abs. 1 HGÜ eine Kollisionsnorm für Fragen der materiellen Gültigkeit von Gerichtsstandsvereinbarungen und verweist darin auf das Recht des forum prorogatum.[34] Die Zielrichtung des Unionsgesetzgebers,

---

2014/887/EU des Rates vom 4. Dezember 2014 über die Genehmigung – im Namen der Europäischen Union – dieses Haager Übereinkommens (ABl. 2014 L 353/5, später zitiert: 2014/887/EU). Das Vereinigte Königreich ist aufgrund seiner Beitrittserklärung vom 28. September 2020 auch nach Austritt aus der Europäischen Union ohne Unterbrechung Vertragsstaat des HGÜ, vgl. https://www.hcch.net/de/instruments/conventions/status-table/notifications/?csid=1318&disp=eif; diese Kontinuität bestätigt *Dickinson*, IPRax 2021, 213, 220.

24 Inkrafttreten zum 1. August 2018.

25 Inkrafttreten zum 1. September 2018.

26 Am 19. Januar 2009.

27 Am 21. März 2016.

28 Am 12. September 2017.

29 Am 9. Dezember 2019.

30 Am 3. März 2021.

31 Zum aktuellen Zeichnungs- und Ratifizierungsstatus vgl. die im Internet veröffentlichte Statustabelle: www.hcch.net/en/instruments/conventions/status-table/?cid=98

32 Rauscher/*Mankowski*, Art. 25 Rn. 432.

33 *Mansel/Thorn/Wagner*, IPRax 2016, 1, 8; als Grund für die Zögerlichkeit der USA wird nicht so sehr eine ablehnende Haltung in der Sache vermutet, sondern vielmehr ein Kompetenzstreit zwischen Bund und Einzelstaaten: Vgl. *Huber*, IPRax 2016, 197 mit zahlreichen weiteren Nachweisen.

34 S. zu gleichlautenden Erwägungen im Rahmen des nie in Kraft getretenen Haager Übereinkommens über den vereinbarten Gerichtsstand vom 25. November 1965 *Kohler*, IPRax 1983, 265, 268 mit dortiger Fn. 25.

Gerichtsstandsvereinbarungen zu stärken, entspricht auch der Zielrichtung des HGÜ.[35] In seiner Präambel setzt das HGÜ die Gewährleistung der Wirksamkeit von Gerichtsstandsvereinbarungen letztlich mit einer Stärkung des internationalen Handels gleich. Dem europäischen Verordnungsgeber war es wichtig, ein reibungsloses Ineinandergreifen beider Übereinkommen zu ermöglichen.[36] Nicht zuletzt aus Sicht von Praktikern wäre es höchst bedauerlich gewesen, wenn die beiden Regelungskomplexe Brüssel Ia-VO und HGÜ zu sehr voneinander abgewichen wären.[37]

Bei aller Nähe darf allerdings nicht übersehen werden, dass die sachlich weit umfassendere Brüssel Ia-VO ihr Augenmerk nicht genauso detailliert auf Gerichtsstandsvereinbarungen richten kann, wie es dem HGÜ als ausschließlich den Gerichtsstandsvereinbarungen gewidmetem Übereinkommen möglich ist.[38] Und so bleiben auch nennenswerte Unterschiede zwischen beiden Normkomplexen erhalten. Insofern soll sich eine Gegenüberstellung der Regeln in der Brüssel Ia-VO mit den Regeln im HGÜ durch die gesamte Arbeit hindurchziehen. Für die Auslegung der Vorschriften des HGÜ wird im besonderen Maße der „Erläuternde Bericht" der Professoren Trevor Hartley und Masato Dogauchi eine Rolle spielen, der mit denjenigen Staaten abgestimmt wurde, die das Übereinkommen in Den Haag ausgehandelt haben.[39]

Neben den Vorschriften des HGÜ sollen die Regeln des autonomen deutschen internationalen Zivilprozessrechts von Anbeginn vergleichend in die Arbeit einbezogen werden. Von Bedeutung ist dabei insbesondere die Zuständigkeitsnorm des § 38 Abs. 2 ZPO, die seinerzeit Art. 17 EuGVÜ nachgebildet wurde.[40] Aufgrund des weiten Geltungsanspruchs der europäischen und internationalen Zuständigkeitsordnung kommen die Vorschriften der ZPO in der Praxis allerdings nur in stark begrenztem Maße zum Zuge.[41]

Nicht in vergleichbarer oder gesonderter Weise wird auf das in Lugano abgeschlossene Übereinkommen über die gerichtliche Zuständigkeit und die

35 *Mankowski*, IGKK/IACPIL 2010, 31, 48.

36 Vgl. *Magnus*, FS von Hoffmann, 664, 665.

37 Vgl. *Magnus/Mankowski*, ZVglRWiss 2011, 252, 273; *dies.* bereits in ZVglRWiss 2010, 1, 15.

38 *Mankowski*, IGKK/IACPIL 2010, 31, 47.

39 *Wagner*, RabelsZ 2009, 100, 109 f.

40 Vgl. dazu Bericht und Antrag des Rechtsausschusses des Deutschen Bundestages, Drs. 7/1384, S. 4.

41 *Geimer*, IZPR, Rn. 1605; vgl. auch *Schack*, Rn. 576, der von einem „nur noch minimale[n] Anwendungsbereich" des nationalen Rechts ausgeht.

Anerkennung und Vollstreckung von Entscheidungen in Zivil- und Handelssachen (im Folgenden: „LugÜ“)[42] eingegangen. Diesem Übereinkommen gehören neben den Mitgliedern der EU (einschließlich Dänemarks)[43] nur wenige weitere europäische Staaten aus dem EFTA-Raum an, nämlich Island, Norwegen und die Schweiz.[44] Nach Art. 61 LugÜ lässt dieses Abkommen ausdrücklich unter anderem die Brüssel I-VO und deren Änderungen unberührt. Art. 23 LugÜ ist zudem deckungsgleich mit Art. 23 Brüssel I-VO, der im Rahmen der Entstehungsgeschichte von Art. 25 Brüssel Ia-VO ohnedies weitreichend behandelt wird.[45]

Darüber hinaus werden in dieser Arbeit weitere EU-Bestimmungen über Gerichtsstandsvereinbarungen ausgespart, die außerhalb des Anwendungsbereichs der Brüssel Ia-VO in speziellen europäischen Verfahrensordnungen geregelt sind. Gemeint sind – bislang – Art. 4 EuUntVO für Unterhaltssachen,[46] Art. 12 Abs. 1 lit. b und Abs. 3 lit. b EuEheVO für Sorgerechtssachen,[47] Art. 5 EuErbVO für Erbsachen,[48] Art. 5 Abs. 2 und Art. 7 EuGüVO für eheliche

42 Unterzeichnet am 30.10.2007, ABl. 2009 L 147/5.

43 Dänemark hat es allerdings nicht als EU-Staat, sondern in eigener Souveränität übernommen.

44 Das Vereinigte Königreich ist nach dem am 31.12.2020 vollzogenen Austritt aus der EU nicht mehr Mitglied; über das Beitrittsgesuch vom 8.4.2020 ist noch nicht entschieden, vgl. *Dickinson*, IPRax 2021, 213, 214.

45 *Hausmann* geht ausdrücklich davon aus, dass die einheitliche Kollisionsnorm in Art. 25 Abs. 1 Brüssel Ia-VO auch im Rahmen von Art. 23 LugÜ entsprechend heranzuziehen sein wird: Staudinger/*Hausmann*, IntVertrVerfR, Rn. 333.

46 Verordnung (EG) 4/2009 des Rates vom 18.12.2008 über die Zuständigkeit, das anwendbare Recht, die Anerkennung und Vollstreckung von Entscheidungen und die Zusammenarbeit in Unterhaltssachen, ABl. 2009 L 7/1.

47 Verordnung (EG) 2201/2003 des Rates vom 27.11.2003 über die Zuständigkeit und die Anerkennung und Vollstreckung von Entscheidungen in Ehesachen und in Verfahren betreffend die elterliche Verantwortung und zur Aufhebung der Verordnung (EG) 1347/2000, ABl. 2003 L 338/1. Zumindest hat der EuGH entschieden, dass diese Vorschrift eine echte Zuständigkeitsvereinbarung vorsieht: EuGH 1.10.2014 – C-436/13, ECLI:EU:C:2014:2246 Rn. 39 = NJW 2014, 3355 – E./B.; EuGH 12.11.2014 – C-656/13, ECLI:EU:C:2014:2364 Rn. 43 = NJW 2015, 40 – L./M.; a.A. aber *Andrae*, IPRax 2015, 212, 214 f.

48 Verordnung (EU) 650/2012 vom 4.7.2012 über die Zuständigkeit, das anzuwendende Recht, die Anerkennung und Vollstreckung von Entscheidungen und die Annahme und Vollstreckung öffentlicher Urkunden in Erbsachen sowie zur Einführung eines Europäischen Nachlasszeugnisses, ABl. 2012 L 201/107.

Güterrechtsfragen[49] und Artt. 5 und 7 EuPartVO für Güterrechtsfragen in eingetragenen Partnerschaften.[50] Ein erheblicher Unterschied zu den Regelungen in der Brüssel Ia-VO, im HGÜ und in der ZPO besteht darin, dass diese speziellen EU-Rechtsakte den Beteiligten keine grundsätzlich freie Wahl des zuständigen Gerichts erlauben; vielmehr beschränken sie die Auswahl auf bestimmte Gerichte.[51] Das Interesse an einer näheren Auseinandersetzung ist aber in erster Linie aus einem anderen Grunde begrenzt: Keine dieser Bestimmungen enthält eine besondere Kollisionsnorm für das auf Gerichtsstandsvereinbarungen anwendbare Recht.[52] Für Regelungen zu Gerichtsstandsvereinbarungen in sonstigen speziellen völkerrechtlichen Verträgen, etwa Art. 31 Abs. 1 CMR,[53] gilt Entsprechendes. Eine parallele Entwicklung der im Fokus dieser Arbeit stehenden Problematik ist somit für die genannten Spezialbereiche von vornherein ausgeschlossen.

Vor diesem Hintergrund soll im Folgenden zunächst die Konzeption der Gerichtsstandsvereinbarung vorangestellt und der Anwendungsbereich der verschiedenen vorhandenen Regelungen dargestellt werden, bevor vertieft auf die Frage der materiellen Gültigkeit von Gerichtsstandsvereinbarungen eingegangen wird. Am Schluss steht eine zusammenfassende Bewertung der geltenden Rechtslage nebst einer Stellungnahme zu möglichen weitergehenden gesetzgeberischen Lösungsvorschlägen.

---

49 Verordnung (EU) 2016/1103 vom 24.6.2016 zur Durchführung der Verstärkten Zusammenarbeit im Bereich der Zuständigkeit, des anzuwendenden Rechts und der Anerkennung und Vollstreckung von Entscheidungen in Fragen des ehelichen Güterstands, ABl. 2016 L 183/1.

50 Verordnung (EU) 2016/1104 vom 24.6.2016 zur Durchführung der Verstärkten Zusammenarbeit im Bereich der Zuständigkeit, des anzuwendenden Rechts und der Anerkennung und Vollstreckung von Entscheidungen in Fragen güterrechtlicher Wirkungen eingetragener Partnerschaften, ABl. 2016 L 183/30.

51 Vgl. *Magnus*, IPRax 2016, 521, 522 f.

52 Vgl. wiederum *Magnus*, IPRax 2016, 521, 523.

53 Übereinkommen über den Beförderungsvertrag im internationalen Straßengüterverkehr (CMR) vom 19.5.1956 (BGBl. 1961 II S. 1119).

B. Zur Konzeption der Gerichtsstandsvereinbarung und ihrer rechtlichen Einordnung

Erwägungsgrund 19 der Brüssel Ia-VO enthält folgende ausdrückliche Positionierung hinsichtlich der Wahrung des Prinzips der Parteiautonomie auch im Bereich der internationalen Zuständigkeit:

> „Vorbehaltlich der in dieser Verordnung festgelegten ausschließlichen Zuständigkeiten sollte die Vertragsfreiheit der Parteien hinsichtlich der Wahl des Gerichtsstands außer bei Versicherungs-, Verbraucher- und Arbeitsverträgen, wo nur eine begrenztere Vertragsfreiheit zulässig ist, gewahrt werden."

Die Gerichtsstandsvereinbarung ist Ausdruck und Verwirklichung dieses Prinzips der Vertragsfreiheit innerhalb des internationalen Zivilprozessrechts.[54] Sie ermöglicht es den Parteien eines Zivilverfahrens, ihre Zuständigkeitsinteressen "feinzusteuern", indem sie die gerichtliche Zuständigkeit durch Rechtsgeschäft festlegen dürfen.[55] Auf diesem Wege vermögen die Parteien die gesetzlich vorgesehene Zuständigkeit eigenverantwortlich auszuschließen.

Längst gehören Überlegungen zum Abschluss einer Gerichtsstandsvereinbarung zum vorausschauenden Risikomanagement internationaler Vertragsgestaltung.[56] Neben der in dieser Arbeit nicht behandelten Schiedsvereinbarung[57] gilt die Gerichtsstandsvereinbarung als *das* genuin prozessuale Gestaltungsmittel im internationalen Rechtsverkehr[58] bzw. *das* Instrument für litigation planning, forum fixing und litigation management.[59] Sie schafft Rechtsklarheit zwischen den Parteien[60] und ermöglicht eine bessere

---

54 Vgl. *Hess*, Rn. 6.150; *Radicati di Brozolo*, IPRax 2010, 121; in diesem Sinne bereits zu Art. 17 EuGVÜ EuGH 9.11.1978 - 23/78, ECLI:EU:C:1978:198 Rn. 5 = NJW 1979, 1100 - Meeth/Glacetal; s. auch EuGH 9.11.2000 - C-387/98, ECLI:EU:C:2000:606 Rn. 14 = EuZW 2001, 122 - Coreck Maritime/Handelsveem.

55 *Weller*, S. 1; *Geimer*, IZPR, Rn. 1596 ff.

56 Rauscher/*Mankowski*, Art. 25 Rn. 1; *Brödermann*, FS Martiny, 1045, 1049 ff.

57 Oder auch weiteren Vereinbarungen über Alternative Dispute Resolution (ADR).

58 *Mankowski*, IGKK/IACPIL 2010, 31, 42.

59 Rauscher/*Mankowski*, Art. 25 Rn. 1; *Magnus/Mankowski*, ZVglRWiss 109 (2010), 1, 11; *Nunner-Krautgasser*, ZZP 127 (2014), 461; *Weller*, GPR 2012, 34, 39.

60 *Magnus*, FS von Hoffmann, 664; *Brödermann*, FS Martiny, 1045, 1049; vgl. auch die Schlussanträge des Generalanwalts Szpunar, aaO (Fn. 21) Rn. 29 und EuGH

Planung.[61] Ist eine Gerichtsstandsvereinbarung (wirksam) getroffen worden, so enthält sie eine (hoffentlich) eindeutige Aussage darüber, wo möglicherweise auftretende Rechtsstreitigkeiten zwischen Parteien vor Gericht gebracht werden können oder – im Falle ausschließlicher Gerichtsstandsvereinbarungen – auch gebracht werden müssen. Häufig genug sieht das Gesetz eine konkurrierende Zuständigkeit der Gerichte mehrerer Staaten vor, so dass für die Parteien eines internationalen Vertrags nicht unbedingt von vornherein feststeht, in welchem Staat ein möglicher Rechtsstreit ausgetragen werden müsste. Zudem sind die Zuständigkeit (mit-)begründende Faktoren, wie beispielsweise der Wohnsitz einer Partei (Ausgangspunkt des deutschen Zuständigkeitssystems), durchaus der Möglichkeit späterer Veränderungen ausgesetzt.[62] Durch vertragliche Festlegung eines ausschließlichen Gerichtsstandes entgehen die Parteien derartigen Unsicherheiten[63] und können sich auf den Gerichtsstand und Vollstreckungsmöglichkeiten einrichten.[64]

Über diese zuständigkeitsrechtlichen Interessen hinaus ist es den Parteien sogar möglich, durch internationale Gerichtsstandsvereinbarungen materiellrechtliche Interessen zu steuern und das Prozessergebnis selbst zu beeinflussen.[65] Denn mit der Wahl eines bestimmten Forums geht die Anwendung dessen Kollisionsrechts einher; je nach Kollisionsrecht kann das Prozessergebnis (erheblich) abweichen.[66] Im Anwendungsbereich der Brüssel Ia-VO ist der Einfluss von Gerichtsstandsvereinbarungen auf das für die zugrundeliegenden

---

3.7.1997 – C-269/95, ECLI:EU:C:1997:37 Rn. 28 = WM 1997, 1549 – Benincasa/Dentalkit; s. zu der Bedeutung von Gerichtsstandsvereinbarungen auch *Radicati di Brozolo*, IPRax 2010, 121.

61 *Mankowski*, IGKK/IACPIL 2010, 31, 43; *Hess*, Rn. 6.150.

62 Vgl. etwa BGH, Beschl. v. 12.5.2020 – XI ZR 371/18, EuZW 2020, 949 ff. (Umzug des Verbrauchers nach Vertragsschluss); Geimer/Schütze/*Geimer*, EuZVR Art. 25 Rn. 3.

63 *Hausmann*, unalex, Brüssel I-VO, Art. 23 Rn. 1; *Mankowski*, IGKK/IACPIL 2010, 31, 42; *Geimer*, IZPR, Rn. 1599.

64 *Heinig*, S. 72 f.; *Schack*, Rn. 542.

65 *Weller*, S. 1.

66 Vgl. BGH, Urt. v. 28.11.2002 – III ZR 102/02, NJW 2003, 426, 427: "Demgemäß (Anm.: Wegen der Anwendung des ausländischen Kollisionsrechts durch das ausländische Forum) kann die Entscheidung über die internationale Zuständigkeit – im Gegensatz zu der Zuständigkeitsabgrenzung unter den deutschen Gerichten – die sachliche Entscheidung des Prozesses vorwegnehmen"; grundlegend schon BGH, Urt. v. 14.6.1965 – GSZ 1/65, BGHZ 44, 46, 50.

Rechtsverhältnisse maßgebliche Sachrecht nach Vereinheitlichung des Kollisionsrechts durch die Rom I- und die Rom II-Verordnungen freilich gering.[67]

Dennoch: Klare und eindeutige Gerichtsstandsvereinbarungen fördern den Rechtsfrieden.[68] Der Ausgang vieler Prozesse wird berechenbarer; die Parteien ersparen sich langwierige und kostspielige (Parallel-)Prozesse über die Zuständigkeit.[69] Durch die Möglichkeit einer vorausschauenden Kostenkalkulation erhöht sich sowohl die Allokations- als auch die Transaktionskosteneffizienz.[70] Da vor allen Dingen Rechtsanwälte das Prozessieren im eigenen Land bevorzugen – hier kennen sie sich mit Sprache und Prozessrecht, mit Organisation und Funktionsweise der Gerichte aus und benötigen keine Unterstützung durch Korrespondenzanwälte –, sprechen sie sich regelmäßig für Gerichtsstandsvereinbarungen aus, um die Zuständigkeit der Gerichte im Heimatland durchsetzen und sichern zu können.[71] So ist im gleichen Atemzug sichergestellt, dass die andere Partei all diese Vorteile nicht genießt und vielleicht eher bereit ist, einen Vergleich einzugehen.[72] Es besteht aber auch die Möglichkeit, ganz bewusst beide Heimatgerichte außen vor zu lassen und stattdessen ein neutrales Forum zu wählen.[73] Der europäische Verordnungsgeber selbst ist der Überzeugung, grundsätzlich seien die Parteien am besten in der Lage, ihre Zuständigkeitsinteressen im Einzelfall zu wahren.[74]

Gerade im Sinne des angesprochenen Risikomanagements darf man in diesem Zusammenhang allerdings das Problem der Vollstreckbarkeit von Urteilen nicht aus den Augen verlieren. Zumindest am Sitz des Vertragspartners sollte die Entscheidung vollstreckbar sein; sonst ist die Gerichtsstandsvereinbarung im Ergebnis nutzlos.[75]

---

67 Zur Brüssel I-VO *Hausmann*, unalex, Brüssel I-VO, Art. 23 Rn. 1, dortige Fn. 4.

68 *Geimer*, IZPR, Rn. 1599; vgl. auch die Entscheidung des United States Supreme Court vom 12.6.1972 – The Bremen v. Zapata Off-Shore Co., 407 US 1 (1972) Rn. 15: "The elimination of ...uncertainties by agreeing in advance on a forum acceptable to both parties is an indispensable element in international trade, commerce and contracting", abrufbar unter https://caselaw.findlaw.com/us-supreme-court/407/1.html

69 Vgl. *Eichel*, RIW 2009, 289, 290; *Mankowski*, IGKK/IACPIL 2010, 31, 43.

70 *Mankowski*, IGKK/IACPIL 2010, 31, 43.

71 Vgl. *Eichel*, RIW 2009, 289, 290; *Hausmann*, unalex, Brüssel I-VO, Art. 23 Rn. 1.

72 Magnus/Mankowski/*Magnus*, Art. 25 Rn. 5.

73 *Schack*, Rn. 542; *Hausmann*, unalex, Brüssel I-VO, Art. 23 Rn. 1; *Heinig*, S. 71 f.

74 Vgl. Erwägungsgründe 14 und 19.

75 Vgl. *Brödermann*, FS Martiny, 1045, 1050.

Ob eine Gerichtsstandsvereinbarung zu beachten ist, kann das angerufene Gericht nicht nach freiem Ermessen entscheiden. Auch bei Gerichtsstandsvereinbarungen gibt es für die Mitgliedstaaten der Brüssel Ia-VO und des HGÜ keine Doktrin des *forum non conveniens*;[76] diese besagt an sich, dass sich ein Gericht als nicht geeignetes Gericht („forum non conveniens") bezeichnen und die Sachentscheidung ablehnen kann, wenn ein anderes Gericht, vor dem der Rechtsstreit ausgetragen werden könnte, hierfür besser geeignet ist.[77] Vielmehr handelt es sich um eine gebundene Entscheidung aufgrund der die Gerichtsstandsvereinbarung regelnden Normen; jene sind für das Gericht zwingend.[78] Nicht zuletzt vor diesem Hintergrund wird die reformierte Vorschrift des Art. 25 Brüssel Ia-VO zu Recht als eine der für den internationalen Handelsverkehr wichtigsten Bestimmungen[79] oder auch *die* wichtigste Bestimmung[80] der Verordnung bezeichnet.

Aber nicht nur Art. 25 Brüssel Ia-VO, sondern auch Artt. 1 ff. HGÜ und §§ 38, 40 ZPO setzen einen rechtlichen Rahmen für den Abschluss von Gerichtsstandsvereinbarungen. Alle drei Regelungskomplexe erkennen die Freiheit der Parteien eines Zivilprozesses an, unter den jeweiligen Voraussetzungen die internationale Zuständigkeit eines staatlichen Gerichts[81] wählen zu dürfen, das ihnen für ihre Rechtsstreitigkeit aus den verschiedensten Gründen gut passt, und verleihen der Parteiautonomie auf diese Weise einen hohen Stellenwert.[82]

---

76 Zur Brüssel Ia-VO Rauscher/*Mankowski*, Art. 25 Rn. 2; Magnus/Mankowski/*Magnus*, Art. 25 Rn. 46 unter Berufung auf EuGH 1.3.2005 – C-281/02, ECLI:EU:C:2005:120 = EuZW 2005, 345 – Owusu/Jackson; s. dazu *Blobel*, GPR 2005, 140 ff., *Heinze/Dutta*, IPRax 2005, 224, 226 f. und *Rauscher/Fehre*, ZEuP 2006, 463 ff.; zu Art. 23 Brüssel I-VO auch *Kropholler/v. Hein*, EuZPR, Art. 23 Rn. 17, 86; im HGÜ wird die forum non conveniens-Lehre ausdrücklich durch Art. 5 Abs. 2 ausgeschlossen, vgl. auch *Wagner*, RabelsZ 2009, 100, 110; *Hess*, Rn. 5.57.

77 Vgl. *Wagner*, RabelsZ 2009, 100, dortige Fn. 22; diese Doktrin wird hauptsächlich in Ländern des common law angewandt, vgl. Hartley/Dogauchi-Bericht, Rn. 132; s. näher zu der Lehre auch *Mankowski*, IPRax 1999, 155, 156; interessanterweise wird nach angloamerikanischem Recht auch der Einwand anderweitiger Rechtshängigkeit überwiegend als Anwendungsfall der forum-non-conveniens-Lehre verstanden, vgl. *Wagner*, RabelsZ 2009, 100, dortige Fn. 105.

78 Rauscher/*Mankowski*, Art. 25 Rn. 2; Magnus/Mankowski/*Magnus*, Art. 25 Rn. 46, wiederum unter Berufung auf EuGH – Owusu/Jackson, aaO (Fn. 76).

79 Magnus/Mankowski/*Magnus*, Art. 25 Rn. 1.

80 Rauscher/*Mankowski*, Art. 25 Rn. 1.

81 Im Gegensatz zu Schiedsgerichten.

82 So zu Art. 23 Brüssel I-VO Schlussanträge des Generalanwalts Szpunar, aaO (Fn. 21) Rn. 29; zu Art. 25 Brüssel Ia-VO Magnus/Mankowski/*Magnus*, Art. 25 Rn. 1; vgl. zur Parteiautonomie im Rahmen des HGÜ *Teitz*, 53 Am.J.Comp.L. 2005, 543, 547.

Die Gerichtsstandsvereinbarung kann verschiedene Wirkungen entfalten. Zu unterscheiden ist in erster Linie zwischen dem prorogativen und dem derogativen Effekt: Je nach ihrem Willen können Parteien für ihren Rechtsstreit einen (neuen) Spruchkörper (hinzu) wählen, der im Verhältnis zu den gesetzlich vorgesehenen Zuständigkeiten – wenn überhaupt – allenfalls konkurrierend zuständig wäre (Prorogation),[83] oder einen vom Gesetz eigentlich vorgesehenen Gerichtsstand ausschließen (Derogation).[84] Prorogation und Derogation sind strikt auseinander zu halten.[85] Zulässig sind sowohl isolierte Prorogationsvereinbarungen, die den Parteien nur die Anrufung eines oder auch mehrerer zusätzlicher Gerichte (neben den gesetzlich zuständigen) ermöglichen, als auch isolierte Derogationsvereinbarungen, die keinen eigenen Gerichtsstand begründen, sondern sich darauf beschränken, den Weg zu nach Artt. 4 ff. Brüssel Ia-VO bzw. §§ 12 ff. ZPO gesetzlich zuständigen Gerichten zu versperren.[86] Im Regelfall sind allerdings – ebenfalls zulässigerweise – beide Elemente von einer Gerichtsstandsvereinbarung umfasst: Durch die Prorogation der ausschließlichen Zuständigkeit eines bestimmten Staates wird damit gleichzeitig die internationale Zuständigkeit aller übrigen Staaten derogiert.[87] Was die Parteien im Einzelfall gewollt haben, ist im Wege der Auslegung zu ermitteln.[88]

Natürlich dürfen bei diesem dem Parteiwillen gegenüber weitgehend offenen, also grundsätzlich liberalen Prozessverständnis die dadurch entstehenden Gefahren nicht außer Acht gelassen werden. Im Anwendungsbereich des europäischen Rechts haben sowohl der EuGH als auch der BGH entschieden, dass die Voraussetzungen der die Gerichtsstandsvereinbarung regelnden Vorschriften eng auszulegen seien, weil durch die Bejahung einer Gerichtsstandsvereinbarung die allgemeinen und besonderen Gerichtsstände – heute nach Artt. 4, 7 und 8 Brüssel Ia-VO – ausgeschlossen würden.[89] Die in den letztgenannten Normen zum Ausdruck kommenden Wertentscheidungen des Verordnungsgebers sollen nicht einfach ausgehöhlt werden können.

---

83 Zum Teil auch als „positive Prorogation“ bezeichnet: *Lorenz*, IPRax 1985, 256, 259.

84 Zum Teil auch als „negative Prorogation“ bezeichnet: *Lorenz*, IPRax 1985, 256, 259.

85 Vgl. Reithmann/Martiny/*Hausmann*, Rn. 8.5; *Schack*, Rn. 544; *Hess*, Rn. 6.154.

86 *Hausmann*, unalex, Brüssel I-VO, Art. 23 Rn. 6; Reithmann/Martiny/*Hausmann*, Rn. 8.5; *Schack*, Rn. 544.

87 *Schack*, Rn. 544; *Hausmann*, unalex, Brüssel I-VO, Art. 23 Rn. 6; Reithmann/Martiny/*Hausmann*, Rn. 8.5; Geimer/Schütze/*Geimer*, EuZVR, Art. 25 Rn. 137 f.

88 *Schack*, Rn. 544; *Geimer*, IZPR, Rn. 1653.

89 S. statt aller EuGH 20.2.1997 – C-106/95, ECLI:EU:C:1997:70 Rn. 14. m.w.N. = EuZW 1997, 209 – MSG/Les Gravières und BGH, Urt. v. 26.4.2018 – VII ZR 139/17, NJW 2019, 76 f.

Ein anderer Gesichtspunkt spielt eine noch größere Rolle: Nicht selten kommt es vor, dass in einem Rechtsverhältnis eine Partei der anderen überlegen ist, sei es im wirtschaftlichen, sei es im sozialen Sinne. Eine solche Überlegenheit darf sich keinesfalls im Wege erzwungener Gerichtswahl im Prozess fortsetzen können.[90] Gerechtigkeits- und Billigkeitserwägungen zwingen dazu, eine Balance zwischen dem Ziel möglichst weitgehender Parteiautonomie einerseits und dem notwendigen Schutz schwächerer Parteien andererseits zu finden.[91] Zur Herstellung dieser Balance weisen Brüssel Ia-VO, HGÜ und ZPO Zulässigkeitsbeschränkungen für Gerichtsstandsvereinbarungen auf. In der genauen Ausgestaltung dieser Beschränkungen unterscheiden sich die drei Regelungskomplexe;[92] folgende Grundsätze sind ihnen jedoch gemeinsam: Von vornherein können nur vermögensrechtliche Streitigkeiten Gegenstand einer Gerichtsstandsvereinbarung sein, und gegenüber schwächeren Parteien wie Arbeitnehmern, Versicherungsnehmern und Verbrauchern gibt es hinsichtlich der Möglichkeit einer solchen Zuständigkeitsvereinbarung auch bei Vorliegen einer vermögensrechtlichen Streitigkeit (mehr oder weniger starke) Einschränkungen. Das HGÜ nimmt Verbraucher und Arbeitnehmer sogar von vornherein gänzlich von seinem Anwendungsbereich aus, vgl. Art. 2 Abs. 1 HGÜ.

Von den sogenannten echten Gerichtsstandsvereinbarungen zu unterscheiden ist zweierlei, nämlich zunächst die Zuständigkeit kraft rügeloser Einlassung zur Hauptsache, geregelt in § 39 ZPO bzw. in Art. 26 Brüssel Ia-VO, jeweils in den Abschnitten der Zuständigkeitsvereinbarungen; der EuGH geht bereits seit längerem davon aus, dass die rügelose Einlassung im Sinne der Brüssel Ia-VO eine besondere Art der Zuständigkeitsvereinbarung darstellt. [93] Daneben existiert die teilweise als „mittelbare und verdeckte Gerichtsstandsvereinbarung" bezeichnete[94] Erfüllungsortvereinbarung, geregelt in § 29 Abs. 2 ZPO bzw. Art. 7 Nr. 1 Brüssel Ia-VO. Beiden Konstruktionen wohnt ein Prorogationseffekt inne; die jeweils (nicht) vorgenommene Handlung kann die Wirkung einer Gerichtsstandsvereinbarung herbeiführen.[95]

---

90 *Schack*, Rn. 542.

91 *Magnus/Mankowski*, ZVglRWiss 2011, 252, 272.

92 S. u. C. II. 4. a.) bb.), C. II. 4. b.) bb.) und C. II. 4. c.) bb.).

93 EuGH 20.5.2010 – C-111/09, ECLI:EU:C:2010:290 Rn. 21 = EuZW 2010, 678 – CPP Vienna Insurance Group/Bilas; zu Art. 18 EuGVÜ EuGH 24.6.1981 – 150/80, ECLI:EU:C:1981:148 Rn. 8 = NJW 1982, 507 – Elefanten Schuh/Jacqmain; EuGH 7.3.1985 – 48/84, ECLI:EU:C:1985:105 Rn. 13 = NJW 1985, 1228 – Spitzley/Sommer.

94 *Schack*, Rn. 545; s. auch *Rauscher*, ZZP 104 (1991), 271 f.

95 Wiederum *Schack*, Rn. 545.

Mit Blick auf die rügelose Einlassung schreibt der europäische Verordnungsgeber vor diesem Hintergrund für Streitigkeiten über Versicherungs-, Verbrauchersachen oder Arbeitsverträge, in denen der Beklagte Versicherungsnehmer, Versicherter, Begünstigter eines Versicherungsvertrags, Geschädigter, Verbraucher oder Arbeitnehmer ist, in Art. 26 Abs. 2 Brüssel Ia-VO eine Belehrungspflicht fest, die derjenigen für Amtsgerichte im autonomen deutschen Zivilprozessrecht ähnelt (§ 39 Satz 2 i.V.m. § 504 ZPO). Interessant für echte Gerichtsstandsvereinbarungen ist, dass die rügelose Einlassung als späterer Akt eine vorher getroffene abweichende Zuständigkeitsvereinbarung nachträglich aufheben kann.[96]

In der Praxis ist neben echten Gerichtsstandsvereinbarungen vor allen Dingen die „mittelbare Gerichtsstandsvereinbarung“ von Bedeutung. Erfüllungsortvereinbarungen fallen grundsätzlich nicht unter die Formerfordernisse, die Art. 25 Brüssel Ia-VO und § 38 ZPO aufstellen, haben also im Verhältnis zu Gerichtsstandsvereinbarungen zunächst geringere Wirksamkeitshürden.[97] Diese Begünstigung mag auf den ersten Blick verwundern; denn (auch) über die Wahl des Erfüllungsortes wird der Gerichtsstand für Rechtsstreitigkeiten vertraglichen Ursprungs durch die Parteien bestimmt.[98] Sie lässt sich aber dadurch rechtfertigen, dass die die Erfüllungsortvereinbarungen regelnden Vorschriften der Art. 7 Nr. 1 Brüssel Ia-VO und § 29 Abs. 2 ZPO lediglich einen besonderen und nicht wie regelmäßig Art. 25 Brüssel Ia-VO einen ausschließlichen Gerichtsstand begründen.[99] Zudem wird für die Begründung des Gerichtsstands über die Erfüllungsortvereinbarung zusätzlich zwingend eine hinreichende Verknüpfung des Rechtsstreits mit dem zur Entscheidung berufenen Gericht vorausgesetzt – was wiederum Art. 25 Brüssel Ia-VO und § 38 ZPO fremd ist.[100]

---

96 EuGH 9.12.2003 – C-116/02, ECLI:EU:C:2003:657 Rn. 49 = IPRax 2004, 243 – Gasser/MISAT; Saenger/*Dörner*, Art. 25 Rn. 1; *Simotta*, Int. J. Proced. L. 3 (2013), 58, 75.

97 Reithmann/Martiny/*Hausmann*, Rn. 8.58; vgl. zu Art. 23 Brüssel I-VO auch *Kropholler/v. Hein*, EuZPR, Art. 23 Rn. 31; allerdings kann nach § 29 Abs. 2 ZPO eine Erfüllungsortvereinbarung die Zuständigkeit nur begründen, wenn die Vertragsparteien zu demjenigen Personenkreis zählen, der auch nach § 38 Abs. 1 ZPO eine Gerichtsstandsvereinbarung zu treffen vermag, insbesondere also Kaufleute beteiligt sind, vgl. Saenger, ZZP 110 (1997), 477, 493.

98 Vgl. zu Art. 5 Brüssel I-VO *Kropholler/v. Hein*, EuZPR, Art. 5 Rn. 35 f.

99 Vgl. Reithmann/Martiny/*Hausmann*, Rn. 8.58.

100 Vgl. zu Art. 23 Brüssel I-VO *Hausmann*, unalex, Brüssel I-VO, Art. 23 Rn. 9; zu Art. 25 Brüssel Ia-VO Musielak/Voit/*Stadler*, Art. 25 Rn. 2; zu § 38 ZPO *Heinig*, S. 71 m.w.N.

Der Rechtsanwender muss vor diesem Hintergrund genau hinschauen: Treffen zwei Parteien eine Erfüllungsortvereinbarung, ist zu prüfen, ob sie auf diesem Wege die Formen des Art. 25 Brüssel Ia-VO oder des § 38 ZPO zu umgehen versuchen.[101] Um eine solche Umgehung zu vermeiden, bleibt der Formzwang für echte Gerichtsstandsvereinbarungen also immer dann aufrechterhalten, wenn die Parteien die Zuständigkeit des Gerichts am Erfüllungsort festlegen; dann nämlich kann nicht von einer bloßen Erfüllungsortvereinbarung ausgegangen werden.[102] Die Formerfordernisse greifen auch bei Vorliegen bloß „abstrakter" Erfüllungsortvereinbarungen, die nicht darauf ausgerichtet sind, einen tatsächlichen Leistungsort zu bestimmen, sondern durch die rein zuständigkeitsrechtlich ein zusätzlicher fakultativer Gerichtsstand geschaffen werden soll.[103] Hier fehlt es jedenfalls an der von Art. 7 Nr. 1 Brüssel Ia-VO (bzw. § 29 Abs. 2 ZPO) vorausgesetzten hinreichenden Verknüpfung, also einer realen Beziehung zwischen Rechtsstreit und dem zur Entscheidung berufenen Gericht.[104]

Diese Arbeit soll sich auf die Untersuchung der echten Gerichtsstandsvereinbarungen beschränken, die dem Formzwang und auch den übrigen Erfordernissen von Art. 25 Brüssel Ia-VO bzw. § 38 ZPO und auch Artt. 3 ff. HGÜ voll unterliegen.

I. Anwendungsbereich und Verhältnis der unterschiedlichen Rechtsgrundlagen

Über den Zugang zu den eigenen Gerichten entscheidet jeder Staat selbst.[105] Trifft ein angerufener deutscher Richter auf eine Gerichtsstandsvereinbarung, muss er zunächst klären, inwiefern er an diese Vereinbarung gebunden ist. Das kann und muss er durch Befragung seiner eigenen inländischen Rechtsordnung

101 Vgl. Reithmann/Martiny/*Hausmann*, Rn. 8.58.

102 OLG München, Urt. v. 8.3.1989 – 15 U 5989/88, RIW 1989, 901 ff.; Reithmann/Martiny/*Hausmann*, Rn. 8.58.

103 Reithmann/Martiny/*Hausmann*, Rn. 8.58; BGH, Urt. v. 16.6.1997 – II ZR 37/94, WM 1997, 1552, Ls. 2; HansOLG Hamburg, Urt. v. 8.3.1996 – 14 U 86/95, IPRax 1997, 419, 421.

104 EuGH – MSG/Les Gravières, aaO (Fn. 89) Rn. 31 ff.; EuGH 28.9.1999 – C-440/97, ECLI:EU:C:1999:456 Rn. 28 – GIE Groupe Concorde/Kapitän (m. Anm. *Hau*, IPRax 2000, 354 ff.); vgl. auch *Saenger*, ZZP 110 (1997), 477, 493 f.; MüKo-ZPO/*Gottwald*, Art. 25 Brüssel Ia-VO Rn. 24; zu Art. 5 Brüssel I-VO *Kropholler/v. Hein*, EuZPR, Art. 5 Rn. 29.

105 *Geimer*, IZPR, Rn. 319 ff.

erreichen. Weltweit dominiert die Regel: Das Verfahren wird nach eigenem Recht abgewickelt, auch wenn in der Sache nach den Regeln des IPR ausländisches Recht anzuwenden ist.[106] Das gilt zunächst für den Fall der Prorogation deutscher Gerichte: Hier muss der deutsche Richter nicht danach fragen, ob das abgewählte ausländische Gericht die Prorogation gestattet und/oder das deutsche Urteil anerkennen wird.[107] Das Gleiche gilt aber auch im Falle der Derogation deutscher Gerichte; auch hier bestimmt allein das deutsche Recht über Möglichkeit und Wirksamkeit des Ausschlusses des Zugangs zu den deutschen Gerichten.[108] Zwar ist der deutsche Richter aufgefordert, bei Derogationsverträgen Umstände am ausländischen forum prorogatum, wie beispielsweise dessen Annahmebereitschaft, nach dem dort geltenden Recht zu prüfen. Denn eine durch Nichtannahme frustrierte Gerichtsstandsvereinbarung ist unwirksam, der Zugang zu den deutschen Gerichten dann regelmäßig eröffnet.[109] Dies ist allerdings eine Konsequenz, die wiederum ausschließlich aus der deutschen lex fori folgt.[110]

Das deutsche internationale Zuständigkeitsrecht hält Unionsrecht, sonstige völkerrechtliche Verträge sowie autonome deutsche Rechtsquellen bereit.[111] Die in dieser Arbeit ausschließlich behandelten Artt. 1 ff. HGÜ, Art. 25 Brüssel Ia-VO und §§ 38, 40 ZPO unterscheiden sich in ihren jeweiligen Anwendungsbereichen, die zum Einstieg zumindest kurz umrissen werden sollen.

---

106 *Geimer*, IZPR, Rn. 319.

107 *Schack*, Rn. 549; *Geimer*, IZPR, Rn. 1675 f.; s. auch OLG Düsseldorf, Urt. v. 18.11.1971 – 18 U 102/71, VersR 1973, 177, Ls. 1.

108 *Geimer*, IZPR, Rn. 1676.

109 *Geimer*, IZPR, Rn. 1676.

110 *Geimer*, IZPR, Rn. 1676; vgl. auch *Schack*, Rn. 561, der in solchen Fällen den Parteiwillen dahin auslegt, dass "Hinfälligkeit" der Gerichtsstandsvereinbarung gewollt ist; sehr schematisch OLG Koblenz, Urt. v. 24.6.2004 – 5 U 1353/02, IPRax 2006, 469, 470 f.: Versagt das ausländische Prozessrecht der Gerichtsstandsvereinbarung die Anerkennung und ist keine gesetzliche Zuständigkeit eröffnet, ist die Derogation unwirksam (mit Anm. *Weller*, IPRax 2006, 444, 445 f., der die Ausführungen des Senats zur Annahmebereitschaft des forum prorogatum als Wirksamkeitsvoraussetzung der Derogation isoliert betrachtet als richtig bewertet).

111 Der Streit darüber, ob die Regeln über die internationale Zuständigkeit als Sachnormen zu verstehen sind, die über den lex fori-Grundsatz (s. zur dogmatischen Begründung *Geimer*, IZPR, Rn. 320 ff.) zur Anwendung berufen werden, oder ob sie vielmehr selbst Kollisionsrecht und damit „kollisionsrechtliche Entscheidungsnormen" darstellen (so ausdrücklich *Lorenz*, IPRax 1985, 256 ff.), ist ausführlich dargestellt bei *Lindenmayr*, 71 ff.; auf ihn soll hier nicht näher eingegangen werden.

1. Artt. 1 ff. HGÜ

Nach Art. 1 Abs. 1 HGÜ ist das Übereinkommen „bei internationalen Sachverhalten auf ausschließliche Gerichtsstandsvereinbarungen anzuwenden, die in Zivil- oder Handelssachen geschlossen werden". Mit dieser Formulierung verfolgt das HGÜ eine eigene Systematik: Es stellt bestimmte Anwendungsvoraussetzungen auf, die nach traditioneller Lesart sowohl den Bereich des sachlichen als auch des räumlichen Anwendungsbereichs berühren; eine trennscharfe Abgrenzung bleibt aus.[112] Die einzelnen Voraussetzungen für die Anwendung der Zuständigkeitsregeln,[113] die von vornherein nur für gerichtliche Entscheidungen in der Hauptsache gelten,[114] sollen im Folgenden kurz dargestellt werden.

a.) Ausschließliche Gerichtsstandsvereinbarungen

Art. 1 Abs. 1 HGÜ beschränkt den Anwendungsbereich des Übereinkommens auf ausschließliche Gerichtsstandsvereinbarungen; nicht ausschließliche Gerichtsstandsvereinbarungen werden nicht erfasst.[115] Eine Definition der ausschließlichen Gerichtsstandsvereinbarung findet sich in Art. 3 lit. a HGÜ:

> „‚Ausschließliche Gerichtsstandsvereinbarung' bezeichnet eine Vereinbarung zwischen zwei oder mehr Parteien, die den Erfordernissen des Buchstaben c genügt und in der die Gerichte eines Vertragsstaats oder ein oder mehrere bestimmte Gerichte eines Vertragsstaats unter Ausschluss der Zuständigkeit aller anderen Gerichte zu dem Zweck benannt werden, über eine bereits entstandene Rechtsstreitigkeit oder über eine künftige aus einem bestimmten Rechtsverhältnis entspringende Rechtsstreitigkeit zu entscheiden."

---

112 Vgl. *Huber*, IPRax 2016, 197, 198.

113 Die Regeln des HGÜ zur Anerkennung und Vollstreckung (Kapitel III, Art. 8 ff.) werden in dieser Arbeit nicht betrachtet.

114 Art. 7 HGÜ: Einstweilige Sicherungsmaßnahmen werden vom Übereinkommen nicht erfasst; s. dazu *Schulz*, JPIL 2006, 243, 263.

115 *Huber*, IPRax 2016, 197, 198; beachte aber Art. 22 HGÜ, der ein System für gegenseitige Erklärungen vorsieht, nach dem die Bestimmungen des HGÜ über die Anerkennung und Vollstreckung auf nicht ausschließliche Gerichtsstandsvereinbarungen erstreckt werden können, s. hierzu *Hess*, Rn. 5.56, dortige Fn. 233; *Wagner/Schüngeler* erklären die grundsätzliche Beschränkung übrigens damit, dass man sich bei den nicht ausschließlichen Gerichtsstandsvereinbarungen nicht auf einheitliche Regelungen zu den Befugnissen des (nicht) vereinbarten Gerichts habe einigen können: *Wagner/Schüngeler*, ZVglRWiss 2009, 399, 409, dortige Fn. 57.

Insoweit macht die Definition der ausschließlichen Gerichtsstandsvereinbarung sogar die „Erfordernisse des Buchstaben c", also die Formerfordernisse, zum Bestandteil der Regelung des Anwendungsbereichs.[116]

Die ausschließliche Wirkung von zunächst nicht näher konkretisierten Zuständigkeitsvereinbarungen wird gemäß Art. 3 lit. b HGÜ vermutet.[117] Außerhalb des Anwendungsbereichs des Übereinkommens liegt eine Gerichtsstandsvereinbarung also nur dann, wenn sie ausdrücklich als nicht ausschließlich bezeichnet oder diese Intention aufgrund anderer Umstände deutlich wird.[118] Asymmetrische Gerichtsstandsvereinbarungen, also solche, die nur für eine der Parteien ausschließliche Wirkung entfalten, werden im Rahmen des HGÜ als nicht ausschließlich gewertet;[119] sie werden also nicht vom HGÜ erfasst.[120]

b.) Internationaler Sachverhalt in Zivil- und Handelssachen

Das HGÜ fordert in Art. 1 Abs. 1 ausdrücklich das Vorliegen eines internationalen Sachverhaltes. Für Fragen der internationalen Zuständigkeit regelt Art. 1 Abs. 2 HGÜ, dass ein Sachverhalt als international gilt,

> „es sei denn, die Parteien haben ihren Aufenthalt[121] im selben Vertragsstaat und die Beziehung der Parteien sowie alle anderen für den Rechtsstreit maßgeblichen Elemente weisen nur zu diesem Staat eine Verbindung auf, wobei der Ort des vereinbarten Gerichts unbeachtlich ist."

Rein landesinterne Sachverhalte bleiben demnach auch dann vom Anwendungsbereich des die internationale Zuständigkeit bestimmenden Kapitels II HGÜ

---

116 S. dazu näher unten Abschnitt C. II. 4. b.) cc.).

117 Vgl. dazu näher Hartley/Dogauchi-Bericht, Rn. 102 ff.

118 *Huber*, IPRax 2016, 197, 198; *Hess*, Rn. 5.56, dortige Fn. 232.

119 Hartley/Dogauchi-Bericht, Rn. 106; vgl. auch *Huber*, IPRax 2016, 197, 199.

120 *Eichel*, RIW 2009, 289, 294.

121 Der Aufenthalt wird für Gesellschaften, juristische Personen etc. in Art. 4 Abs. 2 HGÜ durch eine alternative Aufzählung legaldefiniert; vgl. dazu näher Hartley/Dogauchi-Bericht, Rn. 117 ff. Für natürliche Personen existiert dagegen keine Definition des Aufenthaltsbegriffs. Ebenso wenig existiert für letztere eine Beschränkung der Begrifflichkeit auf den „gewöhnlichen" Aufenthalt, an den aber viele sonstige staatsvertragliche Regelungen anknüpfen und den auch frühere Entwurfsfassungen ausdrücklich vorgesehen hatten, s. dazu näher *Huber*, IPRax 2016, 197, 198 m.w.N. Als Erklärung für diesen Verzicht wird insoweit die Intention eines möglichst weit gefassten Anwendungsbereichs des Übereinkommens vermutet, vgl. *Wagner*, RabelsZ 2009, 100, dortige Fn. 46.

ausgenommen, wenn Parteien die Zuständigkeit eines ausländischen Gerichts vereinbart haben; diesem ausländischen Gericht wird ein legitimes Interesse an dem Ausgang solcher Fälle generell abgesprochen.[122]

Mit dem autonom auszulegenden Begriff der „Zivil- oder Handelssache" in Art. 1 Abs. 1 HGÜ sollen in erster Linie straf- und öffentlich-rechtliche Streitigkeiten ausgeschlossen werden.[123] Art. 2 Abs. 2 lit. a bis p HGÜ schließt darüber hinaus bestimmte Fälle, in denen eigentlich eine Zivil- oder Handelssache vorliegt, beispielsweise familien- oder erbrechtliche Angelegenheiten, ausdrücklich vom Anwendungsbereich des Übereinkommens aus.[124]

Gerade im Hinblick auf den persönlichen Anwendungsbereich macht das HGÜ eine bedeutsame Einschränkung: Nach Art. 2 Abs. 1 lit. a gilt das HGÜ nicht für Vereinbarungen, an denen ein Verbraucher beteiligt ist.[125] Erfasst sind vom HGÜ also nur reine Unternehmergeschäfte. Arbeitsverträge sind nach Art. 2 Abs. 1 lit. b HGÜ ebenfalls vom Anwendungsbereich ausgenommen.[126] Die regelmäßig im gleichen Atemzug genannten Versicherungssachen fallen zwar grundsätzlich unter das Übereinkommen; Art. 17 HGÜ legt sogar ausdrücklich fest, dass ein Versicherungsvertrag[127] nicht deshalb vom Anwendungsbereich des Übereinkommens ausgeschlossen ist, weil er eine Angelegenheit betrifft, auf die das Übereinkommen nicht anzuwenden ist.[128] Allerdings gilt auch hier Art. 2 Abs. 1 lit. a HGÜ: Wenn Versicherungsnehmer ein Verbraucher ist, bleibt der Anwendungsbereich des Übereinkommens verschlossen.

Art. 21 HGÜ eröffnet den Mitgliedstaaten die Möglichkeit, eine Erklärung abzugeben, mit der sie individuell ein besonderes Rechtsgebiet zusätzlich vom Anwendungsbereich des Übereinkommens ausnehmen können; Voraussetzung ist insoweit „ein großes Interesse".[129]

---

122 *Wagner*, RabelsZ 2009, 100, 111 m.w.N.; *Reuter/Wegen*, ZVglRWiss 2017, 382, 394.

123 Hartley/Dogauchi-Bericht, Rn. 49; näher s. *Huber*, IPRax 2016, 197, 198.

124 Beachte aber Art. 2 Abs. 3 HGÜ: Wenn eine eigentlich nach Art. 2 Abs. 2 HGÜ ausgeschlossene Sache als bloße Vorfrage auftritt, führt dies nicht dazu, dass das Verfahren insgesamt vom Anwendungsbereich des HGÜ ausgeschlossen wird.

125 Aus diesem Grund enthält das HGÜ auch keine mit Art. 19 Brüssel Ia-VO vergleichbaren verbraucherschützenden Vorschriften, vgl. *Huber*, IPRax 2016, 197, 198.

126 „Um Friktionen mit dem nationalen Arbeitnehmer- und Verbraucherschutzrecht von vornherein auszuschalten," forderte *Schack* die Beschränkung der Prorogationsbefugnis auf den internaionalen Handelsverkehr bereits in ZEuP 1993, 306, 325 f.

127 Oder auch Rückversicherungsvertrag.

128 Vgl. hierzu näher Hartley/Dogauchi-Bericht, Rn. 83 und Rn. 221-227.

129 Die Europäische Union hat von dieser Möglichkeit Gebrauch gemacht und bei der Hinterlegung der Genehmigungsurkunde zwei Erklärungen abgegeben: In ihrer

c.) Vertragsstaatenbezug

Die ausschließliche Gerichtsstandsvereinbarung muss gemäß Art. 3 lit. a HGÜ zugunsten der Gerichte eines Vertragsstaats abgeschlossen sein. Entscheidend für den Vertragsstaatenbezug ist also nur die Lage des prorogierten Gerichts; der Wohnsitz der Parteien spielt dagegen für den Anwendungsbereich keine Rolle.[130]

2. Art. 25 Brüssel Ia-VO

Der Anwendungsbereich von Art. 25 Brüssel Ia-VO ist im Verhältnis zum zuvor die Gerichtsstandsvereinbarung regelnden Art. 23 Brüssel I-VO erheblich erweitert worden.

a.) Ausschließliche und nicht ausschließliche Gerichtsstandsvereinbarungen

Im Gegensatz zu Art. 1 Abs. 1 HGÜ erfasst Art. 25 Brüssel Ia-VO, ebenso wie bereits seine Vorgängernorm (Art. 23 Brüssel I-VO), sowohl ausschließliche als auch nicht ausschließliche Gerichtsstandsvereinbarungen.[131] Dabei enthält Art. 25 Abs. 1 Satz 2 Brüssel Ia-VO – insoweit dann wieder Art. 3 lit. b HGÜ entsprechend – eine Vermutung zugunsten der Ausschließlichkeit:[132] Wie in der Vorgängernorm (Art. 23 Abs. 1 Satz 2 Brüssel I-VO)[133] wird hier festgelegt, dass eine Gerichtsstandsvereinbarung regelmäßig zu einer ausschließlichen

---

ersten Erklärung hat sie bestimmte Arten von Versicherungsverträgen vom Anwendungsbereich ausgenommen, um Versicherungsnehmer, Versicherte und Begünstigte zu schützen, denen nach der Brüssel I-VO ein besonderer Schutz zusteht. Die zweite Erklärung fixiert die Möglichkeit, „gegebenenfalls zu einem späteren Zeitpunkt unter Berücksichtigung der bei der Anwendung des Übereinkommens gewonnenen Erfahrungen neu zu bewerten", ob die erste Erklärung aufrechterhalten werden soll, vgl. Beschluss des Rates vom 4. Dezember 2014 über die Genehmigung – im Namen der Europäischen Union – des Haager Übereinkommens über Gerichtsstandsvereinbarungen vom 30. Juni 2005, ABl. 2014 L 353/6, 7 f.

130 *Huber*, IPRax 2016, 197, 199.

131 S. insoweit auch EuGH – Meeth/Glacetal, aaO (Fn. 54) Rn. 5.

132 EuGH – Saey Home & Garden/Lusavouga-Máquinas e Accessórios Industrials, aaO (Fn. 13) Rn. 22; vgl. auch *Magnus*, FS Martiny, 785, 790; Magnus/Mankowski/*Magnus*, Art. 25 Rn. 144; allerdings unklar, ob der BGH dies auch so deutlich sieht, vgl. BGH, Urt. v. 17.10.2019 – III ZR 42/19, EuZW 2020, 143, 146 f.

133 S. dazu OLG Karlsruhe, Urt. v. 9.8.2006 – 19 U 8/05, ZMR 2006, 929, 930; *Kropholler/ v. Hein*, EuZPR, Art. 23 Rn. 92.

Zuständigkeit des darin bezeichneten Gerichts führt; die Heranziehung der allgemeinen Zuständigkeitsregeln wird gemäß Artt. 4 ff. Brüssel Ia-VO damit also ausgeschlossen, es sei denn, die Parteien haben etwas anderes vereinbart.[134] Im Rahmen der Brüssel Ia-VO steht es ihnen ohne weiteres frei, konkurrierende Zuständigkeiten, auch nach Wahl des Klägers, zu begründen[135] oder sogar die Vereinbarung so auszugestalten, dass nur eine der Parteien an den ausschließlichen Gerichtsstand gebunden ist.[136]

b.) Territorialer Anwendungsbereich: Kriterium des Wohnsitzes und Vereinbarung mitgliedstaatlicher Gerichtsbarkeit

An dieser Stelle kommt ein entscheidender Unterschied zur Vorgängernorm zum Tragen. Art. 23 Brüssel I-VO enthielt für die Eröffnung des Anwendungsbereichs zwei verschiedene Anknüpfungsmerkmale: Er verlangte nicht nur die Vereinbarung der Zuständigkeit eines mitgliedstaatlichen Gerichts, sondern daneben auch, dass zumindest eine der Parteien ihren Wohnsitz in einem EU-Mitgliedstaat habe; dies, um einen Mindestbezug zur Union zu gewährleisten.[137] Letztere Voraussetzung eines Wohnsitzes innerhalb der EU wurde von Teilen der Literatur beanstandet: Für eine solche Einschränkung sei kein zwingender Grund zu erkennen.[138] Messe man dem Parteiwillen ohnehin so viel Bedeutung bei, dass durch Gerichtsstandsvereinbarungen unmittelbar über die internationale Zuständigkeit bestimmt werden könne, dann müsse dieser Parteiwille auch entscheidender Anknüpfungspunkt für die Frage der Anwendbarkeit der Brüssel I-VO sein.[139] Auf das Kriterium des Wohnsitzes (Mitgliedstaat oder Drittstaat) könne es insoweit nicht ankommen; eine unterschiedliche Behandlung

---

134 S. näher zu der Frage, in welchen Fällen konkret von einer Ausschließlichkeit der Gerichtswahl auszugehen ist, *Magnus,* FS Martiny, 785, 790.

135 *Schack,* Rn. 589; Saenger/*Dörner,* Art. 25 Rn. 1; zu Art. 23 Brüssel I-VO OLG Hamm, Urt. v. 20.9.2005 – 19 U 40/05, IPRax 2007, 125, 126 unter Bezugnahme auf einhellige Auffassung in der Literatur.

136 *Schack,* Rn. 589, beachte allerdings seinen Hinweis in der dortigen Fn. 124: Die in den Ursprungsfassungen von Artt. 17 EuGVÜ und 17 LugÜ jeweils eigenständig geregelte Variante ist in Art. 23 Brüssel I-VO und in Art. 25 Brüssel Ia-VO nicht mehr ausdrücklich erwähnt.

137 Vgl. *Magnus/Mankowski,* ZVglRWiss 2011, 252, 270; hatte keine der Parteien ihren Sitz in einem Mitgliedstaat, galt die spezielle Prioritätsregel in Art. 23 Abs. 3 Brüssel I-VO.

138 *Kropholler/v. Hein,* EuZPR, Art. 23 Rn. 10; s. auch *Magnus/Mankowski,* ZVglRWiss 2010, 1, 10.

139 *Magnus/Mankowski,* ZVglRWiss 2011, 252, 273; *Magnus,* FS von Hoffmann, 664, 672.

auf Basis dieses Kriteriums sei deshalb zu vermeiden.[140] Vor dem Hintergrund des übergeordneten Ziels, mit der Brüssel I-VO europäisches Einheitsrecht mit einem möglichst umfassenden Anwendungsbereich zu schaffen,[141] sei eine Ausdehnung des Anwendungsbereichs ohnehin sinnvoll;[142] die Wahl eines mitgliedstaatlichen Gerichts stelle für sich genommen bereits eine hinreichende Verbindung zur Union her.[143]

Diese Bedenken wurden im Zuge der Reform des Brüssel I-Systems ohne erkennbaren Widerstand des Europäischen Parlaments aufgegriffen.[144] Zwar verwendet die Brüssel Ia-VO als Ausgangspunkt des Zuständigkeitssystems in Art. 4 Abs. 1 den Wohnsitz des Beklagten im Sinne der Artt. 62 und 63 Brüssel Ia-VO.[145] Und Art. 6 Abs. 1 Brüssel Ia-VO stellt klar, dass gegenüber Beklagten mit Wohnsitz in einem Drittstaat im Grundsatz nach wie vor das autonome Zuständigkeitsrecht des Forumstaats Anwendung findet.[146] Für Gerichtsstandsvereinbarungen nach Art. 25 Brüssel Ia-VO macht Art. 6 Abs. 1 Brüssel Ia-VO jedoch eine Ausnahme. Hierfür ist nunmehr einzig ausschlaggebend, ob die Zuständigkeit eines bestimmten Mitgliedstaatengerichts oder der Gerichte eines Mitgliedstaats vereinbart wurde.[147] Die in Art. 23 Abs. 1 Satz 1 Brüssel I-VO noch enthaltene ausdrückliche Voraussetzung, dass „mindestens eine [Partei] ihren Wohnsitz im Hoheitsgebiet eines Mitgliedstaats hat“, ist gestrichen und

140 *Magnus/Mankowski*, ZVglRWiss 2011, 252, 273; *Magnus*, FS von Hoffmann, 664, 672.

141 Vgl. EuGH – Owusu/Jackson, aaO (Fn. 76) Rn. 34; s. auch MüKo-ZPO/*Gottwald*, 4. Aufl., Art. 23 Brüssel I-VO Rn. 1 und Rn. 8; in diesem Sinne bereits zum EuGVÜ *Kröll*, ZZP 113 (2000), 135, 139 f.

142 *Magnus*, FS von Hoffmann, 664, 672 f.

143 MüKo-ZPO/*Gottwald*, 4. Aufl., Art. 23 Brüssel I-VO Rn. 1; *Magnus/Mankowski*, ZVglRWiss 2011, 252, 270, 273; s. in dem Sinne auch *EGPIL*, IPRax 2009, 283, 284 zu Art. 23 Brüssel I-VO, ebenso in der konsolidierten Fassung von 2010, abrufbar unter http://www.gedip-egpil.eu/documents

144 Zumindest enthält der Entwurf eines Berichts über den Vorschlag für eine Verordnung des Europäischen Parlaments und des Rates über die gerichtliche Zuständigkeit und die Anerkennung und Vollstreckung von Entscheidungen in Zivil- und Handelssachen (Neufassung) vom 28. Juni 2011 [2010/0383(COD), PR\869709DE.doc], Berichterstatter: Tadeusz Zwiefka, keine dahingehenden Anmerkungen auf S. 17; Magnus und Mankowski äußern die Vermutung, das Europäische Parlament könnte den Punkt schlicht übersehen haben: *Magnus/Mankowski*, ZVglRWiss 2011, 252, 270.

145 Geimer/Schütze/*Geimer*, EuZVR, Art. 25 Rn. 2.

146 MüKo-ZPO/*Gottwald*, Art. 6 Brüssel Ia-VO Rn. 1.

147 Die spezielle Prioritätsregel in Art. 23 Abs. 3 Brüssel I-VO ist folgerichtig entfallen; s. zu dem Ganzen auch *Alio*, NJW 2014, 2395, 2398.

durch die Worte „unabhängig von ihrem Wohnsitz“ ersetzt worden. Damit ist explizit das vereinbarte Gericht auch dann zuständig, wenn keine der Parteien der Gerichtsstandsvereinbarung ihren Wohnsitz in einem Mitgliedstaat der EU hat. Die Änderung in Art. 25 Brüssel Ia-VO stellt einen Gleichlauf mit Art. 3 lit. a und Art. 5 HGÜ her[148] und entspricht außerdem der erkennbaren politischen Linie der EU-Kommission, den Anwendungsbereich der Brüssel Ia-VO bei Drittstaaten-Bezügen deutlich auszuweiten.[149]

c.) Reine Inlandssachverhalte

Artikel 25 Brüssel Ia-VO lässt hinsichtlich der Frage, ob von seinem Anwendungsbereich auch reine Inlandssachverhalte, also solche Sachverhalte, die objektive Bezüge nur zu einem einzigen Staat haben,[150] erfasst sein sollen, ebenso Raum für Diskussionen wie bereits seine Vorgängervorschrift (Art. 23 Brüssel I-VO).[151] Der europäische Verordnungsgeber hat davon abgesehen, die ausdrücklich auf das Erfordernis eines internationalen Sachverhalts gerichtete Formulierung des HGÜ[152] zu übernehmen. Dennoch lässt die Brüssel Ia-VO auch in der vorliegenden Fassung bei näherem Hinsehen eigentlich nur eine Lesart zu, denn Folgendes dürfte feststehen: Art. 25 Brüssel Ia-VO setzt eine Vereinbarung über die „internationale Zuständigkeit“ voraus. Das ergibt sich bereits aus Erwägungsgrund 3 der Brüssel Ia-VO; dort ist von „Zivilsachen mit grenzüberschreitendem Bezug“ die Rede.[153] Erwägungsgrund 3 greift damit die Kompetenzgrundlage für die Brüssel Ia-VO, nämlich Art. 81 Abs. 1 AEUV, auf: Danach sind Maßnahmen im Bereich der justiziellen Zusammenarbeit in Zivilsachen mit grenzüberschreitendem Bezug, das heißt Maßnahmen zwischen den Mitgliedstaaten vorgesehen; reine Inlandssachverhalte dürfen also von vornherein nicht von der Brüssel Ia-VO geregelt werden.[154] Es entspricht

---

148 S.o. Abschnitt 1. c.).

149 Vgl. *Magnus/Mankowski*, ZVglRWiss 2011, 252, 273; *Magnus*, FS von Hoffmann, 664, 672; *ders.*, FS Martiny, 785, 789; jeweils mit Verweis auf Commission Staff Working Paper, Impact Assessment (Fn. 5), Abschnitte 1. 2. und 3. 1. (2).

150 Rauscher/*Mankowski*, Art. 25 Rn. 30.

151 Vgl. zu Art. 23 Brüssel I-VO *Magnus*, FS von Hoffmann, 664, 665.

152 S.o. 1. b.).

153 Vgl. *Kropholler/v. Hein*, EuZPR, Art. 23 Rn. 2; vgl. auch Rauscher/*Mankowski*, Art. 25 Rn. 32: Aus dem Gesamtkontext der Brüssel Ia-VO ergebe sich, dass diese nur die grenzüberschreitenden Sachverhalte aufgreifen wolle.

154 Rauscher/*Mankowski*, Art. 25 Rn. 32.

deshalb herrschender Meinung, einen irgendwie gearteten Auslandsbezug der Gerichtsstandsvereinbarung zu fordern, und zwar auch noch nach Erweiterung des Art. 25 Brüssel Ia-VO durch den Fortfall des Wohnsitzkriteriums.[155] Dies ergibt sich nicht zuletzt aus dem Jenard-Bericht,[156] der von einem Sachverständigenausschuss für die Ursprungsfassung des EuGVÜ erstellt wurde, aber auch eine relevante Auslegungsquelle für die Brüssel Ia-VO darstellt.[157] Die gegenteilige Annahme würde letztlich dazu führen, dass Art. 25 Brüssel Ia-VO in reinen Inlandsfällen zur Vorschrift über die örtliche Zuständigkeit würde; an keiner (anderen) Stelle lässt die Brüssel Ia-VO jedoch eine solche Regelungsintention erkennen.[158]

An den Auslandsbezug der Gerichtsstandsvereinbarung sind allerdings keine hohen Anforderungen zu stellen. Bei Wohnsitz beider Parteien in demselben Mitgliedstaat und Wahl der Gerichte eines anderen Mitgliedstaats sollte die Internationalität bereits ohne weiteres bejaht werden.[159] Und zwar sollte dies unabhängig davon gelten, ob das zugrundeliegende Geschäft, auf das sich die Gerichtsstandsvereinbarung bezieht, einen internationalen Charakter

---

155 *Schack*, Rn. 577; Schlosser/Hess/*Schlosser*, Art. 25 Rn. 6; Rauscher/*Mankowski*, Art. 25 Rn. 32 f.; Musielak/Voit/*Stadler*, Art. 25 Rn. 1, 3; Nagel/Gottwald/*Gottwald*, Rn. 3.231; Reithmann/Martiny/*Hausmann*, Rn. 8.20; MüKo-ZPO/*Gottwald*, Art. 25 Brüssel Ia-VO Rn. 4; Magnus/Mankowski/*Magnus*, Art. 25 Rn. 26 und 40; Simotta Int J Proced L 3 (2013) 58, 63 f.; vgl. auch OLG Hamm, Beschl. v. 29. Mai 2017 – 32 SA 4/17, I-32 SA 4/17, IPRspr 2017, Nr. 244, 467; zu Art. 23 Brüssel I-VO EuGH – Owusu/Jackson, aaO (Fn. 76) Rn. 26; EuGH 17.11.2011 – C-327/10, ECLI:EU:C:2011:745 Rn. 29 = EuZW 2012, 103 – Hypotecni banka/Lindner; 19.12.2013 – C-9/12, ECLI:EU:C:2013:860 Rn. 18 = EuZW 2014, 181 – Corman-Collins/La Maison du Whisky; ausdrücklich von einem „acte clair" ausgehend OGH, Beschl. v. 1.8.2003 – 1 Ob 240/02d, ÖJZ 2004, 105; *Kropholler/v. Hein*, EuZPR, Art. 23 Rn. 2; Geimer hält demgegenüber fest, Art. 25 Brüssel Ia-VO regele die internationale Zuständigkeit auch in sogenannten reinen Inlandsfällen, nicht jedoch auch die örtliche Zuständigkeit, so in IZPR Rn. 1646; kritisch (mit Bezug auf das LugÜ) auch *Aull*, IPRax 1999, 226, 227.

156 BT-Drucks. VI/1973, hier S. 37 f.

157 *Lindacher*, FS Schlosser, 491, 500.

158 Rauscher/*Mankowski*, Art. 25 Rn. 33.

159 In dem Sinne Saenger/*Dörner*, Art. 25 Rn. 6; Magnus/Mankowski/*Magnus*, Art. 25 Rn. 40; Musielak/Voit/*Stadler*, Art. 25 Rn. 1; MüKo-ZPO/*Gottwald*, Art. 25 Brüssel Ia-VO Rn. 4; *Hess*, Rn. 6.155; Schlosser/Hess/*Schlosser*, Art. 25 Rn. 6; Staudinger/*Hausmann*, IntVertrVerfR, Rn. 302; a.A. OGH, Beschl. v. 1.8.2003 – 1 Ob 240/02d, ÖJZ 2004, 105; Rauscher/*Mankowski*, Art. 25 Rn. 35; *Hartley* bezeichnet die Debatte als „controversial" in FS Kohler, 171, 177.

aufweist.[160] Als Mindestvoraussetzung für die Anwendbarkeit von Art. 25 Brüssel Ia-VO muss ausreichen, dass forum prorogatum und forum derogatum in verschiedenen Mitgliedstaaten der Verordnung liegen.[161] Bei Vereinbarung eines inländischen mitgliedstaatlichen Gerichts ist die internationale Zuständigkeit also wiederum dann betroffen, wenn dadurch die Zuständigkeit ausländischer Gerichte derogiert wird.[162]

Zwar wird die Herstellung eines Auslandsbezugs über die bloße Vereinbarung eines Gerichtsstands in einem anderen Mitgliedstaat zum Teil unter Bezugnahme auf den Gedanken in Art. 1 Abs. 2 HGÜ und auf denjenigen des Art. 3 Abs. 3 Rom I-VO abgelehnt;[163] letztere Vorschrift hat folgenden Wortlaut:

> „Sind alle anderen Elemente des Sachverhalts zum Zeitpunkt der Rechtswahl in einem anderen als demjenigen Staat belegen, dessen Recht gewählt wurde, so berührt die Rechtswahl der Parteien nicht die Anwendung derjenigen Bestimmungen des Rechts dieses anderen Staates, von denen nicht durch Vereinbarung abgewichen werden kann."

Allerdings scheint die Parallele zu Art. 3 Abs. 3 Rom I-VO eher den umgekehrten Schluss auf die Eröffnung des Anwendungsbereichs von Art. 25 Brüssel Ia-VO zuzulassen: Denn Art. 3 Abs. 3 Rom I-VO gestattet es den Parteien, auch bei reinen Inlandsfällen die Anwendbarkeit eines ausländischen Rechts zu vereinbaren, freilich mit der Einschränkung, dass die zwingenden Bestimmungen des objektiv anwendbaren Vertragsstatuts unberührt bleiben.[164] Letztere Einschränkung soll Gesetzesumgehungen verhindern.[165] Die Bezugnahme hierauf erklärt aber nicht, warum von vornherein die Anwendbarkeit des europäischen Rechts verneint werden sollte; Folge einer solchen Entscheidung wäre lediglich, dass sich die „Flucht vor dem natürlichen Forum" nach nationalem Recht bestimmen würde.[166]

---

160 Zu Art. 23 Brüssel I-VO *Hausmann*, unalex, Brüssel I-VO, Art. 23 Rn. 26.

161 Staudinger/*Hausmann*, IntVertrVerfR, Rn. 302.

162 Rauscher/*Mankowski*, Art. 25 Rn. 30; Musielak/Voit/*Stadler*, Art. 25 Rn. 1; Reithmann/Martiny/*Hausmann* Rn. 8.20; Magnus/Mankowski/*Magnus*, Art. 25 Rn. 40; zu Art. 23 Brüssel I-VO *Kropholler/v. Hein*, EuZPR, Art. 23 Rn. 2; selbstverständlich kann sich die Feststellung, ob die Zuständigkeit ausländischer Gerichte derogiert wird, im Einzelfall als schwierig erweisen, insbesondere wenn sich die Gerichtsstandsvereinbarung auf mehrere zukünftige Vorgänge bezieht, vgl. Rauscher/*Mankowski*, Art. 25 Rn. 34.

163 So Rauscher/*Mankowski*, Art. 25 Rn. 35.

164 S. *v. Hein*, FS Hopt, 1405, 1406.

165 S. *v. Hein*, FS Hopt, 1405, 1407.

166 Vgl. Magnus/Mankowski/*Magnus*, Art. 25 Rn. 26.

Die Zielrichtung des Art. 25 Brüssel Ia-VO weicht im Übrigen von derjenigen des HGÜ ab: Mit seinem erweiterten Geltungsanspruch versucht Art. 25 Brüssel Ia-VO möglichst viele Gerichtsstandsvereinbarungen zu erfassen und für diese vielen Gerichtsstandsvereinbarungen ein einheitliches Regime zur Verfügung zu stellen.[167]

d.) Bezug zum EU-Gebiet

Ein ähnlicher Streit wird hinsichtlich der Frage geführt, ob neben den dem Wortlaut des Art. 25 Brüssel Ia-VO unmittelbar zu entnehmenden Voraussetzungen ein weiterer Bezug zum EU-Gebiet zu fordern ist. In der Vergangenheit wurde genau das von der deutschen Rechtsprechung angenommen, und zwar verlangte sie neben dem Wohnsitzkriterium den Bezug zu einem weiteren Mitgliedstaat.[168] Auch in der Literatur gab es solche Tendenzen; so wurde beispielsweise verlangt, dass durch die Gerichtsstandsvereinbarung stets ein weiterer Mitgliedstaat derogiert werden müsse.[169] Spätestens nach der Erweiterung des Anwendungsbereichs von Art. 25 Brüssel Ia-VO ist ein solches ungeschriebenes Tatbestandsmerkmal abzulehnen; denn der Wortlaut des Art. 25 Brüssel Ia-VO deutet überhaupt nicht darauf hin.[170] Art. 6 Abs. 1 Brüssel Ia-VO schreibt für Art. 25 Brüssel Ia-VO den universellen Geltungsanspruch fest.[171] Nach dem in der Erweiterung zum Ausdruck gebrachten Verständnis bewirkt die Wahl eines mitgliedstaatlichen Gerichts eine hinreichende Verknüpfung der Gerichtsstandsvereinbarung mit der Union.[172] Eben dieses Verständnis würde aber konterkariert, wenn zusätzliche Verbindungsmerkmale zum EU-Gebiet in die neu gefasste Vorschrift hineingelesen und für die Eröffnung des Anwendungsbereichs gefordert würden.

167 Magnus/Mankowski/*Magnus*, Art. 25 Rn. 26.

168 BGH, Urt. v. 20.1.1986 – II ZR 56/85, NJW 1986, 1438, 1439; BGH, Urt. v. 14.11.1991 – IX ZR 250/90, WM 1992, 87, 88; BGH, Urt. v. 24.11.1996 – IX ZR 264/95, NJW 1997, 397, 398; OLG Saarbrücken, Urt. v. 13.10.1999 – 1 U 190/99-37, 1 U 190/99, NJW 2000, 670; vgl. auch OGH, Beschl. v. 23.2.1998 – 3 Ob 380/97, JBl. 1998, 726.

169 Zu Art. 17 EuGVÜ *Stauder*, GRURInt 1976, 465, 472.

170 *Geimer*, IZPR, Rn. 1646; Saenger/*Dörner*, Art. 25 Rn. 6; Magnus/Mankowski/*Magnus*, Art. 25 Rn. 25; MüKo-ZPO/*Gottwald*, Art. 25 Brüssel Ia-VO Rn. 4; Rauscher/*Mankowski*, Art. 25 Rn. 28; Simotta, Int J Proced L 3 (2013) 58, 65; bereits zu Art. 23 Brüssel I-VO *Kropholler/v. Hein*, EuZPR, Art. 23 Rn. 9.

171 *Geimer*, IZPR, Rn. 1646.

172 S.o. Abschnitt b.).

Für die Ablehnung eines solchen ungeschriebenen Tatbestandsmerkmals streiten zwei weitere Argumente: Erstens ergibt sich dies aus der Entstehungsgeschichte des Art. 12 Nr. 4 EuGVÜ[173] (heute Art. 15 Nr. 4 Brüssel Ia-VO); die Vorschrift war, wie sich aus den Materialien ergibt,[174] gerade auf Prorogationen mit Drittstaatenbezug zugeschnitten.[175]

Zweitens hat auch der EuGH Art. 17 EuGVÜ bei Vereinbarung der Zuständigkeit des Gerichts in einem Vertragsstaat bereits dann für anwendbar erklärt, wenn nur eine der Parteien ihren Wohnsitz im Hoheitsgebiet eines Vertragsstaats hatte, ohne einen weiteren Unionsbezug zu verlangen.[176] Er hat sogar ausdrücklich festgestellt, die Vorschrift sei auf Rechtsverhältnisse anwendbar, die einen Bezug zu nur einem Vertragsstaat und einem oder mehreren Drittstaaten aufwiesen.[177]

e.) Sachlicher und persönlicher Anwendungsbereich[178]

Im Übrigen findet Art. 25 Brüssel Ia-VO – wie die Verordnung insgesamt – nur Anwendung, sofern es sich bei dem Streitgegenstand um eine Zivil- oder Handelssache im Sinne des Art. 1 Abs. 1 Brüssel Ia-VO handelt, die nicht einer der in Art. 1 Abs. 1 Satz 2 oder Art. 1 Abs. 2 Brüssel Ia-VO genannten ausgeschlossenen Materien angehört.[179] Ausgeschlossen sind über Art. 1 Abs. 2 Brüssel

---

173 Eingeführt durch Übereinkommen vom 9. Oktober 1978 über den Beitritt des Königreichs Dänemark, Irlands und des Vereinigten Königreichs Großbritannien und Nordirland zum Übereinkommen über die gerichtliche Zuständigkeit und die Vollstreckung gerichtlicher Entscheidungen in Zivil- und Handelssachen sowie zum Protokoll betreffend die Auslegung dieses Übereinkommens durch den Gerichtshof, ABl. 1978 L 304/4.

174 Bericht zu dem Übereinkommen des Königreichs Dänemark, Irlands und des Vereinigten Königreichs Großbritannien und Nordirland über den Beitritt zum Übereinkommen über die gerichtliche Zuständigkeit und die Vollstreckung gerichtlicher Entscheidungen in Zivil- und Handelssachen sowie zum Protokoll betreffend die Auslegung dieses Übereinkommens durch den Gerichtshof (unterzeichnet in Luxemburg am 9. Oktober 1978), ABl. 1979 C 59/71 (im Folgenden: „Schlosser-Bericht"), Nr. 136-138.

175 Rauscher/*Mankowski*, Art. 25 Rn. 28.

176 EuGH 13.7.2000 – C-412/98, ECLI:EU:C:2000:399 Rn. 41 = NJW 2000, 3121 – Group Josi Reinsurance/Universal General Insurance.

177 EuGH – Owusu/Jackson, aaO (Fn. 76) Rn. 28.

178 Vgl. zum intertemporären Anwendungsbereich beispielsweise Magnus/Mankowski/*Magnus*, Art. 25 Rn. 21.

179 Magnus/Mankowski/*Magnus*, Art. 25 Rn. 19, der auch näher auf die ausgeschlossenen Materien eingeht.

Ia-VO insbesondere die wichtigsten nichtvermögensrechtlichen Streitigkeiten. In Art. 25 Brüssel Ia-VO selbst muss also – im Unterschied zu § 40 Abs. 2 Satz 1 Nr. 1 ZPO – nicht zusätzlich verlangt werden, dass der Rechtsstreit einen vermögensrechtlichen Anspruch betrifft.

Eine Einschränkung des persönlichen Anwendungsbereichs lässt sich für Art. 25 Brüssel Ia-VO im Grundsatz ebenso wenig ausmachen wie für die Verordnung insgesamt;[180] insofern unterscheidet sie sich stark vom HGÜ. Obwohl beispielsweise Art. 25 Abs. 1 lit. c Brüssel Ia-VO speziell Bezug auf den internationalen Handel nimmt, wird keine Kaufmannseigenschaft oder ähnliches für die Eröffnung des Anwendungsbereichs der Vorschrift vorausgesetzt.[181] Auch Verbraucher, Arbeitnehmer und Versicherungsnehmer sind zwar grundsätzlich von den Regelungen über Gerichtsstandsvereinbarungen in der Brüssel Ia-VO erfasst; jedoch kommen Prorogationsverbote über die Sondervorschriften der Artt. 15, 19 und 23 Brüssel Ia-VO ins Spiel, die ein gewisses Schutzniveau für die dort genannten schwächeren Parteien sicherstellen (Art. 25 Abs. 4 Brüssel Ia-VO). Schließlich spielt auch die Staatsangehörigkeit der Parteien einer Gerichtsstandsvereinbarung keine Rolle für die Anwendung von Art. 25 Brüssel Ia-VO.[182]

f.) Prorogation und Derogation

Art. 25 Brüssel Ia-VO behandelt ausdrücklich nur den prorogativen Effekt einer Gerichtsstandsvereinbarung.[183] Werden die Gerichte eines Mitgliedstaats prorogiert, greift Art. 25 Brüssel Ia-VO in vollem Umfang. Die Vereinbarung der Gerichte eines Drittstaats ist dagegen grundsätzlich nicht nach Art. 25 Brüssel Ia-VO, sondern nach dem autonomen Recht des angerufenen Gerichts zu beurteilen.[184] Einer Anwendung von Art. 25 Brüssel Ia-VO trotz Wahl eines Drittstaatengerichts steht insoweit der eindeutige Wortlaut der Vorschrift entgegen.

180 Rauscher/*Mankowski*, Art. 25 Rn. 106.

181 Magnus/Mankowski/*Magnus*, Art. 25 Rn. 22; zu Art. 23 Brüssel I-VO *Kropholler/v. Hein*, EuZPR, Art. 23 Rn. 53 f. mit weiteren Ausführungen zu dem unionsrechtlich autonom auszulegenden und weit aufzufassenden Begriff des Handels; vgl. aber Rauscher/*Mankowski*, Art. 25 Rn. 107 f., der auf die Problematik hinweist, die sich daraus ergibt, dass sich viele Gerichtsstandsvereinbarungen deutscher Unternehmen an § 38 Abs. 1 ZPO orientieren.

182 Vgl. Art. 4 Brüssel Ia-VO.

183 Magnus/Mankowski/*Magnus*, Art. 25 Rn. 30; *Hess*, Rn. 6.154.

184 Magnus/Mankowski/*Magnus*, Art. 25 Rn. 36; *v. Hein*, RIW 2013, 97, 104.

Für den prorogativen Effekt der Gerichtsstandsvereinbarung werden folglich auch keine Ausnahmen gefordert.[185]

Anders ist die Lage allerdings dann, wenn die Parteien durch die Wahl eines Drittstaatengerichts die originäre Zuständigkeit eines Gerichts innerhalb der EU abbedungen haben. Konkret stellt sich die Frage, ob trotz des an sich eindeutigen Wortlauts Art. 25 Brüssel Ia-VO auch bei Prorogation drittstaatlicher Gerichte bei gleichzeitiger Derogation mitgliedstaatlicher Gerichte anzuwenden ist. Eine Antwort gibt die Vorschrift selbst nicht.[186]

Der EuGH hat im Laufe der Zeit unterschiedliche Auffassungen vertreten. Zunächst stellte er in der Rechtssache „Coreck Maritime" den Grundsatz auf, dass im Falle der Wahl eines drittstaatlichen Gerichts der damalige Art. 17 EuGVÜ nicht anwendbar, sondern vielmehr nationales Recht heranzuziehen sei, und differenzierte dabei nicht zwischen prorogativem und derogativem Effekt der Gerichtsstandsvereinbarung:

> „…ist festzustellen, dass Artikel 17 des Übereinkommens nicht auf eine Klausel anwendbar ist, die als zuständiges Gericht ein Gericht eines Drittstaats bezeichnet. Wird ein Gericht im Hoheitsgebiet eines Vertragsstaats einer solchen Vereinbarung zum Trotz angerufen, so muss es die Wirkung der Abrede nach dem Recht – einschließlich dem Kollisionsrecht – beurteilen, das an seinem Sitz gilt."[187]

Später vertrat der EuGH in der Rechtssache „Mahamdia" eine abweichende Auffassung:[188] Trotz ausschließlicher Vereinbarung zugunsten der Gerichte von Algerien sollte hier die Brüssel I-VO zum Schutze schwächerer Parteien (heute: Art. 25 Abs. 4 Brüssel Ia-VO) Anwendung finden:

> „Das Ziel, den Arbeitnehmer als schwächere Vertragspartei zu schützen, (…) würde nämlich verfehlt, wenn die Gerichtsstände, die zur Gewährleistung dieses Schutzes in den Art. 18 und 19 (heute Art. 20 und 21 Brüssel Ia-VO) vorgesehen sind, durch eine

185 Vgl. Magnus/Mankowski/*Magnus*, Art. 25 Rn. 36; Saenger/*Dörner*, Art. 25 Rn. 5; *v. Hein*, RIW 2013, 97, 104; Rauscher/*Mankowski*, Art. 25 Rn. 20; vgl. auch zum Entwurf der Brüssel Ia-VO *Magnus/Mankowski*, ZVglRWiss 2011, 252, 270; *Weller*, GPR 2012, 34, 38; Schlosser-Bericht (Fn. 174) Nr. 176.

186 Magnus/Mankowski/*Magnus*, Art. 25 Rn. 36; *Magnus/Mankowski*, ZVglRWiss 2011, 252, 270.

187 EuGH – Coreck Maritime/Handelsveem, aaO (Fn. 54) Rn. 19; dem schloss sich auch der BGH in einer Entscheidung aus dem Jahr 1986 an, vgl. BGH, Urt. v. 20.1.1986 – II ZR 56/85, NJW 1986, 1438, 1439 (m. krit. Anm. *Geimer*, NJW 1986, 1439 f.).

188 Vgl. Magnus/Mankowski/*Magnus*, Art. 25 Rn. 37, der sogar von „the contrary" spricht.

vor Entstehung der Streitigkeit getroffene Gerichtsstandsvereinbarung ausgeschlossen werden könnten."[189]

Auch in der Literatur war und ist man sich uneins.[190] Richtigerweise gab es aber schon mit Blick auf Art. 23 Brüssel I-VO eine große Tendenz dahingehend, die europäische Vorschrift über Gerichtsstandsvereinbarungen bei Derogation mitgliedstaatlicher Gerichte auf diese Derogationsaspekte zur Anwendung kommen zu lassen.[191] Diese Tendenz scheint im Hinblick auf Art. 25 Brüssel Ia-VO nicht weniger stark ausgeprägt zu sein.[192] Für diese Ansicht sprechen mehrere Argumente:[193] Zunächst kann nur bei einem solchen Verständnis erreicht werden, dass trotz der Wahl drittstaatlicher Gerichte die europäischen Vorschriften über die ausschließliche (Art. 24 Brüssel Ia-VO) oder halbzwingende Zuständigkeit in Versicherungs-, Verbraucher- und Arbeitnehmersachen (Artt. 15, 19, 23 Brüssel Ia-VO) ihre volle Wirkung entfalten können.[194] Ein weiteres Argument lässt sich aus Erwägungsgrund 14 Satz 2 der Brüssel Ia-VO herleiten: Dort wird – allerdings allgemein, nicht auf den derogativen Effekt von Gerichtsstandsvereinbarungen zugeschnitten – hervorgehoben, dass einige Zuständigkeitsvorschriften in der Verordnung unabhängig vom Wohnsitzkriterium gelten sollten, um den Schutz der Verbraucher und der Arbeitnehmer zu gewährleisten und um die Zuständigkeit der Gerichte der Mitgliedstaaten in Fällen zu schützen, in denen sie ausschließlich zuständig sind.[195] Und nicht zuletzt besteht ein erhebliches

189 EuGH 19.7.2012 – C-154/11, ECLI:EU:C:2012:491 Rn. 64, s. auch Rn. 66 = NJW 2013, 446 – Mahamdia/Algerien.

190 Vgl. Magnus/Mankowski/*Magnus*, Art. 25 Rn. 36 f. m.w.N.

191 Geimer/Schütze/*Geimer*, EuZVR, 3. Aufl., Art. 23 Rn. 41 ff.; Rauscher/*Mankowski*, 3. Aufl., Art. 23 Rn. 3b; *Schaper/Eberlein*, RIW 2012, 43 ff.; a.A., dabei freilich die neuere Rechtsprechung des EuGH in der Rechtssache „Mahamdia" noch nicht berücksichtigend, *Kropholler/v. Hein*, EuZPR, Art. 23 Rn. 14; *Schlosser*, FS Kralik, 287, 297 f.

192 In Musielak/Voit/*Stadler*, Art. 25 Rn. 3, wird die hiesige Auffassung ausdrücklich als herrschende Meinung bezeichnet; vgl. auch *Magnus*, FS Martiny 785, 789; *v. Hein*, RIW 2013, 97, 104; *ders.*, in: Jung, 23, 65 (jeweils in Fortentwicklung von *Kropholler/v. Hein*, EuZPR, Art. 23 Rn. 14); Thomas/Putzo/*Hüßtege*, Art. 25 Rn. 2; Rauscher/*Mankowski*, Art. 25 Rn. 21; *Schack*, Rn. 580 (letzterer nur, sofern die Gerichte mindestens zweier Mitgliedstaaten derogiert würden).

193 S. sehr ausführlich dazu Magnus/Mankowski/*Magnus*, Art. 25 Rn. 36 ff.

194 Vgl. *Magnus*, FS Martiny, 785, 789; *v. Hein*, RIW 2013, 97, 104; Rauscher/*Mankowski*, Art. 25 Rn. 21; vgl. für Arbeitnehmersachen die soeben dargestellte Entscheidung des EuGH – Mahamdia/Algerien, aaO (Fn. 189), Rn. 66.

195 Vgl. auch zu diesem Argument näher Magnus/Mankowski/*Magnus*, Art. 25 Rn. 37.

Interesse an einer einheitlichen Bewertung der Derogation durch sämtliche mitgliedstaatlichen Gerichte.[196]

Nach alter Rechtslage wurde Art. 23 Abs. 3 Brüssel I-VO[197] herangezogen, um zu begründen, dass die Maßstäbe des Art. 23 Brüssel I-VO im Wege der Analogie auch auf den derogativen Effekt von drittstaatlichen Gerichtsstandsvereinbarungen anwendbar seien.[198] Mit Wegfall des Art. 23 Abs. 3 Brüssel I-VO entfällt gleichermaßen die Möglichkeit dieser Analogiebildung. Dennoch muss im Sinne größtmöglicher Harmonisierung und zum Schutze schwächerer Parteien der Inhalt von Art. 25 Brüssel Ia-VO auch auf drittstaatliche Gerichtsstandsvereinbarungen übertragen und angewandt werden, soweit sie zur Derogation mitgliedstaatlicher Gerichte führen.

Eine zusätzliche Frage bleibt offen, nämlich ob die aufgezeigte Ausdehnung des Anwendungsbereichs von Art. 25 Brüssel Ia-VO nur dann greifen soll, wenn die ausschließliche oder halb zwingende Zuständigkeit eines mitgliedstaatlichen Gerichts derogiert wurde, oder ob sie auch dann anzunehmen ist, wenn eine konkurrierende Zuständigkeit mitgliedstaatlicher Gerichte abbedungen wurde.[199] Allerdings sollte von einer derartigen Differenzierung abgesehen werden. Zunächst einmal zöge sie zwangsläufig komplexere Prüfungen nach sich; die Klärung der Frage, ob eine abbedungene mitgliedstaatliche Zuständigkeit ausschließlichen (oder halb zwingenden) Charakter gehabt hätte oder nicht, kann durchaus mit Abgrenzungsschwierigkeiten verbunden sein.[200] Ausschlaggebender erscheint aber, dass das soeben bereits erwähnte Interesse an einer einheitlichen Bewertung drittstaatlicher Gerichtsstandsvereinbarungen durch die mitgliedstaatlichen Gerichte durch eine solche Unterscheidung unnötig beschnitten würde.

---

196 Vgl. *Magnus*, FS Martiny, 785, 795; Rauscher/*Mankowski*, Art. 25 Rn. 21.

197 Wortlaut: „Wenn eine solche Vereinbarung von Parteien geschlossen wurde, die beide ihren Wohnsitz nicht im Hoheitsgebiet eines Mitgliedstaats haben, so können die Gerichte der anderen Mitgliedstaaten nicht entscheiden, es sei denn, das vereinbarte Gericht oder die vereinbarten Gerichte haben sich rechtskräftig für unzuständig erklärt."

198 Vgl. *Magnus*, FS Martiny, 785, 795; *Samtleben*, FS Ansay, 343, 361.

199 S. dazu näher Magnus/Mankowski/*Magnus*, Art. 25 Rn. 37a.

200 Ähnlich Magnus/Mankowski/*Magnus*, Art. 25 Rn. 37a.

3. §§ 38 und 40 ZPO

Das autonome deutsche Verfahrensrecht hält eigene Regeln für internationale Gerichtsstandsvereinbarungen bereit. Die einschlägigen §§ 38, 40 ZPO nehmen hierbei – ebenso wie die übrigen Zuständigkeitsvorschriften der ZPO – eine Doppelfunktionalität ein: Sie regeln nicht nur die örtliche, sondern zugleich die internationale Zuständigkeit.[201]

§ 38 Abs. 2 ZPO enthält allerdings zusätzlich eine Sonderregelung für die internationale Gerichtsstandsvereinbarung. Danach ist die Wirksamkeit einer internationalen Gerichtsstandsvereinbarung von der Einhaltung dort genannter Formerfordernisse abhängig: Die Vereinbarung muss schriftlich abgeschlossen oder, falls sie mündlich getroffen wird, schriftlich bestätigt werden. Vorbild jenes Absatzes 2 war Art. 17 EuGVÜ; die zu der europäischen Norm ergangene Rechtsprechung kann insoweit auch zur Auslegung des Absatzes 2 herangezogen werden.[202] Einziger Anknüpfungspunkt für die Anwendung von § 38 Abs. 2 ZPO ist der Wohnsitz der Parteien: Erforderlich, aber auch ausreichend ist danach, dass mindestens eine der Parteien bei Vertragsschluss im Inland keinen allgemeinen Gerichtsstand (§§ 12 ff., 17 ZPO) hat. Bei einem beiderseitigen inländischen allgemeinen Gerichtsstand liegt nach dem Verständnis der ZPO ein reiner Inlandsfall vor, der von § 38 Abs. 2 nicht erfasst ist. Die Kaufmannseigenschaft wird für den Anwendungsbereich des § 38 Abs. 2 ZPO nicht gefordert; auch Nichtkaufleute können unter den Voraussetzungen des Absatzes 2 eine Gerichtsstandsvereinbarung abschließen.

Diskutiert wird die Frage, ob § 38 Abs. 2 ZPO im Verhältnis zu § 38 Abs. 1 ZPO abschließenden Charakter hat.[203] Dies ist vor dem Hintergrund von Bedeutung, dass § 38 Abs. 1 ZPO Kaufleuten[204] einen formlosen, nur stillschweigenden Abschluss einer Gerichtsstandsvereinbarung gestattet. Die in der Literatur überwiegend vertretene Ansicht spricht sich gegen einen abschließenden Charakter des § 38 Abs. 2 ZPO aus; Kaufleute sollten auch im internationalen Handelsverkehr stillschweigend und formlos nach Absatz 1 Gerichtsstandsvereinbarungen

201 *Schack*, Rn. 546; s. zur „funktionsdifferenzierten Anwendung" der Gerichtsstandsregeln auch *Lorenz*, IPRax 1985, 256, 257 ff.

202 BGH, Urt. v. 14.11.1991 – IX ZR 250/90, BGHZ 116, 81 unter Bezugnahme auf den Bericht des Rechtsausschusses des Deutschen Bundestages, BT-Drs. 7/1384, S. 4; Zöller/*Schultzky*, § 38 Rn. 28; *Franzen*, RIW 2000, 81, 86.

203 S. zum Diskussionsstand etwa Zöller/*Schultzky*, § 38 Rn. 30.

204 Auch juristischen Personen des öffentlichen Rechts und öffentlich-rechtlichem Sondervermögen.

treffen können.[205] Die Gegenansicht macht geltend, im Hinblick auf die besondere Tragweite der internationalen Prorogation und im Interesse einer Harmonisierung der Formerfordernisse internationaler Prorogationen sollte Absatz 2 mit seinen Anforderungen an eine Mindestform der internationalen Gerichtsstandsvereinbarung auch bei Abschluss einer solchen durch Kaufleute angewandt werden.[206] Allerdings muss insoweit angemerkt werden, dass sich der autonome deutsche Gesetzgeber bereits mehrfach bewusst gegen mögliche Harmonisierungsschritte mit Blick auf internationale Prorogationen entschieden hat.[207] Der zwar nach dem Vorbild der europäischen Vorschrift des Art. 17 EuGVÜ novellierte § 38 ZPO wurde gerade nicht um durch das 1. und 3. Beitrittsübereinkommen eingeführte weitere zwei Formen erweitert; gemeint sind die Formen, die einem Handelsbrauch oder den zwischen den Parteien entstandenen Gepflogenheiten entsprechen.[208] Hätte der deutsche Gesetzgeber eine Harmonisierung auch über das autonome deutsche internationale Zivilprozessrecht beabsichtigt, wäre er wohl nicht bei den vorhandenen Mindestanforderungen des § 38 Abs. 2 ZPO stehengeblieben.[209] Es spricht alles dafür, dass der deutsche Gesetzgeber einen vom europäischen Recht ein wenig losgelösten Ansatz beibehalten wollte. Dann spricht aber auch nichts dagegen, mit der überwiegenden Ansicht in der Literatur Kaufleuten den Weg über § 38 Abs. 1 ZPO zu erlauben, ihnen also die Möglichkeit des stillschweigenden Abschlusses von Gerichtsstandsvereinbarungen offen zu lassen.

§ 38 ZPO differenziert nicht zwischen ausschließlichen und nicht ausschließlichen Gerichtsstandsvereinbarungen. Im Gegensatz zu den Vorschriften der Brüssel Ia-VO und des HGÜ enthält § 38 ZPO auch keine Vermutung für oder gegen die Ausschließlichkeit der Zuständigkeit eines prorogierten Gerichts.[210] Vielmehr ist mit dem herkömmlichen Mittel der Vertragsauslegung zu klären,

---

205 MüKo-ZPO/*Patzina*, § 38 ZPO Rn. 24 unter Bezugnahme auf Entstehungsgeschichte und Systematik der Vorschrift; Musielak/Voit/*Heinrich*, § 38 Rn. 13; Zöller/*Schultzky*, § 38 Rn. 30; auch OLG Saarbrücken, Urt. v. 13.10.1999 – 1 U 190/99-37, 1 U 190/99, NJW 2000, 671, Ls. 2; OLG München, Urt. v. 23.3.2000 – 1 U 5958/99, juris, Rn. 55.

206 Vgl. insbesondere OLG Nürnberg, Urt. v. 28.11.1984 – 9 U 3061/84, NJW 1985, 1296, Ls. 1.

207 Vgl. hierzu auch *Schack*, Rn. 551.

208 Vgl. dazu auch *Geimer*, IZPR, Rn. 1624b.

209 Vgl. dazu wiederum *Schack*, Rn. 551.

210 *Schack*, Rn. 570.

ob die Parteien bei Vertragsabschluss Ausschließlichkeit gewollt haben oder nicht.[211]

Der Wortlaut von § 38 ZPO regelt allein die Prorogation; dennoch besteht Einigkeit darüber, dass im Wege der Analogie diese Vorschrift auch auf die Derogation Anwendung findet.[212] Zwar scheint diese Annahme für den Bereich der internationalen Zuständigkeit nicht völlig eindeutig zu sein.[213] Im Ergebnis kann sie jedoch nicht ernsthaft bezweifelt werden; sie ergibt sich zumindest aus der Dispositionsmaxime: Soweit die Parteien über den Streitgegenstand verfügen können, müssen sie auch über das Verfahren als Ganzes bestimmen dürfen; dies beinhaltet dann auch den Verzicht auf ein Verfahren vor einem inländischen Gericht.[214]

4. Verhältnis der Vorschriften untereinander

Zwar findet sich im deutschen internationalen Zivilprozessrecht, anders als im IPR, keine dem Art. 3 EGBGB entsprechende Vorschrift, mit welcher der nationale Gesetzgeber allgemein auf den Vorrang von EU-Verordnungen (Art. 3 Nr. 1 EGBGB) bzw. Staatsverträgen (Art. 3 Nr. 2 EGBGB) vor dem autonomen deutschen Recht hinweist.[215] Lediglich aus den in Buch 11 ZPO eingestellten Sonderregelungen über die justizielle Zusammenarbeit in der Europäischen Union wird mittelbar der Vorrang der einschlägigen Verordnungen ersichtlich. Dennoch besteht auch im Hinblick auf das internationale Zivilverfahrensrecht Einigkeit darüber, dass autonome nationale Regelungen dann nicht zum Zuge kommen können, wenn der Anwendungsbereich von EU-Verordnungen oder internationaler Staatsverträge eröffnet ist.[216] Im Verhältnis zur Brüssel Ia-VO

---

211 Vgl. BGH, Urt. v. 21.1.2015 – VIII ZR 352/13, WM 2015, 692, 693 f.; OLG Schleswig, Beschl. v. 2.6.2006 – 2 W 80/06, NJW 2006, 3360 f.; OLG Brandenburg, Beschl. v. 19.4.2006 – 1 AR 16/06, NJW 2006, 3444, 3446.

212 *Schack*, Rn. 560; *Geimer*, IZPR, Rn. 1607, der allerdings zu Recht darauf hinweist, dass § 38 Abs. 2 Satz 3 ZPO auf Derogationsverträge keine Anwendung finden kann; s. außerdem BAG, Urt. v. 20.7.1970 – 3 AZR 417/69, BAGE 22, 410, 415 f.; in BGH, Urt. v. 13.12.1967 – VIII ZR 203/65, BGHZ 49, 124, 129 noch offen gelassen, ob die Analogie zu § 38 ZPO oder zu den Vorschriften der §§ 1025, 1027 ZPO über das schiedsrichterliche Verfahren zu bilden ist.

213 Vgl. *Schack*, Rn. 560.

214 So präzise herausgearbeitet von *Schack*, Rn. 560.

215 Zum weitgehend deklaratorischen Regelungsgehalt des Art. 3 EGBGB vgl. eingehend MüKo-BGB/*v. Hein*, Art. 3 EGBGB Rn. 1 ff.

216 *Kegel/Schurig*, IPR, S. 12; Staudinger/*Hausmann*, IntVertrVerfR, Rn. 295.

ergibt sich dies auch aus Art. 288 Abs. 2 AEUV und der Rechtsprechung des EuGH zum Anwendungsvorrang des Europarechts:[217] Art. 25 Brüssel Ia-VO verdrängt als höherrangiges Recht in vollem Umfange die §§ 38, 40 ZPO.[218] Die Erweiterung des Anwendungsbereichs der Brüssel Ia-VO durch Verzicht auf das Kriterium des Wohnsitzes in einem Mitgliedstaat der EU hat zur Folge, dass die §§ 38, 40 ZPO bei internationalen Gerichtsstandsvereinbarungen zugunsten deutscher Gerichte so gut wie gar nicht mehr zum Zuge kommen; in Betracht kommt ihre Anwendung erstens noch in Fällen, in denen die Bereichsausnahmen des Art. 1 Abs. 2 Brüssel Ia-VO greifen.[219] Zweitens verweist die Brüssel Ia-VO bei bestimmten Gerichtsstandsvereinbarungen mit Versicherungsnehmern (Art. 15 Nr. 3 Brüssel Ia-VO) und Verbrauchern (Art. 19 Nr. 3 Brüssel Ia-VO) ergänzend auf das autonome Recht der Mitgliedstaaten.[220]

Bei Abschluss internationaler Gerichtsstandsvereinbarungen zugunsten drittstaatlicher Gerichte wird der Anwendungsbereich der §§ 38, 40 ZPO durch

---

217 EuGH 15.7.1964 – 6/64, ECLI:EU:C:1964:66 = Slg. 1964, 1259, 1270 – Costa/E.N.E.L.; zu Art. 17 EuGVÜ EuGH 13.11.1979 – 25/79, ECLI:EU:C:1979:255 = Slg. 1979, 3423 Rn. 5 – Sanicentral/Collin: „Hierauf ist zum einen zu antworten, daß das Übereinkommen die Festlegung der innergemeinschaftlichen Zuständigkeiten der Gerichte der Vertragsstaaten in Zivilsachen zum Ziel hat und daß daher die insoweit auf die zu entscheidenden Rechtsstreitigkeiten an sich anwendbaren innerstaatlichen Verfahrensvorschriften in den durch das Übereinkommen geregelten Bereichen hinter dessen Bestimmungen zurücktreten."

218 Mit Bezug auf die Vorgängervorschriften BGH, Urt. v. 20.3.1980 – III ZR 151/79, NJW 1980, 2023; BGH, Urt. v. 26.10.1981 – II ZR 198/80, NJW 1982, 1226, 1227; BGH, Urt. v. 21.11.1996 – IX ZR 264/95, NJW 1997, 397, 398; OLG Stuttgart, Urt. v. 9.11.1990 – 2 U 16/90, EuZW 1991, 125, 126 f.; OLG München, Urt. v. 11.2.1981 – 7 U 3886/80, NJW 1982, 1951, Ls. 1; OLG Karlsruhe, Urt. v. 9.8.2006 – 19 U 8/05, OLGR Karlsruhe 2006, 829, Ls. 1; *Franzen*, RIW 2000, 81, 82; *Kropholler/v. Hein*, EuZPR, Art. 23 Rn. 16; *Gottschalk/Breßler*, ZEuP 2007, 56, 67; mit Bezug auf Art. 25 Brüssel Ia-VO BGH, Urt. v. 26.4.2018 – VII ZR 139/17, NJW 2019, 76, 77: Art. 25 Brüssel Ia-VO als „lex specialis"; Reithmann/Martiny/*Hausmann*, Rn. 8.34; Staudinger/*Hausmann*, IntVertrVerfR, Rn. 40 und Rn. 310; Zöller/*Schultzky*, § 38 Rn. 29: Art. 25 gehe als „Spezialregelung" vor; Musielak/Voit/*Heinrich*, § 38 Rn. 14: Auch hier wird Art. 25 als „lex specialis" bezeichnet; ebenfalls von „lex specialis" sprechend MüKo-ZPO/*Patzina*, § 38 ZPO Rn. 25; MüKo-ZPO/*Gottwald*, Art. 25 Rn. 76; *Schack*, Rn. 582; *Geimer*, IZPR, Rn. 1605, 1643.

219 *Geimer*, IZPR, Rn. 1605.

220 Näher MüKo-ZPO/*Gottwald*, Art. 15 Brüssel Ia-VO Rn. 5 und Art. 19 Brüssel Ia-VO Rn. 3; Schlosser/Hess/*Schlosser*, Art. 15 Rn. 3 und Art. 19 Rn. 1.

Artt. 1 ff. HGÜ zusätzlich eingeschränkt.[221] Da das HGÜ durch entsprechende Ratifikation Unionsrecht geworden ist, muss sein Verhältnis zum autonomen Recht nicht eigens geregelt sein; vielmehr hat es in seinem sachlichen, zeitlichen und räumlich-persönlichen Anwendungsbereich Vorrang.[222]

Von besonderer Bedeutung ist seit Inkrafttreten des HGÜ das Konkurrenzverhältnis zwischen Brüssel Ia-VO und dem HGÜ. Schon nach dem allgemeinen lex specialis-Grundsatz wäre dem HGÜ als dem spezielleren Übereinkommen der Vorrang einzuräumen.[223] Allerdings enthält dieses aus Sicht der Brüssel Ia-VO vorrangige Spezialübereinkommen eine genaue Regelung der Konkurrenzen:[224] Nach Art. 26 Abs. 6 lit. a HGÜ bleiben Vorschriften einer Organisation der regionalen Wirtschaftsintegration, die Vertragspartei des HGÜ ist (hier: der EU),[225] unberührt, sofern keine der Parteien ihren Aufenthalt in einem Vertragsstaat des HGÜ hat, der nicht Mitgliedstaat der Organisation der regionalen Wirtschaftsintegration ist. Maßgeblich ist danach einzig der Aufenthalt der Vertragsparteien; der Sitz des vereinbarten Gerichts ist irrelevant.[226] Die in der Norm enthaltene dreifache Verneinung erschwert ihr Verständnis allerdings enorm. Zusammengefasst beansprucht das HGÜ gegenüber Art. 25 Brüssel Ia-VO immer dann Vorrang, wenn entweder ausschließlich nicht zur EU gehörende Vertragsstaaten des HGÜ oder aber Vertragsstaaten des HGÜ betroffen sind, von denen einer EU-Mitgliedstaat ist und der andere nicht.[227]

---

221 Ebenso durch den Vorrang des in dieser Arbeit nicht näher behandelten LugÜ und von Staatsverträgen auf besonderen Rechtsgebieten, Staudinger/*Hausmann*, IntVertrVerfR, Rn. 295.

222 *Eichel*, GPR 2014, 159, 162; Staudinger/*Hausmann*, IntVertrVerfR, Rn. 295.

223 Rauscher/*Mankowski*, Art. 25 Rn. 431.

224 Sie bestimmen sich nicht etwa nach Art. 71 Brüssel Ia-VO; jene Vorschrift betrifft nur Übereinkommen, denen die Mitgliedstaaten selbst angehören, was auf das HGÜ nicht zutrifft, vgl. *Eichel*, GPR 2014, 159, 162.

225 S. Hartley/Dogauchi-Bericht, Rn. 295; da die Brüssel Ia-VO in Dänemark zumindest mittelbar gilt, vgl. Fn. 10, liegt es nahe, Dänemark auch im Sinne des Art. 26 Abs. 6 lit. a HGÜ als Mitgliedstaat der EU zu verstehen, ausführlich hierzu Rauscher/*Mankowski*, Art. 25 Rn. 446 f.

226 *Wagner*, RabelsZ 2009, 100, 137 f.

227 Saenger/*Dörner*, Art. 25 Rn. 4; vgl. auch MüKo-ZPO/*Gottwald*, Art. 25 Brüssel Ia-VO Rn. 5; Staudinger/*Hausmann*, IntVertrVerfR, Rn. 36 und Rn. 320; Rauscher/*Mankowski*, Art. 25 Rn. 438 ff.; BeckOK-ZPO, Art. 25 Rn. 7; *McEleavy*, ICLQ 2006, 447, 452 f.; *Wagner*, RabelsZ 2009, 100, 137 f.; *Eichel*, GPR 2014, 159, 162 f.; *Antomo*, NJW 2015, 2919, 2920; ausführlich *Bläsi*, S. 152 ff.

Eine vereinfachte Darstellung anhand von denkbaren Fallkonstellationen[228] soll den Inhalt weiter verdeutlichen:

a) Alle Parteien der Gerichtsstandsvereinbarung sind in der EU ansässig und vereinbaren die Zuständigkeit eines Gerichts in einem EU-Staat. Dann gilt Art. 25 Brüssel Ia-VO.[229]
b) Eine Partei ist in der EU ansässig, die andere in einem Staat, der weder EU-Mitgliedstaat noch Vertragsstaat des HGÜ ist; sie vereinbaren die Zuständigkeit eines Gerichts in einem EU-Staat. Auch hier gilt Art. 25 Brüssel Ia-VO.[230]
c) Eine Partei ist in der EU ansässig, die andere in einem Staat, der zwar nicht EU-Mitgliedstaat, aber Vertragsstaat des HGÜ ist, oder aber beide Parteien sind in Vertragsstaaten des HGÜ außerhalb der EU ansässig; vereinbart wird die Zuständigkeit eines mitgliedstaatlichen Gerichts. Dann gilt jeweils das HGÜ; der Anwendungsanspruch des Art. 25 Brüssel Ia-VO wird insoweit zurückgenommen.[231]
d) Alle Parteien der Gerichtsstandsvereinbarung sind in der EU ansässig, vereinbaren aber die Zuständigkeit eines Gerichts in einem Nicht-EU-Staat, der Vertragsstaat des HGÜ ist. Auch hier gilt das HGÜ; Art. 25 Brüssel Ia-VO will von vornherein nicht angewendet werden.[232]
e) Sämtliche Parteien sind nicht in der EU, sondern in Drittstaaten ansässig, die keine Vertragsstaaten des HGÜ sind. Sie vereinbaren die Zuständigkeit eines Gerichts in einem EU-Staat. Dann gilt Art. 25 Brüssel Ia-VO.[233]

II. Gerichtsstandsvereinbarung als vom Hauptvertrag zu trennende Abrede

Die Gerichtsstandsvereinbarung ist als selbständige Abrede vom zugrundeliegenden Hauptvertrag strikt zu trennen, auch wenn sie häufig formell als Teil jenes Vertrags erscheint.[234]

---

228 So dargestellt in Rauscher/*Mankowski*, Art. 25 Rn. 438 ff.
229 Rauscher/*Mankowski*, Art. 25 Rn. 439.
230 Rauscher/*Mankowski*, Art. 25 Rn. 440.
231 Rauscher/*Mankowski*, Art. 25 Rn. 441.
232 Rauscher/*Mankowski*, Art. 25 Rn. 438.
233 Rauscher/*Mankowski*, Art. 25 Rn. 442.
234 Rauscher/*Mankowski*, Art. 25 Rn. 109, der aber ebenso darauf hinweist, dass die Gerichtsstandsvereinbarung eben nicht zwingend mit einem Hauptvertrag in einem formell einheitlichen Vertrag stehen und auch nicht zwingend gleichzeitig mit dem

1. Art. 23 Brüssel I-VO und Art. 25 Abs. 5 Brüssel Ia-VO

Zu Recht hat der EuGH schon früh betont, die Gerichtsstandsvereinbarung sei autonom und unabhängig.[235] Ihr Zustandekommen und ihre Wirksamkeit hängen – entgegen dem Rechtsgedanken des § 139 BGB – nicht vom Zustandekommen und der Wirksamkeit des Hauptvertrags ab.[236] Zum Teil wird vom Abstraktionsprinzip für Gerichtsstandsvereinbarungen gesprochen.[237] Die Zuständigkeitsprüfung erfolgt losgelöst von der Entscheidung in der Sache.[238] Konsequenterweise sind deshalb auch die Gerichtsstandsvereinbarung und die darauf bezogene Rechtswahl und die Rechtswahl im Hinblick auf den Hauptvertrag grundsätzlich strikt voneinander zu trennen.[239] Eine Wechselbeziehung besteht zwischen beiden in der Praxis aber allemal.[240] So spricht von vornherein nichts dagegen, für die Gerichtsstandsvereinbarung dasselbe Recht zu wählen wie für den Hauptvertrag, auf den sie sich bezieht.[241] Wird lediglich ein ausschließlicher Gerichtsstand vereinbart, daneben aber keine (abweichende) Rechtswahl getroffen, wird in aller Regel ein starker Hinweis auf die Geltung des Rechts am Sitz des gewählten Gerichts auch für den Hauptvertrag angenommen, und zwar in Gestalt einer stillschweigenden Rechtswahl im Sinne von Art. 4 Abs. 1 Satz 2

Hauptvertrag geschlossen werden muss, Rn. 116 f.; Staudinger/*Hausmann*, IntVertrVerfR, Rn. 339; MüKo-ZPO/*Gottwald*, Art. 25 Brüssel Ia-VO Rn. 20; Magnus/Mankowski/*Magnus*, Art. 25 Rn. 140; Reithmann/Martiny/*Hausmann*, Rn. 8.6; *Geimer*, IZPR, Rn. 1674a.

235 Zu Art. 17 EuGVÜ EuGH – Benincasa/Dentalkit, aaO (Fn. 60) Rn. 22, 24 f., 32; vgl. auch die Schlussanträge des Generalanwalts Szpunar, aaO (Fn. 21) Rn. 30; dem EuGH folgend BGH, Urt. v. 30.3.2006 – VII ZR 299/04, BGHZ 167, 83, 87; jüngst BGH, Urt. v. 6.12.2018 – IX ZR 22/18, IHR 2019, 172, 174; ebenso folgend Deutsche Bank AG v. Asia Pacific Broadband Wireless Communications Inc., (2008) 2 Lloyd's Rep. 619, 625 f. (C.A.), hierzu und zu Benincasa/Dentalkit näher *Merrett*, Int. Comp. L. Q. 2009, 545, 560 ff.; s. auch Staudinger/*Hausmann*, IntVertrVerfR, Rn. 339; BeckOK-ZPO, Art. 25 Rn. 57; *Kropholler/v. Hein*, EuZPR, Art 23 Rn. 91; Rauscher/*v. Hein*, Art. 1 Rom I-VO Rn. 39.

236 Rauscher/*Mankowski*, Art. 25 Rn. 109; *v. Hein*, RIW 2013, 97, 105; Saenger/*Dörner*, Art. 25 Rn. 18.

237 Rauscher/*Mankowski*, Art. 25 Rn. 109.

238 Rauscher/*Mankowski*, Art. 25 Rn. 110.

239 *Schack*, Rn. 557.

240 *Hausmann*, unalex, Brüssel I-VO, Art. 23 Rn. 7.

241 *Schack*, Rn. 557.

Rom I-VO: [242] Qui eligit iudicem, eligit ius.[243] Das ergibt sich nicht zuletzt aus Erwägungsgrund 12 der Rom I-VO, nach dem eine ausschließliche Gerichtsstandsvereinbarung bei der Feststellung, ob eine Rechtswahl eindeutig getroffen wurde, einer der zu berücksichtigenden Faktoren sein sollte.[244] Umgekehrt wird kontrovers diskutiert, inwiefern die bloße Vereinbarung einer Rechtswahlklausel für den Hauptvertrag zugleich als stillschweigende Gerichtsstandsvereinbarung gedeutet werden kann.[245]

Die strikte Trennung zwischen Hauptvertrag und Gerichtsstandsvereinbarung ergibt sich im Rahmen der Brüssel Ia-VO heute aus der Vorschrift selbst: Art. 25 Abs. 5 Satz 1 Brüssel Ia-VO schreibt fest, dass eine Gerichtsstandsvereinbarung, die Teil eines Vertrags ist, als eine von den übrigen Vertragsbestimmungen unabhängige Vertragseinheit zu behandeln ist.[246] Art. 25 Abs. 5 Satz 2 Brüssel Ia-VO betont insoweit unmissverständlich, dass die Gültigkeit einer Gerichtsstandsvereinbarung nicht allein deshalb in Frage gestellt werden kann, weil der Hauptvertrag, dessen Bestandteil die Gerichtsstandsvereinbarung ist, nichtig ist.[247] Auch wenn also die materiellen Bestimmungen des Hauptvertrags nach dem vom IPR berufenen nationalen Recht (beispielsweise wegen Verstoßes gegen AGB-Rechtsnormen oder wegen Sittenwidrigkeit) unwirksam sein sollten, behält die nach Art. 25 Abs. 1 Brüssel Ia-VO wirksam getroffene Gerichtsstandsvereinbarung ihre zuständigkeitsbegründende Kraft.[248] Gerade auch in denjenigen Fällen, in denen über die Unwirksamkeit des Hauptvertrags keine Einigkeit zwischen den Parteien besteht, sondern Streit herrscht, soll die

242 *Magnus*, FS von Hoffmann, 664; Reithmann/Martiny/*Hausmann*, Rn. 8.6; vgl. auch BGH, Urt. v. 18.9.1986 – IX ZR 32/84, NJW 1987, 3080, 3081.

243 S. z. B. OLG Frankfurt am Main, Beschl. v. 7.1.2019 – 8 U 168/17 Rn. 38, https://openjur.de/u/2177320.html

244 Näher *Crawford/Carruthers*, ICLQ 2014, 1, 17 f.; Rauscher/*v. Hein*, Art. 3 Rom I-VO Rn. 20-27 m.w.N.

245 Reithmann/Martiny/*Hausmann*, Rn. 8.7.

246 S. auch die parallele Regelung in Art. 81 Abs. 1 Satz 2 CISG (Übereinkommen der Vereinten Nationen über Verträge über den internationalen Warenkauf vom 11. April 1980, BGBl. 1989 II S. 588): „Die Aufhebung berührt nicht die Bestimmungen des Vertrages über die Beilegung von Streitigkeiten ..."

247 Für diese Klarstellung bereits *Dickinson*, YbPIL 12 (2010), 247, 301; *Nielsen*, Liber Amicorum Lando, 257, 270.

248 Rauscher/*Mankowski*, Art. 25 Rn. 110; zu Art. 23 Brüssel I-VO *Kropholler/v. Hein*, EuZPR, Art. 23 Rn. 28.

(unabhängig davon wirksame) Gerichtsstandsvereinbarung Geltung behalten.[249] Mit Art. 25 Abs. 5 Satz 2 Brüssel Ia-VO ist die schon zuvor herrschende Meinung zu Art. 23 Brüssel I-VO vom Verordnungsgeber kodifiziert worden. Es handelt sich also lediglich um eine deklaratorische Klarstellung, nicht um eine Neuerung in der Sache.[250]

2. Art. 3 lit. d HGÜ

Der Verordnungsgeber konnte bei der Einführung des Art. 25 Abs. 5 Brüssel Ia-VO auf Art. 3 lit. d HGÜ zurückgreifen, der insoweit als Vorbild diente.[251] Dort ist die Unabhängigkeit der Gerichtsstandsvereinbarung vom Hauptvertrag in nahezu identischem Wortlaut geregelt.[252] Einzig die Beschränkung des Art. 3 lit. d HGÜ auf ausschließliche Gerichtsstandsvereinbarungen[253] unterscheidet die genannten Vorschriften voneinander.

Der Hartley/Dogauchi-Bericht führt ergänzend aus, die Gültigkeit der ausschließlichen Gerichtsstandsvereinbarung könne also nicht allein mit der Begründung in Frage gestellt werden, dass der Vertrag, dessen Bestandteil sie sei, unwirksam sei; die Gültigkeit der Gerichtsstandsvereinbarung sei vielmehr unabhängig davon anhand der im Übereinkommen festgelegten Kriterien zu ermitteln.[254] Das gewählte Gericht könne den Vertrag für ungültig erklären, ohne die Gültigkeit der Gerichtsstandsvereinbarung zu verneinen.[255] Es sei allerdings auch denkbar, dass die Begründung für die Ungültigkeit des Vertrags ebenfalls für die Gerichtsstandsvereinbarung gelte;[256] letztendlich hänge dies von den jeweiligen Umständen und dem anwendbaren Recht ab.[257]

---

249 Vgl. *Gottwald*, FS Henckel, 295, 303; für den Fall der Kündigung des Hauptvertrags BGH, Urt. v. 6.12.2018 – IX ZR 22/18, IHR 2019, 172, 174.

250 Rauscher/*Mankowski*, Art. 25 Rn. 112; *Simotta*, Int J Proced L 3 (2013) 58, 73.

251 Rauscher/*Mankowski*, Art. 25 Rn. 111; *Simotta*, Int J Proced L 3 (2013) 58, 73; *Deumier/Laazouzi/Treppoz*, die zugleich auf die nun ausdrücklich geschaffene Gleichwertigkeit von Gerichtsstands- und Schiedsvereinbarungen hinweisen: RDC 2013, 1037, 1051 f.

252 S. insoweit auch die Erläuterung im Hartley/Dogauchi-Bericht, Rn. 115.

253 Diese Beschränkung gilt für das gesamte HGÜ, vgl. oben Abschnitt I. 1. a.).

254 Hartley/Dogauchi-Bericht, Rn. 115; vgl. auch *Wagner*, RabelsZ 2009, 100, 117.

255 Hartley/Dogauchi-Bericht, Rn. 115.

256 Bei einer solchen Fehleridentität besteht dennoch kein Nexus zwischen beiden Unwirksamkeiten, vgl. Rauscher/*Mankowski*, Art. 25 Rn. 115.

257 Hartley/Dogauchi-Bericht, Rn. 115.

3. §§ 38 und 40 ZPO

Obwohl nicht ausdrücklich geregelt, wird auch im Rahmen von § 38 ZPO die Unabhängigkeit der Gerichtsstandsvereinbarung vom Hauptvertrag angenommen.[258]

258 *Geimer*, IZPR, Rn. 1674a; BeckOK-ZPO, § 38 Rn. 10.

C. Materielle (Un-)Gültigkeit von Gerichtsstandsvereinbarungen

Die genaue dogmatische Einordnung von Zuständigkeitsvereinbarungen ist umstritten.[259] Die Gerichtsstandsvereinbarung kann weder dem prozessualen noch dem materiellen Recht eindeutig zugewiesen werden; vielmehr liegt sie an der Schnittstelle zwischen Prozessrecht und materiellem Vertragsrecht.[260] Wirkt sie zwar auf der einen Seite zuständigkeitsbegründend und betrifft somit die Gestaltung der prozessualen Verhältnisse, so wird sie doch regelmäßig im vorprozessualen Bereich als Teil eines materiell-rechtlichen Vertrags abgeschlossen[261]. Bedeutung erlangt die Einordnung vor allen Dingen bei der Beurteilung des Zustandekommens und der Wirksamkeit einer internationalen Gerichtsstandsvereinbarung; dort stellt sich die Frage der richtigen Anknüpfung, also die Frage, ob und inwieweit die lex causae oder die lex fori im Hinblick auf materiell-rechtliche Gültigkeitsfragen Anwendung findet.[262]

Ansätze, die Gerichtsstandsvereinbarung mehr oder weniger eindeutig der prozessualen – Gerichtsstandsvereinbarung als Prozessvertrag[263] – oder der materiell-rechtlichen[264] Kategorie zuzuordnen, sind von der Rechtsprechung in Deutschland nicht übernommen worden. Stattdessen geht der BGH in ständiger Rechtsprechung von einer gemischten Konstruktion aus und bezeichnet die Gerichtsstandsvereinbarung als privatrechtlichen oder materiell-rechtlichen Vertrag mit „prozessrechtlichen Wirkungen“ oder „über prozessrechtliche Beziehungen“, dessen Zustandekommen sich nach den Regeln des materiellen Zivilrechts richte.[265] Die vor Klageerhebung getroffene Gerichtsstandsvereinbarung

---

259 Vgl. zum Meinungsstand *Gottwald*, FS Henckel, 295, 297 ff.; Staudinger/*Hausmann*, IntVertrVerfR, Rn. 341.

260 Vgl. *Gebauer*, FS von Hoffmann, 577.

261 *Hess*, Rn. 6.152; *Schack*, Rn. 543.

262 Staudinger/*Hausmann*, IntVertrVerfR, Rn. 341.

263 So laut Schack die herrschende Meinung in der Literatur: *Schack*, Rn. 543; vgl. *Geimer*, IZPR, Rn. 1674a; Zöller/*Schultzky*, § 38 Rn. 4; Reithmann/Martiny/*Hausmann*, Rn. 8.8; Staudinger/*Hausmann*, IntVertrVerfR, Rn. 341; *Hausmann*, unalex, Brüssel I-VO, Art. 23 Rn. 4, *Lindenmayr*, S. 89, 92, 100; *Mankowski*, RIW 2011, 30, 31; auch schon *Vollkommer*, NJW 1974, 196, *Kornblum*, FamRZ 1973, 416, 422 f.

264 Vgl. *Rosenberg*, S. 65, 100.

265 Grundlegend BGH, Urt. v. 29.2.1968 – VII ZR 102/65, BGHZ 49, 384, 386 f.; nachfolgend BGH, Urt. v. 15.4.1970 – VIII ZR 87/69, NJW 1971, 323, 324; BGH, Urt. v.

nehme keinen unmittelbaren Einfluss auf die prozessuale Lage; mangels unmittelbarer Prozessgestaltung sei sie deshalb keine Prozesshandlung im eigentlichen Sinne.[266] Außerdem enthalte das Prozessrecht keine Regeln für das wirksame Zustandekommen von Gerichtsstandsvereinbarungen.[267]

Die Literatur folgt dem zwar teilweise;[268] überwiegend wird allerdings betont, eine Gerichtsstandsvereinbarung sei gerade nicht auf die Herbeiführung eines materiellen Erfolgs außerhalb des Prozesses, sondern ausschließlich auf die Gestaltung des prozessualen Verhältnisses gerichtet und komme so einer Einordnung als Prozessvertrag deutlich näher.[269] Auch dann, wenn sie vor Entstehen eines Rechtsstreits getroffen werde, sei sie ausschließlich auf einen prozessualen Erfolg gerichtet, namentlich die Zuständigkeit bzw. Unzuständigkeit eines Gerichts.[270] Eine Gerichtsstandsvereinbarung habe keinerlei schuldrechtliche Verpflichtung der Parteien zur Folge, vor einem bestimmten Gericht klagen zu müssen oder nicht klagen zu dürfen; die Zuständigkeit bzw. Unzuständigkeit führe die Vereinbarung vielmehr von sich aus herbei.[271] Trotz ihres engen Zusammenhangs mit dem Vertragsstatut seien die internationalen Gerichtsstandsvereinbarungen dem internationalen Verfahrensrecht zuzuordnen.[272]

22.9.1971 – VIII ZR 259/69, BGHZ 57, 72, 75; BGH, Urt. v. 17.5.1972 – VIII ZR 76/71, BGHZ 59, 23, 26 f.; BGH, Urt. v. 30.5.1983 – II ZR 135/82, NJW 1983, 2772, 2773; BGH, Urt. v. 20.1.1986 – II ZR 56/85, IPRax 1987, 169; BGH, Urt. v. 24.11.1988 – III ZR 150/87, IPRax 1990, 41, 42 f.; BGH, Urt. v. 18.3.1997 – XI ZR 34/96, NJW 1997, 2885; jüngst BGH, Urt. v. 17.10.2019 – III ZR 42/19, EuZW 2020, 143, 145.

266 BGH, Urt. v. 29.2.1968 – VII ZR 102/65, BGHZ 49, 384, 386 f.

267 BGH, Urt. v. 29.2.1968 – VII ZR 102/65, BGHZ 49, 384, 386 f.; BGH, Urt. v. 17.5.1972 – VIII ZR 76/71, BGHZ 59, 23, 26 f.

268 *Hess*, Rn. 6.152; MüKo-ZPO/*Patzina*, § 38 ZPO Rn. 11; Musielak/Voit/*Heinrich*, § 38 Rn. 3; *Wirth*, NJW 1978, 460, 461.

269 *Hausmann*, unalex, Brüssel I-VO, Art. 23 Rn. 4; *ders.* in Reithmann/Martiny, Rn. 8.8; *Geimer*, IZPR, Rn. 1677; Thomas/Putzo/*Hüßtege*, vor § 38 Rn. 2; vgl. aber auch *Lorenz*, IPRax 1985, 256, 260, der Gerichtsstandsvereinbarungen weder als sach- noch als prozessrechtliche, sondern als kollisionsrechtliche Verträge versteht.

270 *Hausmann*, unalex, Brüssel I-VO, Art. 23 Rn. 4; *ders.* in Reithmann/Martiny, Rn. 8.8; *ders.* in Staudinger, IntVertrVerfR, Rn. 341.

271 Wiederum *Hausmann*, unalex, Brüssel I-VO, Art. 23 Rn. 4; *ders.* in Reithmann/Martiny, Rn. 8.8; *ders.* in Staudinger, IntVertrVerfR, Rn. 341; s. aber jüngst BGH, Urt. v. 17.10.2019 – III ZR 42/19, EuZW 2020, 143, 145, der ausschließlichen Gerichtsstandsvereinbarungen nunmehr unmittelbar eine materiell-rechtliche Verpflichtungswirkung entnimmt, näher dazu *Antomo*, EuZW 2020, 149 f.; *Peiffer/Weiler*, RIW 2020, 321 ff.

272 MüKo-BGB/*Martiny*, Art. 1 Rom I-VO Rn. 65.

Mittlerweile hat sich auch die Begrifflichkeit der Verfügung über eine zuständigkeitsrechtliche Rechtsposition etabliert.[273]

Der EuGH scheint eher der herrschenden Meinung in der Literatur zugewandt als der Auffassung des BGH: Eine Gerichtsstandsvereinbarung diene „einem prozessualen Zweck".[274]

Trotz dieser Unterschiede in der dogmatischen Einordnung ist jedoch festzustellen: Ob Prozessvertrag oder nicht, Brüssel Ia-VO, HGÜ und ZPO verfügen allesamt nicht über solche Regelungen, die unmittelbar aus sich heraus sämtliche materiell-rechtlichen Aspekte des Zustandekommens einer Gerichtsstandsvereinbarung erfassen würden.[275] Eine Aufspaltung in verfahrensrechtliche und materiell-rechtliche Gültigkeitsfragen und die Heranziehung mit Hilfe des Kollisionsrechts zu bestimmender nationaler Normen für den materiell-rechtlichen Teil bleiben in jedem Falle unumgänglich.[276]

I. Regelungsgehalt von Brüssel Ia-VO, HGÜ und ZPO

Innerhalb des Anwendungsbereichs der Brüssel Ia-VO wird zwar betont, der EuGH habe die Erforderlichkeit eines Rückgriffs auf die autonomen Kollisions-, Prozess- und Sachrechte der Mitgliedstaaten begrenzt, indem er bereits Art. 23 Brüssel I-VO stets explizit weit ausgelegt habe.[277] Darüber hinaus war schon mit Bezug auf Art. 23 Brüssel I-VO zu lesen, die Verordnung halte mit dem Begriff der *Vereinbarung* ein autonomes Konzept bereit.[278] So richtig diese Aussagen sicherlich sind, so schwierig ist es, ihren Inhalt genauer zu fassen.

Weil es die europäischen Regelungen sind, die im Fokus dieser Arbeit stehen, und weil eben diese europäischen Regelungen eine bemerkenswerte Entwicklung auf dem Weg zur jetzigen Fassung des Art. 25 Brüssel Ia-VO durchgemacht haben, wird mit einer Darstellung dieser Entwicklung begonnen. Anschließend folgt eine kurze Einführung in die aktuell geltende Rechtslage für Fragen der

---

273 *Weller*, S. 9; *Hess*, Rn. 6.152.

274 EuGH – Benincasa/Dentalkit, aaO (Fn. 60) Rn. 25.

275 Vgl. *Hess*, Rn. 6.152.

276 Vgl. *Rauscher*, ZZP 104 (1991), 271, 279; für den Bereich der Brüssel Ia-VO *Gebauer*, FS von Hoffmann, 577; diese Notwendigkeit erkennen auch diejenigen an, die die Gerichtsstandsvereinbarung prozessrechtlich einordnen, vgl. dazu *Hausmann*, FS Lorenz, 359, 364.

277 *Hess*, Rn. 6.152.

278 *Gebauer*, FS von Hoffmann, 577.

materiellen Gültigkeit von Gerichtsstandsvereinbarungen nach dem HGÜ und nach dem autonomen deutschen internationalen Zivilprozessrecht.

1. Entwicklung der europäischen Vorschriften auf dem Weg zu Art. 25 Brüssel Ia-VO

Die Darstellung des europäischen Rechts soll bei Art. 23 Brüssel I-VO bzw. Art. 17 EuGVÜ beginnen, um sodann die in der Folgezeit vorgelegten verschiedenen Entwürfe für eine neue Kollisionsnorm zu beleuchten. Abschließend soll ein erster Überblick über die aktuelle Fassung des Art. 25 Brüssel Ia-VO gegeben werden.

a.) Rechtslage nach Art. 23 Brüssel I-VO/Art. 17 EuGVÜ

Art. 23 Brüssel I-VO enthielt wie Art. 17 EuGVÜ für in der Vorschrift nicht erwähnte und ihr auch nicht zu entnehmende Gültigkeitsvoraussetzungen im Gegensatz zur heutigen Regelung in Art. 25 Brüssel Ia-VO keine ausdrückliche Verweisung. Der Wortlaut ließ also offen, ob und inwieweit materiell-rechtliche Restfragen von Art. 23 Brüssel I-VO selbst oder von dem insoweit zur Anwendung berufenen nationalen Recht geregelt sein sollten. Ebenso offen blieb dabei, wie überhaupt das anwendbare nationale Recht zu bestimmen sei. Diese Lücken waren stets Gegenstand lebhafter Kritik und wurden unter anderem als „erheblicher Schwachpunkt der Vorschrift“ bezeichnet.[279] Vor Inkrafttreten der Brüssel Ia-VO sah die Praxis hinsichtlich der Frage, welchem Recht die materiell-rechtlichen Gültigkeitsfragen von Gerichtsstandsvereinbarungen zu unterwerfen wären, innerhalb der EU entsprechend uneinheitlich aus:[280] Die Mitgliedstaaten hielten teilweise das von den Parteien für den gesamten Vertrag und/oder die Prorogationsvereinbarung gewählte Recht, teilweise das Recht des Mitgliedstaats desjenigen Gerichts, das in der Gerichtsstandsvereinbarung für zuständig erklärt wurde, und teilweise die lex fori des jeweiligen Prozessgerichts für die richtige Lösung.[281] Die deutlich vorherrschende Meinung[282] in der Literatur sprach sich für die Geltung desjenigen nationalen Rechts aus, das

---

279 *Magnus*, FS von Hoffmann, 664, 667.

280 *Freitag*, FS Magnus, 419, 428 mit Hinweis auf *Nuyts*, Rev. crit. DIP 102 (2013), 1, 54 f.; *Magnus*, FS Martiny, 785, 791 mit Hinweis auf Heidelberg Report, Rn. 326.

281 *Nuyts*, Rev. crit. DIP 102 (2013), 1, 54 f.; Heidelberg Report, Rn. 326, der allerdings nur die Anwendung von lex fori und lex causae gegenüberstellt.

282 Vgl. auch *Magnus*, IPRax 2016, 521, 524, der von "weitgehender Einigkeit" spricht.

vom IPR des angerufenen Forums für anwendbar erklärt wurde.[283] Dieses angerufene Gericht konnte mit dem prorogierten Gericht identisch sein; zwingend war dies allerdings nicht.[284] Bei der Suche nach den insoweit einschlägigen IPR-Normen am Ort des angerufenen Gerichts plädierte die überwiegende Mehrheit der Autoren für die Anwendung der lex causae des Hauptvertrags.[285]

Der EuGH vermied es, sich eindeutig festzulegen[286] – auch wenn es bereits 1981 in der Rechtssache „Elefanten Schuh" zunächst danach ausgesehen hatte, als könne eine Klärung herbeigeführt werden: Auf der einen Seite stand die Regierung des Vereinigten Königreichs, die dafür eintrat, jedenfalls bei untrennbar mit dem Vertrag verknüpften Gerichtsstandsvereinbarungen das anwendbare Recht über das IPR des angerufenen Forums zu bestimmen.[287] Auf der anderen Seite stand Generalanwalt Gordon Slynn, der deutlich für das Recht des in der Gerichtsstandsvereinbarung benannten Gerichts – und zwar ohne „Umweg" über das Kollisionsrecht – als die zu bevorzugende, europaweit einheitliche Lösung plädierte; nur so könne dem Grundsatz der Einheitlichkeit in ausreichendem Maße Rechnung getragen werden.[288] Der EuGH jedoch versäumte diese Möglichkeit zur Klarstellung.[289] Seine auf die Vorschriften über die Gerichtsstandsvereinbarungen bezogene Rechtsprechung der folgenden Jahre

283 *Magnus/Mankowski,* ZVglRWiss 2011, 274; *Magnus,* FS von Hoffmann, 664, 667 f.; Thomas/Putzo/*Hüßtege*, 35. Aufl., Art. 23 Rn. 4; Musielak/*Stadler*, 9. Aufl., Art. 23 Rn. 3; Reithmann/Martiny/*Hausmann*, 7. Aufl., Rn. 6413; Magnus/Mankowski/*Magnus*, 2. Aufl., Art. 23 Rn. 81; Rauscher/*Mankowski*, 3. Aufl., Art. 23 Rn. 41; *Grunsky*, RIW 1977, 1, 6; *Wagner/Schüngeler*, ZVglRWiss 2009, 399, 411; *Gottschalk/Breßler*, ZEuP 2007, 56, 68; *v. Hein,* RIW 2013, 97, 105; *Kropholler/v. Hein*, EuZPR, Art. 23 Rn. 28 m.w.N. in dortiger Fn. 87; *Dörner/Staudinger*, IPRax 1999, 338, 341; vgl. auch BGH, Urt. v. 15.2.2007 – I ZR 40/04, NJW 2007, 2036, 2037.

284 Vgl. *Magnus*, IPRax 2016, 521, 524.

285 Vgl. *Gottwald*, FS Henckel, 295, 302 m.w.N. in dortiger Fn. 49; *Grunsky*, RIW 1977, 1, 7; *Kröll*, ZZP 113 (2000), 135, 148; Magnus/Mankowski/*Magnus*, 2. Aufl., Art. 23 Rn. 81; Rauscher/*Mankowski*, 3. Aufl., Art. 23 Rn. 41; Musielak/*Stadler*, 9. Aufl., Art. 23 Rn. 3; Thomas/Putzo/*Hüßtege*, 35. Aufl., Art. 23 Rn. 4; s. insgesamt dazu *Gebauer*, FS von Hoffmann, 577, 580 f.

286 *Gottwald*, FS Henckel, 295, 305: Der EuGH habe „sibyllinisch" auf das anwendbare Recht verwiesen.

287 EuGH – Elefanten Schuh/Jacqmain, aaO (Fn. 93), Slg. 1981, 1672, 1680 f.

288 Vgl. die Schlussanträge des Generalanwalts Sir Gordon Slynn v. 20.5.1981 – Rs. 150/80, ECLI:EU:C:1981:112 = Slg. 1981, 1690, 1698 – Elefanten Schuh/Jacqmain.

289 EuGH – Elefanten Schuh/Jacqmain, aaO (Fn. 93) Slg. 1981, 1672, 1688.

war geprägt von der Entwicklung europarechtsautonomer Auslegungsmaßstäbe.[290] Pauschale Verweise auf das „anwendbare nationale Recht“ bezogen sich nie auf ein allgemeines Prorogationsstatut, sondern allenfalls auf selbständig anzuknüpfende Fragen, etwa im Zusammenhang mit der Übertragbarkeit von Gerichtsstandsvereinbarungen auf Dritte.[291]

Das Fehlen einer innerhalb der EU vereinheitlichten Kollisionsnorm führte zu einer Situation, in der verschiedene Kollisionsnormen verschiedener Mitgliedstaaten zur Anwendbarkeit verschiedener (Sach-)Rechte führen konnten, die Gültigkeit der jeweils in Rede stehenden Gerichtsstandsvereinbarung also von einem angerufenen Gericht (eines Mitgliedstaats) durchaus als gültig, von einem anderen angerufenen Gericht (eines anderen Mitgliedstaats) aber als ungültig angesehen werden konnte.[292] Dieses nach dem Bericht der EU-Kommission ausdrücklich unerwünschte Ergebnis[293] galt es abzuändern.

b.) Art. 23 EuGVVO-E

Der erste Kommissionsvorschlag für eine Neufassung der Brüssel I-VO zielte denn auch darauf ab, die vorhandenen Unsicherheiten zu beseitigen, „die Wirksamkeit von Gerichtsstandsvereinbarungen zu verbessern“ und dafür Sorge zu tragen, dass im Hinblick auf die materielle Wirksamkeit von Gerichtsstandsvereinbarungen unabhängig vom angerufenen Gericht in allen Mitgliedstaaten annähernd gleich entschieden werde: [294] Eine harmonisierte Kollisionsnorm für die Frage der materiellen Gültigkeit von Gerichtsstandsvereinbarungen wurde in Art. 23 Abs. 1 Satz 1 Halbsatz 2 des Vorschlags[295] eingeführt; ihr Wortlaut entsprach dem heutigen Art. 25 Abs. 1 Satz 1 Halbsatz 2 Brüssel Ia-VO: Materiell-rechtliche Gültigkeitsfragen sollten danach ganz explizit aus dem Normkomplex der Verordnung ausgeklammert werden. Erstmals sollte die

---

290 S. dazu insbesondere unten Abschnitte und II. 4. a.) dd.) aaa.) (1.) und II. 4. a.) ff.) bbb.) (3.).

291 S. dazu ausführlich unten Abschnitt II. 4. a.) ff.) aaa.).

292 Heidelberg Report, Rn. 326.

293 Bericht der Kommission an das Europäische Parlament, den Rat und den Europäischen Wirtschafts- und Sozialausschuss über die Anwendung der Verordnunge (EG) Nr. 44/2001 des Rates über die gerichtliche Zuständigkeit und die Anerkennung und Vollstreckung von Entscheidungen in Zivil- und Handelssachen, KOM(2009) 174 endg. (im Folgenden: „Kommissionsbericht“), Abschnitt 3.3.

294 EuGVVO-E, Abschnitt 3.1.3.

295 EuGVVO-E, S. 35.

europäische Vorschrift die Notwendigkeit des Rückgriffs auf nationales materielles Zivilrecht ausdrücklich anerkennen und das Recht bestimmen, das über die (Un-)Wirksamkeit von Gerichtsstandsklauseln zu entscheiden hätte: nämlich das Recht des prorogierten Gerichts.

c.) Reaktionen des Europäischen Parlaments

Im Europäischen Parlament wurden auch deutlich davon abweichende Vorschläge erörtert: Tadeusz Zwiefka, zuständiger Berichterstatter im Rechtsausschuss des Europäischen Parlaments, schlug im Berichtsentwurf für den Rechtsausschuss[296] mit seinem Änderungsantrag 20 eine ganz andere Richtung als diejenige der Kommission ein. Dieser sah in Art. 23a Abs. 1 eine ausführliche vereinheitlichte Kollisionsnorm für Fragen der materiellen Gültigkeit von Gerichtsstandsvereinbarungen vor, und zwar mit mehreren alternativ verbundenen Anknüpfungsmöglichkeiten: Für die materielle Gültigkeit einer Gerichtsstandsvereinbarung sollte es danach genügen, wenn

(a) entweder das Recht des prorogierten Gerichtes oder
(b) das von den Parteien für die Gerichtsstandsvereinbarung gewählte Recht oder
(c) für den Fall, dass keine solche Wahl vorliege, das von den Parteien für den Hauptvertrag gewählte Recht oder
(d) für den Fall, dass es bereits an einem Hauptvertrag fehle, das auf die dem Rechtsstreit zugrundeliegende konkrete rechtliche Beziehung anwendbare Recht

die Gerichtsstandsvereinbarung als materiell gültig ansähe. Die gewählte Art der alternativen Anknüpfungsmöglichkeiten sollte offensichtlich dazu führen, möglichst einfach die Schwelle der materiellen Gültigkeit zu erreichen.[297] Sie wurde aber gerade dafür kritisiert: Alternativanknupfungen seien stets zu vermeiden; sie provozierten Situationen, in denen sich Drittstaaten mit der Anerkennung (hier von Gerichtsstandsvereinbarungen) durchaus schwertäten.[298]

Im Zuge des weiteren Rechtsetzungsverfahrens zog Zwiefka seinen Änderungsantrag offenbar zurück. Denn im endgültigen Bericht des Rechtsausschusses für das Plenum des Europäischen Parlaments[299] fand sich Art. 23a des

296 S. Fn. 144.
297 Vgl. *Magnus/Mankowski*, ZVglRWiss 2011, 252, 278.
298 Vgl. *Magnus/Mankowski*, ZVglRWiss 2011, 252, 278.
299 Bericht über den Vorschlag für eine Verordnung des Europäischen Parlaments und des Rates über die gerichtliche Zuständigkeit und die Anerkennung und Vollstreckung

Berichtsentwurfs nicht wieder. Vielmehr übernahm der Rechtsausschuss die von der Kommission vorgeschlagene Kollisionsnorm mit marginaler Änderung, nämlich mit der Wendung „im Hinblick auf ihre materielle Wirksamkeit" statt „materiell".

d.) Abweichender Vorschlag von Heinze

Nicht nur im Europäischen Parlament, sondern auch in der Literatur gab es nennenswerte Kritik am Entwurf der EU-Kommission.[300] Hervorzuheben ist an dieser Stelle diejenige von Heinze, der einen eigenen Gegenvorschlag anbot.[301] Seiner Auffassung nach sollten sowohl dem Parteiwillen (durch eine auf die Vereinbarung selbst gerichtete Rechtswahlmöglichkeit) als auch dem Zusammenhang mit dem zugrundeliegenden Rechtsgeschäft mehr Bedeutung beigemessen werden.[302] Heinze schlug vor, die Kollisionsnorm in einem neuen Absatz 5 (von Art. 23 EUGVVO-E) fortzuschreiben und ihr folgenden (englischen) Wortlaut zu geben:

> "5. Subject to the provisions of this Regulation, an agreement referred to in paragraph 1 shall be governed by the law chosen by the parties, in the absence of such choice by the same law which governs the issue in dispute in the main contract in which the agreement is incorporated, and in the absence of a main contract by the substantive law of the Member State whose court or courts have been chosen in the agreement."[303]

e.) Art. 25 Brüssel Ia-VO

Weder dieser Gegenvorschlag aus der Literatur noch der klarstellende Änderungsvorschlag des Rechtsausschusses stieß beim europäischen Verordnungsgeber auf Gegenliebe. Art. 25 Abs. 1 Satz 1 Halbsatz 2 Brüssel Ia-VO greift auf Zuschnitt und Inhalt der ursprünglich von der Kommission vorgeschlagenen Kollisionsnorm zurück. Zwar hatte auch der Heidelberg Report, ein Bericht über die Anwendung der Brüssel I-VO in den verschiedenen Mitgliedstaaten, noch zwei andere Optionen aufgezeigt:

1. Das Rekurrieren auf einen Common Frame of Reference

---

von Entscheidungen in Zivil- und Handelssachen (Neufassung) vom 15.10.2012, (A7-0320/2012, RR\915922DE.doc).

300 Vgl. etwa *Geimer*, FS Simotta, 163, 183 f.; *Heinze*, RabelsZ 2011, 581 ff.

301 *Heinze*, RabelsZ 2011, 581 ff., insbesondere 587.

302 *Heinze*, RabelsZ 2011, 581, 585 f.

303 *Heinze*, RabelsZ 2011, 581, 587.

2. Die Kombination einer Kollisionsnorm mit dem Common Frame of Reference[304]

Weder die eine noch die andere Option ließen sich jedoch realisieren.[305] Eine EU-einheitsrechtliche Regel zur materiellen Gültigkeit von Gerichtsstandsvereinbarungen existiert damit nicht. Im Gegensatz dazu enthält Art. 25 Brüssel Ia-VO eine einheitliche Kollisionsnorm mit Anknüpfungsgegenstand und Anknüpfungspunkt. Der Anknüpfungsgegenstand ist eingegrenzt: Art. 25 Abs. 1 Satz 1 Halbsatz 2 Brüssel Ia-VO ist keine Auffangregel für sämtliche in Art. 25 selbst nicht geregelten Fragen, die im Zusammenhang mit Gerichtsstandsvereinbarungen auftreten; er betrifft ganz ausdrücklich nur die materielle Nichtigkeit von Gerichtsstandsvereinbarungen.[306]

Nach der nun geltenden Vorschrift ist das prorogierte Gericht zuständig, es sei denn, die Gerichtsstandsvereinbarung ist nach dem Recht des Mitgliedstaats des bezeichneten Gerichts materiell nichtig. Damit ist der Verweis auf die lex fori prorogati in Verordnungsform gegossen. Diese Entscheidung des europäischen Verordnungsgebers bedeutet: Jedes angerufene Gericht, also auch ein derogiertes Gericht, das unter Verstoß gegen eine Gerichtsstandsvereinbarung angerufen wird, muss deren eventuelle materielle Nichtigkeit nach der lex fori prorogati beurteilen.[307] Keine lex fori derogati kommt in dieser Hinsicht zum Zuge; selbst dann nicht, wenn die Gerichtsstandsvereinbarung in ihrer Wirksamkeit ersichtlich zweifelhaft sein sollte.[308] Damit werden Inkonsistenzen vermieden; prorogiertes und derogiertes Gericht sollen „im Gleichklang" entscheiden können, jeweils auf Basis der lex fori prorogati.[309] Für das prorogierte Gericht bedeutet diese Regelung freilich einen großen Vorteil – wenn es auch tatsächlich angerufen wird: Es kann sein eigenes Recht anwenden.[310] Das eigene Recht anzuwenden, hat regelmäßig die Argumente der Effizienz und Praktikabilität auf seiner

304 Heidelberg Report, Rn. 378.
305 Rauscher/*Mankowski*, Art. 25 Rn. 36.
306 Vgl. Rauscher/Mankowski, Art. 25 Rn. 61; *Simotta*, Int J Proced L 3 (2013) 58, 72.
307 *Basedow*, FS Magnus, 337, 341 f.
308 Rauscher/*Mankowski*, Art. 25 Rn. 42; *Magnus*, IPRax 2016, 521, 525.
309 Rauscher/*Mankowski*, Art. 25 Rn. 42; *Nuyts*, Rev. crit. 102 (2013), 1, 56: „décision similaire sur cette question quelle que soit la juridiction saisie".
310 Rauscher/*Mankowski*, Art. 25 Rn. 43; *Magnus/Mankowski*, ZVglRWiss 2011, 252, 277; *Simotta*, Int J Proced L 3 (2013) 58, 70; Saenger/*Dörner*, Art. 25 Rn. 15: „praktische Konsequenz".

Seite.[311] Für das angerufene derogierte Gericht zieht die Vorschrift dagegen mitunter komplexe Rechtsermittlungen nach sich.[312]

Zum Teil wird davon ausgegangen, die Kollisionsnorm enthalte „keine Beschränkung auf vertragsrechtliche Nichtigkeitsregeln".[313] Ihre Verweisung könne vielmehr auch nicht-vertragsrechtliche Regeln zur Anwendung bringen; schließlich könnten Gerichtsstandsvereinbarungen auch außervertragliche Ansprüche erfassen.[314] „Materielle Nichtigkeit" bedeute gerade nicht zwangsläufig auch „vertragliche Nichtigkeit".[315] Dabei darf aber nicht übersehen werden, dass die Kollisionsnorm die (Un-)Gültigkeit nur der Gerichtsstandsvereinbarung betrifft. Sie regelt die materielle Nichtigkeit dieses besonderen Vertrags und gerade nicht diejenige des zugrundeliegenden Rechtsverhältnisses, das selbstredend vertraglicher oder aber auch außervertraglicher Natur sein kann. Richtigerweise können unter Fragen der „materiellen Nichtigkeit" auch nur die weiteren Wirksamkeitsvoraussetzungen eines Vertrags verstanden werden.[316]

Die Formulierung „es sei denn" in der Kollisionsnorm macht die Entscheidung des europäischen Verordnungsgebers für die Aufnahme einer Vermutungsregel in Art. 25 Brüssel Ia-VO deutlich. Dieser deutsche Wortlaut ist ebenso wie "unless" in der englischen oder „sauf si" in der französischen Sprachfassung eine jeweils gängige Formulierung für die Schaffung einer (widerleglichen) gesetzlichen Vermutung. In diesem Fall hat der Verordnungsgeber eine Vermutung zugunsten der Wirksamkeit von Gerichtsstandsvereinbarungen geschaffen, die den Formanforderungen des Art. 25 Abs. 1 Brüssel Ia-VO entsprechen.[317] Die materielle Nichtigkeit ist nach der Konzeption des Art. 25 Brüssel Ia-VO die Ausnahme; wer sich darauf beruft, muss das Vorliegen ihrer Voraussetzungen beweisen.[318]

311 *Lindenmayr*, S. 104

312 MüKo-ZPO/*Gottwald*, Art. 25 Brüssel Ia-VO Rn. 18; Rauscher/*Mankowski*, Art. 25 Rn. 42; vgl. auch *Antomo*, ZZPInt 17 (2012), 183, 201.

313 Vgl. Rauscher/Mankowski, Art. 25 Rn. 61.

314 Vgl. Rauscher/Mankowski, Art. 25 Rn. 61.

315 Vgl. Rauscher/Mankowski, Art. 25 Rn. 61.

316 Vgl. MüKo-ZPO/*Gottwald*, Art. 25 Brüssel Ia-VO Rn. 17.

317 Vgl. Rauscher/Mankowski, Art. 25 Rn. 56.

318 *Simotta*, Int J Proced L 3 (2013), 58, 66.

2. Rechtslage nach dem HGÜ

Was die Regelung materieller Gültigkeitsfragen von Gerichtsstandsvereinbarungen im HGÜ betrifft, kann bezüglich der Grundlagen auf die Ausführungen zu Art. 25 Abs. 1 Satz 1 Halbsatz 2 Brüssel Ia-VO verwiesen werden. Denn diese Norm ist gleichsam die Kopie von Art. 5 Abs. 1 letzter Halbsatz HGÜ.[319] Auch nach dem HGÜ ist die materielle – aber eben auch nur die materielle – Wirksamkeit nach dem Recht des prorogierten Gerichts zu beurteilen. Selbstverständlich bestehen kleine Formulierungsunterschiede; so spricht das HGÜ vom „Vertragsstaat", während in der Brüssel Ia-VO vom „Mitgliedstaat" die Rede ist. Daneben ist folgender Unterschied auszumachen: Art. 25 Abs. 1 Satz 1 Halbsatz 2 Brüssel Ia-VO benutzt in der deutschen Sprachfassung die Begrifflichkeit der „materiellen Nichtigkeit", Art. 5 Abs. 1 letzter Halbsatz HGÜ wählt stattdessen das Wort „ungültig". Interessanterweise findet sich dieser Unterschied allerdings weder in der englischen ("null and void") noch in der französischen („nul") Fassung der Regelwerke wieder. Direkt beabsichtigt scheint er also nicht zu sein.[320]

3. Rechtslage nach der ZPO

Bis zum heutigen Tage fehlt im autonomen deutschen internationalen Zivilprozessrecht eine Kollisionsnorm für Fragen der materiellen Gültigkeit von Gerichtsstandsvereinbarungen. Insoweit ist – vergleichbar mit der früher nach Art. 23 Brüssel I-VO geltenden Rechtslage – umstritten, welches Recht insoweit zur Anwendung kommen soll.[321]

Einige wenige vertraten die Lösung, in § 38 ZPO unmittelbar eine eigene Kollisionsnorm hineinzulesen und so jegliche Umwege über das IPR zu vermeiden.[322] Der BGH und die überwiegende Zahl der Oberlandesgerichte gehen

319 MüKo-ZPO/*Gottwald*, Art. 25 Brüssel Ia-VO Rn. 17; vgl. auch *Magnus/Mankowski*, ZVglRWiss 2011, 252, 277; *Weller*, GPR 2012, 34, 41; *Nuyts*, Rev. crit. 102 (2013) 1,55; *Simotta*, Int J Proced L 3 (2013), 58, 65; *Domej*, RabelsZ 2014, 508, 526; *Nunner-Krautgasser*, ZZP 127 (2014) 461, 473; Art. 5 Abs. 1 HGÜ zum Vorbild zu nehmen, hatte man bereits im Heidelberg Report vorgeschlagen: Rn. 327.

320 Zu diesem Ergebnis kommt auch *Simotta*; es liege nahe, beide Begriffe gleich auszulegen: Int J Proced L 3 (2013), 58, 66.

321 Vgl. *Antomo*, ZZPInt 17 (2012) 183, 189.

322 *Lorenz*, IPRax 1985, 256, 260; vgl. hierzu *Antomo*, ZZPInt 17 (2012), 183, 194, die den Ansatz als undogmatisch und systemfremd verwirft.

jedoch in ständiger Rechtsprechung davon aus, dass das IPR des angerufenen Gerichts zum Zuge komme.[323] Dem folgt die deutsche Lehre weitgehend.[324]

II. Offene Fragen nach der aktuell geltenden Rechtslage

Art. 25 Abs. 1 Brüssel Ia-VO und Art. 5 Abs. 1 HGÜ enthalten also jeweils harmonisierte Kollisionsnormen; beide Normkomplexe unterstellen die materielle Gültigkeit von Gerichtsstandsvereinbarungen der lex fori prorogati.

Damit bleibt allerdings zum einen die Frage: Handelt es sich bei den harmonisierten Kollisionsnormen in Art. 25 Abs. 1 Satz 1, Halbsatz 2 Brüssel Ia-VO und in Art. 5 Abs. 1 letzter Halbsatz HGÜ um Sachnorm- oder um Gesamtverweisungen? (1.)

Daneben stellen sich – auch nach der Reform der Brüssel I-VO – weitere ausführlich diskussionsbedürftige Problempunkte:

Trotz vorhandener Kollisionsnormen in Art. 25 Abs. 1 Brüssel Ia-VO und in Art. 5 HGÜ bleibt unklar, wie das letztendlich anwendbare Sachrecht genau zu ermitteln ist. Innerhalb des Anwendungsbereichs der §§ 38, 40 ZPO stellt sich diese Frage seit geraumer Zeit. (2.)

In jüngerer Zeit wird konkret daran gearbeitet, eine Lösung de lege ferenda zu entwickeln, um diejenigen Lücken zu schließen, die das Kollisionsrecht im Bereich internationaler Gerichtsstandsvereinbarungen nach wie vor aufweist. Namentlich soll ein Vorschlag näher beleuchtet werden, der im Deutschen Rat für IPR diskutiert worden ist. (3.)

Um die Auswirkung der Lücken im Kollisionsrecht und die Frage nach einem Erfordernis der Lückenfüllung, sei es durch analoge Anwendung vorhandener Rechtsnormen, sei es durch Schaffung neuer Vorschriften, abschließend einschätzen zu können, bedarf es einer Einzelbetrachtung der verschiedenen Regelungskomplexe unter Berücksichtigung der Reichweite des jeweiligen Kollisionsrechts. Die Kollisionsnormen sowohl in Art. 5 HGÜ als auch in Art. 25 Brüssel Ia-VO treffen keine ausdrückliche Aussage über ihre Reichweite, also

---

323 BGH, Urt. v. 15.4.1970 – VIII ZR 87/69, NJW 1971, 323; BGH, Urt. v. 22.9.1971 – VIII ZR 259/69, NJW 1972, 391; BGH, Urt. v. 24.10.1972 – VIII ZR 76/71, NJW 1972, 1622, 1623; BGH, Urt. v. 18.3.1997 – XI ZR 34/96, NJW 1997, 2885, 2886; OLG München, Urt. v. 28.9.1989 – 24 U 391/87, IPRax 1991, 46, 48; OLG Bamberg, Urt. v. 22.9.1988 – 1 U 302/87, NJW-RR 1989, 371; OLG Saarbrücken, Urt. v. 13.10.1999 – 1 U 190/99-37, 1 U 190/99, NJW 2000, 670, 671; s. dazu näher *Antomo*, ZZPInt 17 (2012) 183, 191 ff.

324 Musielak/Voit/*Heinrich*, § 38 Rn. 18; MüKo-ZPO/*Patzina*, § 38 ZPO Rn. 13; MüKo-BGB/*Martiny*, vor Art. 1 Rom I-VO Rn. 75.

darüber, welche Fragen der materiellen Gültigkeit jeweils von ihnen und damit von der Verweisung erfasst werden. Innerhalb des autonomen deutschen internationalen Zivilprozessrechts existiert eine Verweisung nicht. Dennoch stellt sich auch hier die Frage nach der Reichweite: Welche Gültigkeitsvoraussetzungen sind von den vorhandenen prozessualen Vorschriften der §§ 38, 40 ZPO erfasst? Und welche müssen internationalprivatrechtlich angeknüpft und darüber dem anwendbaren materiellen Recht unterworfen werden? (4. a., b. und c.)

Den Fragen soll im Einzelnen nachgegangen werden, um schließlich Lösungen in allen drei Regelungskomplexen aufzuzeigen.

1. Inhaltliche Bedeutung der Kollisionsnorm – Sachnorm- oder Gesamtverweisung

Sowohl Art. 25 Abs. 1 Brüssel Ia-VO als auch Art. 5 Abs. 1 HGÜ enthalten eine Verweisung auf das „Recht" des Mitgliedstaats desjenigen Gerichts, das in der Gerichtsstandsvereinbarung für zuständig erklärt worden ist. Es stellt sich insofern jeweils die Frage, ob es sich bei der Verweisung auf das „Recht" um eine Sachnorm- oder um eine Gesamtverweisung handelt.

a.) Art. 5 HGÜ

Für Art. 5 HGÜ scheint diese Frage eindeutig geklärt.

Hartley und Dogauchi stellen in ihrem Erläuternden Bericht zum HGÜ klar, dass der Begriff „Recht" in Art. 5 Abs. 1 HGÜ – ebenso wie in den Artt. 6 lit. a und 9 lit. a HGÜ – das Recht des Staates des vereinbarten Gerichts einschließlich seiner Kollisionsnormen bezeichnet, dass die Vorschriften also jeweils eine Gesamtverweisung enthalten.[325] Hätte man keine solche Gesamtverweisung beabsichtigt, so Hartley und Dogauchi, dann hätte man für den Wortlaut eine andere Formulierung gewählt, nämlich „nach dem *innerstaatlichen* Recht dieses Staates".[326]

Es ist nachvollziehbar, dass die herrschende Meinung[327] diesen ergänzenden Hinweisen in den Materialien folgt; sie fasst die Vorschriften ebenfalls als

325 Hartley/Dogauchi-Bericht, Rn. 94 i.V.m. dortiger Fn. 124, Rn. 125, Rn. 149 i.V.m. dortiger Fn. 184 und Rn. 183 i.V.m. dortiger Fn. 219.

326 Hartley/Dogauchi-Bericht, Rn. 125 i.V.m. dortiger Fn. 158; vgl. insoweit auch *Wagner*, RabelsZ 2009, 100, 117 f.; *Simotta*, FS Schütze, 541, 545; beachte aber *Magnus*, FS von Hoffmann, 664, dortige Fn. 48, der eine solche Argumentation im Zusammenhang mit Art. 23 EuGVVO-E kritisiert: Diese feine Unterscheidung dürfte dem normalen Richter oder sonstigen Rechtsanwender kaum geläufig sein.

327 So bezeichnet von *Huber* in IPRax 2016, 197, 200.

Gesamtverweisung auf.[328] Schließlich haben die Autoren des Hartley/Dogauchi-Berichts an den Verhandlungen in Haag teilgenommen; man kann also grundsätzlich davon ausgehen, dass sie die bei der Schaffung des Übereinkommens maßgeblichen Motive am besten kennen.[329]

Nichtsdestotrotz nimmt eine Mindermeinung eine Sachrechtsverweisung an.[330] Zur Begründung wird ausgeführt, eine Weiterverweisung würde nur dann Sinn machen, wenn man insoweit eine Einheitlichkeit mit dem Statut des Hauptvertrags herstellen wollte; ob dies in Anbetracht der von Art. 3 lit. d ausdrücklich angeordneten Selbständigkeit der Gerichtsstandsvereinbarung den Intentionen des Abkommens entspreche, sei mehr als zweifelhaft.[331]

Dass sich weitere Autoren die Schaffung einer Sachnormverweisung im HGÜ gewünscht hätten, vor allen Dingen mit dem Argument, eine solche Lösung wäre mit weniger Unsicherheiten behaftet und die anwendbare Rechtsordnung darüber leichter prognostizierbar,[332] ist wiederum verständlich. Angesichts der durch Hartley und Dogauchi eindeutig geäußerten Intention des Konventionsgebers kann dies allerdings nur als Vorschlag de lege ferenda gedeutet werden; die Interpretation des geltenden Rechts vermag diese Position nicht zu beeinflussen.

b.) Art. 25 Abs. 1 Brüssel Ia-VO

Die oben bereits dargestellten unterschiedlichen Vorstellungen hinsichtlich der genauen Ausgestaltung einer neuen Kollisionsnorm umfassten auch die Frage, ob die Implementierung einer Sachnorm- oder einer Gesamtverweisung vorzuziehen sei. Insofern lohnt sich erneut ein Blick in die Historie des Art. 25 Abs. 1

---

328 Ohne allerdings eine Gegenansicht zu benennen: *Wagner/Schüngeler*, ZVglRWiss 2009, 399, 411; *Eichel*, RIW 2009, 289, 294 f., auch dortige Fn. 93; *Magnus*, FS Martiny, 785, 791; Rauscher/*Mankowski*, Art. 25 Rn. 45; *Antomo*, NJW 2015, 2919, 2921; s. ebenso *Wagner*, RabelsZ 2009, 100, 117 f.; *Hartley*, E.L.Rev. 2006, 414, 416; *Teitz*, 53 Am.J.Comp.L. 2005, 550; *Rühl*, IPRax 2005, 410, 413, dortige Fn. 54.; *Huber*, IPRax 2016, 197, 200; Rauscher/*Weller*, Einf HProrogÜbk 2005 Rn. 22.

329 *Bläsi*, S. 163; vgl. auch Magnus/Mankowski/*Magnus*, Art. 25 Rn. 81a, der in diesem Zusammenhang vom Hartley/Dogauchi-Bericht als „relevant statement" spricht.

330 *Hess*, Rn. 5.57 (bezogen auf Art. 6 HGÜ); *Fricke*, VersR 2006, 476, 479; zur Fassung des Haager Entwurfs vom Dezember 2003 auch *Coester-Waltjen*, FS Heldrich, 549, 557, die diese Ansicht allerdings ausdrücklich mit einem Fragezeichen versieht; s. zu der Mindermeinung von Fricke und Coester-Waltjen auch *Bläsi*, S. 163 f.

331 *Fricke*, VersR 2006, 476, 479.

332 *Antomo*, ZZPInt 17 (2012), 183, 189, dortige Fn. 36.

Brüssel Ia-VO. Art. 23 Brüssel I-VO enthielt keinerlei Verweisung und kann deshalb an dieser Stelle außer Betracht bleiben.

aa.) Art. 23 EuGVVO-E

Mit dem Verweis auf das „Recht" des Mitgliedstaats des bezeichneten Gerichts war der Inhalt der Verweisung bereits im ersten Kommissionsvorschlag für eine Neufassung der Brüssel I-VO nicht auf den ersten Blick eindeutig - was in der Literatur umgehend zu Diskussionen führte. Zum Teil wurde die vorgeschlagene Kollisionsnorm ohne nähere Erläuterung mit einer Sachnormverweisung gleichgesetzt.[333] Das erstaunt - auch wenn der Wortlaut selbst („es sei denn, die Vereinbarung ist nach dem Recht dieses Mitgliedstaats materiell nichtig") eher auf eine Verweisung auf das Sachrecht des prorogierten Gerichts hinzudeuten schien.[334] Im Ergebnis für eine Sachnormverweisung, aber mit eingehender Erörterung und Begründung seiner Sichtweise, plädierte auch Gebauer: Bei Annahme einer Gesamtverweisung würde die Rechtsanwendung zu kompliziert, insbesondere dann, wenn an einem anderen Forum als dem forum prorogatum geklagt werde.[335] Magnus und Mankowski hingegen befürworteten aus vier verschiedenen Gründen die Entscheidung für eine Gesamtverweisung:[336]

Erstens führe die vorgeschlagene Kollisionsnorm in Form einer Gesamtverweisung in den allermeisten Fällen zu demselben Ergebnis wie die bisherige Praxis unter Art. 23 Brüssel I-VO - auch wenn lex fori und lex fori prorogati freilich nicht immer zusammenfielen.[337]

Zweitens sei über die Rom I-VO abgesichert, dass in den Mitgliedstaaten der EU dieselben vereinheitlichten Kollisionsnormen Anwendung fänden.[338] Dies gelte trotz des grundsätzlich vorgesehenen Ausschlusses der Gerichtsstandsvereinbarungen in Art. 1 Abs. 2 lit. e Rom I-VO.[339] Denn der Ausschluss bestimmter Materien in Art. 1 Abs. 2 Rom I-VO gehe immer nur so weit, wie anderweitige spezielle Regeln (etwa Art. 23 EuGVVO-E) vorhanden seien, um Fragen von

333 *Hess*, IPRax 2011, 125, 129; bezogen auf Art. 25 Brüssel Ia-VO dann aber für Gesamtverweisung in *Hess*, FS Prütting, 337, 341.

334 Vgl. zu Art. 25 Brüssel Ia-VO auch *Magnus*, IPRax 2016, 521, 525 und Rauscher/*Mankowski*, Art. 25 Rn. 45.

335 *Gebauer*, FS von Hoffmann, 577, 585 f.

336 *Magnus/Mankowski*, ZVglRWiss 2011, 252, 276 f.

337 *Magnus/Mankowski*, ZVglRWiss 2011, 252, 276; vgl. zu dieser Annahme auch *v. Hein*, RIW 2013, 97, 105.

338 *Magnus/Mankowski*, ZVglRWiss 2011, 252, 276 f.

339 *Magnus/Mankowski*, ZVglRWiss 2011, 252, dortige Fn. 156.

Zustandekommen und Wirksamkeit zu regeln.[340] Sei eine Regelungslücke vorhanden, dürfe und müsse die Rom I-VO angewandt werden.[341]

Drittens handele es sich um eine praktische Lösung: Auch wenn Gerichtsstandsvereinbarung und Hauptvertrag grundsätzlich getrennt voneinander zu betrachten seien, könne über die Weiterverweisung doch regelmäßig ein Gleichlauf zwischen dem auf die Gerichtsstandsvereinbarung und dem auf den Hauptvertrag anzuwendenden Recht erreicht werden.[342]

Und viertens sei mit einer Gesamtverweisung die Parallele zur Kollisionsnorm im HGÜ hergestellt.[343]

Die fehlende Eindeutigkeit im Kommissionsvorschlag kritisierte der Bundesrat im Gesetzgebungsprozess ausdrücklich und verlangte eine Klarstellung in Art. 23 des Verordnungsvorschlags.[344]

bb.) Reaktionen des Europäischen Parlaments

In dem oben unter I. 1. c.) erwähnten Entwurf des Berichterstatters im Rechtsausschuss des Europäischen Parlaments[345] war eine ausführliche Kollisionsnorm vorgesehen, mit der in der Debatte um Sachnorm- oder Gesamtverweisung mehr Eindeutigkeit erreicht worden wäre: In einem neuen Art. 23a sollte in Abs. 3 klargestellt werden, dass es sich bei den Verweisungen in Absatz 1 jeweils um Sachnormverweisungen handele und das IPR einer für anwendbar erklärten Rechtsordnung ausdrücklich ausgeschlossen sei.[346]

Der Rechtsausschuss schlug im Gegensatz hierzu im endgültigen Bericht erstmals vor, in einem neuen Erwägungsgrund 15a klarzustellen, dass die Bezugnahme der Kollisionsnorm auf das „Recht" des Mitgliedstaats des/

340 *Magnus/Mankowski*, ZVglRWiss 2011, 252, dortige Fn. 156.

341 *Magnus/Mankowski*, ZVglRWiss 2011, 252, dortige Fn. 156.

342 *Magnus/Mankowski*, ZVglRWiss 2011, 252, 277.

343 *Magnus/Mankowski*, ZVglRWiss 2011, 252, 277.

344 Beschluss des Bundesrates vom 18.03.2011 [BR-Drs. 833/10 (Beschluss)], S. 4 Ziff. 11: „Allerdings sollte in Artikel 23 des Verordnungsvorschlags klargestellt werden, ob bei der Frage der Nichtigkeit einer Gerichtsstandsvereinbarung nur das Sachrecht oder auch das Internationale Privatrecht des Mitgliedstaats einschlägig sein soll."

345 S.o. Fn. 144.

346 Wortlaut: „Das Recht eines Staates gemäß Absatz 1 bezeichnet die in diesem Staat geltenden materiellrechtlichen Bestimmungen mit Ausnahme seiner Bestimmungen des internationalen Privatrechts."

der bezeichneten Gerichts/Gerichte die Kollisionsvorschriften dieses Staates einschließe.[347]

cc.) Art. 25 Brüssel Ia-VO

Ähnlich sieht das endgültige Ergebnis aus: Die vom Bundesrat so früh verlangte Klarstellung erfolgte auch in der endgültigen Fassung nicht im Wortlaut von Art. 25 Abs. 1 Brüssel Ia-VO. Nach wie vor könnte also auf den ersten Blick von einer Sachnormverweisung ausgegangen werden. Abhilfe schafft aber letztendlich Erwägungsgrund 20 der Brüssel Ia-VO: Dieser erläutert, in der Sache dem endgültigen Bericht des Rechtsausschusses im Europäischen Parlament entsprechend, dass mit der Formulierung "Recht" das Recht einschließlich des Kollisionsrechts des Mitgliedstaats des bezeichneten Gerichts gemeint sei:

> "(20) Stellt sich die Frage, ob eine Gerichtsstandsvereinbarung zugunsten eines Gerichts oder der Gerichte eines Mitgliedstaats materiell nichtig ist, so sollte sie nach dem Recht *einschließlich des Kollisionsrechts* des Mitgliedstaats des Gerichts oder der Gerichte entschieden werden, die in der Vereinbarung bezeichnet sind."

So besteht mittlerweile weitgehend Einigkeit, dass sich die Verweisung in Art. 25 Abs. 1 Brüssel Ia-VO auch auf das IPR am Sitz des prorogierten Gerichts bezieht.[348]

Die so hergeleitete Gesamtverweisung in Art. 25 Abs. 1 Brüssel Ia-VO bildet eine Ausnahme zu den sonst in EU-Verordnungen überwiegend üblichen Sachnormverweisungen.[349] Insbesondere die Systematik der Rom-Verordnungen, die in Art. 20 Rom I-VO und Art. 24 Rom II-VO[350] ihre Kollisionsnormen

347 S.o. Fn. 293.

348 Vgl. *Magnus*, IPRax 2016, 521, 525; *ders.* in Magnus/Mankowski, Art. 25 Rn. 81a, dort insoweit noch von einem „point of doubt" sprechend; Rauscher/*Mankowski*, Art. 25 Rn. 45 f.; *Lenaerts/Stapper*, RabelsZ 2014, 252, 282; *v. Hein*, RIW 2013, 97, 105; *Nuyts*, Rev. crit. DIP 102 (2013), 55; Musielak/Voit/*Stadler*, Art. 25 Brüssel Ia-VO Rn. 5; Saenger/*Dörner*, Art. 25 Rn. 15; Schlosser/Hess/*Schlosser*, Art. 25 Rn. 3; *Freitag*, FS Magnus, 419, 428; MüKo-BGB/*Martiny*, vor Art. 1 Rom I-VO Rn. 54; *Pohl*, IPRax 2013, 109, 111; *Nielsen*, CML Rev. 2013, 503, 522; *Ratkovic/Zgrabljic Rotar*, JPIL 2013, 245, 257, 267; *Frensing-Deutschmann*, jurisPR-IWR 5/2016 Anm. 3, C.; *Hess*, FS Prütting, 337, 341; *Simotta* sieht die Frage in Int J Proced L 3 (2013) 58, 68 noch als offen an, Erwägungsgrund 20 erwähnt sie nicht; auch *Kieninger* bezeichnet die Frage als streitig in Ferrari/Kieninger/Mankowski, Art. 1 Rom I-VO Rn. 18a.

349 *v. Hein*, RIW 2013, 97, 105; moniert von *Queirolo/De Maestri*, EuLF 2011, 61, 67.

350 Verordnung (EG) Nr. 864/2007 des Europäischen Parlaments und des Rates vom 11. Juli 2007 über das auf außervertragliche Schuldverhältnisse anzuwendende Recht („Rom II"), ABl. 2007 L 199/40.

ausdrücklich als Sachnormverweisungen ausgestalten, hätte eine parallele Entscheidung des Verordnungsgebers auch für Art. 25 Abs. 1 Brüssel Ia-VO nahegelegt. An sich hätte sogar ein Umkehrschluss innerhalb derselben Verordnung, nämlich aus Art. 24 Nr. 2 a.E. („Bei der Entscheidung darüber, wo der Sitz sich befindet, wendet das Gericht die Vorschriften seines Internationalen Privatrechts an;") und Art. 63 Abs. 3 Brüssel Ia-VO („Um zu bestimmen, ob ein Trust seinen Sitz in dem Mitgliedstaat hat, bei dessen Gerichten die Klage anhängig ist, wendet das Gericht sein Internationales Privatrecht an."), für eine Sachnormverweisung gesprochen: Jene Vorschriften könnten nämlich dahingehend verstanden werden, dass die Vorschriften des IPR in der Brüssel Ia-VO ausdrücklich zur Anwendung berufen werden, wenn dies tatsächlich gewollt ist.[351]

Offenbar war dem Verordnungsgeber in diesem Punkt allerdings die starke Orientierung an den Normen des HGÜ (Artt. 5 Abs. 1, 6 lit. a und 9 lit. a) wichtiger. Um es noch einmal hervorzuheben: Anschlussfähig an die Lösungen des HGÜ zu sein, war das erklärte politische Ziel der EU-Kommission.[352] Nuyts betont, die Lösung in der Brüssel Ia-VO sei von Art. 5 Abs. 1 HGÜ unmittelbar „inspiriert".[353]

Abschließend lassen die öffentlich zugänglichen Materialien allerdings nicht erkennen, ob die Entscheidung des europäischen Verordnungsgebers in der bloßen Absicht eines Gleichlaufs mit dem HGÜ, in Überzeugung von der inhaltlichen Richtigkeit der Lösung oder in Ermangelung einer Einigung auf eine Sachnormverweisung als Kompromiss getroffen wurde.[354]

Dieses Ergebnis wird in hohem Maße kritisiert. So wird darauf hingewiesen, dass es zur Auflösung der Einheit von forum und ius führe; der Gleichlauf von Prüfungskompetenz und anwendbarem Sachrecht werde unterbrochen.[355] Es bestehe ein Risiko „hinkender Gerichtsstandsvereinbarungen" innerhalb der EU, denn in vielen Mitgliedstaaten herrsche Unsicherheit darüber, wie das auf

351 Vgl. Rauscher/*Mankowski*, Art. 25 Rn. 45.

352 EuGVVO-E, Abschnitt 3.1.3.; vgl. auch Rauscher/*Mankowski*, Art. 25 Rn. 45.

353 *Nuyts*, Rev. crit. DIP 102 (2013), 55; so auch *Pohl*, IPRax 2013, 109, 111.

354 Mit Blick auf Abschnitt a.) lässt sich an dieser Stelle allerdings feststellen: Die von der Kommission von Anbeginn betonte, gewünschte Kohärenz der neu gefassten Regelung in der Brüssel Ia-VO mit dem HGÜ lässt darauf schließen, dass sie selbst, die sie in Art. 25 Abs. 1 Brüssel Ia-VO eine Gesamtverweisung einfügte, die Verweisung in Art. 5 Abs. 1 HGÜ auch als eine solche auffasst.

355 Rauscher/*Mankowski*, Art. 25 Rn. 48; *v. Hein*, RIW 2013, 97, 105; vgl. auch noch einmal die entsprechende Kritik mit Bezug auf Art. 23 EuGVVO-E von *Gebauer* in FS von Hoffmann, 577, 585 f.

materielle Gültigkeitsfragen anwendbare Recht zu bestimmen sei.[356] Wie bereits dargestellt, ist die Rom I-VO gemäß Art. 1 Abs. 2 lit. e ausdrücklich nicht auf Gerichtsstandsvereinbarungen anwendbar. Kritiker machen insoweit geltend, dass das mit der Gesamtverweisung verbundene Ziel der Förderung des internationalen Entscheidungseinklangs nur dann erreichbar wäre, wenn dennoch in sämtlichen Mitgliedstaaten auf die Rom I-VO zurückgegriffen würde.[357] Einen solchen Rückgriff für alle Mitgliedstaaten als „freiwilligen Akt der Rechtsprechung" zu sichern, erscheine allerdings unmöglich.[358] Die Entscheidung für eine Gesamtverweisung laufe dem Vereinheitlichungsgedanken insgesamt eher zuwider.[359]

Einen weiteren Kritikpunkt bringt Geimer an, der in deutlicher Sprache die Neuregelung in Art. 25 Brüssel Ia-VO als „Sündenfall" bezeichnet.[360] Seiner Auffassung nach verstößt die vom europäischen Verordnungsgeber gewählte Gesamtverweisung gegen Primärrecht der Europäischen Union.[361] Denn über das Kollisionsrecht des forum prorogatum könne im Ergebnis auf das Recht eines Nichtmitgliedstaats verwiesen werden; das Primärrecht erlaube es jedoch nicht, dass das Recht eines Nichtmitgliedstaats letztendlich über den Ausschluss jeglichen Rechtsschutzes in der Europäischen Union befinden könne.[362]

Diese Erwägungen vermögen nicht zu überzeugen. Sie sind bekannt aus den allgemeinen Diskussionen um den Renvoi.[363] Schon im Ausgangspunkt ist nicht nachzuvollziehen, warum die Weiterverweisung verfassungsrechtlich und/oder europarechtlich bedenklicher sein soll als eine direkte Verweisung auf fremdes Sachrecht, die im IPR an der Tagesordnung ist.[364] Zudem ist nicht erkennbar, dass „jeglicher Rechtsschutz in der Europäischen Union" auf dem Spiel stehen könnte. Denn der Anwendungsbereich der Kollisionsnorm ist stark begrenzt: Nur die materiellen, also privatrechtlichen Gültigkeitsfragen, die nicht ohnehin autonom in der Verordnung geregelt sind, werden weiterverwiesen. Grundsätzlichen Rechtsschutz garantieren dagegegen etwa die verordnungsautonomen Zulässigkeitsschranken zum Schutze schwächerer Parteien

356 Geimer/Schütze/*Peiffer/Peiffer*, IntRV, Art. 25 Rn. 82.
357 Vgl. *Magnus*, IPRax 2016, 521, 525.
358 *Magnus*, IPRax 2016, 521, 525.
359 Rauscher/*Mankowski*, Art. 25 Rn. 48.
360 *Geimer*, FS Delle Karth, 319, 329.
361 *Geimer*, FS Delle Karth, 319, 329.
362 *Geimer*, FS Delle Karth, 319, 329.
363 S. hierzu näher MüKo-BGB/*v. Hein*, Art. 4 EGBGB Rn. 17 ff.
364 Vgl. MüKo-BGB/*v. Hein*, Art. 4 EGBGB Rn. 18.

nach Art. 25 Abs. 4 Brüssel Ia-VO; diese Schranken bleiben von der Weiterverweisung unberührt. Über die oben dargestellte Rechtsprechung des EuGH ist sichergestellt, dass sie selbst dann zur Anwendung kommen, wenn die Gerichte eines Drittstaats vereinbart worden sind.[365] Die Aufgabe des auf die materiellen Gültigkeitsfragen begrenzt anzuwendenden IPR darf vor diesem Hintergrund nicht auch noch in einem Ausgleich staatlicher statt privater Interessen gesehen werden.[366] Das IPR soll die Fragestellung „vom Sachverhalt" her lösen und dabei auch die Interessen eines fremden Staates respektieren, der dem Sachverhalt möglicherweise näher steht.[367]

Aufgrund der eindeutig in Erwägungsgrund 20 der Brüssel Ia-VO niedergelegten Entscheidung des europäischen Verordnungsgebers für eine Gesamtverweisung erschien die aufgezeigte Kritik in ihrer Gänze – jedenfalls de lege lata – fruchtlos. Ob sie angesichts neuerer EuGH-Rechtsprechung doch wird durchdringen können, wird sich zeigen. So hat der Gerichtshof jüngst in der Rechtssache „Ryanair" ausgeführt:

> „Im vorliegenden Fall hat das vorlegende Gericht folglich, wenn es die Wirksamkeit der Gerichtsstandsklausel prüft, dies anhand des Rechts des Staates zu tun, dessen Gerichte in dieser Klausel bestimmt sind, d.h. anhand des irischen Rechts.
>
> Im Übrigen hat das Gericht, das mit einem Rechtsstreit wie dem Ausgangsrechtsstreit befasst ist, das Recht des Staates anzuwenden, dessen Gerichte in dieser Klausel bestimmt sind, indem es dieses Recht in Übereinstimmung mit dem Unionsrecht und insbesondere mit der Klausel-RL auslegt."[368]

Zu Recht wird darauf hingewiesen, der EuGH habe sich damit „unmittelbar auf die Ebene des Sachrechts" begeben.[369] Zum einen ist ungewöhnlich, dass er ausdrücklich das irische Recht benennt. Im Zusammenhang mit kollisionsrechtlich zu ermittelndem Sachrecht spricht der EuGH nämlich regelmäßig unspezifisch vom „anwendbaren Recht" oder vom „anwendbaren nationalen Recht", so auch weiter vorn in der Rechtssache „Ryanair".[370] Noch deutlicher in

365 EuGH – Mahamdia/Algerien, aaO (Fn. 189) Rn. 66.

366 Vgl. MüKo-BGB/*v. Hein*, Art. 4 EGBGB Rn. 19.

367 Vgl. MüKo-BGB/*v. Hein*, Art. 4 EGBGB Rn. 19.

368 EuGH – Ryanair/DelayFix, aaO (Fn. 13) Rn. 50 f.

369 *Staudinger*, NZV 2021, 39, 40.

370 EuGH – Ryanair/DelayFix, aaO (Fn. 13) Rn. 47; s. aber auch beispielsweise EuGH 11.11.1986 – 313/85, ECLI:EU:C:1986:423 Rn. 10 = Slg. 1986, 3353 – Iveco Fiat/Van Hool; EuGH 10.3.1992 – C-214/89, ECLI:EU:C:1992:115 Rn. 21 = NJW 1992, 1671 – Powell Duffryn/Petereit; EuGH – Coreck Maritime/Handelsveem, aaO (Fn. 54) Rn. 27; EuGH – Refcomp/Axa, aaO (Fn. 12) Rn. 36.

Richtung Sachnormverweisung geht die Vorgabe, die lex fori prorogati in Übereinstimmung mit der EU-Klauselrichtlinie auszulegen. Dieser Hinweis kann sich eigentlich nur auf das die Richtlinie umsetzende Sachrecht beziehen.[371]

Eine Auseinandersetzung des EuGH mit Erwägungsgrund 20 fehlt in diesem Zusammenhang. Es muss also abgewartet werden, ob den Ausführungen eine verallgemeinerungsfähige Entscheidung für eine Sachnormverweisung zu entnehmen ist.

c.) §§ 38 und 40 ZPO

Mangels Kollisionsnorm im autonomen deutschen internationalen Zivilprozessrecht[372] erübrigt sich eine vergleichbare Debatte um Sachnorm- oder Gesamtverweisung.

2. Die Frage nach dem anwendbaren IPR

Im Anwendungsbereich der §§ 38, 40 ZPO stellt sich seit geraumer Zeit die Frage, welche konkrete Kollisionsnorm die materielle Gültigkeit von Gerichtsstandsvereinbarungen regelt;[373] eine eindeutige Lösung steht bis heute aus.[374]

Bezogen auf Art. 23 Brüssel I-VO war die Lage vergleichbar:[375] Auch hier gab es keine Kollisionsnorm für Restfragen der materiellen Gültigkeit von Gerichtsstandsvereinbarungen. Überwiegende Einigkeit bestand nur über die grundsätzliche Geltung der lex fori (einschließlich der Vorschriften des IPR).[376]

Im HGÜ, ebenso wie in der Brüssel Ia-VO, sind zwar jeweils Kollisionsnormen für Gerichtsstandsvereinbarungen enthalten, dennoch ergibt sich aus der jeweiligen Entscheidung der internationalen Normgeber für eine Gesamtverweisung ein neues – oder vielleicht besser: ein altbekanntes – Problem: Durch die Entscheidung für die Gesamtverweisung wird der Rechtsanwender nicht in das Sachrecht, sondern in das IPR des Staates des gewählten Gerichts geführt und muss sich der Frage nach einer möglichen Weiterverweisung stellen. Im

---

371 Vor diesem Hintergrund fällt es auch eher schwer, dem EuGH „lediglich“ zu unterstellen, er habe „die Rom I-VO wegen ihres Ausnahmetatbestands in Art. 1 I lit. e) nicht für einschlägig erachtet[e] und in Bezug auf den Lückenschluss nicht etwa irisches Kollisionsrecht beleuchten“ wollen, so *Staudinger*, NZV 2021, 39, 40.

372 S.o. Abschnitt I. 3.

373 S. dazu wiederum *Antomo,* ZZPInt 17 (2012), 183, 189 ff.

374 *Antomo,* ZZPInt 17 (2012), 183, 189.

375 Hierzu *Gebauer*, FS von Hoffmann, 577, 579.

376 S.o. Abschnitt I. 1. a.).

Hinblick auf die Brüssel Ia-VO gibt es zwar trotzdem ausgesprochen positive Reaktionen auf die heutige Vorschrift: Art. 25 Abs. 1 Satz 1 Halbsatz 2 Brüssel Ia-VO kläre eine nach früherem Recht offene und höchst umstrittene Frage und führe zu der zu begrüßenden praktischen Konsequenz, dass das gewählte Gericht die Wirksamkeit der Zuständigkeitsabrede nach dem von seinen eigenen Kollisionsnormen berufenen Statut beurteilen könne.[377] Andere formulierten deutlich zurückhaltender, mit der Vorschrift werde das Problem „angegangen".[378] Tatsächlich bleibt aufgrund der Gesamtverweisung die entscheidende Frage bestehen: Welche Vorschrift des deutschen IPR gibt Auskunft über das auf Gerichtsstandsvereinbarungen anwendbare Sachrecht?

Nachdem es an ausdrücklichen Kollisionsnormen für die Frage der materiellen Gültigkeit von Gerichtsstandsvereinbarungen mangelt, fehlen damit zugleich diejenigen Regeln, die dazu dienen, das sowohl räumlich beste als auch dem Sachverhalt am nächsten stehende Recht zur Anwendung zu berufen.[379] Also muss der Weg ermittelt werden, über den – ganz im Sinne der Savigny'schen Herangehensweise[380] – der „Sitz des Rechtsverhältnisses" unter Berücksichtigung aller betroffenen Interessen bestimmt werden kann; betroffene Interessen sind neben Ordnungs- und Verkehrsinteressen insbesondere das Interesse der Parteien an effizientem Rechtsschutz und ihr Interesse an Schutz vor ungewollter Gerichtspflichtigkeit.[381] So treten viele verschiedene Ansätze zutage.

Die Debatte soll zunächst ganz allgemein dargestellt werden, ohne Differenzierung nach dem Regelungsrahmen. Erst anschließend wird sie hinuntergebrochen auf die einzelnen Komplexe Brüssel Ia-VO, HGÜ und §§ 38, 40 ZPO und anhand der im Einzelnen aufzuzeigenden Reichweite des jeweiligen Kollisionsrechts einer Lösung zugeführt.

Die längste Zeit über hielt die deutsche Rechtsordnung mit den Artt. 27 ff. EGBGB a.F. Kollisionsnormen für materiell-rechtliche Verträge im Allgemeinen bereit. Ob und wie diese Normen auch auf materielle Gültigkeitsfragen von Gerichtsstandsvereinbarungen Anwendung finden sollten, wurde äußerst uneinheitlich beurteilt – nicht zuletzt vor dem Hintergrund, dass die Vorschriften nicht ausschließlich aus der Feder des deutschen Gesetzgebers stammten, sondern auf dem EVÜ beruhten. Hieraus ergab sich nämlich eine Besonderheit: Zwar hatten

---

377 Saenger/*Dörner*, Art. 25 Rn. 15.

378 *Magnus*, FS Martiny, 785, 791.

379 Vgl. *Lindenmayr*, S. 102.

380 Näher hierzu *v. Hein*, in: Jung, 23 ff.

381 *Lindenmayr*, S. 102 m.w.N.

die europäischen Vertragsstaaten bei der Schaffung des EVÜ Gerichtsstandsvereinbarungen in Art. 1 Abs. 2 lit. d ausdrücklich von dessen Anwendungsbereich ausgenommen, weil man die Materie für zu komplex für eine erfolgreiche Regelung in diesem Rahmen hielt.[382] Für diesen Ausschluss war insbesondere ausschlaggebend, dass auf dem Gebiet bereits das damalige EuGVÜ bestand, das die wesentlichen Fragen (nämlich Zulässigkeit und Form) einer Gerichtsstandsvereinbarung autonom regelte.[383] Dennoch wurde die Bereichsausnahme vom deutschen Gesetzgeber bei der Umsetzung des EVÜ im Wege der sogenannten Inkorporationslösung,[384] namentlich bei der Ausgestaltung der Ausschlusstatbestände in Art. 37 Satz 1 EGBGB a.F., nicht übernommen.

Gebauer bezeichnet die Intention des deutschen Gesetzgebers des Jahres 1986 zu Recht als unklar,[385] da in der Gesetzesbegründung zu Art. 37 EGBGB die Gerichtsstandsvereinbarungen keinerlei Erwähnung fanden.[386] Umso mehr erstaunt, dass Kieninger wie selbstverständlich davon ausgeht, der Gesetzgeber habe aufgrund der Zugehörigkeit solcher Vereinbarungen zum Prozessrecht eine explizite Regelung in Art. 37 EGBGB für entbehrlich gehalten; der Ausschluss habe gleichwohl gegolten.[387] Daneben vertritt Mankowski die Ansicht, der Gesetzgeber habe die Gerichtsstandsvereinbarungen, ebenso wie Schiedsvereinbarungen,

> „in den Kreis jener Ausnahmetatbestände eingereiht, die keiner ausdrücklichen Übernahme in Art. 37 Satz 1 EGBGB bedurften, weil ihr Gegenstand aus *Qualifikations*gründen sowieso außerhalb des sachlichen Anwendungsbereichs des Internationalen Schuldvertragsrechts lag".[388]

Möglicherweise geht auch er dabei von einer grundsätzlichen Zugehörigkeit der Gerichtsstandsvereinbarungen zum Prozessrecht aus. Oder er greift etwa

---

382 *Max Planck Institute*, RabelsZ 2004, 1, 22.

383 Giuliano/Lagarde, Bericht über das Übereinkommen über das auf vertragliche Schuldverhältnisse anzuwendende Recht, BT-Drs. 10/503 vom 20.10.1983, S. 33, 43 (im Folgenden: „Giuliano/Lagarde-Bericht"); vgl. auch Rauscher/*v. Hein*, Art. 1 Rom I-VO Rn. 38 und *Jayme/Kohler*, IPRax 1992, 346, 353.

384 Art. 1 Nr. 7 des Gesetzes zur Neuregelung des Internationalen Privatrechts vom 25.7.1986, BGBl. I S. 1142; näher hierzu aus heutiger Sicht MüKo-BGB/*v. Hein*, Art. 3 EGBGB Rn. 180 f.

385 *Gebauer*, FS von Hoffmann, 577, 579.

386 S. Begründung der Bundesregierung zum Entwurf eines Gesetzes zur Neuregelung des Internationalen Privatrechts, BT-Drs. 10/504, S. 84 f.

387 Ferrari/Kieninger/Mankowski/*Kieninger*, Art. 1 Rom I-VO Rn. 17.

388 *Mankowski*, RIW 2011, 30, 31.

folgenden Gedanken auf: Geht man davon aus, dass die allermeisten materiellrechtlichen Fragen, die sich im Zusammenhang mit der Gültigkeit einer Gerichtsstandsvereinbarung stellen, einzeln anzuknüpfen sind und von vornherein nicht dem Prorogationsstatut unterfallen, könnte man zu der Schlussfolgerung gelangen, dass das internationale Schuldvertragsrecht ohnehin keine passenden Regelungen bereithalte.

Letzterer Gedanke vermag an sich zu überzeugen. Bestätigt durch die gesetzgeberischen Materialien wird er allerdings nicht. Der deutsche Gesetzgeber ließ in keiner Weise erkennen, dass er Ausnahmetatbestände gesehen hätte, die – aus welchen Gründen auch immer – keiner ausdrücklichen Übernahme in Art. 37 EGBGB bedurft hätten. Vielmehr zählte er in Art. 37 EGBGB jene Ausnahmetatbestände auf, von denen er meinte, dass sie „trotz ihres Bezugs zum vertraglichen Schuldrecht anderen Rechtsgebieten zuzuordnen" seien oder „auf Grund ihrer besonderen Natur anderen kollisionsrechtlichen Regeln" unterlägen.[389] Ein „Bezug" von Gerichtsstandsvereinbarungen zum vertraglichen Schuldrecht wird allerdings kaum zu leugnen sein.[390] Entgegen Mankowskis Lesart kann also ebenso gut davon ausgegangen werden, dass der Gesetzgeber sich bewusst dafür entschieden hatte, Gerichtsstandsvereinbarungen dem Anwendungsbereich der Artt. 27 ff. EGBGB zu unterstellen.[391]

Mit Inkrafttreten der Rom I-VO, die das EVÜ endgültig ablöste, und dem damit einhergehenden Rom I-Anpassungsgesetz wurden die allgemeinen vertragsrechtlichen Bestimmungen im autonomen deutschen IPR, insbesondere die Artt. 27 ff. EGBGB a.F., aufgehoben. Die seitdem stattdessen geltende Rom I-VO übernimmt allerdings nicht nur weitgehend die bisherigen vertragsrechtlichen Kollisionsnormen des EVÜ in den Artt. 3 ff. Rom I-VO,[392] sie schließt erneut und ausdrücklich in Art. 1 Abs. 2 lit. e Rom I-VO[393] Gerichtsstands- und

---

389 BT-Drs. 10/504, S. 84.

390 Vgl. auch MüKo-BGB/*Martiny*, Art. 1 Rom I-VO Rn. 65, der insoweit von einem „engen Zusammenhang mit dem Vertragsstatut" spricht.

391 In diesem Sinne *Schack*, Rn. 557; wohl auch *Jayme* und *Kohler*, die monieren, die fehlende Umsetzung des Art. 1 Abs. 2 lit. d EVÜ verstelle die Möglichkeit, die vom EuGH zu Art. 17 EuGVÜ entwickelten Grundsätze auch für Drittstaatenfälle heranzuziehen, IPRax 1991, 361, 368; der BGH hat jedenfalls in einer Entscheidung aus dem Jahre 2007 ohne nähere Einschränkung Art. 31 Abs. 1 EGBGB auf eine Gerichtsstandsvereinbarung angewandt, Urt. v. 15.2.2007 – I ZR 40/04, NJW 2007, 2036, 2037.

392 Selbstverständlich in abgeändertem Wortlaut.

393 Art. 1 Abs. 2 Rom I-VO ist insgesamt als „Ausschlussnorm" konzipiert: Vgl. MüKo-BGB/*Martiny*, Art. 1 Rom I-VO Rn. 25.

Schiedsvereinbarungen aus ihrem Anwendungsbereich aus; dieses Mal ohne Abweichungsmöglichkeit für den deutschen Gesetzgeber.[394] Denn die Rom I-VO musste im Gegensatz zum EVÜ nicht erst in nationales Recht umgesetzt werden, sondern gilt gemäß Art. 288 Abs. 2 AEUV in den Mitgliedstaaten unmittelbar.

Vor diesem Hintergrund soll die Debatte um die richtige Kollisionsnorm für Gerichtsstandsvereinbarungen sowohl für den Geltungszeitraum der Artt. 27 ff. EGBGB a.F. (a.) als auch für den nachfolgenden Geltungszeitraum der Rom I-VO (b.) näher beleuchtet werden.

a.) Zeitlicher Geltungsbereich der Artt. 27 ff. EGBGB a.F.

Die Artt. 27 ff. EGBGB a.F. waren – wie beschrieben – Kollisionsnormen für materiell-rechtliche Verträge im Allgemeinen. Ohne an dieser Stelle schon zu vertiefen, wie sich die genaue Behandlung von Einzelanknüpfungen auf die Diskussion auswirken konnte, ließ sich die Auffassung zur Frage, ob die materielle Gültigkeit von Gerichtsstandsvereinbarungen unter die Artt. 27 ff. EGBGB a.F. fallen sollte oder nicht, in zwei Lager teilen: Und zwar in das Lager derjenigen, die die Gerichtsstandsvereinbarung in erster Linie als materiell-rechtlichen Vertrag begriffen, und in das Lager derjenigen, die in ihr vor allen Dingen einen Prozessvertrag sahen.

Diese Einordnung wurde in der Literatur als *das* entscheidende Kriterium für die korrekte kollisionsrechtliche Anknüpfung verstanden.[395] Dabei wurde davon ausgegangen, dass jedenfalls im Ausgangspunkt die Betonung des materiell-rechtlichen Zusammenhangs für eine Anknüpfung der Gerichtsstandsvereinbarung an die lex causae streite, die Hervorhebung der prozessualen Natur einer Gerichtsstandsvereinbarung wiederum als Argument für die Maßgeblichkeit der lex fori diene.[396]

Die Einordnung der Rechtsnatur der Gerichtsstandsvereinbarung war damit lange Zeit von ausschlaggebender Bedeutung und Ausgangspunkt für die Debatte.

---

394 Vgl. MüKo-BGB/*v. Hein*, Art. 3 EGBGB Rn. 181.

395 Vgl. *Rauscher*, ZZP 104 (1991), 271, 275 f.; *Kohler*, IPRax 1983, 265, 268; *Vollkommer*, NJW 1974, 196; *Geimer*, IZPR, Rn. 1677; *Adolphsen*, ZZPInt 4 (1999), 243, 252; *Lindenmayr*, S. 83; in Ansätzen bei *Hausmann*, FS Lorenz, 359; s. auch *Antomo*, ZZPInt 17 (2012), 183, 198; zweifelnd allerdings *Lorenz*, IPRax 1985, 256, 260.

396 *Rauscher*, ZZP 104 (1991), 271, 275 f.

aa.) Befürworter der Einordnung der Gerichtsstandsvereinbarung als in erster Linie materiell-rechtlicher Vertrag

Die Befürworter der Einordnung der Gerichtsstandsvereinbarung als in erster Linie materiell-rechtlicher Vertrag vertraten eine Lösung über die lex causae, und zwar regelmäßig über diejenige des Hauptvertrags, dessen Bestandteil die Gerichtsstandsvereinbarung ist.

aaa.) Rechtsprechung des BGH und einiger Oberlandesgerichte

Prominenter Vertreter war von Anfang an der BGH. Bereits im Jahre 1970 betonte er, dass für die Wirksamkeit einer Gerichtsstandsvereinbarung das für den Hauptvertrag anwendbare Recht maßgeblich sei, sofern sie Teil eines schuldrechtlichen Vertrags sei.[397] Diese Position ist in der Folgezeit bestätigt worden. So grenzte der BGH im Jahre 1972 die Fragen des Zustandekommens einer Gerichtsstandsvereinbarung ab von Fragen der Zulässigkeit und Wirkung; in Bezug auf letztere richte sich die Gerichtsstandsvereinbarung als ein Vertrag über prozessrechtliche Beziehungen ausschließlich nach dem Prozessrecht; hier gelte nach dem internationalen Zivilprozessrecht das deutsche Recht als lex fori.[398] Mit Blick auf Fragen des Zustandekommens der Gerichtsstandsvereinbarung bekräftigte der Gerichtshof dagegen die vorherige Rechtsprechung: Für Gerichtsstandsvereinbarungen, die vor dem Prozess als Teil eines materiell-rechtlichen Vertrags getroffen würden, sei es sachgerecht, auch Fragen nach der Wirksamkeit des Zustandekommens nach dem allgemeinen Vertragsrecht der Rechtsordnung zu beurteilen, nach der sich auch das zugehörige, den Inhalt des gesamten Vertrags bildende materielle Rechtsverhältnis der Parteien richte.[399]

Im Jahre 1988 entschied der BGH, die Wirksamkeit des Abschlusses einer Gerichtsstandsvereinbarung bestimme sich nach der Rechtsordnung, die für das zugrundeliegende Rechtsverhältnis selbst maßgebend sei, also grundsätzlich nach der Rechtsordnung, die die Parteien im Wege der Rechtswahl im Hinblick auf den Hauptvertrag für anwendbar erklärt hätten.[400] Die Wirksamkeit der Rechtswahl wiederum sei nach dem gewählten Recht zu beurteilen, das somit sowohl für das zugrundeliegende Rechtsgeschäft als auch für die

---

397 BGH, Urt. v. 15.4.1970 – VIII ZR 87/69, NJW 1971, 323, 324.

398 BGH, Urt. v. 17.5.1972 – VIII ZR 76/71, BB 1972, 765.

399 BGH, Urt. v. 17.5.1972 – VIII ZR 76/71, BB 1972, 765.

400 BGH, Urt. v. 24.11.1988 – III ZR 150/87, NJW 1989, 1431 ff.: „Das Schuldstatut richtet sich in erster Linie nach der Vereinbarung der Parteien. (…) Ebenso ist dieses Recht maßgebend für die Voraussetzungen einer wirksamen Gerichtsstandsvereinbarung."

Voraussetzungen einer wirksamen Gerichtsstandsvereinbarung maßgeblich sei.[401] Letztlich gälten insoweit dieselben Grundsätze wie für die Formgültigkeit des Vertrags: In beiden Fällen seien diejenigen Gesetze anzuwenden, die auch für das zugrundeliegende Rechtsgeschäft maßgebend seien.[402]

In jüngerer Zeit wiederholte der BGH, die auf den Hauptvertrag bezogene Rechtswahl führe dazu, dass auch die Fragen der Wirksamkeit der Gerichtsstandsvereinbarungen nach dem gewählten Recht zu beurteilen seien.[403]

Ob für Gerichtsstandsvereinbarungen überhaupt ein eigenes Prorogationsstatut anerkannt werden könne, ließ der BGH in einem Urteil aus dem Jahr 1996 dahinstehen; er hielt die Frage für nicht entscheidungserheblich, weil im konkreten Fall für eine vom Statut des Hauptvertrags abweichende Rechtswahl nichts ersichtlich sei.[404] In der soeben angesprochenen Entscheidung aus jüngerer Zeit spricht er zwar vom „so genannten Prorogationsstatut", scheint ihm jedoch keine vom Hauptvertragsstatut unabhängige Behandlung zuzugedenken.[405]

Mit der Frage nach einem eigenen Prorogationsstatut ist letztlich auch die Frage verbunden, ob der BGH vor dem Hintergrund des (in Deutschland nicht umgesetzten) Ausschlusses von Gerichtsstandsvereinbarungen im EVÜ seinen Entscheidungen die Artt. 27 ff. EGBGB a.F. unmittelbar oder in entsprechender Anwendung zugrundelegte; dies blieb vorerst unklar. In seiner Entscheidung aus dem Jahre 1988 ließ der BGH die unmittelbare Anwendbarkeit des EGBGB auf Gerichtsstandsvereinbarungen ausdrücklich offen.[406] In der Folge wandte er die Artt. 27 ff. EGBGB a.F. dann aber ohne erkennbare Einschränkung auf Gerichtsstandsvereinbarungen an.[407]

---

401 BGH, Urt. v. 24.11.1988 III ZR 150/87, NJW 1989, 1431 ff.

402 BGH, Urt. v. 24.11.1988 – III ZR 150/87, NJW 1989, 1431 ff.; in dem Sinne auch BGH, Urt. v. 18.3.1997 – XI ZR 34/96, NJW 1997, 2885, 2886.

403 BGH, Urt. v. 17.10.2019 – III ZR 42/19, EuZW 2020, 143, 144; zu diesem Punkt kritisch *Antomo*, EuZW 2020, 149, 150.

404 BGH, Urt. v. 21.11.1996 – IX ZR 264/95, NJW 1997, 397, 399.

405 BGH, Urt. v. 17.10.2019 – III ZR 42/19, EuZW 2020, 143, 144; wiederum kritisch *Antomo*, EuZW 2020, 149, 150; vgl. auch *Peiffer/Weiler*, RIW 2020, 321, 325, die ausdrücklich davon ausgehen, dass der BGH die Gerichtsstandsvereinbarung (nach wie vor) akzessorisch an das Statut des Hauptvertrags anknüpfe.

406 BGH, Urt. v. 24.11.1988 – III ZR 150/87, NJW 1989, 1431 ff.; so dargestellt auch von *Gebauer* in FS von Hoffmann, 577, 579 f. und von *Jayme* und *Kohler* in IPRax 1992, 346, 353.

407 BGH, Urt. v. 15.02.2007 – I ZR 40/04, NJW 2007, 2036, 2037; wohl auch BGH, Urt. v. 17.10.2019 – III ZR 42/19, EuZW 2020, 143, 144; das Gleiche galt im Übrigen für

Die Oberlandesgerichte folgten den grundsätzlichen Erwägungen des BGH überwiegend und vertraten gleichfalls eine Anknüpfung an die lex causae. Das OLG Bamberg wandte in einer Entscheidung aus dem Jahr 1988 Art. 27 EGBGB a.F. offenbar unmittelbar an: Die Regeln des IPR bestimmten über die Frage, welches materielle Recht anzuwenden sei; Art. 27 EGBGB a.F. schreibe insoweit den Vorrang des Parteiwillens vor.[408] Das von den Parteien gewählte Recht sei demnach auch für die Wirksamkeit der Gerichtsstandsvereinbarung maßgebend.[409] Ebenso entschied das OLG München, dass das für den Hauptvertrag gewählte Recht auch über die Wirksamkeit der Gerichtsstandsvereinbarung bestimme.[410] Ohne nähere Begründung übertrug das OLG Saarbrücken im Jahr 1991 die für den gesamten Vertrag getroffene Rechtswahl auf die Gerichtsstandsvereinbarung.[411] Damit vollzog das Gericht eine Rechtsprechungsänderung: Noch im Jahr 1988 war es der Ansicht gewesen, dass nicht nur Zulässigkeit, Form, Auslegung und Wirkung einer Gerichtsstandsvereinbarung nach der deutschen lex fori zu beurteilen seien, sondern ebenso das Zustandekommen einer internationalen Zuständigkeitsvereinbarung; die Richtigkeit dieser Meinung ergebe sich daraus, dass § 38 ZPO selbst über das Zustandekommen einer Zuständigkeitsvereinbarung eine Aussage mache, indem in § 38 Abs. 1 festgelegt werde, dass die Vereinbarung ausdrücklich oder stillschweigend geschehen könne.[412] Das OLG Saarbrücken bestätigte in der Folge seine Rechtsprechungsänderung im Jahr 1999: Es betonte ausdrücklich unter Berufung auf die BGH-Rechtsprechung, dass sich das wirksame Zustandekommen einer Gerichtsstandsvereinbarung nach dem Vertragsstatut bestimme.[413]

bbb.) Deutsche Rechtslehre

Auch innerhalb der deutschen Rechtslehre fanden sich, im Gleichklang mit der Rechtsprechung des BGH und der Oberlandesgerichte, Befürworter der jedenfalls

Schiedsvereinbarungen, vgl. insoweit aus jüngerer Zeit BGH, Urt. v. 7.6.2016 – KZR 6/15, NJW 2016, 2266, 2270 Rn. 44 m.w.N.

408 OLG Bamberg, Urt. v. 22.9.1988 – 1 U 302/87, NJW-RR 1989, 371.

409 OLG Bamberg, Urt. v. 22.9.1988 – 1 U 302/87, NJW-RR 1989, 371.

410 OLG München, Urt. v. 28.9.1989 – 24 U 391/87, IPRax 1991, 46, 48.

411 OLG Saarbrücken, Urt. v. 2.10.1991 – 5 U 21/91, NJW 1992, 987.

412 OLG Saarbrücken, Urt. v. 21.9.1988 – 5 U 8/88, NJW-RR 1989, 828, 829 f.

413 OLG Saarbrücken, Urt. v. 13.10.1999 – 1 U 190/99-37, 1 U 190/99, NJW 2000, 670, 671.

gemischt materiell-rechtlichen Theorie.[414] Der Anknüpfungsgleichlauf mit dem Hauptvertrag – sofern ein solcher als Bezugspunkt für die Gerichtsstandsvereinbarung existierte – hatte oberste Priorität.[415] Der gesamte Vertragskomplex war nach diesem Ansatz im Hinblick auf den gleichzeitigen Vertragsschluss von Hauptvertrag und Gerichtsstandsvereinbarung auch „materiellrechtlich einheitlich" zu beurteilen.[416] Man ging davon aus, dass andernfalls ein einheitlicher Lebenssachverhalt auf unnatürliche Weise aufgespalten werde.[417]

Zum Teil wurde allerdings schon früh deutlich gemacht, dass das Prorogationsstatut rechtlich selbständig sei.[418] Es könne mit dem Schuldstatut zusammenfallen, müsse es aber nicht; ersteres sei regelmäßig bei als Nebenabreden getroffenen Gerichtsstandsvereinbarungen anzunehmen.[419]

bb.) Befürworter der Einordnung der Gerichtsstandsvereinbarung als Prozessvertrag

Befürworter der Einordnung der Gerichtsstandsvereinbarung als Prozessvertrag kritisierten die „Verquickung" von Schuldstatut des Hauptvertrags und Prorogationsstatut in der Form, wie der BGH sie praktizierte, und wiesen darauf hin, dass dies zu „unentwirrbaren Komplikationen" führe.[420] Die Anhänger der prozessualen Theorie waren sich allerdings keineswegs einig, was das auf die materielle Gültigkeit anwendbare Recht betraf, weil prozessuale Vorschriften für diese Fragen nicht existierten. Die wohl ältere prozessuale Ansicht wandte im Hinblick auf das gesamte Zustandekommen der Gerichtsstandsvereinbarung, also die materiellen Fragen eingeschlossen, die lex fori an.[421] Da die

---

414 MüKo-ZPO/*Patzina*, § 38 ZPO Rn. 11; Musielak/Voit/*Heinrich*, § 38 Rn. 3; *Wirth*, NJW 1978, 460, 461; *Jung/Sandrock* (1980), Rn. E 18; *Mezger*, FS Wengler, 541, 551 ff., 570.

415 *Jung/Sandrock* (1980), Rn. E 10.

416 *Prinzing*, IPRax 1990, 83, 85.

417 *Kröll*, ZZP 113 (2000), 135, 147 f.

418 *Schack*, IPRax 1990, 19.

419 *Schack*, IPRax 1990, 19.

420 *Geimer*, IZPR, Rn. 1679; *ders.* bereits in NJW 1972, 394.

421 *Heldrich*, S. 148, 249; *Kornblum*, FamRZ 1973, 416, 422 f.; *Vollkommer*, NJW 1974, 196; *Schiedermair*, S. 136 ff.; vgl. auch die aufgegebene Rechtsprechung des OLG Saarbrücken aus dem Jahre 1988: OLG Saarbrücken, Urt. v. 21.9.1988 – 5 U 8/88, NJW-RR 1989, 828, 829 f.; RG, Urt. v. 16.2.1939 – IV 201/38, RGZ 159, 255 f.: „Die Vereinbarung eines zuständigen Gerichts ist eine Prozesshandlung, die nach deutschem Prozessrecht zu beurteilen ist (…). Für die Auslegung sind die Bestimmungen

prozessualen Fragen der lex fori unterstellt seien, sei es naheliegend, auch im Hinblick auf materiell-rechtliche Fragen lückenfüllend auf das materielle Recht des Gerichtsortes zurückzugreifen.[422] Dies wurde von anderen nicht als interessengerecht angesehen: Vielmehr müsse, soweit nicht § 38 ZPO eingreife, die lex causae angewandt werden.[423] Äußeres Zustandekommen und innerer Konsens richteten sich im Wege des Gleichlaufs nach dem Vertragsstatut; das sei regelmäßig das im Hauptvertrag gewählte Recht.[424] Auf diese Weise gelangte man letztendlich zu demselben Ergebnis wie die Anhänger der (gemischt) materiellrechtlichen Theorie. Teilweise wurde dabei ausdrücklich ein eigenes und rechtlich selbständiges Prorogationsstatut gefordert.[425]

Eine eindeutige Antwort auf die Frage, ob bei Zugrundelegen eines eigenen Prorogationsstatuts die Artt. 27 ff. EGBGB a.F. unmittelbar oder entsprechend herangezogen werden sollten, blieben die genannten Autoren schuldig.

b.) Zeitlicher Geltungsbereich der Artt. 3 ff. Rom I-VO

Nach dem Inkrafttreten der Rom I-VO richtete sich der Blick derjenigen, die die materielle Wirksamkeit einer Gerichtsstandsvereinbarung einem rechtlich selbständigen Prorogationsstatut unterwerfen wollten, überwiegend auf die Artt. 3 ff. Rom I-VO. Problematisch war allerdings von Anfang an der Umgang mit der Bereichsausnahme in Art. 1 Abs. 2 lit. e Rom I-VO.

Der ausdrückliche Ausschluss von Gerichtsstandsvereinbarungen in Art. 1 Abs. 2 lit. e Rom I-VO war keine Neuigkeit innerhalb der europäischen Rechtsetzung. Wie oben zu Beginn des Abschnitts 2. dargestellt, hatte bereits das EVÜ, das in der Folge durch die Rom I-VO abgelöst wurde, Gerichtsstandsvereinbarungen ausdrücklich vom Anwendungsbereich ausgenommen. Dennoch wurde die erfolgte Bestätigung dieses Ausschlusses in der Rom I-VO von der deutschen Literatur kritisch begleitet. Teilweise wurde der Ausschluss mit der Begründung bedauert, er begünstige ein Auseinanderlaufen von Schuld- und Prorogationsstatut – weshalb die Entscheidung des nationalen Gesetzgebers im Jahr 1986,

---

des deutschen Prozessgesetzes maßgebend, wobei die allgemeingültigen Grundsätze, die im bürgerlichen Recht entwickelt sind, befolgt werden müssen."

422 *Heldrich*, S. 148, 151, 249; *Kornblum*, FamRZ 1973, 416, 422 f.; *Vollkommer*, NJW 1974, 196.

423 *Rauscher*, ZZP 104 (1991), 271, 275; *Parenti*, ZfRV 2003, 221, 223.

424 *Gottwald*, FS Henckel, 295, 300 f.

425 *Geimer*, IZPR, Rn. 1677; zur Möglichkeit der Vereinbarung eines besonderen Prorogationsstatuts auch *Gottwald*, FS Henckel, 295, 303.

die im EVÜ enthaltene Einschränkung nicht zu übernehmen und damit den Anwendungsbereich der Artt. 27 ff. EGBGB a.F. offen zu halten, richtig gewesen sei.[426] Teilweise wurde die Bereichsausnahme in Art. 1 Abs. 2 lit. e Rom I-VO ausdrücklich begrüßt; die Rom I-VO halte mit ihrem Ansatz über die lex contractus nicht unbedingt für alle sich im Zusammenhang mit der Gültigkeit von Gerichtsstandsvereinbarungen ergebenden Fragen eine Patentlösung bereit; die nationalen Rechtsordnungen seien durchaus besser geeignet, um sämtlichen Fragen adäquat begegnen zu können.[427]

aa.) Anwendung der Artt. 3 ff. Rom I-VO

Nach Streichung der Artt. 27 ff. EGBGB a.F. stehen kodifizierte Kollisionsnormen für Gerichtsstandsvereinbarungen innerhalb der deutschen Rechtsordnung nicht mehr zur Verfügung.

Dass diese Lösung nach Inkrafttreten der Rom I-VO nicht zwingend war, zeigt insbesondere das Beispiel Österreichs. Hier hat der Gesetzgeber eine entsprechende Lücke vermieden und für vertragliche Schuldverhältnisse, die nicht in den Anwendungsbereich der Rom I-VO fallen, eine eigene Kollisionsnorm geschaffen.[428] In § 35 IPRG heißt es wörtlich:

„(1) Vertragliche Schuldverhältnisse, die nicht in den Anwendungsbereich der Verordnung (EG) Nr. 593/2008 über das auf vertragliche Schuldverhältnisse anzuwendende Recht (Rom I), ABl. Nr. L 177 vom 4. Juli 2008, S. 6, fallen, sind nach dem Recht zu beurteilen, das die Parteien ausdrücklich oder schlüssig bestimmen (§ 11).

(2) Ist für ein solches Schuldverhältnis eine Rechtswahl nicht wirksam getroffen, so ist es nach dem Recht des Staates zu beurteilen, in dem diejenige Partei ihren gewöhnlichen Aufenthalt hat, die die für den Vertrag charakteristische Leistung zu erbringen hat. Schließt diese Partei den Vertrag als Unternehmer, so ist statt des gewöhnlichen Aufenthalts die Niederlassung maßgebend, in deren Rahmen der Vertrag geschlossen wird.

(3) Ergibt sich aus der Gesamtheit der Umstände, dass das vertragliche Schuldverhältnis eine offensichtlich engere Verbindung zu einem anderen als dem

---

426 *Schack*, Rn. 557.

427 *Max Planck Institute*, RabelsZ 2004, 1, 24 f.

428 Durch Art. 1 des Bundesgesetzes, mit dem u.a. das IPR-Gesetz geändert wird, BGBl. für die Republik Österreich 2009 I Nr. 109 vom 17. November 2009.

nach Abs. 2 bestimmten Staat aufweist, so ist das Recht dieses anderen Staates anzuwenden."

Dabei hat sich der österreichische Gesetzgeber offensichtlich an der Anknüpfungsmethodik in Art. 3 und Art. 4 Rom I-VO orientiert, was nicht zu beanstanden ist. Bezogen auf die ebenfalls von der Bereichsausnahme umfassten Versicherungsverträge hatte der Giuliano/Lagarde-Bericht bereits zum EVÜ ausdrücklich erklärt, es stehe den Mitgliedstaaten frei, Vorschriften im nationalen Recht, die sich an die Vorschriften des Übereinkommens anlehnten, auch auf vom Ausschluss erfasste Sachverhalte anzuwenden.[429] In weiteren Mitgliedstaaten sehen jüngere Kollisionsnormen ausdrücklich die Erstreckung der Vorschriften der Rom I-VO auf diejenigen Fragen vor, die über die Bereichsausnahme in Art. 1 Abs. 2 Rom I-VO eigentlich ausgeschlossen sind, vgl. etwa Art. 98 § 1 Satz 2 Code DIP in Belgien, Buch 10, Art. 154 BW in den Niederlanden und Art. 57 des italienischen IPRG.[430]

Mangels vergleichbarer Regelung in Deutschland halten einige Autoren die analoge Anwendung der Artt. 3 ff. Rom I-VO für die einzig denkbare Lösung.[431]

Nach der deutschen Methodenlehre müssen für die analoge Anwendung gesetzlicher Vorschriften grundsätzlich zwei Voraussetzungen vorliegen: Erstens eine planwidrige Regelungslücke und zweitens eine vergleichbare Interessenlage oder, mit anderen Worten, die Analogiefähigkeit der Norm und die Analogiefähigkeit des Sachverhaltes.[432] Bei Vorliegen eines Analogieverbots scheidet die Analogiefähigkeit der Norm von vornherein aus.[433] Ist kein solches Verbot erkennbar, ist im Wege der Auslegung zu bestimmen, ob der Gesetzgeber die Rechtsfolgen einer Norm auf die tatbestandlich ausdrücklich erfassten Fälle beschränken wollte; ist dem so, scheitert die Analogiefähigkeit der Norm an dieser Stelle.[434]

---

429 Giuliano/Lagarde-Bericht, S. 45.

430 Rauscher/*Mankowski*, Art. 25 Rn. 50 m.w.N.

431 Rauscher/*v. Hein*, Art. 1 Rom I-VO Rn. 39; *Antomo*, ZZPInt 17 (2012), 183, 194; in diesem Sinne bereits *Max Planck Institute*, RabelsZ 2004, 1, 25; in Bezug auf das auf eine mögliche Schadensersatzpflicht wegen Bruchs der Gerichtsstandsvereinbarung anwendbare Recht *Ultsch*, WuB 2020, 328, 331; für entsprechende Anwendung der Artt. 3 ff. Rom I-VO auch LG München, Urt. v. 11.8.2017 – 33 O 8184/16, MDR 2017, 1323.

432 *Luther*, Jura 2013, 449, 450 ff.

433 *Luther*, Jura 2013, 449, 450.

434 *Luther*, Jura 2013, 449, 450 f.

Im Zusammenhang mit der analogen Anwendung der Artt. 3 ff. Rom I-VO auf Gerichtsstandsvereinbarungen erscheint also aus deutscher Perspektive die Annahme eines Analogieverbots zunächst einmal nicht fernliegend. Es ist zumindest fraglich, ob ausgerechnet die Vorschriften einer solchen Verordnung für eine Analogie herangezogen werden dürfen, die Art. 1 Abs. 2 lit. e Rom I-VO ausdrücklich ausgeschlossen hat.

Auf europäischer Ebene findet sich zwar die an sich klare Aussage, die Rom I-VO sei in ihrer Gänze aufgrund des eindeutigen Wortlauts in Art. 1 Abs. 2 lit. e für Gerichtsstandsvereinbarungen bzw. die Feststellung der gerichtlichen Zuständigkeit ohne Bedeutung.[435] Da im zu entscheidenden Fall aber nicht der Umgang mit Restfragen der materiell-rechtlichen Wirksamkeit von Gerichtsstandsvereinbarungen in Rede stand, die außerhalb des Brüssel-Regimes liegen, kann ihnen eine Antwort auf die Frage der analogen Anwendbarkeit von Artt. 3 ff. Rom I-VO in jenen Fällen nicht entnommen werden. Bislang muss insoweit auf allgemeine Auslegungsgrundsätze zurückgegriffen werden.

Nach ständiger Rechtsprechung des EuGH sind bei der Auslegung einer Vorschrift des Unionsrechts im Allgemeinen nicht nur deren Wortlaut, sondern auch der Zusammenhang, in den sie sich einfügt, und die Ziele zu berücksichtigen, die mit der Regelung, zu der sie gehört, verfolgt werden; die Entstehungsgeschichte einer Vorschrift des Unionsrechts kann ebenfalls relevante Anhaltspunkte für ihre Auslegung liefern.[436] Mit Blick auf sachlich ausgeschlossene Bereiche kommt es demnach entscheidend darauf an, ob ein solcher Ausschluss als bewusste Entscheidung des europäischen Verordnungsgebers zu bewerten ist.[437]

Die Möglichkeit einer Anwendung der Artt. 3 ff. Rom I-VO trotz einschlägiger Bereichsausnahme wird in Deutschland ganz generell mit Blick auf sämtliche von der Vorschrift ausgeschlossenen Materien diskutiert. Eine kategorische Ablehnung erscheint danach schon deshalb verfehlt, weil die Ausschlusstatbestände der Rom I-VO auf verschiedenen Gründen beruhen, beispielsweise auf (jedenfalls zunächst angenommener) ausreichender Regelung durch andere

---

435 Schlussanträge des Generalanwalts Szpunar, aaO (Fn. 21) Rn. 26; EuGH – Höszig/Alstom Power Thermal Services, aaO (Fn. 12) Rn. 50.

436 EuGH 9.10.2019 – C-548/18, ECLI:EU:C:2019:848 Rn. 25 = EuZW 2019, 939 – BNP Paribas/TeamBank Nürnberg.

437 Vgl. EuGH 9.10.2019 – BNP Paribas/TeamBank Nürnberg, aaO (vorige Fn.) Rn. 37: Hier hat der EuGH das Fehlen von Kollisionsnormen zur Frage der Drittwirkung von Forderungsübertragungen auf eine bewusste Entscheidung des Unionsgesetzgebers zurückgeführt; näher *Mankowski*, RIW 2019, 728 f.

Übereinkommen, etwa auch im Wertpapierrecht.[438] Daneben können Bereichsausnahmen auf die Ungeeignetheit der allgemeinen vertragsrechtlichen Regeln für den jeweils konkret in Rede stehenden Sachverhalt zurückzuführen sein oder aber schlicht auf der fehlenden Einigkeit der Mitgliedstaaten über die Behandlung bestimmter Materien beruhen.[439]

Ausführlich erörtert wird darüber hinaus, ob die Artt. 3 ff. Rom I-VO konkret bezogen auf materielle Gültigkeitsfragen von Gerichtsstandsvereinbarungen (analog) angewandt werden können.

Der Entstehungsgeschichte dieser Bereichsausnahme lässt sich jedenfalls nicht entnehmen, dass jeder Rückgriff auf die Verordnung ausgeschlossen werden sollte.[440] Ursprünglich hatte die Kommission in ihrem Grünbuch von 2003 ausdrücklich die Frage aufgeworfen, ob in der Rom I-VO an dem Inhalt von Art. 1 Abs. 2 lit. d EVÜ festgehalten werden solle.[441] Dies wurde am Ende bejaht, allerdings im Wesentlichen deshalb, weil man davon ausging, dass für die ausgenommene Materie die Brüssel I-Verordnung maßgebend sein sollte.[442] Ein weiterer Grund war, dass die Punkte wenig klar waren, für die noch eine Kollisionsregel erforderlich erschien.[443] Mit dem Festhalten an der Bereichsausnahme gab man letztlich einem weiteren Ausbau der Art. 23 Brüssel I-VO zu entnehmenden autonomen Kriterien den Vorzug.[444] In erster Linie war also bezweckt, den Sonderregelungen für Gerichtsstands- und Schiedsvereinbarungen den Vortritt zu lassen.[445] Eine Entscheidung gegen eine Anwendung der in Artt. 3 ff. Rom I-VO enthaltenen Grundprinzipien auf Gerichtsstandsvereinbarungen kann der Bereichsausnahme damit jedoch nicht entnommen werden.

---

438 MüKo-BGB/*Martiny*, Art. 1 Rom I-VO Rn. 26.

439 MüKo-BGB/*Martiny*, Art. 1 Rom I-VO Rn. 26.

440 Vgl. auch Staudinger/*Magnus*, Art. 1 Rom I-VO Rn. 73 m.w.N.

441 Grünbuch über die Umwandlung des Übereinkommens von Rom aus dem Jahr 1980 über das auf vertragliche Schuldverhältnisse anwendbare Recht in ein Gemeinschaftsinstrument sowie über seine Aktualisierung vom 14.1.2003, KOM(2002) 654 endg., Frage 6.

442 Vorschlag für eine Verordnung des Europäischen Parlaments und des Rates über das auf vertragliche Schuldverhältnisse anzuwendende Recht vom 15. Dezember 2005, KOM(2005) 650 endg., S. 5.

443 Staudinger/*Magnus*, Art. 1 Rom I-VO Rn. 73; *Garcimartín Alférez*, EuLF 2008, I-61, I-64; vgl. in dem Sinne auch *Mankowski*, RIW 2011, 30, 31.

444 Rauscher/*v. Hein*, Art. 1 Rom I-VO Rn. 38 m.w.N.

445 Rauscher/*v. Hein*, Art. 1 Rom I-VO Rn. 38 m.w.N.

Das Verständnis des deutschen Gesetzgebers scheint in diesem Zusammenhang alles andere als eindeutig. Im Gegensatz zum österreichischen Gesetzgeber hatte er sich dafür entschieden, die zuletzt in der Praxis auch auf Gerichtsstandsvereinbarungen angewandten Artt. 27 ff. EGBGB a.F.[446] ersatzlos aufzuheben. Eine Fortführung der bisherigen Inkorporationslösung war dem deutschen Gesetzgeber mit Inkrafttreten der Rom I-VO freilich nicht mehr möglich:[447] Als EU-Verordnung hat die Rom I-VO unmittelbaren Geltungsanspruch; eine Umsetzung durch nationale Gesetzgebungsakte ist nicht nur überflüssig, sondern unzulässig.[448] Der deutsche Gesetzgeber hätte aber selbstredend im Hinblick auf nicht von der Verordnung abgedeckte Fragen, namentlich die nicht erfassten Gerichtsstandsvereinbarungen, Alternativen, etwa eine der österreichischen Lösung vergleichbare Regelung, schaffen können.

Teilweise gehen Autoren davon aus, indem sich der deutsche Gesetzgeber dafür entschieden habe, die Artt. 27 ff. EGBGB a.F. abzuschaffen, obwohl der sachliche Anwendungsbereich der Rom I-VO Lücken lasse, habe er zum Ausdruck gebracht, dass die Verordnung auch für die nicht geregelten Bereiche jedenfalls analog gelten solle.[449]

Zwar geht diese Interpretation in der Sache sehr weit. Denn in der Gesetzesbegründung findet sich keinerlei Hinweis darauf, dass dem Gesetzgeber bewusst war, dass die komplette Aufhebung der Artt. 27 ff. EGBGB a.F. aufgrund der (diversen) Ausschlüsse in Art. 1 Abs. 2 Rom I-VO bedeutsame Lücken nach sich ziehen könnte.[450] Eine Auseinandersetzung mit der Frage, welche Regeln an die Stelle der aufgehobenen Normen treten könnten, sollte eine Materie aus dem Anwendungsbereich der Rom I-VO ausgenommen sein, wäre insoweit durchaus zu erwarten gewesen. Das Fehlen könnte deshalb ebenso gut darauf hindeuten, dass der Gesetzgeber die Ausschlusstatbestände bei Schaffung des Anpassungsgesetzes aktuell (im Detail) nicht im Auge hatte.

Die angesprochene Bewertung vermag im Ergebnis dennoch zu überzeugen. Möglicherweise hielt der deutsche Gesetzgeber sein Schweigen im Hinblick auf die Problematik von Gerichtsstandsvereinbarungen für die einfachste und zugleich eleganteste Lösung, um das Ergebnis zu erzielen, das dank der früheren Inkorporationslösung die Praxis in Deutschland beherrscht hatte: nämlich

446 Vgl. BGH, Urt. v. 15.2.2007 – I ZR 40/04, NJW 2007, 2036, 2037.

447 So auch die Gesetzesbegründung, BT-Drs. 16/12104, S. 8.

448 Streinz/*Schroeder*, Art. 288 Rn. 43; vgl. auch *Martiny*, RIW 2009, 737, 740.

449 *Antomo*, ZZPInt 17 (2012), 195.

450 Vgl. BT-Drs. 16/12104, S. 8 ff.

eine wie auch immer begründete Geltung der Artt. 3 ff. Rom I-VO für Restfragen der materiellen Gültigkeit von Gerichtsstandsvereinbarungen zu erreichen, vergleichbar der ehemaligen Lösung über eine Anwendbarkeit der Artt. 27 ff. EGBGB a.F. trotz entsprechendenen Ausschlusses im EVÜ.

Dass eine (analoge) Anwendung der Artt. 3 ff. Rom I-VO zu demselben Ergebnis führt wie die frühere Praxis in Deutschland, wird auch in der Literatur betont und befürwortet.[451] Der ausdrückliche Ausschluss bestimmter Materien in Art. 1 Abs. 2 Rom I-VO könne immer nur so weit gehen, wie spezielle andere Regeln vorhanden seien.[452] Bestehe aber aufgrund von Lücken Bedarf, könnten die Grundsätze der Rom I-VO auch für solche Fälle herangezogen werden, die der Bereichsausnahme unterfielen.[453] Eine entsprechende Lösung dürfe durch Rechtsprechung und Lehre entwickelt werden.[454] Insbesondere zur Lückenfüllung im Bereich des internationalen Vertragsrechts komme eine analoge Anwendung der Artt. 3 ff. Rom I-VO in Betracht, sofern sich eine inhaltliche Eignung der Vorschriften zur Lösung der in Rede stehenden Sachfrage ermitteln lasse.[455] Umso mehr solle dies dort gelten, wo die Vorschriften allgemeine kollisionsrechtliche Prinzipien zum Ausdruck brächten, wie beispielsweise den Grundsatz der Parteiautonomie.[456]

Gebauer zeigt zwar die Möglichkeit auf, aus dem Ausschluss der Gerichtsstandsvereinbarungen in Art. 1 Abs. 2 lit. e Rom I-VO den „Umkehrschluss" zu ziehen, dass eine analoge Anwendung auf die ausdrücklich ausgeschlossenen Materien gerade nicht erlaubt sein könne; im Ergebnis hält jedoch auch er die

451 Rauscher/*v. Hein*, Art. 1 Rom I-VO Rn. 39, dortige Fn. 156.

452 *Magnus/Mankowski*, ZVglRWiss 2011, dortige Fn. 156

453 *Martiny*, RIW 2009, 737, 740; *Magnus/Mankowski*, ZVglRWiss 2011, dortige Fn. 156; *Magnus*, FS Martiny, 785, 794; Staudinger/*Magnus*, Art. 1 Rom I-VO Rn. 73, 77; *Magnus* weist allerdings in IPRax 2016, 521, 525 darauf hin, einen solchen Rückgriff für alle Mitgliedstaaten als „freiwilligen Akt der Rechtsprechung" zu sichern, erscheine unmöglich.

454 *Martiny*, RIW 2009, 737, 740.

455 MüKo-BGB/*Martiny*, Art. 1 Rom I-VO Rn. 27, 65; in Rn. 75 spricht er von „mittelbarer Anwendung" der Artt. 3 ff. Rom I-VO, geht in dem Moment aber offenbar (außerhalb des Anwendungsbereichs von Art. 25 Abs. 1 Brüssel Ia-VO) von einer unselbständigen Anknüpfung der Gerichtsstandsvereinbarung an das Hauptvertragsstatut aus, vgl. Rn. 54; eine analoge Anwendung der Artt. 3 ff. Rom I-VO befürworten auch Rauscher/*v. Hein*, Art. 1 Rom I-VO Rn. 39; *Antomo*, ZZPInt 17 (2012), 183, 195; Ferrari/Kieninger/Mankowski/*Kieninger*, Art. 1 Rom I-VO Rn. 18a.

456 MüKo-BGB/*Martiny*, Art. 1 Rom I-VO Rn. 27; zu Art. 37 Satz 1 Nr. 1 EGBGB a.F. in diesem Sinne auch *v. Bar*, FS Lorenz, 273, 275.

Heranziehung der Anknüpfungskriterien der Rom I-VO für methodisch denkbar: Dem Ausschluss sei wohl nicht zwingend zu entnehmen, dass „im Restbereich der Wirksamkeitsvoraussetzungen“ eine bestimmte Anknüpfung als Rechtsfolge gerade nicht gelten solle.[457]

Es gibt auch Stimmen in der Literatur, die die entsprechende Anwendbarkeit der Artt. 3 ff. Rom I-VO gänzlich ablehnen: Dies wird in erster Linie mit der als eindeutig empfundenen Bereichsausnahme begründet.[458] Aber auch die kollisionsrechtlichen Interessen der Parteien sprächen dagegen.[459]

Das Max Planck-Institut geht der Problematik intensiv nach: Die zahlreichen materiell-rechtlichen Probleme, die im Zusammenhang mit der Gültigkeit von Gerichtsstandsvereinbarungen auftreten könnten, seien durch die nationalen Rechtsordnungen wohl am adäquatesten lösbar; insofern sei eine abschließende kollisionsrechtliche Regelung auf europäischer Ebene gar nicht wünschenswert; den innerstaatlichen Rechtsordnungen solle genügend Raum für eigenständige Lösungen bleiben.[460] Dennoch müsse eine analoge Anwendung der Artt. 3 ff. Rom I-VO für den Fall erlaubt sein, in dem nationale Regeln nicht vorlägen.[461]

Dass der Ausschlussnorm des Art. 37 Satz 1 Nr. 1 EGBGB a.F. keine generelle Wertentscheidung gegen die den Artt. 27 ff. EGBGB a.F. zugrundeliegenden Prinzipien entnommen werden könne, entschied vor vielen Jahren auch der BGH.[462] Mit Art. 37 Satz 1 Nr. 1 EGBGB a.F. sei namentlich nicht der in Art. 27 EGBGB a.F. kodifizierte Grundsatz der Privatautonomie ausgeschlossen, sondern lediglich dem Vorrang des Genfer Abkommens über Bestimmungen auf dem Gebiet des internationalen Wechselprivatrechts für den Bereich des Wechselrechts Rechnung getragen worden.[463] Der Ausschluss in Art. 37 Satz 1

457 *Gebauer*, FS von Hoffmann, 577, 580.

458 Reithmann/Martiny/*Hausmann*, Rn. 8.45; Saenger/*Dörner*, Art. 25 Rn. 15; wohl ebenso *Pohl*, IPRax 2013, 109, 111 und *Wais*, RabelsZ 2017, 815, 841; bezogen auf Schiedsvereinbarungen auch *König*, SchiedsVZ 2012, 129, 131 f., die ausdrücklich von einer Auslegung contra legem spricht.

459 Reithmann/Martiny/*Hausmann*, Rn. 8.45, der dennoch in erster Linie das von den Parteien gewählte Recht zur Anwendung bringen möchte; es bleibt unklar, auf welcher gesetzlichen Grundlage diese Annahme beruhen soll.

460 *Max Planck Institute*, RabelsZ 2004, 1, 24 f.

461 *Max Planck Institute*, RabelsZ 2004, 1, 25.

462 BGH, Urt. v. 15.12.1986 – II ZR 34/86, NJW 1987, 1145 (hierauf bezieht sich auch das Max Planck-Institut in RabelsZ 2004, 1 ff.); BGH, Urt. 5.10.1993 – XI ZR 200/92, NJW 1994, 187 (m. Aufsatz *Straub*, IPRax 1994, 432 ff.).

463 BGH, Urt. v. 5.10.1993 – XI ZR 200/92, NJW 1994, 184, 187.

EGBGB a.F. besage auch nicht, dass der in Art. 8 EVÜ zum Ausdruck gebrachte und von Art. 31 EGBGB a.F. übernommene allgemeine Rechtsgedanke, das Zustandekommen und die Wirksamkeit einer Rechtswahlklausel nach dem darin bezeichneten Recht zu beurteilen, nicht heranziehbar sei.[464]

Abzuwarten bleibt, ob der BGH jüngst den Einstieg in eine Abkehr von dieser Rechtsprechung vollzogen hat. Zur analogen Anwendbarkeit der Artt. 3 ff. Rom I-VO hat er sich nunmehr im Zusammenhang mit der Bereichsausnahme für Schiedsvereinbarungen geäußert und dabei die planwidrige Regelungslücke insgesamt verneint: Aufgrund des ausdrücklichen Ausschlusses von Schiedsvereinbarungen vom Anwendungsbereich der Rom-I-Verordnung fehle es zumindest an der Planwidrigkeit einer Regelungslücke; eine analoge Anwendung unterliefe den ausdrücklichen Anwendungsausschluss.[465] Darüber hinaus fehle es an einer Regelungslücke: Bei internationalen Schiedsvereinbarungen sei das Schiedsvereinbarungsstatut in (analoger) Anwendung von Art. V Abs. 1 lit. a des New Yorker Übereinkommens über die Anerkennung und Vollstreckung ausländischer Schiedssprüche von 1958 (im Folgenden: „UNÜ")[466] zu ermitteln.[467]

Darin muss aber nicht zwangsläufig eine grundlegende Rechtsprechungsänderung erkannt werden, die Auswirkungen auf Gerichtsstandsvereinbarungen hätte. Richtigerweise wird nämlich davon ausgegangen, dass die Frage der analogen Anwendbarkeit der Artt. 3 ff. Rom I-VO mit Blick auf Gerichtsstands- und Schiedsvereinbarungen von vornherein nicht einheitlich zu beantworten ist.[468] So beruht die Verneinung der planwidrigen Regelungslücke durch den BGH im Wesentlichen auf der Erkenntnis, mit Art. V Abs. 1 lit. a UNÜ (im Einredeverfahren analog) liege außerhalb der Rom I-VO eine Vorschrift für die Ermittlung des Schiedsvereinbarungsstatuts vor.[469] Darin besteht aber der entscheidende

---

464 BGH, Urt. v. 15.12.1986 – II ZR 34/86, NJW 1987, 1145; ebenso BGH, Urt. v. 15.2.2007 – I ZR 40/04, NJW 2007, 2036, 2037.

465 BGH, Urt. v. 26.11.2020 – I ZR 245/19, SchiedsVZ 2021, 97, 102 m.w.N. (und mit Anm. *Masser/Harraschain*, SchiedsVZ 2021, 103 f.).

466 New Yorker Übereinkommen über die Anerkennung und Vollstreckung ausländischer Schiedssprüche vom 10. Juni 1958, BGBl. 1961 II S. 122.

467 BGH, Urt. v. 26.11.2020 – I ZR 245/19, SchiedsVZ 2021, 97, 102.

468 In diesem Sinne *Antomo*, ZZPInt 17 (2012), 183, 195, dortige Fn. 73 unter Bezugnahme auf *König*, SchiedsVZ 2012, 129, 131 f; Rauscher/*v. Hein*, Art. 1 Rom I-VO Rn. 40; *Mankowski* macht sich hingegen für eine Gleichbehandlung beider Vereinbarungsarten stark, vgl. seine Ausführungen in RIW 2011, 30, 31.

469 Ausführlich zu der Frage, welches Recht auf das Zustandekommen und die Wirksamkeit einer Schiedsvereinbarung anwendbar ist *Hauberg Wilhelmsen*, Kap. 6; *Geimer* hatte bereits in der Vergangenheit kritisiert, der BGH hätte erkennen müssen, dass

Unterschied zur Gerichtsstandsvereinbarung, für die in der deutschen Rechtsordnung eine Kollisionsnorm gänzlich fehlt. Andererseits hat der BGH in der Vergangenheit Gerichtsstands- und Schiedsvereinbarungen doch in bedeutender Weise einer parallelen Behandlung unterzogen, als er ebenso wie für die Frage der Wirksamkeit von Gerichtsstandsvereinbarungen auch für Schiedsvereinbarungen auf allgemeine Grundsätze der Artt. 27 ff. EGBGB a.F. rekurrierte.[470] Eine abschließende Bewertung wird erst dann möglich sein, wenn der BGH die Frage der analogen Anwendbarkeit von Artt. 3 ff Rom I-VO ausdrücklich auch mit Bezug auf Gerichtsstandsvereinbarungen zu beantworten hat.

Gebauer dekliniert die Lösung der analogen Anwendung von Artt. 3 ff. Rom I-VO auf Gerichtsstandsvereinbarungen zu Ende durch und macht darauf aufmerksam, zu welchem Ergebnis sie letztendlich „nur" führt: Eine speziell auf die Gerichtsstandsvereinbarung bezogene Rechtswahl im Sinne von Art. 3 Rom I-VO ist in der Praxis eher selten zu finden.[471] Ebenso wird sich – im Falle einer mangelnden Rechtswahl – eine „charakteristische Leistung" (Art. 4 Abs. 2 Rom I-VO) bei Gerichtsstandsvereinbarungen nur schwerlich ermitteln lassen.[472] Allerdings enthält die Rom I-VO in Art. 4 Abs. 4 eine Auffangregel, nach der an die engste Verbindung anzuknüpfen ist – was, so Gebauer, letztlich für Gerichtsstandsvereinbarungen zum Regelfall werden dürfte.[473] Dieses Ergebnis findet teilweise großen Anklang in der Literatur; dort wird darauf hingewiesen, die engste Verbindung entspreche ohnehin der Savigny'schen Herangehensweise, indem sie nach dem „Sitz des Rechtsverhältnisses" suche.[474]

Die Bestimmung der engsten Verbindung wird in der Konsequenz als „die Kernfrage" bezeichnet[475] und lädt wiederum zu lebhaften Diskussionen ein, die sich einmal mehr in erster Linie danach unterscheiden, ob davon ausgegangen wird, dass eher der prozessuale oder der materielle Charakter der Gerichtsstandsvereinbarung in den Vordergrund zu rücken sei.

Art. V Abs. 1 lit. a UNÜ als lex specialis das schuldvertragliche Kollisionsrecht der Artt. 27 ff. EGBGB verdränge: IPRax 2006, 233, 234.

470 BGH, Urt. v. 8. 5. 2014 – III ZR 371/12, NJOZ 2014, 1103, 1105; vgl. hierzu auch *Masser/Harraschain*, SchiedsVZ 2021, 103, 104.

471 *Gebauer*, FS von Hoffmann, 577, 580.

472 *Gebauer*, FS von Hoffmann, 577, 580; *Antomo*, ZZPInt 17 (2012), 183, 194; vgl. insofern für Schiedsvereinbarungen auch *König*, SchiedsVZ 2012, 129, 131; Zöller/*Geimer*, § 1025 Rn. 11; *ders.*, IPRax 2006, 233, 234.

473 Vgl. *Gebauer*, FS von Hoffmann, 577, 580.

474 *Antomo*, ZZPInt 17 (2012), 183, 195.

475 *Antomo*, ZZPInt 17 (2012), 183, 197.

aaa.) Lex contractus

Stellt man den materiell-rechtlichen Charakter der Gerichtsstandsvereinbarung in den Vordergrund, liegt der Gedanke nahe, die Gerichtsstandsvereinbarung weise die engste Verbindung zum Hauptvertrag auf, dessen Bestandteil sie ist; dies gilt natürlich nur, wenn es sich im konkreten Fall nicht um eine isolierte Gerichtsstandsvereinbarung handelt.[476] Insofern ist die Anwendung der lex contractus auch unter dem Regime der (entprechend anwendbaren) Rom I-VO ein denkbarer Ansatz.

bbb.) Lex fori prorogati

Andere lokalisieren die engste Verbindung oder den „Sitz des Rechtsverhältnisses" beim Recht des Staates des oder der gewählten Gerichte; dafür sprächen insbesondere der Wille der Parteien und das Prinzip der Rechtssicherheit.[477] Ein entsprechender Wille sei deshalb anzunehmen, weil die Vertragsparteien mit ihrer Gerichtsstandsvereinbarung den Plan zum Ausdruck brächten, im Streitfall das gewählte Gericht anzurufen; dann solle dieses Gericht aber auch möglichst schnell nach der eigenen lex fori seine Zuständigkeit bestimmen können.[478]

ccc.) Lex fori

Als dritter Anknüpfungspunkt für die engste Verbindung wird das Recht des angerufenen Gerichts angeführt, unabhängig davon, ob es sich dabei um das prorogierte oder ein nicht prorogiertes bzw. derogiertes Gericht handelt; auch dieses hätte die eigene lex fori anzuwenden.[479]

bb.) Weitere (analoge) Anwendung von Artt. 27 ff. EGBGB a.F.

Es gibt Stimmen in der Literatur, die der Ausschlussnorm des Art. 1 Abs. 2 lit. e Rom I-VO ein striktes Verbot jeglicher Anwendung der Rom I-VO auf Gerichtsstandsvereinbarungen entnehmen.[480] Ihnen bleibt – jedenfalls auf den ersten Blick – nichts anderes übrig, als auf diejenigen Regeln des IPR zurückzugreifen,

---

476 Vgl. *Gebauer*, FS von Hoffmann, 577, 580; so auch die jedenfalls früher vorherrschende Ansicht in der Literatur, vgl. Fn. 285.

477 *Antomo*, ZZPInt 17 (2012), 183, 197 ff.

478 *Antomo*, ZZPInt 17 (2012), 183, 200 m.w.N.

479 So dargestellt bei *Antomo*, ZZPInt 17 (2012), 183, 197; vertreten wohl von *Geimer*, IZPR, Rn. 1677, fallweise solle aber dem Vertragsstatut Einfluss zugestanden werden; vgl. zu dieser Einordnung auch *Rauscher*, ZZP 104 (1991), 271, 275.

480 S.o. Fn. 458.

die vor dem Inkrafttreten der Rom I-VO Bestand hatten.[481] Insofern wollen einige Autoren trotz Aufhebung der Vorschriften weiterhin die Artt. 27 ff. EGBGB a.F. zur Anwendung berufen.[482]

Andere Autoren lehnen eine analoge Anwendung der aufgehobenen Vorschriften ab.[483] Magnus wendet sich gegen den Rückgriff auf Artt. 27 ff. EGBGB a.F. in erster Linie mit folgendem Argument: Diejenigen, die die Rom I-VO wegen der Ausschlussnorm in Art. 1 Abs. 2 lit. e auf Gerichtsstandsvereinbarungen nicht anwendeten, hätten sich ebenso am parallelen Ausschluss im EVÜ stören und ihre Auslegung der Artt. 27 ff. EGBGB a.F. daran orientieren müssen.[484] Konsequent sei deshalb allenfalls ein Rückgriff auf das vor dem 25. Juli 1986 geltende IPR.[485] Mit wachsendem Abstand zu ihm würde seine Feststellung freilich immer schwieriger:[486] Mangels einer Rechtswahl würde es zur Anknüpfung an den hypothetischen Parteiwillen führen.[487]

3. Gesetzesvorschlag de lege ferenda

Um die aufgeführte Debatte nicht weiterhin Rechtsprechung und Lehre zu überlassen, hat der Deutsche Rat für IPR im Anschluss an ein Gutachten von Magnus über einen Vorschlag für eine neue Kollisionsnorm beraten,[488] und zwar in Form eines neuen Art. 11a EGBGB mit folgendem Wortlaut:

> „Art. 11a Auf Gerichtsstands- und Schiedsvereinbarungen anwendbares Recht.
>
> 1) Das Zustandekommen und die Gültigkeit einer Gerichtsstandsvereinbarung unterstehen dem Recht, das die Parteien ausdrücklich oder mit hinreichender Deutlichkeit gewählt haben, und mangels Wahl den Sachvorschriften am Sitz des vereinbarten Gerichts.
> 2) Das Zustandekommen und die Gültigkeit einer Schiedsvereinbarung unterstehen dem Recht (…)“[489]

481 Vgl. die Darstellung bei *Magnus,* FS Martiny, 785, 794.

482 *Schack*, Rn. 557.

483 *Gebauer,* FS von Hoffmann, 577, 580; *Magnus,* FS Martiny, 785, 794.

484 *Magnus,* FS Martiny, 785, 794, dortige Fn. 27.

485 *Magnus,* FS Martiny, 785, 794, dortige Fn. 27.

486 *Magnus,* IPRax 2016, 521.

487 Vgl. die Darstellung des damaligen Gewohnheitsrechts im Giuliano/Lagarde-Bericht, S. 51.

488 *Magnus*, IPRax 2016, 521 ff.

489 *Magnus*, IPRax 2016, 521, 531 mit zusätzlichem Hinweis auf eine gegebenenfalls aufzunehmende Übergangsvorschrift: „Art. 11a EGBGB ist auf Gerichtsstands- und Schiedsvereinbarungen anzuwenden, die seit dem xxxx abgeschlossen wurden.“

Magnus hat sich demnach in erster Linie für eine eigenständige Rechtswahlmöglichkeit für Gerichtsstandsvereinbarungen ausgesprochen und weicht mit diesem Vorschlag entscheidend von der Kollisionsnorm in Art. 25 Abs. 1 Satz 1 Halbsatz 2 Brüssel Ia-VO ab. Im Hinblick auf die objektive Anknüpfung plädiert er wiederum dafür, die lex fori prorogati auch im autonomen deutschen Recht als kollisionsrechtliche Lösung für materielle Gültigkeitsfragen zu implementieren, allerdings – in entscheidender Abweichung vom europäischen Recht und dem HGÜ – nicht als Gesamt-, sondern als Sachnormverweisung. Mit dieser Entscheidung vollzieht er eine Abkehr von der früheren Linie der ständigen Rechtsprechung des BGH[490] und vieler prominenter Vertreter der Lehre,[491] die stets eine Anknüpfung über das allgemeine Vertragsstatut befürwortet hatten. Sein Vorschlag dürfte letztlich dahingehend zu deuten sein, dass er die Entscheidung für eine Gesamtverweisung auf europäischer (und mit der parallelen Regelung im HGÜ auch auf internationaler) Ebene jedenfalls kritisch sieht und eine möglichst praktikable Korrektur über das nationale Recht anstrebt.[492]

Auch Staudinger spricht sich aus Gründen der Rechtssicherheit dafür aus, de lege ferenda eine gesetzliche Lösung in das EGBGB aufzunehmen; dabei hat er das Beispiel des Art. 17 Abs. 2 EGBGB vor Augen.[493] Dort wird geregelt, dass auf Scheidungen, die nicht in den Anwendungsbereich der Verordnung (EU) Nr. 1259/2010 des Rates vom 20. Dezember 2010 zur Durchführung einer Verstärkten Zusammenarbeit im Bereich des auf die Ehescheidung und Trennung ohne Auflösung des Ehebandes anzuwendenden Rechts[494] fallen, „die Vorschriften des Kapitels II dieser Verordnung“ mit bestimmten Maßgaben entsprechende Anwendung finden.[495] Staudinger schlägt also vor, der deutsche Gesetzgeber könne ebenso die entsprechende Anwendung der Rom I-VO für Gerichtsstandsvereinbarungen im EGBGB festschreiben; als Standort für eine solche Kollisionsnorm biete sich der Dritte Unterabschnitt im Siebten Abschnitt des EGBGB an, und zwar in der Nähe von Art. 46d EGBGB.[496]

Das jeweilige Votum sowohl von Magnus als auch von Staudinger, die neue Kollisionsnorm in das EGBGB zu integrieren, ist keineswegs als selbstverständlich

490 S.o. Abschnitt 2. a.) aa.) aaa.).

491 Zu denen auch er gehörte, vgl. Fn. 285.

492 Wobei er eine richterrechtliche Lösung gegenüber einer gesetzlichen Regelung ausdrücklich präferiert, IPRax 2016, 521, 527.

493 *Staudinger*, NZV 2021, 39, 40.

494 ABl. 2010 L 343/10.

495 S. hierzu ausführlich *Antomo*, StAZ 2019, 33 ff.

496 *Staudinger*, NZV 2021, 39, 40.

zu bezeichnen. Sie in die ZPO aufzunehmen, etwa in unmittelbarer Nähe der Vorschriften für Schiedsvereinbarungen, hätte ebenso nahegelegen; dies insbesondere vor dem Hintergrund der Entscheidung des europäischen Verordnungsgebers, die Gerichtsstandsvereinbarungen nach wie vor aus der Rom I-VO herauszuhalten und sie ausschließlich in der Brüssel Ia-VO zu verorten.

4. Differenzierung zwischen den unterschiedlichen Regelungskomplexen unter besonderer Berücksichtigung der Reichweite des jeweiligen Kollisionsrechts

Die Frage, wie die Diskussion um das anwendbare IPR zu lösen und ob dafür eine neue gesetzliche Regelung, wie vom Deutschen Rat für IPR erörtert, zu befürworten ist, lässt sich nicht generell beantworten. Hierfür muss unterschieden werden zwischen den drei Regelungskomplexen Brüssel Ia-VO, HGÜ und ZPO. Denn bei aller Ähnlichkeit der Debatte aufgrund der jeweiligen Entscheidung in Brüssel Ia-VO und HGÜ für eine Gesamtverweisung darf eines nicht übersehen werden: Die Kollisionsnormen haben unterschiedliche Reichweiten. Innerhalb der Brüssel Ia-VO werden Fragen der materiellen Gültigkeit von Gerichtsstandsvereinbarungen teilweise autonom geregelt und unterfallen insoweit nicht dem Kollisionsrecht. Außerdem gibt es lebhafte Diskussionen darüber, welche Gültigkeitsvoraussetzungen überhaupt einem Prorogationsstatut unterfallen können und welche von vornherein gesondert einzeln angeknüpft werden. In Abhängigkeit der zu ermittelnden jeweiligen Reichweite des Kollisionsrechts werden deshalb für jeden Normkomplex separat am Ende Lösungen entwickelt. Nur so viel ist als Gemeinsamkeit vorwegzuschicken: In Bezug auf alle drei Normkomplexe, Brüssel Ia-VO, HGÜ und ZPO, kann wohl der Grundsatz aufgestellt werden, dass kein Raum für einen Rückgriff auf das vom Kollisionsrecht berufene nationale Recht eröffnet ist, soweit die die Gerichtsstandsvereinbarungen unmittelbar regelnden prozessualen Vorschriften jeweils reichen.[497]

497 Zu Art. 25 Brüssel Ia-VO Magnus/Mankowski/*Magnus*, Art. 25 Rn. 76; Geimer/Schütze/*Peiffer/Peiffer*, IntRV, Art. 25 Rn. 64; Geimer/Schütze/*Geimer*, EuZVR, Art. 25 Rn. 69; zu Art. 23 Brüssel I-VO *Kropholler/v. Hein*, EuZPR, Art. 23 Rn. 28; zu Art. 17 EuGVÜ *Grunsky*, RIW 1977, 1, 6; *Samtleben*, NJW 1974, 1590, 1592; *Müller*, RIW 1977, 163; hiervon ausgehend auch EuGH 14.12.1976 – 24/76, ECLI:EU:C:1976:177 = NJW 1977, 494 – Estasis Salotti/RÜWA; zu § 38 ZPO *Antomo*, ZZPInt 17 (2012), 183, 190 f.; zu Art. 5 HGÜ *Huber*, IPRax 2016, 197, 202.

a.) Art. 25 Brüssel Ia-VO

Insbesondere mit Blick auf Art. 25 Abs. 1 Brüssel Ia-VO stellt sich die Frage, welche Reichweite die Kollisionsnorm genau hat. Denn schon zu Beginn der Reformplanungen wurde auf die Auslegung des EuGH verwiesen, nach der in Art. 23 Brüssel I-VO (angeblich) umfassend geregelt sei, unter welchen Voraussetzungen Gerichtsstandsvereinbarungen gültig seien.[498] Wie bereits dargestellt, handelt es sich bei der Kollisionsnorm keinesfalls um einen Auffangtatbestand für alle nicht durch die Brüssel Ia-VO selbst geregelten Fragen.[499] Der Wortlaut beschränkt die Reichweite klar auf die "materiell[e] [N]ichtig[keit]". Dennoch ist der genaue Umfang alles andere als eindeutig. Diese Frage, in welchen Fällen im Hinblick auf die materiellen Gültigkeitsvoraussetzungen ein Rückgriff auf nationales Recht und deren Konzepte statthaft ist, ist genuin unionsrechtlicher Natur – weshalb in Zweifelsfällen der EuGH zur Klärung anzurufen ist.[500] Denn nur er verfügt über die Kompetenz, die genaue Reichweite der Kollisionsnorm zu bestimmen.[501] Freilich dürfte der Weg bis zu einer umfassenden Klärung noch weit sein; deshalb soll die Thematik in dieser Arbeit systematisch aufbereitet werden.

aa.) Auslegung

Im Rahmen der Brüssel Ia-VO ist umstritten, ob Auslegungsfragen von der Kollisionsnorm erfasst werden. Typische Auslegungsfragen im Zusammenhang mit Gerichtsstandsvereinbarungen sind:

> „Soll die Vereinbarung beide oder nur eine der Parteien binden?
>
> Ist ein ausschließlicher oder nur ein zusätzlicher Gerichtsstand vereinbart?
>
> Sind nur vertragliche oder auch deliktische und Bereicherungsansprüche erfasst?“[502]

Teilweise wird dafür plädiert, eine Auslegung nach der Auslegungsmethode desjenigen Rechts vorzunehmen, das vom IPR des vereinbarten Gerichts berufen worden sei.[503]

---

498 Kommissionsbericht, Abschnitt 3.3.

499 S.o. Abschnitt I. 1. e.).

500 *Freitag*, FS Magnus, 419, 422.

501 *Magnus*, IPRax 2016, 521, 524.

502 *Schack*, Rn. 567.

503 *Magnus*, FS Martiny, 785, 796; Nagel/Gottwald/*Gottwald*, Rn. 3.244; wohl auch Schlosser/Hess/*Schlosser*, Art. 25 Rn. 31; so zum Reform-Vorschlag auch *Heinze*, RabelsZ 2011, 581, 585.

Eine Auseinandersetzung mit der bislang zu diesem Thema ergangenen EuGH-Rechtsprechung führt zu einer anderen Lösung: Danach ist die Auslegung einer Gerichtsstandsvereinbarung zur Bestimmung der in ihren Geltungsbereich fallenden Rechtsstreitigkeiten zwar Sache des nationalen Gerichts, vor dem sie geltend gemacht wird.[504] Es ist aber der Wortlaut der europäischen Vorschrift, der etwa vorgibt, dass die von den Vertragsparteien in einer solchen Vereinbarung festgelegte Zuständigkeit eines Gerichts grundsätzlich ausschließlich ist.[505] Nicht nur der mangelnde Verweis auf ein „anwendbares Recht", sondern vor allen Dingen die vom EuGH formulierten Leitlinien[506] führen zu dem Verständnis, dass das nationale Gericht die Gerichtsstandsvereinbarung primär anhand der Vorgaben der Brüssel Ia-VO auszulegen hat, die zur Frage der Interpretation von Gerichtsstandsvereinbarungen gerade nicht neutral ist.[507] So stellt nicht zuletzt Erwägungsgrund 15 der Verordnung auf die Vorhersehbarkeit von Gerichtsständen ab.[508]

Leitlinien zur Auslegung hat der EuGH in den zitierten Entscheidungen namentlich zur Frage der Einbeziehung kartelldeliktischer Ansprüche in Gerichtsstandsvereinbarungen aufgestellt.[509] Ausgangspunkt sind demnach der Wortlaut der Gerichtsstandsvereinbarung und die Vorstellungen der Parteien.[510] Nur soweit die Vorgaben des Unionsrechts nicht eingreifen, sollten Auslegungsfragen ohne Rückgriff auf ein nationales Recht in autonomer Interpretation nach Sinn und Zweck der Gerichtsstandsvereinbarung beantwortet werden.[511]

---

504 EuGH – Powell Duffryn/Petereit, aaO (Fn. 370) Rn. 36; EuGH – Benincasa/Dentalkit, aaO (Fn. 60) Rn. 31; bestätigt in EuGH – CDC/Akzo Nobel, aaO (Fn. 12) Rn. 67, in EuGH – Höszig/Alstom Power Thermal Services, aaO (Fn. 12) Rn. 28 und in EuGH 24.10.2018 – C-595/17, ECLI:EU:C.2018:54 Rn. 21 = EuZW 2019, 79 – Apple Sales International/eBizcuss.

505 EuGH – Höszig/Alstom Power Thermal Services, aaO (Fn. 12) Rn. 28; EuGH – El Majdoub/CarsOnTheWeb, aaO (Fn. 12) Rn. 24.

506 Vgl. EuGH – CDC/Akzo Nobel, aaO (Fn. 12) Rn. 69 ff.; dazu auch *Harms/Sanner/Schmidt*, EuZW 2015, 584, 592; außerdem EuGH – Apple Sales International/eBizcuss, aaO (Fn. 504).

507 *Sirakova/Westerhoven*, IPRax 2019, 493, 494; *Hess*, FS Prütting, 337, 339 f.; s. aus der deutschen Rechtsprechung auch OLG Hamm, Beschl. v. 29. Mai 2017 – 32 SA 4/17, I-32 SA 4/17, juris, Rn. 10 (m. Anm. *Jungemeyer*, jurisPR-IWR 5/2017 Anm. 1).

508 *Hess*, FS Prütting, 337, 340.

509 Vgl. hierzu auch *Wiegandt*, EWiR 2019, 61 f.

510 *Hess*, FS Prütting, 337, 339 mit Hinweis auf EuGH – CDC/Akzo Nobel, aaO (Fn. 12) Rn. 58 und Rn. 68.

511 So zu Art. 23 Brüssel I-VO *Kropholler/v. Hein*, EuZPR, Art. 23 Rn. 18.

Diese Sichtweise scheint der BGH nur in Ansätzen zu teilen. In einer Entscheidung aus dem Jahr 2018 betonte er zwar den Vorrang der Maßstäbe und Vorgaben in der europäischen Vorschrift, griff aber im Übrigen auf das Vertragsstatut zurück:

> „Sie [die Auslegung] richtet sich, wenn sie wie im vorliegenden Fall Teil einer umfassenderen Vereinbarung ist, regelmäßig nach dem für diesen Vertrag geltenden Recht, soweit Art. 23 EuGVVO a.F. keine Maßstäbe und Vorgaben enthält. (…) Das jeweilige Auslegungsergebnis ist daraufhin zu überprüfen, ob es nach den Maßstäben des Art. 23 Abs. 1 EuGVVO a.F. hinreichend bestimmt ist.“[512]

Einige Monate später unterstellte der BGH jedoch die Auslegung unter Bezugnahme auf ein zum Anwendungsbereich des autonomen deutschen Rechts ergangenes Urteil aus dem Jahre 1996[513] dem von den Parteien für den Hauptvertrag gewählten nationalen Recht, ohne insoweit unionsrechtsautonome Maßstäbe auch nur zu erwähnen.[514]

Auch wenn die Abgrenzung zwischen dem wirksamen Zustandekommen der Gerichtsstandsvereinbarung und ihrer durch Auslegung zu ermittelnden Reichweite als schwierig bezeichnet werden kann,[515] so ist die Auslegung doch von vornherein von den kollisionsrechtlich anzuknüpfenden Fragen der materiellen Gültigkeit einer Gerichtsstandsvereinbarung zu trennen.[516]

bb.) Generelle Zulässigkeitsschranken

Die generellen Zulässigkeitsschranken ergeben sich als prozessrechtlich zu qualifizierende Fragen unmittelbar aus den prozessrechtlichen Vorschriften der Brüssel Ia-VO;[517] das Kollisionsrecht kommt insoweit wiederum nicht zum Einsatz.

Zum einen sind damit die Art. 25 Abs. 1 Brüssel Ia-VO unmittelbar zu entnehmenden Vorgaben bezogen auf die Bestimmtheit der Gerichtswahl und die Bestimmtheit der von der Gerichtsstandsvereinbarung erfassten Rechtsstreitigkeiten gemeint: Nach dem ausdrücklichen Wortlaut des Art. 25 Abs. 1 Brüssel Ia-VO muss sich die Gerichtsstandsvereinbarung auf eine bereits entstandene

---

512 BGH, Urt. v. 6.12.2018 – IX ZR 22/18, IHR 2019, 172, 174 f.

513 BGH, Urt. v. 21.11.1996 – IX ZR 264/95, NJW 1997, 397 ff.

514 BGH, Urt. v. 17.10.2019 – III ZR 42/19, EuZW 2020, 143, 144; so auch MüKo-ZPO/*Gottwald,* Art. 25 Brüssel Ia-VO Rn. 21: Statut des Hauptvertrags.

515 Rauscher/*Mankowski*, Art. 25 Rn. 361.

516 So auch Rauscher/*Mankowski*, Art. 25 Rn. 61; vgl. aber *Lindenmayr*, S. 154, die von der Auslegung als besonderem Aspekt der materiellen Wirksamkeit spricht.

517 Vgl. zu Art. 23 Brüssel I-VO *Kropholler/v. Hein*, EuZPR, Art. 23 Rn. 17.

oder auf eine künftige, aus einem bestimmten Rechtsverhältnis entspringende Rechtsstreitigkeit beziehen.[518] Das zugrundeliegende Rechtsverhältnis muss zum Zeitpunkt der Einigung über die Zuständigkeit noch nicht notwendigerweise bestehen, es muss zu diesem Zeitpunkt allerdings nach Art und Gegenstand bereits hinreichend bestimmbar, also durch Auslegung ermittelbar sein.[519] Dieses Erfordernis soll vermeiden, dass eine Partei dadurch überrascht wird, dass die Zuständigkeit eines bestimmten Gerichts für sämtliche Rechtsstreitigkeiten begründet wird, die sich eventuell aus den Beziehungen mit ihrem Vertragspartner ergeben und ihren Ursprung in einer anderen Beziehung als derjenigen haben, anlässlich derer die Begründung des Gerichtsstands vorgenommen wurde.[520] Zudem verlangt Art. 25 Brüssel Ia-VO, dass das als zuständig bezeichnete Gericht sich aus der Vereinbarung als bestimmt ergibt oder wenigstens im Zeitpunkt der Klageerhebung aus den Umständen zu bestimmen ist.[521] Dabei muss sich das zuständige Gericht nicht bereits aufgrund des Wortlauts der Klausel bestimmen lassen; es genügt vielmehr, wenn die Gerichtsstandsvereinbarung die objektiven Kriterien benennt, über die sich beide Parteien bei der Bestimmung des Gerichts, das über ihre bereits entstandenen oder künftigen Rechtsstreitigkeiten entscheiden soll, geeinigt haben.[522] Diese Kriterien müssen so genau sein, dass das jeweils angerufene Gericht feststellen kann, ob es zuständig ist; sie können aber gegebenenfalls durch die besonderen Umstände des Einzelfalls konkretisiert werden.[523] Eine Bestimmung des örtlich zuständigen Gerichts muss nicht erfolgen; vielmehr genügt die Vereinbarung der internationalen Zuständigkeit eines bestimmten Staates; im Falle eines Rechtsstreits richtet sich die örtliche Zuständigkeit dann nach dem innerstaatlichen Verfahrensrecht.[524]

---

518 Vgl. Saenger/*Dörner*, Art. 25 Rn. 13.

519 *Hess*, Rn. 6.156; zu Art. 23 Brüssel I-VO *Kropholler/v. Hein*, EuZPR, Art. 23 Rn. 70.

520 EuGH – CDC/Akzo Nobel, aaO (Fn. 12) Rn. 68 und EuGH – Apple Sales International/eBizcuss, aaO (Fn. 504) Rn. 22; so auch BGH, Urt. v. 6.12.2018 – IX ZR 22/18, IHR 2019, 172, 175.

521 Vgl. Saenger/*Dörner*, Art. 25 Rn. 14; *Hess*, Rn. 6.157; zu Art. 23 Brüssel I-VO *Kropholler/v. Hein*, EuZPR, Art. 23 Rn. 71; *Hausmann*, unalex, Brüssel I-VO, Art. 23 Rn. 11.

522 Vgl. Saenger/*Dörner*, Art. 25 Rn. 14; *Hess*, Rn. 6.157; so zu Art. 17 EuGVÜ EuGH – Coreck Maritime/Handelsveem, aaO (Fn. 54) Rn. 15; s. dazu auch *Jayme/Kohler*, IPRax 2001, 501, 506; zu Art. 23 Brüssel I-VO EuGH – Höszig/Alstom Power Thermal Services, aaO (Fn. 12) Rn. 43.

523 Vgl. EuGH – Coreck Maritime/Handelsveem, aaO (Fn. 54) Rn. 15; EuGH – Höszig/Alstom Power Thermal Services, aaO (Fn. 12) Rn. 43.

524 Vgl. OGH, Beschl. v. 1.12.2003 – 4 Nc 32/03y; OGH, Beschl. v. 13.7.2007 – 6 Nc 12/07b; jeweils abrufbar unter https://ris.bka.gv.at; *Hausmann*, unalex, Brüssel I-VO,

Zum anderen finden sich Schranken in Art. 25 Abs. 4 Var. 1 Brüssel Ia-VO: Unzulässig sind danach im Grundsatz Vereinbarungen zum Nachteil bestimmter schwächerer Vertragsparteien (Versicherungsnehmer, Versicherte oder Begünstigte eines Versicherungsvertrags, Verbraucher,[525] Arbeitnehmer),[526] für welche die Brüssel Ia-VO unabdingbare Zuständigkeiten vorsieht. Zwar lassen die Artt. 15, 19 und 23 Brüssel Ia-VO auch in diesen Fällen Ausnahmen zu, allerdings nur, wenn die Vereinbarung nach der Entstehung der Streitigkeit getroffen wird (zum Beispiel Art. 19 Nr. 1 Brüssel Ia-VO), wenn sie dem Zweck dient, der jeweils geschützten Partei zusätzliche Gerichtsstände für mögliche Klagen einzuräumen (zum Beispiel Art. 19 Nr. 2 Brüssel Ia-VO) oder um eine Perpetuierung ihres im Zeitpunkt des Vertragsschlusses bestehenden allgemeinen Gerichtsstands zu ermöglichen (zum Beispiel Art. 19 Nr. 3 Brüssel Ia-VO). Andernfalls steht der Partei, die gegen die geschützte Person klagt, lediglich der Wohnsitz des Beklagten als Gerichtsstand zur Verfügung (zum Beispiel Art. 18 Abs. 2 Brüssel Ia-VO). Die in den Artt. 15, 19 und 23 Brüssel Ia-VO jeweils gewählte Formulierung "Von den Vorschriften dieses Abschnitts kann im Wege der Vereinbarung nur abgewichen werden, wenn ..." lässt keinen anderen Schluss als denjenigen zu, dass Gerichtsstandsvereinbarungen abgesehen von diesen Spezialfällen unwirksam sind.[527]

Unzulässig sind des Weiteren Vereinbarungen, die zu Abweichungen von ausschließlichen Gerichtsständen (Art. 24 Brüssel Ia-VO) führen würden (Art. 25 Abs. 4 Var. 2 Brüssel Ia-VO).[528]

Art. 23 Rn. 23; MüKo-ZPO/*Gottwald*, Art. 25 Brüssel Ia-VO Rn. 66; *Hess*, Rn. 6.155 und dortige Fn. 749; s. zu weiteren Einzelheiten *Kropholler/v. Hein*, EuZPR, Art. 23 Rn. 75 ff.

525 Zum eng auszulegenden Begriff „Verbraucher“ im Sinne der Artt. 17 und 18 Brüssel Ia-VO s. EuGH 14.02.2019 – C-630/17, ECLI:EU:C:2019:123 Rn. 85 ff. = RIW 2019, 218 – Milivojevic/Raiffeisenbank St. Stefan-Jagerberg-Wolfsberg.

526 Die Ausdehnung des besonderen Schutzes, der zunächst nur für Versicherungs- und Verbrauchersachen galt, auch auf Arbeitnehmer erfolgte durch Art. 7 des Übereinkommens über den Beitritt des Königreichs Spanien und der Portugiesischen Republik zum Übereinkommen über die gerichtliche Zuständigkeit und die Vollstreckung gerichtlicher Entscheidungen in Zivil- und Handelssachen sowie zum Protokoll betreffend die Auslegung dieses Übereinkommens durch den Gerichtshof vom 26. Mai 1989, ABl. 1989 L 285/1.

527 Vgl. *Mankowski*, RIW 2015, 17, 20.

528 S. zu den Einzelheiten wiederum *Kropholler/v. Hein*, EuZPR, Art. 23 Rn. 84 f.

Im Übrigen verbietet die Brüssel Ia-VO eine Klageabweisung durch das vereinbarte Gericht unter dem Gesichtspunkt des *forum non conveniens.*[529] Die Parteien sind hier also berechtigt, ein „neutrales" Forum für ihren (möglicherweise auftretenden) Rechtsstreit zu wählen.[530]

Die durch die europäischen Vorschriften vorgegebene Unzulässigkeit getroffener Gerichtsstandsvereinbarungen kann durch weniger strenge nationale Regelungen nicht in Frage gestellt werden.[531] Umgekehrt gilt aber auch: Prorogationserschwerungen im nationalen Recht[532] finden bei Einschlägigkeit der Brüssel Ia-VO daneben grundsätzlich keine Anwendung, weder mit noch ohne Umweg über das Kollisionsrecht.[533] In den wenigen Ausnahmefällen, in denen aus Sicht des europäischen Verordnungsgebers nationale Prorogationsbeschränkungen zum Zuge kommen sollen, macht er dies durch ausdrücklichen Verweis kenntlich, vgl. Art. 15 Nr. 3 und Art. 19 Nr. 3 Brüssel Ia-VO.[534]

Dies bedeutet also auch: Grundsätzlich ist jede AGB-Inhaltskontrolle nach nationalem Recht ausgeschlossen.[535] Besondere Bedeutung kommt in diesem

---

529 S. zur Begrifflichkeit oben Abschnitt B. und die zugehörigen Nachweise in Fn. 76.

530 *Hausmann,* unalex, Brüssel I-VO, Art. 23 Rn. 26; MüKo-ZPO/*Gottwald*, Art. 25 Brüssel Ia-VO Rn. 23; Magnus/Mankowski/*Magnus*, Art. 25 Rn. 47.

531 *Magnus*, IPRax 2016, 521, 524.

532 *Geimer* benennt die im deutschen Recht verdrängten Normen im Einzelnen in Geimer/Schütze, EuZVR, Art. 25 Rn. 70 ff.

533 EuGH 16.3.1999 - C-159/97, ECLI:EU:C:1999:142 Rn. 51 f. = IPRax 2000, 119 - Castelletti/Hugo Trumpy (hier zur Frage der Prüfung der Angemessenheit der Gerichtsstandsvereinbarung); Saenger/*Dörner*, Art. 25 Rn. 1; Geimer/Schütze/*Geimer*, EuZVR, Art. 25 Rn. 70; Schlosser/Hess/*Schlosser*, Art. 25 Rn. 31; MüKo-ZPO/*Gottwald*, Art. 25 Brüssel Ia-VO Rn. 71; zu Art. 23 Brüssel I-VO *Kropholler/v. Hein*, EuZPR, Art. 23 Rn. 21 f.; *Gottschalk/Breßler*, ZEuP 2007, 56, 67; zu Art. 17 EuGVÜ *Koch*, IPRax 1993, 19, 21; zum Vorrang vor § 104 JN/at: OGH, Beschl. v. 23.2.1998 - 3 Ob 380/97x; OGH, Beschl. v. 25.2.1999 - 2 Ob 41/99i; OGH, Beschl. v. 14.7.1999 - 7 Ob 176/98b; OGH, Beschl. v. 29.8.2000 - 1 Ob 149/00r, jeweils abrufbar unter https://ris.bka.gv.at

534 Vgl. Geimer/Schütze/*Geimer*, EuZVR, Art. 25 Rn. 69.

535 Zu Art. 17 EuGVÜ *Kröll*, ZZP 113 (2000), 135, 149 f.; *Saenger*, ZEuP 2000, 666, 668; BGH, Beschl. v. 28.3.1996 - III ZR 95/95, NJW 1996, 1819; zu Art. 23 Brüssel I-VO *Gottschalk/Breßler*, ZEuP 2007, 56, 67; *Kropholler/v. Hein*, EuZPR, Art. 23 Rn. 19; *Leible/Röder*, RIW 2007, 481, 482; zu Art. 25 Brüssel Ia-VO Reithmann/Martiny/*Hausmann* Rn. 8.37; Geimer/Schütze/*Peiffer/Peiffer*, IntRV, Art. 25 Rn. 104; *Coester-Waltjen*, FS Geimer, 31, 35; MüKo-ZPO/*Gottwald*, Art. 25 Brüssel Ia-VO Rn. 78; Schlosser/Hess/*Schlosser*, Art. 25 Rn. 31: Allein § 305c BGB bleibe anwendbar, soweit eine Klausel aus redaktionellen Gründen überraschend sei; grundlegend a.A. Mayr/*Wittwer*, Rn. 3.644; Czernich/Kodek/Mayr/*Tiefenthaler/Czernich*, Art. 25 Rn. 47

Zusammenhang aber der Frage zu, ob und inwiefern nationale Prorogationsbeschränkungen im Einzelfall aus dem Missbrauchsgedanken errichtet werden können. Eine ausdrückliche Regelung hierzu, etwa nach dem Vorbild von Art. 4 Abs. 3 des nie in Kraft getretenen Haager Übereinkommens über den vereinbarten Gerichtsstand von 1965,[536] Art. 5 Abs. 2 Schweizer IPRG[537] oder Art. 6 lit. c HGÜ,[538] findet sich in der Brüssel Ia-VO gerade nicht.

Zur Beantwortung der Frage sollte von vornherein klar differenziert werden: Zum einen ist zu klären, ob die Brüssel Ia-VO, gegebenenfalls über die Kollisionsnorm in Art. 25 Abs. 1 Satz 1 Halbsatz 2, eine Überprüfung von Gerichtsstandsvereinbarungen auf Umgehung sogenannter zwingender Normen zulässt (aaa.). Zum anderen kommt eine allgemeine Missbrauchskontrolle in Betracht (bbb.). Beide Ansätze sollen nacheinander erörtert werden.

aaa.) Missbrauchskontrolle mit Blick auf zwingende Normen

Besonderes Augenmerk soll zunächst auf die sogenannten zwingenden Normen gelegt werden. Die Durchsetzung dieser Vorschriften spielt aus Sicht des jeweils normgebenden Staates eine zentrale Rolle.

Hinsichtlich der Begrifflichkeit ist vorab zu unterscheiden zwischen „einfach zwingenden" und „international zwingenden" Normen eines Staates.[539]

Unter „einfach zwingenden" Normen sind solche zu verstehen, die im innerstaatlichen Recht durch die Parteien nicht abbedungen werden können; als

---

f.: Durch die Bezugnahme in Art. 25 Abs. 1 Satz 1 Halbsatz 2 Brüssel Ia-VO auf die „materielle Ungültigkeit" sei auch die Inhaltskontrolle von Gerichtsstandsvereinbarungen in AGB ermöglicht; vgl. auch *Lindenmayr*: Auch im Anwendungsbereich von Art. 17 EuGVÜ sei für die inhaltliche Kontrolle von Zuständigkeitsabreden ein Rückgriff auf das autonome nationale Recht möglich, S. 359.

536 Wortlaut der Vorschrift: "The agreement on the choice of court shall be void or voidable if it has been obtained by an abuse of economic power or other unfair means."

537 Bundesgesetz über das Internationale Privatrecht vom 18. Dezember 1987, BBl. 1988, Bd. 1, S. 5 ff.; Wortlaut der Vorschrift: „Die Gerichtsstandsvereinbarung ist unwirksam, wenn einer Partei ein Gerichtsstand des schweizerischen Rechts missbräuchlich entzogen wird."

538 Wortlaut: „Ein Gericht eines Vertragsstaats, der nicht der Staat des vereinbarten Gerichts ist, setzt Verfahren, für die eine ausschließliche Gerichtsstandsvereinbarung gilt, aus oder weist die Klage als unzulässig ab, es sei denn, die Anwendung der Vereinbarung würde zu einer offensichtlichen Ungerechtigkeit führen oder der öffentlichen Ordnung (ordre public) des Staates des angerufenen Gerichts offensichtlich widersprechen."

539 Vgl. *Basedow*, FS Magnus, 337.

Beispiel können die Regelungen zum Widerrufsrecht bei Haustürgeschäften dienen. Den Sachverhalt mit grenzüberschreitendem Bezug regelt insoweit Art. 3 Abs. 3 Rom I-VO: Prinzipiell können die einfach zwingenden Normen im internationalen Rechtsverkehr ohne weiteres abbedungen werden; nur in dem Fall, in dem sämtliche Elemente des Sachverhalts im Staat der zwingenden Norm belegen sind, können sich die einfach zwingenden Normen einer abweichenden Rechtswahl widersetzen.[540]

„International zwingende" Normen oder auch „Eingriffsnormen" sind nach Art. 9 Abs. 1 Rom I-VO hingegen solche, deren Einhaltung von einem Staat als so entscheidend für die Wahrung seines öffentlichen Interesses angesehen wird, dass sie ungeachtet des auf den Vertrag anzuwendenden Rechts ihre Wirkung entfalten.

Nur letztere Eingriffsnormen können aufgrund des Wertungszusammenhangs des Zivilprozessrechts mit dem europäischen IPR überhaupt Restriktionen auch der verfahrensrechtlichen Parteiautonomie auslösen.[541]

Die Frage des Einflusses solcher Eingriffsnormen auf Gerichtsstandsvereinbarungen war bereits mehrfach Gegenstand höchstrichterlicher Entscheidungen. Diejenigen Urteile, die in diesem Zusammenhang auf Grundlage des europäischen Zivilprozessrechts ergangen sind (bzw. bei hypothetisch früherem Beitritt zum EuGVÜ ergangen wären), sollen vor einer abschließenden Erörterung kurz dargestellt werden.

(1.) Höchstrichterliche Rechtsprechung

Im Fall „The Hollandia"[542] hatten die Beteiligten eines Beförderungsvertrags in ihr Konnossement eine Gerichtsstands- und eine Rechtswahlklausel zugunsten der Gerichte von Amsterdam und niederländischen Rechts einschließlich der ursprünglichen Haager Regeln von 1924 aufgenommen. Diese Vereinbarung sollte zur Anwendbarkeit einer Haftungshöchstgrenze von 250 britischen Pfund führen. Während der Entladung im Bestimmungshafen erlitt die Maschine einen Schaden in Höhe von 22.000 britischen Pfund. Der Befrachter ging nicht vor die Gerichte von Amsterdam, sondern erhob Schadensersatzklage vor englischen Gerichten. Er berief sich dort auf die bereits in englisches Recht umgesetzten Haag-Visby-Regeln von 1968; danach belief sich die Haftungshöchstsumme im

540 Vgl. *Basedow*, FS Magnus, 337; näher hierzu wiederum *v. Hein*, FS Hopt, 1405 ff.

541 Vgl. *v. Hein*, in: Jung, 23, 65 f.

542 The Hollandia [1982] 1 Q.B. 872, 884, 886, 891 Court of Appeal, zitiert in *Basedow*, FS Magnus, 337, 338.

streitigen Fall auf etwa 11.000 britische Pfund. Über die in den Haag-Visby-Regeln hinausgehende Haftungsbegrenzungen durch vertragliche Absprache sind nach dem Regelwerk unwirksam. Den Antrag auf Aussetzung des Verfahrens wies der Court of Appeal zurück. Die Gerichtsstandsvereinbarung zugunsten der Gerichte von Amsterdam sei unwirksam, weil dadurch die Haag-Visby-Regeln ausgeschlossen würden. Diese seien jedoch Ausdruck einer zwingenden „public policy“ und hätten somit Vorrang vor der Vertragsfreiheit der Parteien.[543]

In einem anderen Fall hatten die Beteiligten mehrerer Verträge über Finanzderivate (auf der einen Seite die italienische Post, auf der anderen Seite eine amerikanische Bank) die ausschließliche Zuständigkeit englischer Gerichte für künftige Streitigkeiten vereinbart.[544] Die italienische Post verklagte die amerikanische Bank abredewidrig vor den Gerichten Roms. Dort vertrat sie die Ansicht, die Gerichtsstandsvereinbarung sei unwirksam, weil die amerikanische Bank nicht zum Handel in Italien zugelassen sei; dies verstoße gegen zwingende Bestimmungen des italienischen Rechts. Diesen Vortrag wies der italienische Kassationshof mit der Begründung zurück, dass die Feststellung der Zuständigkeit eines Gerichts logischen Vorrang vor der Anwendung des materiellen Rechts einschließlich der Eingriffsnormen[545] habe. Interessanterweise fügte der Kassationshof auch noch hinzu, im streitigen Fall befinde sich das prorogierte Gericht in einem Mitgliedstaat der EU, also im Einzugsgebiet der Rechtsangleichung.

Der EuGH hat schon früh in der Rechtssache „Castelletti“ der Invalidierung einer Gerichtsstandsvereinbarung zur Durchsetzung materiellen Rechts des derogierten Forums eine Absage erteilt:

> „[D]as am gewählten Gerichtsstand geltende materielle Haftungsrecht hat keinen Einfluss auf die Wirksamkeit der Klausel.“[546]

In jüngerer Vergangenheit hat er sich nun auch zum Einfluss des *unionsrechtlichen* Gebots effektiver Durchsetzung des Kartellverbots des Art. 81 EG/Art. 101 AEUV auf Gerichtsstandsvereinbarungen äußern müssen und eine entsprechende Berücksichtigung klar ausgeschlossen:

---

543 S. zu diesem Fall auch *Basedow*, FS Magnus, 337, 338.

544 Corte di cassazione (S.U.) 20.2.2007, no. 3841, Riv. dir. Internat. priv. & proc. 44 (2008) 160, 163 f., s. hierzu wiederum *Basedow*, FS Magnus, 337, 340.

545 „Norme di applicazione necessaria“.

546 EuGH – Castelletti/Hugo Trumpy, aaO (Fn. 533) Rn. 51; s. hierzu auch *Weller*, FS Schütze, 705, 712; *ders.*, JPIL 2016, 1, 16 f.

„Zum anderen darf das angerufene Gericht die Berücksichtigung einer den Anforderungen von Art. 23 dieser Verordnung entsprechenden Gerichtsstandsvereinbarung, da andernfalls die Zielsetzung der [Brüssel I-VO] in Frage gestellt würde, nicht allein deshalb ablehnen, weil es der Ansicht ist, dass das in dieser Klausel bezeichnete Gericht nicht die volle Geltung des Gebots effektiver Durchsetzung des Kartellverbots sicherstellen und dem Geschädigten eines Kartells keinen vollen Ersatz seines Schadens zusprechen würde. Vielmehr ist davon auszugehen, dass das in jedem Mitgliedstaat eingerichtete Rechtsbehelfssystem, ergänzt durch das in Art. 267 AEUV vorgesehene Vorabentscheidungsverfahren, den Rechtsbürgern insoweit eine ausreichende Garantie bietet."[547]

(2.) Diskussion und Lösung

In der Literatur wird als allgemeine Meinung bezeichnet, dass aus einer möglichen Umgehung mitgliedstaatlicher Eingriffsnormen kein Derogationsverbot innerhalb der EU (mehr) hergeleitet werden kann.[548] Die EU-Mitgliedstaaten hätten sich insoweit kraft supranationaler Bindung ihrer Freiheit begeben, selbst zu entscheiden, welche eigenen politischen Wertungen (über das Brüsseler System hinaus) durchzusetzen seien; der Anwendungswille des jeweils forumeigenen Eingriffsrechts werde damit zurückgenommen.[549] Im Gegensatz zur oben dargestellten „Hollandia"-Entscheidung könnten etwa auch im Seerecht die zwingenden Normen über die Mindesthaftung des Verfrachters (bzw. die entsprechenden Vorschriften der Haager Regeln von 1924 und der Visby-Regeln von 1968) neben Art. 25 Brüssel Ia-VO als Prorogationsbeschränkung keinen Bestand haben.[550] Die Brüssel Ia-VO sehe selbst ein ausgeglichenes System von Gerichtsständen vor, das mit dem Aufstellen einiger besonderer Prorogationsverbote oder -beschränkungen insbesondere den Schutz der tatsächlich oder auch nur vermeintlich schwächeren Vertragspartei im Blick habe.[551]

Bereits zu den Vorgängervorschriften von Art. 25 Brüssel Ia-VO ergingen untergerichtliche Entscheidungen, die diese Grundsätze beachteten:

---

547 EuGH – CDC/Akzo Nobel, aaO (Fn. 12) Rn. 63.

548 Schlosser/Hess/*Schlosser*, Art. 25 Rn. 32; *v. Hein*, in: Jung, 23, 66; *Weller*, JPIL 2016, 1, 17; ein solches Derogationsverbot wird auch abgelehnt in Reithmann/Martiny/*Hausmann*, Rn. 8.39; *ders.*, unalex, Brüssel I-VO, Art. 23 Rn. 29; *Gottschalk/Breßler*, ZEuP 2007, 56, 67; *Basedow*, FS Magnus, 337, 342; *Hartley*, FS Kohler, 171, 174; Geimer/Schütze/*Geimer*, EuZVR, Art. 25 Rn. 74; Magnus/Mankowski/*Magnus*, Art. 25 Rn. 74.

549 Rauscher/*Mankowski*, Art. 25 Rn. 78.

550 *Gottschalk/Breßler*, ZEuP 2007, 56, 67; *Kropholler/v. Hein*, EuZPR, Art. 23 Rn. 22.

551 *Freitag*, FS Magnus, 419, 425.

So entschied das OLG Stuttgart im Jahre 1990, dass gegenüber einer Gerichtsstandsvereinbarung nach Art. 17 EuGVÜ das deutsche Kartellrecht (§ 130 Abs. 2 GWB a.F. = § 185 Abs. 2 GWB n.F.) keine Derogationsschranke errichten könne.[552]

Das LG Darmstadt urteilte im Jahre 1993, dass im Rahmen von Art. 17 EuGVÜ das auf § 61 i.V.m. §§ 53 ff. BörsG a.F. gestützte Verbot einer Prorogation ausländischer Gerichte keine Berücksichtigung finde.[553]

Tatsächlich spricht insbesondere das System von Art. 25 Abs. 4 i.V.m. Artt. 15, 19, 23 und 24 Brüssel Ia-VO dagegen, über diese Bestimmungen hinausgehende Zulässigkeitsschranken über Eingriffsnormen zu entwickeln. Es scheint eindeutig, dass der europäische Verordnungsgeber in diesem System sein eigenes Verständnis eines gemeinsamen ordre public verwirklicht hat. Für weitere nationale Wertungen bleibt kein Raum. Andernfalls entstünde ein Widerspruch zur rechtsvereinheitlichenden Intention der Verordnung.[554] Ein Bedürfnis für zusätzliche nationale Wertungen besteht umso weniger, als über die Rechtsprechung des EuGH sichergestellt ist, dass dieses einheitliche Schutzsystem bei Derogation mitgliedstaatlicher Gerichte auch dann zur Geltung kommt, wenn die Zuständigkeit drittstaatlicher Gerichte vereinbart wurde.[555]

Dieses bereits zu den Vorgängervorschriften der Brüssel Ia-VO gefundene Ergebnis gilt seit der Reform umso mehr. Die Litispendenzregel in Art. 31 Abs. 2 Brüssel Ia-VO bringt noch einmal verstärkt zum Ausdruck, dass der Anwendungswille des forumeigenen Eingriffsrechts im Falle der Derogation gänzlich zurückstehen soll. Danach setzt ein abredewidrig angerufenes Gericht sein Verfahren aus, sobald vor dem prorogierten Gericht ein Verfahren anhängig gemacht worden ist. Insoweit wird schon von einer Kompetenz-Kompetenz des prorogierten Staates gesprochen.[556] Hätte der europäische Verordnungsgeber eine Berücksichtigung mitgliedstaatlicher Eingriffsnormen auf der Ebene der

---

552 OLG Stuttgart, Urt. v. 9.11.1990 – 2 U 16/90, RIW 1991, 333, 334 f.; zust. *Gottschalk/Breßler*, ZEuP 2007, 56, 67; Geimer/Schütze/*Geimer*, EuZVR, Art. 25 Rn. 71; *Kropholler/v. Hein*, EuZPR, Art. 23 Rn. 22.

553 LG Darmstadt, Urt. v. 2.12.1993 – 13 O 438/92, IPRax 1995, 318, 321; s. hierzu *Gottschalk/Breßler*, ZEuP 2007, 56, 67, der die Entscheidung als „nicht weiter überrasch[end]" kommentiert; zust. auch Schlosser/Hess/*Schlosser*, Art. 25 Rn. 32.

554 Vgl. *Kropholler/v. Hein*, EuZPR, Art. 23 Rn. 19; Geimer/Schütze/*Geimer*, EuZVR, Art. 25 Rn. 70.

555 EuGH – Mahamdia/Algerien, aaO (Fn. 189) Rn. 66.

556 Rauscher/*Mankowski*, Art. 25 Rn. 77; *Hess*, Rn. 6.153; MüKo-BGB/*v. Hein*, Art. 4 EGBGB Rn. 166.

Gerichtsstandsvereinbarung angestrebt, hätte er wohl eine am Vorbild des Art. 6 lit. c HGÜ[557] orientierte Regelung geschaffen. Mit einer Entscheidung gegen eine solche Vorschrift hat er demgegenüber zum Ausdruck gebracht, dass eine Übertragung des Modells auf den europäischen Bereich dem Grundsatz des gegenseitigen Vertrauens zwischen den Mitgliedstaaten widerspräche.[558]

Der Einfluss von Eingriffsnormen auf Gerichtsstandsvereinbarungen ist richtigerweise nach wie vor der autonom abschließend geregelten Zulässigkeit bzw. Statthaftigkeit der Vereinbarung zuzuordnen und nicht der kollisionsrechtlich anzuknüpfenden materiellen Wirksamkeit;[559] damit wird der Komplex von vornherein nicht von der Reichweite der Kollisionsnorm umfasst. Versuche, den Einfluss von Eingriffsnormen auf Gerichtsstandsvereinbarungen als Frage der materiellen Nichtigkeit jener Vereinbarungen zu qualifizieren und damit Art. 25 Abs. 1 Satz 1 Halbsatz 2 Brüssel Ia-VO zu unterstellen,[560] werden der besonderen Bedeutung von Eingriffsnormen in diesem Zusammenhang nicht gerecht. Eingriffsnormen haben in aller Regel (es sei denn, es handelt sich bei ihnen um ausdrückliche Prorogationsverbote) keinerlei unmittelbaren Einfluss auf den besonderen Vertrag der Gerichtsstandsvereinbarung, etwa wenn man an zwingende Haftungshöchstsummen denkt wie im Fall „The Hollandia". Unmittelbaren Einfluss haben sie dann über Art. 9 Rom I-VO auf das auf den Hauptvertrag anwendbare Recht. Bezogen auf Gerichtsstandsvereinbarungen beschränkt sich ihre Bedeutung aber auf die Frage, ob durch die Gerichtswahl die Anwendbarkeit der Eingriffsnormen umgangen wird und ob sie deshalb verboten, also als unzulässig bewertet werden muss. Um die unabhängig vom Hauptvertrag betrachtete materielle Gültigkeit dieser Gerichtswahl geht es in diesem Moment überhaupt nicht. Aber selbst in dem Fall, in dem die lex fori prorogati eine Eingriffsnorm mit speziellem Derogationsverbot vorsieht, darf sie nicht über Art. 25 Abs. 1 Satz 2 Halbsatz 2 Brüssel Ia-VO angeknüpft werden. Insoweit wird ganz unmittelbar nach der Zulässigkeit bzw. Statthaftigkeit der Vereinbarung gefragt. Aufgrund der eindeutigen Beschränkung der Kollisionsnorm auf Fragen der *materiellen* Gültigkeit ist ihr Anwendungsbereich hier nicht eröffnet.

---

557 Wortlaut in Fn. 538 wiedergegeben.

558 Vgl. auch *Weller*, JPIL 2016, 1, 17.

559 Vgl. Rauscher/*Mankowski*, Art. 25 Rn. 76.

560 Vgl. etwa *Basedow*, FS Magnus, 337, 342.

bbb.) Allgemeine Missbrauchskontrolle

Die Frage, ob Art. 25 Brüssel Ia-VO eine auf Gerichtsstandsvereinbarungen bezogene allgemeine Missbrauchskontrolle regelt oder über die Kollisionsnorm anknüpft, wird deutlich intensiver diskutiert.

(1.) Diskussion in der Literatur

In der Literatur finden sich zahlreiche Ansätze, die einer allgemeinen Missbrauchskontrolle aufgeschlossen gegenüberstehen. Mit Gottschalk und Breßler sollen diese Ansätze in drei Strömungen unterteilt werden.[561]

(a.) Anerkennung eines europarechtlichen Missbrauchsvorbehalts

Einige Autoren nahmen in der Vergangenheit an, dass das europäische Recht einen allgemeinen Missbrauchsvorbehalt enthalte.[562] Kröll bezog sich insbesondere auf die Rechtsprechung des EuGH in der Rechtssache „Castelletti",[563] nach der die Wahl des vereinbarten Gerichts nur anhand von Erwägungen geprüft werden dürfe, die im Zusammenhang mit den Erfordernissen des Art. 17 EuGVÜ stünden.[564] Die Vereinbarung zwischen den Parteien sei eines der vom EuGH immer wieder betonten Erfordernisse des Art. 17 EuGVÜ; der Gerichtsstandsvereinbarung solle nur dann Wirkung verliehen werden, wenn sie auf dem Willen der Parteien beruhe.[565] Dazu gehöre auch, dass der Wille frei gebildet werden könne und die Willensbildung nicht durch Zwang oder die Ausnutzung wirtschaftlicher Macht beeinträchtigt worden sei.[566] § 1025 Abs. 2 ZPO a.F. und § 138 BGB enthielten allgemeine Rechtsgedanken, die auch auf europäischer Ebene zum Tragen kommen müssten.[567] Dass § 138 BGB die Rechtsfolge der Sittenwidrigkeit regelt, bedarf keiner näheren Erläuterung. Ausführungsbedürftig ist dagegen der Rechtsgedanke des § 1025 Abs 2 ZPO a.F.: Diese Vorschrift lautete:

---

561 *Gottschalk/Breßler*, ZEuP 2007, 56, 70 ff.

562 *Kohler*, IPRax 1983, 265, 270; *Kröll*, ZZP 113 (2000), 135, 150 f.; *Roth*, IPRax 1992, 67, 69; in diesem Sinne wohl auch MüKo-BGB/*Wurmnest*, § 307 BGB Rn. 263.

563 EuGH – Castelletti/Hugo Trumpy, aaO (Fn. 533) Rn. 49.

564 Zitiert bei *Kröll*, ZZP 113 (2000), 135, 150.

565 *Kröll*, ZZP 113 (2000), 135, 150 unter Bezugnahme auf EuGH 14.12.1976 – C-25/76, ECLI:EU:C:1976:178 Rn. 6 = NJW 1977, 495 – Segoura/Bonakdarian.

566 *Kröll*, ZZP 113 (2000), 135, 150.

567 *Kröll*, ZZP 113 (2000), 135, 150 f.

„Der Schiedsvertrag ist unwirksam, wenn eine Partei ihre wirtschaftliche oder soziale Überlegenheit dazu ausgenutzt hat, den anderen Teil zu seinem Abschluss oder zur Annahme von Bestimmungen zu nötigen, die ihr im Verfahren, insbesondere hinsichtlich der Ernennung oder Ablehnung der Schiedsrichter, ein Übergewicht über den anderen Teil einräumen."

Mit dem Schiedsverfahrens-Neuregelungsgesetz vom 22.12.1997[568] entfiel die Regelung ersatzlos, weshalb seitdem allenfalls auf den dahinterstehenden Rechtsgedanken zurückgegriffen werden kann.

Ähnlich wie Kröll sieht Herbert Roth im europäischen Recht den international verallgemeinerungsfähigen Grundsatz verankert, dass solche Gerichtsstandsvereinbarungen unwirksam seien, deren Abschluss durch den Einsatz missbräuchlicher wirtschaftlicher Mittel oder sonst durch unlautere Mittel erreicht worden sei.[569] Auch Kohler plädiert dafür, nur solche Abreden als „Vereinbarungen" im Sinne der europäischen Vorschrift anzuerkennen, die ohne einen von der Rechtsordnung missbilligten Druck zustande gekommen seien.[570] An den Begriff der „Vereinbarung" knüpfen Leible und Röder ebenfalls an und sehen in dem „sowohl im Gemeinschaftsprivatrecht als auch im gemeineuropäischen Privatrecht anerkannte[n] Grundsatz von Treu und Glauben" die dogmatische Grundlage einer ungeschriebenen europäischen Missbrauchskontrolle.[571] Zudem sei es gefestigte Rechtsprechung des EuGH, dass eine betrügerische oder missbräuchliche Berufung auf das Unionsrecht nicht erlaubt sei; dabei handele es sich um einen allgemeinen Rechtsgrundsatz des Unionsrechts, der nicht nur bei der Anwendung des primären, sondern auch des sekundären Unionsrechts zu beachten sei.[572]

568 BGBl. 1997 I S. 3224.

569 *Roth*, IPRax 1992, 67, 69; die Formulierung gleicht Art. 4 Abs. 3 des Haager Übereinkommens über den vereinbarten Gerichtsstand von 1965 (s.o. Fn. 536).

570 *Kohler*, IPRax 1983, 265, 270.

571 Näher *Leible/Röder*, RIW 2007, 481, 485.

572 *Leible/Röder*, RIW 2007, 481, 486 unter Bezugnahme auf EuGH 3.12.1974 – 33/74, ECLI:EU:C:1974:131 Rn. 13 = NJW 1975, 1095 – Van Binsbergen/Metaalnijverheid; EuGH 3.2.1993 – C-148/91, ECLI:EU:C:1993, 45 Rn. 12 = NVwZ 1993, 875 – Veronica Omroep/Commissariaat voor de Media; EuGH 5.10.1994 – C-23/93, ECLI:EU:C:1994, 362 Rn. 20 f. = GRUR Int 1995, 147 – TV10/ Commissariaat voor de Media; EuGH 7.2.1979 – 115/78, ECLI:EU:C:1979, 31 Rn. 25 = NJW 1979, 1761 – Knoors/Staatssecretaris van Economische Zaken; EuGH 3.10.1990 – C-61/89, ECLI:EU:C:1990:343 Rn. 14 = Slg. 1990, I-3551 – Französisches Strafverfahren gegen Bouchoucha; EuGH 10.1.1985 – 229/83, ECLI:EU:C:1985:1 Rn. 27 = NJW 1985, 1615 – Leclerc u.a./Au blé vert; EuGH 3.6.1992 – C-45/90, ECLI:EU:C:1992, 236 Rn. 24

Schließlich erscheint es Wurmnest möglich, etwa das Erfordernis der Schriftlichkeit umso einschneidender zu handhaben, je weiter eine Gerichtsstandsklausel nach Inhalt, Sprache und äußeren Umständen von dem abweicht, was nach Treu und Glauben in dem betreffenden Wirtschaftszweig zu erwarten ist.[573]

(b.) Wunsch nach europarechtlicher Missbrauchskontrolle im Wege der Rechtsfortbildung

Einige Autoren gehen zwar davon aus, dass de lege lata der europäischen Vorschrift über Gerichtsstandsvereinbarungen ein Missbrauchsvorbehalt nicht entnommen werden könne.[574] Die EU-Klauselrichtlinie[575] trete zudem hinter das insoweit speziellere Schutzsystem der Brüssel Ia-VO zurück; selbst wenn danach also theoretisch eine AGB-Kontrolle angezeigt sei, habe der Richter sich ausschließlich am Maßstab der Brüssel Ia-VO zu orientieren.[576] Gleichwohl sei aber die Einführung einer Missbrauchskontrolle im Wege der Rechtsfortbildung wünschenswert: Von Hein befürwortet etwa eine normative Erweiterung der europäischen Regel in der Brüssel-Verordnung, erachtet aber auch die Entwicklung einer einheitlichen europäischen Missbrauchskontrolle durch den EuGH für sinnvoll.[577] Eine solche könne sich am Vorbild des Art. 1 Abs. 2 HGÜ orientieren, wonach ein Sachverhalt als international gilt, es sei denn, die Parteien haben ihren Aufenthalt im selben Vertragsstaat und die Beziehung der Parteien sowie alle anderen für den Rechtsstreit maßgeblichen Elemente weisen nur zu

= EuZW 1992, 480 – Paletta/Brennet; EuGH 21.6.1988 – 39/86, ECLI:EU:C:1988:322 Rn. 43 = NJW 1988, 2165 – Lair/Universität Hannover; EuGH 3.3.1993 – C-8/92, ECLI:EU:C:1993:82 Rn. 21 = BB 1993, 685 – General Milk Products/Hauptzollamt Hamburg; EuGH 12.5.1998 – C-367/96, ECLI:EU:C:1998:222 Rn. 20 = EuZW 1999, 57 – Kefalas u.a./Elliniko Dimosio.

573 MüKo-BGB/*Wurmnest*, § 307 BGB Rn. 263.

574 Vgl. zu Art. 23 Brüssel I-VO *Kropholler/v. Hein*, EuZPR, Art. 23 Rn. 87, der insoweit eine Abgrenzung zu Art. 5 Abs. 2 Schweizer IPRG und der Möglichkeit der Anwendung von § 138 BGB oder Art. 6 EGBGB im autonomen deutschen Recht vornimmt.

575 Richtlinie 93/13/EWG des Rates vom 5. April 1993 über missbräuchliche Klauseln in Verbraucherverträgen, ABl. 1993 L 95/29, geändert durch Richtlinie (EU)2019/2161 des Europäischen Parlaments und des Rates vom 27. November 2019 zur Änderung der Richtlinie 93/13/EWG des Rates und der Richtlinien 98/6/EG, 2005/29/EG und 2011/83/EU des Europäischen Parlaments und des Rates zur besseren Durchsetzung und Modernisierung der Verbraucherschutzvorschriften der Union.

576 Zu Art. 23 Brüssel I-VO *Kropholler/v. Hein*, EuZPR, Art. 23 Rn. 20.

577 *Kropholler/v. Hein*, EuZPR, Art. 23 Rn. 89.

diesem Staat eine Verbindung auf, wobei der Ort des vereinbarten Gerichts unbeachtlich ist.[578] Insofern bleibe im Wesentlichen die Frage, ob die Wirksamkeit einer Gerichtsstandsvereinbarung voraussetze, dass die Parteien aufgrund der Internationalität des Sachverhalts irgendein anerkennenswertes Interesse an einer Prorogation hätten, oder ob auf ein derartiges Erfordernis verzichtet werden müsse.[579] Aus dem bloßen gemeinsamen Wohnsitz zweier Parteien im Inland könne zwar sicherlich keine Prorogationsbeschränkung abgeleitet werden; ebenso sei es in Fällen mit einem internationalen Bezug zweifelsohne zulässig, dass die Parteien ein völlig neutrales Forum vereinbarten.[580] Zu Recht sei aber vorgeschlagen worden, im Anwendungsbereich der europäischen Vorschrift einer Gerichtsstandsvereinbarung die Wirksamkeit zu versagen, mit der zwei im Inland wohnende Parteien ein Gericht in einem anderen Mitgliedstaat prorogierten, ohne dass irgendein Auslandsbezug der Streitigkeit vorhanden oder ein sonstiges berechtigtes Interesse an der Wahl eines ausländischen Gerichts erkennbar sei; ansonsten könnten nationale Schranken (beispielsweise die in § 38 Abs. 1 ZPO geforderte Kaufmannseigenschaft) allzu leicht umgangen werden.[581]

Basedow schlägt einen etwas anderen Weg ein, wenn er dafür plädiert, die Gerichte, auch die derogierten, sollten, sofern angerufen, stets die Möglichkeit haben, Gerichtsstandsvereinbarungen im Lichte ihrer Auswirkung auf die praktische Durchsetzung der Parteirechte zu überprüfen.[582] Dabei solle sich die Kontrolle aber gerade nicht (im Sinne einer Inhaltskontrolle) auf die Wirksamkeit der Klausel selbst beziehen, sondern vielmehr die Ausübung der damit begründeten Rechte in den Blick nehmen; denn eben die Ausübung könne im Einzelfall missbräuchlich sein.[583] Eine solche Missbrauchskontrolle dürfe nicht im nationalen Recht irgendeines Mitgliedstaats verankert sein, sondern ausschließlich im Recht der Union.[584] Die Konstruktion der Gesetzesumgehung

---

578 *Kropholler/v. Hein*, EuZPR, Art. 23 Rn. 88 f.; s. hierzu bereits oben Abschnitt B. I. 1. b.).

579 *Kropholler/v. Hein*, EuZPR, Art. 23 Rn. 87.

580 *Kropholler/v. Hein*, EuZPR, Art. 23 Rn. 89.

581 *Kropholler/v. Hein*, EuZPR, Art. 23 Rn. 89 mit zahlreichen Nachweisen in dortiger Fn. 259; s. generell zum Auslandsbezug bereits oben Abschnitt B. I. 2. c.).

582 *Basedow*, FS Magnus, 337, 344; ob Basedow wirklich unter die Kategorie derjenigen Autoren fällt, die die Entwicklung einer europarechtlichen Missbrauchskontrolle im Wege der Rechtsfortbildung für wünschenswert erachten, oder ob er sie bereits de lege lata für möglich hält, wird nicht ganz klar.

583 *Basedow*, FS Magnus, 337, 344; so auch *Leible/Röder*, RIW 2007, 481, 485.

584 *Basedow*, FS Magnus, 337, 344.

sei dort bekannt; der EuGH habe im Zusammenhang mit der auf das EuGVÜ gestützten internationalen Zuständigkeit in der Rechtssache „Les Gravières“[585] anerkannt, dass eine private Gestaltung unter eben diesem Gesichtspunkt der Gesetzesumgehung unbeachtlich sein könne.[586] Basedow führt eine lange Liste von Aspekten ins Feld, die dabei helfen sollen, zu determinieren, ob ein Missbrauchsfall vorliegt oder nicht:

> „Die Ferne des gewählten Gerichts zu den Parteien; die Beziehung zwischen dem Streitwert und den Verfahrenskosten in dem gewählten Gerichtsstand; die Beziehung zwischen diesen Verfahrenskosten und entsprechenden Kosten, die ohne Gerichtsstandsvereinbarung vor anderen zuständigen Gerichten entstünden; die Kostenverteilung zwischen den Parteien in jenen Gerichten; das materielle Recht, das durch die Derogation vermieden wird[,] im Vergleich mit entsprechenden Regeln, die das gewählte Gericht anwenden würde; die Bedeutung dieser Vermeidung im Vergleich zu der Prorogationsfreiheit des Art. 25; die Rolle der Gerichtsstandsvereinbarung als Instrument der Vertragsstandardisierung und die damit verbundene Absenkung der Kosten der Rechtsverfolgung für eine Partei.“[587]

Magnus fordert jedenfalls für Handelsvertreter-Fälle eine auf der Brüssel Ia-VO basierende Missbrauchskontrolle, und zwar namentlich dann, wenn der Vertreter in einer mit Verbrauchern oder Arbeitnehmern vergleichbaren Position ist.[588]

(c.) Generelle Ablehnung einer Missbrauchskontrolle

Schließlich finden sich einige Autoren, die eine allgemeine Missbrauchskontrolle von Gerichtsstandsvereinbarungen gänzlich ablehnen.[589] Eine solche Kontrolle habe der europäische Verordnungsgeber nicht vorgesehen; sie könne auch nicht über einzelstaatliches Recht importiert werden.[590] Der prozessuale

---

585 EuGH – MSG/Les Gravières, aaO (Fn. 89) Rn. 34.

586 *Basedow,* FS Magnus, 337, 344.

587 *Basedow,* FS Magnus, 337, 344 f.

588 Magnus/Mankowski/*Magnus*, Art. 25 Rn. 74; s. die Darstellung der in diesem Zusammenhang zum autonomen deutschen Recht ergangenen Rechtsprechung unten im Abschnitt c.) bb.).

589 Geimer/Schütze/*Peiffer/Peiffer*, IntRV, Art. 25 Rn. 101; MüKo-ZPO/*Gottwald*, Art. 25 Brüssel Ia-VO Rn. 72; BeckOK-ZPO, Art. 25 Rn. 30; *Horn*, IPRax 2006, 2, 4; Rauscher/*Mankowski*, Art. 25 Rn. 104; *Weigel/Blankenheim*, WM 2006, 664, 666 f.; vgl. auch *Girsberger*, IPRax 2000, 87, 91.

590 Geimer/Schütze/*Peiffer/Peiffer*, IntRV, Art. 25 Rn. 101.

Verbraucherschutz sei abschließend durch Art. 19 Nr. 1 Brüssel Ia-VO verwirklicht.[591] Im Anwendungsbereich der Brüssel-Verordnungen komme es in keiner Weise auf die Angemessenheit einer Gerichtsstandsvereinbarung an; der EuGH habe mit seiner Rechtsprechung praktisch jede Form der Missbrauchskontrolle ausgeschlossen.[592] Im Übrigen gehe der europäische Verordnungsgeber grundsätzlich von der Gleichwertigkeit der Gerichte innerhalb der EU aus; es würde einen „unzulässigen Appell an nationale Chauvinismen" darstellen, ein Gericht im Rahmen einer Missbrauchskontrolle darüber befinden zu lassen, ob die Wahl der Gerichte eines anderen EU-Mitgliedstaats einen Missbrauch beinhalten könnte.[593] Vor allen Dingen fehle es aber schon an der für die Bejahung einer ungeschriebenen Missbrauchskontrolle erforderlichen Regelungslücke: In der Verordnung sei ausdrücklich geregelt, wann und in welcher Form eine auf eine ausländische Gerichtsbarkeit bezogene Missbrauchskontrolle stattfinde, nämlich (nur) im Rahmen des Anerkennungsverfahrens, Art. 45 Abs. 1 lit. a Brüssel Ia-VO.[594]

Zum Teil wird eingewandt, das Problem wirtschaftlichen Drucks sei als komplexere Frage des Zustandekommens anzusehen und die Frage der lex causae zu überantworten.[595] Dies entspreche dem akzeptierten Grundsatz, dass für solche komplexeren Fragen Art. 25 Brüssel Ia-VO keine direkte Antwort zu entnehmen sei; diese Lücke müsse durch Rückgriff auf das anwendbare Recht gefüllt werden.[596]

Die Kritiker einer allgemeinen Missbrauchskontrolle betrachten den Verbraucherbereich ganz überwiegend noch einmal gesondert. Die oben unter (b.) erwähnte Sichtweise von von Hein, nach der die EU-Klauselrichtlinie hinter das insoweit speziellere Schutzsystem der Brüssel Ia-VO zurücktrete, halten nicht alle für zwingend.[597] Ein abweichender Ansatz erscheint deshalb denkbar, weil

---

591 MüKo-ZPO/*Gottwald*, Art. 25 Brüssel Ia-VO Rn. 72; Rauscher/*Mankowski*, Art. 25 Rn. 104.

592 *Girsberger*, IPRax 2000, 87, 91 unter Bezugnahme auf EuGH – Castelletti/Hugo Trumpy, aaO (Fn. 533).

593 *Weigel/Blankenheim*, WM 2006, 664, 667.

594 *Weigel/Blankenheim*, WM 2006, 664, 667, seinerzeit in Bezug auf den früheren Art. 34 Nr. 1 Brüssel I-VO.

595 Rauscher/*Mankowski*, Art. 25 Rn. 103.

596 Rauscher/*Mankowski*, Art. 25 Rn. 103.

597 Wie v. Hein aber *Gottschalk/Breßler*, ZEuP 2007, 56, 76 f.; *Hess*, Rn. 6.158; Schlosser/Hess/*Schlosser*, Art. 25 Rn. 31: Die Verbraucherschutzgesetzgebung der EU habe keinen Vorrang, weil sie kein besonderes Rechtsgebiet begründe; MüKo-ZPO/*Gottwald*,

die EU-Klauselrichtlinie wiederum die Kontrolle missbräuchlicher Vertragsklauseln in Verbraucherverträgen speziell regelt: Nach Art. 3 Abs. 1 dieser Richtlinie ist eine Klausel, die nicht im Einzelnen ausgehandelt wurde, als missbräuchlich anzusehen, wenn sie entgegen dem Gebot von Treu und Glauben zum Nachteil des Verbrauchers ein erhebliches und ungerechtfertigtes Missverhältnis der vertraglichen Rechte und Pflichten der Vertragspartner verursacht.

So wird vielfach vertreten, Gerichtsstandsvereinbarungen in der EU-Klauselrichtlinie unterfallenden Verbraucherverträgen unterlägen auch im Anwendungsbereich des Art. 25 Brüssel Ia-VO der Missbrauchskontrolle am Maßstab der Richtlinie.[598] Die praktische Bedeutung einer solchen Inhaltskontrolle sei angesichts der in der Brüssel Ia-VO vorhandenen Regelung zum Verbraucherschutz (Art. 19 Brüssel Ia-VO) zwar eher gering.[599] Gerade außerhalb des Anwendungsbereichs der Artt. 15, 19, 23 und 24 Brüssel Ia-VO bestehe aber ein Schutzbedürfnis über die EU-Klauselrichtlinie, etwa im Fall der gemäß Art. 17 Abs. 3 Brüssel Ia-VO ausgenommenen Beförderungsverträge.[600] Diese Ansicht stützt sich in erster Linie auf Entscheidungen des EuGH, in denen der Gerichtshof die Vereinbarung der ausschließlichen *örtlichen* Zuständigkeit am Sitz des Klauselverwenders in einem Verbrauchervertrag bereits mehrfach für missbräuchlich und unwirksam im Sinne des Art. 3 der EU-Klauselrichtlinie erklärt hat, da sie den Verbraucher entgegen dem Gebot von Treu und Glauben ungerechtfertigt benachteilige. [601]

Art. 25 Brüssel Ia-VO Rn. 72; im Erg. auch BeckOK-ZPO, Art. 25 Rn. 31.1; wohl auch *Borges*, RIW 2000, 933, 936 ff.

598 Geimer/Schütze/*Peiffer/Peiffer*, IntRV, Art. 25 Rn. 106; Rauscher/*Mankowski*, Art. 25 Rn. 99; *Heinig*, S. 317 ff., der zudem auf das nationale Prorogationsstatut zurückgreifen möchte, S. 351; *ders.*, GPR 2010, 36, 41 f.; *Hausmann*, unalex, Brüssel I-VO, Art. 23 Rn. 22; zu Art. 17 EuGVÜ im Erg. auch *Staudinger*, DB 2000, 2058, 2059; *ders.*, IPRax 2001, 183, 187 f.; zu Art. 23 Brüssel I-VO *ders.*, IPRax 2010, 140, 142 f.

599 *Hausmann*, unalex, Brüssel I-VO, Art. 23 Rn. 22.

600 Näher *Heinig*, S. 339; vgl. auch *Staudinger*, DB 2000, 2058, 2059, der von bedeutsamen Schutzlücken spricht; *ders.* namentlich zu Beförderungsverträgen, die aus dem Anwendungsbereich der Artt. 17-19 Brüssel Ia-VO ausgeschlossen sind, in IPRax 2010, 140, 142 f.

601 EuGH 27.6.2000 – C-240/98 bis C-244/98, ECLI:EU:C:2000:346 Rn. 24 = EuZW 2000, 506 – Océano Grupo Editorial/Murciano Quintero und Salvat Editores/Sánchez Alcón Prades u.a.; hierzu *Staudinger* DB 2000, 2058, 2059; *ders.*, IPRax 2001, 183, 187 f.; *ders.*, IPRax 2010, 140, 142 f.; EuGH 4.6.2009 – C-243/08, ECLI:EU:C:2009:350 Rn. 44 = NJW 2009, 2367 – Pannon/Sustikné Györfi (m. Anm. *Pfeiffer*, 2369); hierzu *Heinig*,

Befürwortet wird die Missbrauchskontrolle anhand der EU-Klauselrichtlinie insbesondere unter Hinweis auf die Vorschrift des Art. 67 Brüssel Ia-VO.[602] Danach berührt die Verordnung nicht die Anwendung der Bestimmungen, die für besondere Rechtsgebiete die gerichtliche Zuständigkeit regeln und in Unionsrechtsakten oder in dem in Ausführung dieser Rechtsakte harmonisierten einzelstaatlichen Recht enthalten sind. Die nationalen Umsetzungvorschriften der EU-Klauselrichtlinie erfüllten die Voraussetzungen dieser Norm: Sie stellten eine Regelung der gerichtlichen Zuständigkeit dar, weil die Unwirksamkeit einer Gerichtsstandsvereinbarung zur Folge habe, dass die gesetzliche Zuständigkeitsordnung zum Zuge komme.[603]

Ein weiterer Weg wird darin gesehen, nach Art. 25 Abs. 1 Satz 1 Halbsatz 2 Brüssel Ia-VO Gerichtstandsvereinbarungen anhand des Mindeststandards der EU-Klauselrichtlinie auf ihre materielle Nichtigkeit zu überprüfen.[604]

(2.) Rechtsprechung des EuGH

Lange Zeit musste der EuGH keine eindeutige Antwort auf die Frage der Handhabung einer Missbrauchskontrolle finden. Über Jahrzehnte hinweg konnte ausschließlich auf seine Aussagen in den Rechtssachen „Benincasa" und „Castelletti" zu den Vorgängervorschriften zurückgegriffen werden. In jenen Entscheidungen legte der EuGH fest, dass die Wahl des vereinbarten Gerichts nur anhand von Erwägungen überprüft werden dürfe, die im Zusammenhang mit den Erfordernissen der europäischen Vorschrift (damals Art. 17 EuGVÜ) stünden.[605] Die folgenden Aussagen erweckten dabei eher Zweifel daran, dass dem EuGH die Entwicklung einer allgemeinen Missbrauchskontrolle aus Art. 25 Brüssel Ia-VO heraus vorschweben könnte:

> „…hat der Gerichtshof bereits wiederholt entschieden, dass Art. 17 [EuGVÜ] von jedem objektiven Zusammenhang zwischen dem streitigen Rechtsverhältnis und dem vereinbarten Gericht absieht. Aus den gleichen Gründen […] ist eine zusätzliche Prüfung der

---

S. 318 ff.; vgl. aber auch EuGH 9.11.2010 – C-137/08, ECLI:EU:C:2010:659 Rn. 54 ff. = EuZW 2011, 27 – Pénzügyi Lízing/Schneider.

602 Geimer/Schütze/*Peiffer/Peiffer*, IntRV, Art. 25 Rn. 107; Rauscher/*Mankowski*, Art. 25 Rn. 99; *Heinig*, S. 317 ff.; *ders.*, GPR 2010, 36, 41 f.; *Hausmann*, unalex, Brüssel I-VO, Art. 23 Rn. 22; *Micklitz/Rott*, EuZW 2001, 325, 332.

603 Geimer/Schütze/*Peiffer/Peiffer*, IntRV, Art. 25 Rn. 107; *Heinig*, S. 317 ff., der zudem auf das nationale Prorogationsstatut zurückgreifen möchte, S. 351; *ders.*, GPR 2010, 36, 41 f.

604 *Staudinger*, RRa 2019, 236, 245.

605 EuGH – Castelletti/Hugo Trumpy, aaO (Fn. 533) Rn. 49.

> Angemessenheit der Klausel und des vom Verwender verfolgten Zieles ausgeschlossen […].“[606]

Das nationale Gericht müsse in die Lage versetzt werden,

> „anhand der Normen des Übereinkommens ohne Schwierigkeiten über seine eigene Zuständigkeit zu entscheiden, ohne in eine Sachprüfung eintreten zu müssen.“[607]

Damit stand für viele fest, dass der EuGH nicht nur eine Überprüfung der Angemessenheit von Gerichtsstandsvereinbarungen anhand des materiellen Rechts eines Mitgliedstaats ablehne, sondern auch eine Überprüfung des vom Verwender verfolgten Ziels.[608] Der Gerichtshof sehe eine Gefahr für die Rechtssicherheit, wenn sich das betreffende Gericht für die Bestimmung seiner Zuständigkeit mit materiellen Erwägungen zur Sache selbst beschäftigen müsse.[609]

Die Aussagen des EuGH in den Rechtssachen „Océano“ und „Pannon“[610] zum Einfluss der EU-Klauselrichtlinie auf Vereinbarungen der *örtlichen* Zuständigkeit konnten bislang nicht ohne weiteres auf Vereinbarungen über die internationale Zuständigkeit übertragen werden.[611]

Mittlerweile hat sich der EuGH in der Rechtssache „Ryanair“ jedoch ausdrücklich und eingehend mit der Missbrauchskontrolle internationaler Gerichtsstandsvereinbarungen beschäftigen müssen.[612] Ryanair hatte im damaligen Klauselwerk eine Gerichtsstandsvereinbarung nach Art. 25 Abs. 1 Satz 1 und Abs. 2 Brüssel Ia-VO vorgesehen, wonach das Gericht, in dessen Bezirk sich der Sitz der Fluggesellschaft befand, international und örtlich ausschließlich zuständig war. In dem Rechtsstreit stellte sich nicht nur die Frage, unter welchen Voraussetzungen eine in einem Beförderungsvertrag zwischen Fluggesellschaft und Fluggast enthaltene Gerichtsstandsvereinbarung für die Inkassogesellschaft bindend sein kann, der der Fluggast seine Forderung wegen eines annullierten Fluges abgetreten hat.[613] Die Frage des vorlegenden Gerichts machte es zusätzlich

606 EuGH – Castelletti/Hugo Trumpy, aaO (Fn. 533) Rn. 50 f.

607 EuGH – Benincasa/Dentalkit, aaO (Fn. 60) Rn. 27.

608 Vgl. etwa BGH, Urt. v. 25.3.2015 – VIII ZR 125/14, NJW 2015, 2584, 2587 f.; *Gottschalk/Breßler*, ZEuP 2007, 56, 69.

609 Vgl. *Gottschalk/Breßler*, ZEuP 2007, 56, 69.

610 AaO (Fn. 601).

611 *Gottschalk/Breßler*, ZEuP 2007, 56, 76.

612 EuGH – Ryanair/DelayFix, aaO (Fn. 13); s. ferner OGH, Beschl. v. 27.2.2020 – 8 Ob 107/19x (Laudamotion; Vorlagebeschluss zu Art. 25 Brüssel Ia-VO, inzwischen zurückgezogen).

613 EuGH – Ryanair/DelayFix, aaO (Fn. 13) Rn. 36 ff.

erforderlich, die Voraussetzungen für die Wirksamkeit der Gerichtsstandsvereinbarung näher zu bestimmen.[614] Hierfür zog der EuGH als Kontrollmaßstab die Umsetzung der EU-Klauselrichtlinie im irischen Recht heran, und zwar über Art. 25 Abs. 1 Satz 1 Halbsatz 2 Brüssel Ia-VO: Das angerufene Gericht habe das Recht des Staates anzuwenden, dessen Gerichte in der Gerichtsstandsvereinbarung bestimmt seien, indem es dieses Recht in Übereinstimmung mit dem Unionsrecht und insbesondere mit der EU-Klauselrichtlinie auslege.[615]

Der EuGH führte aus, insoweit habe er wiederholt entschieden, dass eine Gerichtsstandsklausel, die in einen Vertrag zwischen einem Verbraucher und einem Gewerbetreibenden aufgenommen werde, ohne im Einzelnen ausgehandelt worden zu sein, und die eine ausschließliche Zuständigkeit dem Gericht zuweist, in dessen Bezirk der Gewerbetreibende seinen Sitz hat, als missbräuchlich im Sinne von Art. 3 Abs. 1 der EU-Klauselrichtlinie anzusehen sei, da sie entgegen dem Gebot von Treu und Glauben zum Nachteil des betreffenden Verbrauchers ein erhebliches und ungerechtfertigtes Missverhältnis der vertraglichen Rechte und Pflichten der Vertragspartner verursache.[616] Eine solche Vereinbarung gehöre nämlich zu der im Anhang der Richtlinie unter Nr. 1 lit. q genannten Gruppe von Klauseln, die darauf abzielten oder zur Folge hätten, dass die Möglichkeit genommen oder erschwert werde, Rechtsbehelfe bei Gericht einzulegen.[617]

Aus der über Art. 25 Abs. 1 Satz 1 Halbsatz 2 Brüssel Ia-VO ermittelten etwaigen Missbräuchlichkeit einer Gerichtsstandsvereinbarung müsse das angerufene Gericht die rechtlichen Konsequenzen ziehen; aus dem Wortlaut von Art. 6 Abs. 1 der EU-Klauselrichtlinie ergebe sich, dass die nationalen Gerichte

614 EuGH – Ryanair/DelayFix, aaO (Fn. 13) Rn. 48.

615 EuGH – Ryanair/DelayFix, aaO (Fn. 13) Rn. 51 unter Hinweis auf EuGH 21.4.2016 – C-377/14, ECLI:EU:C:2016:283 Rn. 79 = NJW 2016, 2400 – Radlinger und Radlingerová/Finwag und EuGH 17.5.2018 – C-147/16, ECLI:EU:C:2018:320 Rn. 41 = EuZW 2018, 545 – Karel de Grote Hogeschool/Kuijpers.

616 EuGH – Ryanair/DelayFix, aaO (Fn. 13) Rn. 58 unter Hinweis auf EuGH – Océano Grupo Editorial/Murciano Quintero und Salvat Editores/Sánchez Alcón Prades u.a., aaO, Rn. 24; EuGH – Pannon/Sustikné Györfi, aaO, Rn. 40; EuGH – Pénzügyi Lízing/Schneider, aaO, Rn. 53 (alle Fn. 601).

617 EuGH – Ryanair/DelayFix, aaO (Fn. 13) Rn. 59 unter Hinweis auf EuGH – Océano Grupo Editorial/Murciano Quintero und Salvat Editores/Sánchez Alcón Prades u.a., aaO, Rn. 22; EuGH – Pannon/Sustikné Györfi, aaO, Rn. 41; EuGH – Pénzügyi Lízing/Schneider, aaO, Rn. 54 (alle Fn. 601).

verpflichtet seien, eine missbräuchliche Vertragsklausel für unanwendbar zu erklären.[618]

(3.) Rechtsprechung der deutschen Gerichte

Mit der Frage nach einer europäischen Missbrauchskontrolle sahen sich bereits einige deutsche Gerichte konfrontiert, die ihr kritisch gegenüberstanden: Das Hanseatische Oberlandesgericht Hamburg lehnte es ab, Art. 23 Brüssel I-VO einen allgemeinen Missbrauchsvorbehalt zu entnehmen, und zwar mit den folgenden Worten:

> „Derartige Verbote lassen sich auch nicht indirekt über einen (ungeschriebenen) Missbrauchsvorbehalt durchsetzen; eine solche Missbrauchskontrolle findet nicht statt.“[619]

In dieselbe Richtung ging das Landgericht Mainz; es entschied,

> „dass eine ungeschriebene europarechtliche Missbrauchskontrolle im Rahmen des Art. 23 Brüssel I-VO (= Art. 17 EuGVÜ) weder mit der Entstehungsgeschichte des EuGVÜ/der Brüssel I-VO […] noch mit den […] – für die nationalen Gerichte verbindlichen – Entscheidungen des EuGH zu Art. 17 EuGVÜ vom 3.7.1997 und vom 16.3.1999 vereinbar ist.“[620]

Schließlich gab auch das Landgericht Frankfurt am Main zu erkennen, dass es eine ungeschriebene Missbrauchskontrolle innerhalb des Anwendungsbereichs der Brüssel I-VO ablehne.[621]

(4.) Diskussion und Lösung

Wie schon Art. 23 Brüssel I-VO regelt auch Art. 25 Brüssel Ia-VO in erster Linie die formellen Voraussetzungen einer Gerichtsstandsvereinbarung. Aus der Festlegung dieser Formvorschriften hat der EuGH auf die Zielsetzung geschlossen:[622] Durch die einfache Ermittlung der Zuständigkeit des betreffenden Gerichts soll Rechtssicherheit gewährleistet werden.[623] Zwar enthält nun Art. 25 Abs. 1

---

618 EuGH – Ryanair/DelayFix, aaO (Fn. 13) Rn. 61.

619 HansOLG Hamburg, Urt. v. 14.4.2004 – 13 U 76/03, NJW 2004, 3126, 3128; dazu auch *Horn*, IPRax 2006, 2.

620 LG Mainz, Urt. v. 13.9.2005 – 20 HK O 112/04, WM 2005, 2319, 2323; zust. *Schulte-Hillen/Friedl*, EWiR 2005, 825, 826.

621 S. dazu den Bericht bei *Weigel/Blankenheim*, WM 2006, 664, 666 (die Klage wurde nach Einigung der Parteien zurückgenommen).

622 *Gottschalk/Breßler*, ZEuP 2007, 56, 72.

623 EuGH – Benincasa/Dentalkit, aaO (Fn. 60) Rn. 27 f.

Brüssel Ia-VO eine Kollisionsnorm für Fragen der materiellen Gültigkeit. Wie bereits festgestellt, gilt das Kollisionsrecht aber gerade nicht für Prorogations- und Derogationsbeschränkungen, worunter auch die Frage eines allgemeinen Missbrauchsvorbehalts fällt. Für solche Schranken gelten vielmehr nach wie vor die prozessrechtlichen Vorschriften der Brüssel Ia-VO, und zwar grundsätzlich abschließend.[624]

(a.) Rechtssicherheit

Die soeben aufgezeigte Zielsetzung, nämlich die Gewährleistung von Rechtssicherheit, würde gefährdet, wenn man losgelöst vom Wortlaut des Art. 25 Brüssel Ia-VO die ungeschriebene Voraussetzung eines europäischen Missbrauchsvorbehalts einführen würde.[625] Dass sowohl Parteien als auch das angerufene Gericht die Frage der Zuständigkeit auf Anhieb klären können, ist nach der Rechtsprechung des EuGH unverzichtbar.[626] Rechtssicherheit ist, wie zu Beginn dieser Arbeit erwähnt,[627] der Beweggrund schlechthin, wenn die Entscheidung für eine Gerichtsstandsvereinbarung fällt.

Die Darstellung der verschiedenen Literaturansichten hat jedoch aufgezeigt, wie uneins man sich über den möglichen Inhalt eines denkbaren Missbrauchsvorbehalts ist. Das Risiko der Entwicklung gänzlich voneinander abweichender Auslegungsmaßstäbe wäre kaum tragbar – auch wenn der EuGH im Laufe der Zeit zu Konkretisierungen beitragen würde.

Die Rechtssicherheit wäre gleichermaßen gefährdet, wenn man für eine Missbrauchskontrolle einen Rückgriff auf das nationale Recht zuließe. Zu unterschiedlich könnten die Konzepte von Inhalts- und Missbrauchskontrolle ausfallen. Eine Vereinheitlichung der Rechtsprechung wäre nicht einmal über den EuGH zu erreichen. Innerhalb der Brüssel Ia-VO ist für nationale Wertungen hinsichtlich der Zulässigkeit von Gerichtsstandsvereinbarungen kein Raum.

---

624 Saenger/*Dörner*, Art. 25 Rn. 1; Geimer/Schütze/*Geimer*, EuZVR, Art. 25 Rn. 70; Schlosser/Hess/*Schlosser*, Art. 25 Rn. 31; MüKo-ZPO/*Gottwald*, Art. 25 Brüssel Ia-VO Rn. 71.

625 *Gottschalk/Breßler*, ZEuP 2007, 56, 72.

626 Zu den Vorgängervorschriften der Brüssel Ia-VO s. EuGH – Gasser/MISAT, aaO (Fn. 96) Rn. 72; EuGH – Benincasa/Dentalkit, aaO (Fn. 60) Rn. 26 ff. [s. hierzu bereits oben Abschnitt (2.)]; EuGH – Owusu/Jackson, aaO (Fn. 76) Rn. 39.

627 S.o. Abschnitt B.

(b.) Kurze Verfahren

Eng verknüpft mit dem Aspekt der Rechtssicherheit ist das Interesse der Parteien an einer schnellen Entscheidung über die Frage der Zuständigkeit. Müsste das angerufene Gericht erst mühsam in eine Sachprüfung einsteigen, um überhaupt die eigene Zuständigkeit bewerten zu können, müssten sich die Parteien auf einen langwierigen Streit, möglicherweise über mehrere Instanzen, einstellen.

Mit Blick auf die alte Rechtslage wurde eingewandt, es berge die Gefahr sogenannter „Torpedoklagen", wenn man eine solch langwierige Prüfung mit dem Missbrauchseinwand anstoßen könnte; nach alter Rechtslage wäre das später angerufene Gericht verpflichtet gewesen, sein Verfahren gemäß Art. 27 Abs. 1 Brüssel I-VO auszusetzen, bis die Zuständigkeit des zuerst angerufenen Gerichts festgestanden hätte.[628]

Diesem Einwand kommt mittlerweile aufgrund von Art. 31 Abs. 2 Brüssel Ia-VO kaum noch Bedeutung zu: Nachdem vor der Reform stets – also sowohl in Fällen ausschließlicher als auch in Fällen nicht ausschließlicher Gerichtsstandsvereinbarungen – das zuerst angerufene Gericht Entscheidungsvorrang hatte mit der Folge, dass das später angerufene Gericht sein Verfahren auszusetzen und die Entscheidung des Erstgerichts abzuwarten hatte, genießt nach heutiger Rechtslage im Falle ausschließlicher Gerichtsstandsvereinbarungen das prima facie vereinbarte Gericht[629] in Durchbrechung des Prioritätsprinzips[630] Vorrang im Verhältnis zu einer Klage vor dem forum derogatum, vgl. Art. 29 Abs. 1 i.V.m. Art. 31 Abs. 2 Brüssel Ia-VO.[631] Das forum derogatum wird insofern zur Aussetzung seines Verfahrens verpflichtet.[632] Erwägungsgrund 22 macht in diesem

---

628 Vgl. *Gottschalk/Breßler*, ZEuP 2007, 56, 73.

629 Art. 31 Abs. 2 Brüssel Ia-VO knüpft nur an die Vereinbarung an sich an. Auf dieser Stufe spielt ihre Wirksamkeit noch keine Rolle; sie ist ja erst eigentlicher Prüfungsgegenstand, vgl. näher zum sogenannten „Bootstrap Principle" *Mankowski*, RIW 2015, 17, 20 f.; s. auch *Briggs*, YbPIL 12 (2010), 311, 320: „To give jurisdictional primacy to a designated court is to give primacy to an *allegedly*-chosen court."; zum Begriff der „prima facie-Vereinbarung" *Markus*, AJP 2014, 800, 810 f.

630 *Mankowski*, RIW 2015, 17, 18; MüKo-ZPO/*Gottwald*, Art. 31 Brüssel Ia-VO Rn. 3.

631 Einen anderen Vorschlag machte *Weller* in: Heidelberg Report, Rn. 717: Anstelle einer Umkehr der Prioritätsregel schlug er vor, bei Gerichtsstandsvereinbarungen auf eine eigene Prioritätsregel zu verzichten. Dennoch sah er – trotz der Gefahr widerstreitender Urteile – vor, dass das prima facie vereinbarte Gericht entscheiden dürfe, auch wenn bereits ein anderes Gericht angerufen sei.

632 Zur Einschränkung der Aussetzungspflicht aufgrund der Formulierung „unbeschadet des Artikels 26", die den Fall der Einlassung behandelt, näher *Magnus*, FS Martiny, 785, 797 f.; der Frage, ob eine Aussetzung von Amts wegen zu erfolgen hat oder einen

Zusammenhang ergänzende Vorgaben: Eine Pflicht zur Aussetzung entsteht erst dann, wenn und sobald ein Verfahren vor dem als ausschließlich zuständig vereinbarten Gericht eingeleitet worden ist.[633] Ausreichend für die Aussetzung ist also nicht, dass ein Beklagter das Bestehen einer Gerichtsstandsvereinbarung vor dem zunächst angerufenen Gericht lediglich einwendet;[634] er muss vielmehr vor dem vereinbarten Gericht Klage erheben.[635]

Mit dieser Regelung würden diejenigen Fälle, in denen ein derogiertes angerufenes Gericht eine europarechtliche Missbrauchskontrolle durchführen könnte, also ohnehin auf ein Minimum reduziert. Anders wäre es nur dann, wenn man auch im Rahmen von Art. 31 Abs. 2 Brüssel Ia-VO dem derogierten Gericht stets die Mindestkontrolle eines Missbrauchseinwands zugestehen würde, so wie es bereits Überlegungen gibt, dem derogierten Gericht zuzugestehen, das Bestehen eines Konsenses zumindest in Ansätzen überprüfen zu dürfen.[636] Allerdings unterscheidet sich eine Missbrauchskontrolle von der Prüfung eines prima facie bestehenden Konsenses dadurch, dass merklich in die Sachprüfung eingestiegen wird und unter Umständen großer Aufklärungsbedarf bis hin zur Erforderlichkeit von Beweiserhebungen bestehen kann. Würde dem derogierten Gericht im Rahmen von Art. 31 Abs. 2 Brüssel Ia-VO eine Missbrauchskontrolle zugestanden, wäre der eigentliche Kern dieser Regelung, nämlich die Umkehrung des Prioritätsprinzips, weitgehend ausgehöhlt.

---

entsprechenden Antrag erfordert, soll hier nicht nachgegangen werden, s. dazu ebenfalls näher *Magnus,* FS Martiny, 799 f.; ebenfalls außer Betracht bleiben soll hier die Frage danach, welche Rechtsfolgen eintreten, wenn das Erstgericht – aus welchen Gründen auch immer – sein Verfahren überhaupt nicht aussetzt, sondern durchentscheidet und die Gerichtsstandsvereinbarung für unwirksam erklärt, s. dazu aber *Mankowski,* RIW 2015, 17, 21 ff.

633 Hierzu *Ratkovic/Zgrabljic Rotar,* JPIL 2013, 245, 263; dieses zweite Verfahren kann sowohl durch den Beklagten im erstgerichtlichen Verfahren als auch durch den erstgerichtlichen Kläger eingeleitet werden, vgl. *Mankowski,* RIW 2015, 17, 19.

634 Dies hat lediglich die Wirkung einer Unzuständigkeitsrüge vor dem vermeintlichen forum derogatum, vgl. *Mankowski,* RIW 2015, 17, 19 f.

635 Vgl. *Pohl,* IPRax 2013, 109, 112; *Deumier/Laazouzi/Treppoz,* RDC 2013, 1037, 1055; *Ratkovic/Zgrabljic Rotar,* JPIL 2013, 245, 263; *Magnus,* FS Martiny, 785, 797; *Domej,* RabelsZ 2014, 508, 533.

636 Vgl. hierzu näher *Mankowski,* RIW 2015, 17 ff.

(c.) Schutzbedürftigkeit

Der aufgezeigte Aspekt der Rechtssicherheit könnte nur dann an Bedeutung verlieren, wenn im Verhältnis dazu ein weiterer Gesichtspunkt überwiegendes Gewicht hätte, namentlich die Schutzbedürftigkeit derjenigen Partei, die einen Missbrauchseinwand erheben möchte.[637] Eine solche Schutzbedürftigkeit kann innerhalb des Anwendungsbereichs der Brüssel Ia-VO jedenfalls nicht damit begründet werden, eine der Parteien müsse fürchten, vor dem prorogierten Gericht keinen effektiven Rechtsschutz zu erhalten.[638] Art. 25 Brüssel Ia-VO findet grundsätzlich nur dann Anwendung, wenn die Gerichte eines Mitgliedstaats als zuständig vereinbart worden sind. Innerhalb der Europäischen Union geht der EuGH aber von einem gegenseitigen Vertrauen aus, das die Mitgliedstaaten ihren Rechtssystemen und den Rechtspflegeorganen entgegenbringen.[639] Eine andere Auffassung würde also automatisch zu einer Diskriminierung der Gerichte des betreffenden Mitgliedstaats führen.[640]

Dennoch kann ein Schutzbedürfnis regelmäßig bei sogenannten schwächeren Parteien auszumachen sein, also bei Verbrauchern, Arbeitnehmern und Versicherungsnehmern. Gerade diesen wird die Rechtsverfolgung erschwert, wenn das Gericht vom jeweiligen Wohnsitz weit entfernt ist; bei geringen Streitwerten können schon die Aufwendungen für das Erscheinen vor Gericht abschreckend wirken und die Betroffenen von einer Klage abhalten.[641] Aber genau für diese Personenkreise sieht die Brüssel Ia-VO mit den zu Beginn des Abschnitts bb.) dargestellten Artt. 25 Abs. 4, 15, 19 und 23 bereits ein eigenes Schutzsystem vor.[642]

Nun können zwar neben Verbrauchern, Arbeitnehmern und Versicherungsnehmern weitere Gruppen identifiziert werden, die möglicherweise einen höheren Schutzbedarf haben als ein durchschnittlicher Unternehmer. So hat Basedow beispielsweise die Beziehung zwischen Handelsvertretern und ihren Geschäftsherrn vor Augen.[643] Der durch die Richtlinie 86/653[644] harmonisierte Schutz

---

637 Vgl. auch *Gottschalk/Breßler,* ZEuP 2007, 56, 74.

638 Vgl. *Gottschalk/Breßler,* ZEuP 2007, 56, 74.

639 EuGH – Gasser/MISAT, aaO (Fn. 96) Rn. 72.

640 Vgl. *Gottschalk/Breßler,* ZEuP 2007, 56, 74.

641 So für Verbraucher EuGH – Océano Grupo Editorial/Murciano Quintero und Salvat Editores/Sánchez Alcón Prades u.a., aaO (Fn. 601) Rn. 22.

642 Vgl. *Kropholler/v. Hein*, EuZPR, Art. 23 Rn. 20.

643 *Basedow,* FS Magnus, 337, 343; s. hierzu wiederum die Darstellung der zum autonomen deutschen Recht ergangenen Rechtsprechung unten im Abschnitt c.) bb.).

644 Richtlinie des Rates vom 18. Dezember 1986 zur Koordinierung der Rechtsvorschriften betreffend die selbständigen Handelsvertreter (86/653/EWG), ABl. 1986 L 382/17.

von Handelsvertretern sei nach Art. 1 Abs. 2 dieser Richtlinie auf diejenigen Fälle beschränkt, in denen Handelsvertreter im Warenhandel tätig seien.[645] Die Regelungen gingen aber innerhalb der EU dort auseinander, wo Handelsvertreter Verträge über Dienstleistungen vermittelten oder für den Geschäftsherrn abschlössen; insbesondere der nachvertragliche Provisionsausgleich sei nicht in allen Mitgliedstaaten gewährleistet, die Handelsvertreter insoweit teilweise schutzlos gestellt.[646] Ähnliche Probleme sieht Basedow bei Lizenzverträgen über Urheberrechte: Hier seien Autoren oder Übersetzer regelmäßig in einer schwächeren Position, weil sie Lizenzen häufig zu Bedingungen vergäben, die ihnen von großen Verlagen mehr oder weniger aufgedrängt würden.[647]

Insoweit soll noch einmal wiederholt werden, dass innerhalb der Brüssel Ia-VO für nationale Wertungen hinsichtlich der Zulässigkeit von Gerichtsstandsvereinbarungen kein Raum ist. Soweit aus Sicht einzelner Staaten ein Schutzbedürfnis besonderer Personengruppen ausgemacht wird, gilt dies nicht zwingend für die Europäische Union als Ganze. Wo der europäische Verordnungsgeber ein besonderes Schutzbedürfnis erkennt, handelt er, und zwar abschließend, vgl. Artt. 15, 19 und 23 Brüssel Ia-VO.

(d.) Willensmängel

Die Behandlung von (klassischen) Willensmängeln ist von der Frage nach einer allgemeinen Missbrauchskontrolle zu trennen. Bei Abschluss einer Gerichtsstandsvereinbarung auftretende Willensmängel, etwa hervorgerufen durch Täuschung oder Zwang, bleiben auch bei Ablehnung einer allgemeinen Missbrauchskontrolle keinesfalls unberücksichtigt. Ob sie durch Art. 25 Brüssel Ia-VO unmittelbar geregelt sind oder die Kollisionsnorm insoweit auf das anwendbare nationale Recht verweist, wird weiter unten zu klären sein.

(e.) Bewusste Entscheidung des Verordnungsgebers

Dem europäischen Verordnungsgeber dürfte nicht erst bei der Entstehung von Art. 25 Brüssel Ia-VO, sondern zum Teil bereits bei der Entstehung von Art. 23 Brüssel I-VO bekannt gewesen sein, dass die oben erwähnten[648] Regelwerke über Mechanismen einer allgemeinen Missbrauchskontrolle verfügten. Wie

645 *Basedow*, FS Magnus, 337, 343.

646 *Basedow*, FS Magnus, 337, 343.

647 *Basedow*, FS Magnus, 337, 343.

648 S.o. Abschnitt a.) bb.) am Ende: Art. 4 Abs. 3 des Haager Übereinkommens über den vereinbarten Gerichtsstand von 1965, Art. 5 Abs. 2 Schweizer IPRG und Art. 6 lit. c HGÜ; der Wortlaut der betreffenden Vorschriften findet sich in den Fn. 536 bis 538.

schon mit Blick auf den Einfluss von Eingriffsnormen auf Gerichtsstandsvereinbarungen gilt auch hier: Hätte der europäische Verordnungsgeber eine allgemeine Missbrauchskontrolle zusätzlich zum Schutzsystem der Brüssel Ia-VO befürwortet, hätte er wohl entsprechende Regelungen geschaffen. Es deutet alles darauf hin, dass er sehr bewusst von einer Ergänzung des Art. 25 Brüssel Ia-VO um einen Missbrauchsvorbehalt abgesehen hat.[649]

(f.) Sonderfall: Gerichtsstandsvereinbarungen in Verbraucherverträgen

Die oben dargestellte neue Entscheidung des EuGH in der Rechtssache „Ryanair" bestätigt zunächst einmal das Ergebnis, dass Art. 25 Brüssel Ia-VO selbst kein allgemeiner Missbrauchsvorbehalt zu entnehmen ist.

Allerdings gibt der EuGH vor, dass eine Missbrauchskontrolle anhand der EU-Klauselrichtlinie durchzuführen sei. Dabei geht er zwar nicht ausdrücklich auf das Verhältnis zwischen EU-Klauselrichtlinie und dem prozessualen Schutzsystem nach Art. 25 Abs. 4 i.V.m. Artt. 15, 19, 23 und 24 Brüssel Ia-VO ein. Auch Art. 67 Brüssel Ia-VO und das dort geregelte Verhältnis der Brüssel Ia-VO zu anderen Rechtsinstrumenten lässt er unerwähnt. Dennoch gibt er mit der Befürwortung einer Missbrauchskontrolle jedenfalls zu erkennen, dass die Brüssel Ia-VO die EU-Klauselrichtlinie nicht (etwa auf der Grundlage ungeschriebener Konkurrenzregeln wie lex posterior oder lex specialis) verdrängt.[650] Ohne die Hintergründe näher zu erläutern, wendet der EuGH die Kollisionsnorm in Art. 25 Abs. 1 Brüssel Ia-VO an und stellt als Kontrollmaßstab auf die Umsetzung der EU-Klauselrichtlinie im anwendbaren nationalen, hier irischen Recht ab.

Ob der EuGH damit eine Grundsatzentscheidung für die generelle Frage einer Missbrauchskontrolle im Rahmen der Brüssel Ia-VO getroffen hat, bleibt abzuwarten. Davon ist keinesfalls zwingend auszugehen. Denn die Konstellation, über die er zu entscheiden hatte, war eine besondere: Ausgangsverhältnis im Rechtsstreit war mit dem zwischen dem Fluggast und „Ryanair" geschlossenen Beförderungsvertrag gerade nicht ein vom speziellen Schutzregime der Brüssel Ia-VO erfasster Verbrauchervertrag. Mangels Einschlägigkeit des Abschnittes für Verbrauchersachen infolge von Art. 17 Abs. 3 Brüssel Ia-VO verblieb es vielmehr bei der Anwendbarkeit der Regeln über den allgemeinen und den besonderen Gerichtsstand des Erfüllungsortes in Art. 4 Abs. 1 und Art. 7 Nr. 1 lit. b, Spiegelstrich 2 Brüssel Ia-VO.[651] Dass in solchen vom Abschnitt für

649 Vgl. zu Art. 23 Brüssel I-VO *Gottschalk/Breßler*, ZEuP 2007, 56, 72.
650 Vgl. *Staudinger*, NZV 2021, 39, 40.
651 Vgl. *Staudinger*, NZV 2021, 39, 40.

Verbrauchersachen in der Brüssel Ia-VO nicht erfassten Fällen ohne Rückgriff auf die EU-Klauselrichtlinie eine Schutzlücke bestünde, liegt auf der Hand. Die Entstehungsgeschichte von Art. 17 Abs. 3 Brüssel Ia-VO lässt zudem vermuten, dass diese Schutzlücke nicht beabsichtigt und schon gar nicht Motiv für die Regelung war: Der Ausschluss von Beförderungsverträgen aus dem speziellen Schutzregime wurde von Anfang an (lediglich) damit begründet, dass Kollisionen mit völkervertraglichen Regelungen vermieden werden sollten.[652]

Das Schließen der Schutzlücke durch den EuGH ist vor diesem Hintergrund verständlich. Zu bedauern sind dabei jedoch die fehlende ausdrückliche Begrenzung der Ausführungen auf einen solchen Einzelfall einer aus dem speziellen Brüsseler Regime ausgeschlossenen Vertragsmaterie und auch der gewählte Weg über die Kollisionsnorm. Eine Lösung über Art. 67 Brüssel Ia-VO hätte wenigstens verdeutlicht, dass neben das Brüsseler Regime grundsätzlich nur anderes Unionsrecht wie die EU-Klauselrichtlinie treten darf. Außerdem wäre verdeutlicht worden, dass Prorogations- und Derogationsbeschränkungen weiterhin europarechtsautonom geregelt sind und für das nationale Recht (außerhalb der Umsetzung von Richtlinien) kein Raum verbleibt. Demgegenüber kann freilich die aktuelle Entscheidung so interpretiert werden, dass Art. 25 Abs. 1 Satz 1 Halbsatz 2 Brüssel Ia-VO generell Fragen der Missbrauchs- oder auch nur Inhaltskontrolle umfassen soll und diese stets nach dem Recht beurteilt werden, dessen Gerichte in der Vereinbarung bestimmt sind.

Aus den oben aufgeführten Gründen darf genau das jedoch nicht angenommen werden. Nach wie vor ist auch von einem Verständnis des EuGH auszugehen, nach dem sich aus der Brüssel Ia-VO für die Mitgliedstaaten und die betroffenen Personen so weit wie möglich gleiche und einheitliche Rechte und Pflichten ergeben, und daher nicht mehr als nötig auf das innerstaatliche Recht des einen oder anderen beteiligten Staates verwiesen werden solle.[653] Und nach wie vor hält die Verordnung in Art. 25 Abs. 4 i.V.m. Artt. 15, 19, 23 und 24 Zulässigkeitsschranken für Gerichtsstandsvereinbarungen bereit, und zwar immer dann, wenn der Verordnungsgeber grundsätzliche inhaltliche Bedenken

652 Musielak/Voit/*Stadler*, Art. 17 Rn. 10; Schlosser/Hess/*Schlosser*, Art. 17 Rn. 10; Schlosser-Bericht (Fn. 174) Nr. 160: Die Ausnahme hat ihren Grund darin, „dass solche Verträge durch internationale Übereinkommen einem sehr weit verästelten Sonderregime unterworfen sind und es Unübersichtlichkeit in die Rechtslage tragen würde, wenn man ihrer im EuGVÜ wegen des einzigen Punktes der gerichtlichen Zuständigkeit gesondert gedächte."

653 Zu Art. 17 EuGVÜ EuGH – Powell Duffryn/Petereit, aaO (Fn. 370) Rn. 13.

hat. Gerade der Schutz des Verbrauchers ist in der Brüssel Ia-VO verwirklicht, vgl. hier insbesondere Art. 19 Brüssel Ia-VO, der Gerichtsstandsvereinbarungen zulasten von Verbrauchern weitgehend ausschließt. Die Schutzerwägungen des europäischen Verordnungsgebers sind damit grundsätzlich als abschließend anzusehen und keiner kollisionsrechtlichen Anknüpfung zugänglich.

Sie dürfen nur dort ergänzt werden, wo der Anwendungsbereich aus außerhalb der Verordnung liegenden Motiven wie hier der Kollision mit anderen Regelwerken endet.

Und nur bei Vorliegen harmonisierter materieller Regelungen wie der EU-Klauselrichtlinie sollte eine Missbrauchskontrolle neben dem Schutzregime der Brüssel Ia-VO überhaupt akzeptiert werden. Andernfalls wäre der Vereinheitlichungszweck der Verordnung in nicht akzeptabler Weise gefährdet. Auch wenn der Wortlaut des neuen Art. 25 Brüssel Ia-VO insofern nicht eindeutig ist, lassen die Gesetzesmaterialien jedenfalls in keiner Weise erkennen, dass der europäische Verordnungsgeber hinter den erreichten Harmonisierungsstand hätte zurückfallen wollen.[654]

Da mit einer weiteren Klärung durch den europäischen Verordnungsgeber selbst vermutlich nicht so schnell zu rechnen ist, bleibt zu hoffen, dass der EuGH die nächste Gelegenheit nutzt, um eine entsprechende Klarstellung vorzunehmen.

cc.) Form

Dass die Formerfordernisse von Gerichtsstandsvereinbarungen tatsächlich nur formelle, in keinem Fall aber materielle Gültigkeitsvoraussetzung sind, bedarf keiner näheren Ausführung. Allerdings besteht im Hinblick auf die europäischen Vorschriften über Gerichtsstandsvereinbarungen ein gewisses Maß an Verquickung zwischen bestimmten Formfragen und Fragen, welche die Willenseinigung betreffen. Die Willenseinigung wiederum ist unzweifelhaft materielle Gültigkeitsvoraussetzung. Vorgreifend auf die später noch darzustellende Verbindung soll deshalb der Aspekt der "Form" nicht ausgespart werden.

Gerade weil sich auch im Rahmen der Brüssel Ia-VO Streitigkeiten über die Formerfordernisse in Grenzen halten, ist bemerkenswert, dass dennoch auf diesem Gebiet die wohl meisten EuGH-Entscheidungen zu finden sind.[655] Grund

---

654 Vgl. insoweit *Freitag*, FS Magnus, 419, 429 f.

655 Vgl. *Magnus*, FS von Hoffmann, 664, 666 mit Hinweis insbesondere auf EuGH – Estasis Salotti/RÜWA, aaO (Fn. 497) Rn. 8 ff.; EuGH Segoura/Bonakdarian, aaO (Fn. 565) Rn. 7 ff.; EuGH 19.6.1984 – Rs. 71/83, ECLI:EU:C:1984:217, Rn. 15 ff. = Slg. 1984, 2417 – Tilly Russ/Nova; EuGH – Castelletti/Hugo Trumpy, aaO (Fn. 533) Rn. 31 ff.

dafür dürften die Schwierigkeiten bei der Subsumtion eines jeden Einzelfalls unter die Varianten der Artt. 17 EuGVÜ und 23 Brüssel I-VO gewesen sein.[656]

Bereits im Rahmen von Art. 17 in der ursprünglichen Fassung des EuGVÜ war man sich weitestgehend einig darüber, dass die europäische Norm nicht nur hinsichtlich der Wirkungen und der generellen Zulässigkeit von Gerichtsstandsvereinbarungen, sondern auch hinsichtlich der Formvorschriften eine abschließende Regelung enthalte; Formerfordernisse in nationalen Vorschriften sollten also neben den europarechtlichen Vorgaben keine Anwendung finden.[657] Ursprünglich war Art. 17 EuGVÜ im Wesentlichen auf eine Regelung von Gerichtsstandsvereinbarungen durch Individualvertrag beschränkt;[658] demzufolge existierten lediglich die beiden sogenannten Einbeziehungsvarianten der schriftlichen Vereinbarung und der mündlichen Vereinbarung mit schriftlicher Bestätigung. Für den internationalen Handel wurde diese strenge Vorschrift bzw. die Vorschrift in Zusammenschau mit der sich darauf beziehenden strengen EuGH-Rechtsprechung als zu restriktiv angesehen.[659] Im Zuge der späteren Änderungen des EuGVÜ[660] wurden also durch Verweisung auf die zwischen den Parteien bestehenden Gepflogenheiten und die im internationalen Handel üblichen Gebräuche Formerleichterungen geschaffen.

Ebenso wie Art. 23 Abs. 1 Brüssel I-VO[661] listet nun auch Art. 25 Abs. 1 Satz 3 Brüssel Ia-VO – insoweit wortlautidentisch mit der unmittelbaren

656 Vgl. wiederum *Magnus*, FS von Hoffmann, 664, 666.

657 EuGH - Elefanten Schuh/Jacqmain, aaO (Fn. 93) Rn. 26; *Kröll*, ZZP 113 (2000), 135, 140; *Rauscher*, ZZP 104 (1991), 271, 277 m.w.N. in dortiger Fn. 28; *Kohler*, IPRax 1983, 265, 269; die Rechtsprechung war insoweit nicht immer konsequent: Trotz grundsätzlicher Anerkennung des Vorrangs von Art. 17 EuGVÜ vor § 38 ZPO prüfte das OLG München die Einhaltung der Schriftform gemäß § 126 BGB: Urt. v. 11.2.1981 – 7 U 3886/80, NJW 1982, 1951 f.

658 *Hausmann*, unalex, Brüssel I-VO, Art. 23 Rn. 2.

659 Vgl. Schlosser-Bericht (Fn. 174) Nr. 179; MüKo-ZPO/*Gottwald*, Art. 25 Brüssel Ia-VO Rn. 25; vgl. auch Heidelberg Report, Rn. 335.

660 Durch Art. 11 des Übereinkommens über den Beitritt des Königreichs Dänemark, Irlands und des Vereinigten Königreichs Großbritannien und Nordirland von 1978 (Fn. 173) und Art. 7 des Übereinkommens über den Beitritt des Königreichs Spanien und der Portugiesischen Republik von 1989 (Fn. 526).

661 S. zu Formfragen im Rahmen von Art. 23 Brüssel I-VO etwa *Kropholler/v. Hein*, EuZPR, Art. 23 Rn. 30 ff.; *Spellenberg*, IPRax 2010, 464, 465 f.; *Stürner*, ZEuP 2012, 353, 355 f.

Vorgängernorm – vier disjunktive Formtatbestände[662] auf, von denen nur ein einziger vorliegen muss, damit die Gerichtsstandsvereinbarung formwirksam ist:[663]

die schriftliche Vereinbarung (lit. a Var. 1),[664]

die mündliche Vereinbarung mit schriftlicher Bestätigung (lit. a Var. 2: sogenannte halbe Schriftlichkeit),[665]

die Vereinbarung entsprechend Parteigepflogenheit (lit. b)[666]

oder die Vereinbarung entsprechend internationalem Handelsbrauch (lit. c).[667]

Letztendlich kann von einem abgestuften System der Formvorschriften, und zwar vom individuellen hin zum immer generelleren gesprochen werden.[668] Die Formanforderungen werden als „großzügig" bewertet – auch wenn von Formfreiheit sicherlich keine Rede sein kann.[669] Art. 25 Brüssel Ia-VO macht insoweit – im Gegensatz zu § 38 ZPO – keinen Unterschied zwischen Kaufleuten und Privatpersonen.[670]

Nachdem der Wortlaut der Formvorschrift in Art. 25 Brüssel Ia-VO gegenüber Art. 23 Brüssel I-VO keinerlei Änderung erfahren hat, besteht auch keinerlei Anlass für ein abweichendes Verständnis.[671] Die Formvorschriften sind

---

662 Eigentlich formell fünf, wenn man Absatz 2 zur Form der elektronischen Übermittlung hinzunimmt, vgl. Rauscher/*Mankowski*, Art. 25 Rn. 123; s. zur Vorgängervorschrift (Art. 23 Abs. 2 Brüssel I-VO) im Zusammenhang mit dem sogenannten „click wrapping" ausführlich EuGH – El Majdoub/CarsOnTheWeb, aaO (Fn. 12).

663 Vgl. Magnus/Mankowski/*Magnus*, Art. 25 Rn. 86.

664 Ebenso wie bereits Art. 23 Abs. 2 Brüssel I-VO stellt auch Art. 25 Abs. 2 Brüssel Ia-VO – der großen Bedeutung des elektronischen Geschäftsverkehrs entsprechend – klar, dass Schriftform die dauerhaft reproduzierbare elektronische Kommunikation einschließt, vgl. dazu näher Rauscher/*Mankowski*, Art. 25 Rn. 197 ff.; vgl. zu den Anforderungen an die schriftliche Vereinbarung nach lit. a Var. 1 insgesamt Rauscher/*Mankowski*, Art. 25 Rn. 127 ff.; ausführlich auch BGH, Urt. v. 26.4.2018 – VII ZR 139/17, NJW 2019, 76, 77.

665 Vgl. näher dazu Rauscher/*Mankowski*, Art. 25 Rn. 154 ff.

666 Vgl. näher dazu Rauscher/*Mankowski*, Art. 25 Rn. 164 ff.

667 Vgl. näher dazu Rauscher/*Mankowski*, Art. 25 Rn. 177 ff. und ausführlich BGH, Urt. v. 26.4.2018 – VII ZR 139/17, NJW 2019, 76, 78.

668 Vgl. Rauscher/*Mankowski*, Art. 25 Rn. 123.

669 Vgl. *Magnus*, FS von Hoffmann, 664, 666; s. auch Rauscher/*Mankowski*, Art. 25 Rn. 123, der darauf hinweist, dass Art. 25 Abs. 1 Satz 3 Brüssel Ia-VO liberaler sei als viele nationale Regimes, etwa Art. 5 Abs. 1 Schweizer IPRG.

670 Musielak/Voit/*Stadler*, Art. 25 Rn. 1.

671 *Magnus*, IPRax 2016, 521, 524.

also nach wie vor abschließender Natur; ein Rückgriff auf etwaige zusätzliche Regelungen im nationalen Recht, ob strenger oder leichter, bleibt ausgeschlossen.[672] Eine andere Ansicht, nach der Art. 25 Brüssel Ia-VO ausnahmsweise dann nicht gelte, wenn der der Gerichtsstandsvereinbarung zugrundeliegende Hauptvertrag einer strengeren Form unterliege,[673] ist vor dem Hintergrund des in Art. 25 Abs. 5 Brüssel Ia-VO niedergelegten Trennungsprinzips, der gefestigten EuGH-Rechtsprechung und des ausdrücklichen Harmonisierungswillens des europäischen Verordnungsgebers nicht haltbar.[674] Der Begriff der materiellen Nichtigkeit in der Kollisionsnorm des Art. 25 Abs. 1 Satz 1 Halbsatz 2 Brüssel Ia-VO erfasst nach dem eindeutigen Wortlaut nur materielle Unwirksamkeitsgründe.[675] Diese Beschränkung macht zusätzlich deutlich, dass eine Verweisung auch für Formfragen nicht gewollt ist.[676]

Die Formerfordernisse in Art. 25 Brüssel Ia-VO gelten im Übrigen auch dann, wenn im konkreten Fall der Geltungsbereich des CISG eröffnet ist; die Formfreiheit in Art. 11 CISG[677] bleibt insoweit unberücksichtigt.[678] Die Anwendung

---

672 Rauscher/*Mankowski*, Art. 25 Rn. 123, unter Bezugnahme auf die einschlägige Rechtsprechung zu Art. 17 EuGVÜ: EuGH – Elefanten Schuh/Jacqmain, aaO (Fn. 93) Rn. 26; EuGH – Castelletti/Hugo Trumpy, aaO (Fn. 533) Rn. 48; OLG Saarbrücken, Urt. v. 17.1.2007 – 5 U 426/06, 5 U 426/06-54 Rn. 24; ebenso *Freitag*, FS Magnus, 423, 428; *Magnus*, FS von Hoffmann, 664, 666; *ders.* in Magnus/Mankowski, Art. 25 Rn. 88; *Nuyts*, rev. crit. DIP 102 (2013), 1, 57; MüKo-ZPO/*Gottwald*, Art. 25 Brüssel Ia-VO Rn. 27; Freitag führt zum besseren Verständnis das wichtige Beispiel der notariellen Form an und erläutert, dass die Gerichtsstandsvereinbarung, die sich auf einen der notariellen Form bedürftigen Vertrag bezieht, nicht etwa wie im deutschen Recht ihrerseits der notariellen Form bedürfe; vielmehr lasse der ohne Rückgriff auf nationales Recht anwendbare Art. 25 Brüssel Ia-VO auch in diesem Falle die einfache Schriftform genügen, vgl. *Freitag*, FS Magnus, 419, 428, dortige Fn. 49.

673 Schlosser/Hess/*Schlosser*, Art. 25 Rn. 17.

674 Vgl. MüKo-ZPO/*Gottwald*, Art. 25 Brüssel Ia-VO Rn. 27.

675 Vgl. *Simotta*, Int J Proced L 3 (2013) 58, 66; Rauscher/*Mankowski*, Art. 25 Rn. 57, der auch näher dazu ausführt, dass und warum eine Anlehnung an den Begriff der Nichtigkeit in Art. 12 Abs. 1 lit. e Rom I-VO nicht zu überzeugen vermag: Rn. 58.

676 Vgl. Rauscher/*Mankowski*, Art. 25 Rn. 57; *Freitag*, FS Magnus, 419, 428; *Magnus*, FS Martiny, 785, 791.

677 Wortlaut: „Der Kaufvertrag braucht nicht schriftlich geschlossen oder nachgewiesen zu werden und unterliegt auch sonst keinen Formvorschriften. Er kann auf jede Weise bewiesen werden, auch durch Zeugen."

678 Vgl. BGH, Urt. v. 25.3.2015 – VIII ZR 125/14, NJW 2015, 2584, 2589; *Schwenzer/Tebel*, FS Magnus, 319, 328; Staudinger/*Magnus*, Art. 11 CISG Rn. 7.

dieser Vorschrift scheitert im Verhältnis zu Art. 25 Brüssel Ia-VO unabhängig von der umstrittenen Frage, ob nach Art. 90 CISG ein genereller Vorrang europäischer Verordnungen gegenüber dem CISG anzunehmen ist.[679] Sie scheitert auch unabhängig von der gleichfalls umstrittenen Frage, ob das CISG überhaupt auf Gerichtsstandsvereinbarungen Anwendung findet.[680] Denn jedenfalls mit Blick auf Art. 11 CISG kann historisch nachvollzogen werden, dass die Konventionsgeber nie die Absicht einer Erstreckung der Formfreiheit auf Streitbeilegungsklauseln hatten; im Gegenteil war ihnen erklärtermaßen daran gelegen, das nationale Recht insoweit nicht zu tangieren.[681] Die Vorbehaltsmöglichkeit der Artt. 12, 96 CISG vermag diese Überlegung zu bestätigen:[682] Danach steht es den Vertragsstaaten frei, einen Vorbehalt zum Ausschluss der Formfreiheit zu erklären. Hätten die Konventionsgeber eine Erstreckung der Formfreiheit auf Gerichtsstandsvereinbarungen beabsichtigt, hätten sich wohl nahezu alle Vertragsstaaten gezwungen gesehen, einen solchen Vorbehalt zu erklären, um die Anwendung der verbreiteten Schriftformerfordernisse weiterhin sicherzustellen.[683] Eine solche Flut an Vorbehalten blieb jedoch aus.[684]

Ausdrücklich offengelassen wurde bei der Schaffung von Art. 17 EuGVÜ die Festlegung der rechtlichen Bedeutung der Schriftform, die in einigen Ländern einen reinen Beweiszweck erfüllt, in anderen Ländern dagegen Gültigkeitsvoraussetzung ist; dies ergibt sich aus dem Jenard-Bericht.[685] Aus nationaler deutscher Sicht wäre an § 125 Satz 1 BGB und die dort vorgesehene Nichtigkeitsfolge zu denken; andere Länder messen der Form keine gleichermaßen erhebliche Bedeutung bei. Allerdings würde eine Akzeptanz unterschiedlicher rechtlicher Schicksale einer Gerichtsstandsvereinbarung in den verschiedenen Mitgliedstaaten dem Vereinheitlichungszweck der Verordnung diametral entgegenstehen. Statt einer Befragung der einzelnen nationalen Rechtsordnungen hat insofern eine einheitliche unionsrechtlich autonome Bestimmung der Funktion

---

679 Dafür MüKo-BGB/*Huber*, Art. 90 CISG Rn. 2; dagegen Hau/Poseck/*Saenger*, Art. 90 CISG Rn. 1; MüKo-HGB/*Ferrari*, Art. 90 CISG Rn. 3; *ders.* in Schlechtriem/Schwenzer/Schroeter, Art. 90 Rn. 3.

680 S. zum Meinungsstand ausführlich *Schwenzer/Tebel*, FS Magnus, 319, 324 ff.

681 Vgl. wiederum die umfassende Darstellung in *Schwenzer/Tebel*, FS Magnus, 319, 328 f.

682 S. Schlechtriem/Schwenzer/Schroeter/*Schroeter*, Vorb. zu Artt. 14-24 Rn. 58.

683 Schlechtriem/Schwenzer/Schroeter/*Schroeter*, Vorb. zu Artt. 14-24 Rn. 58; s. aber zu Zweifeln an der Zulässigkeit eines solchen auf Formerfordernisse für Streitbeilegungsklauseln gestützten Vorbehalts *Schwenzer/Tebel*, FS Magnus, 319, 328.

684 *Schwenzer/Tebel*, FS Magnus, 319, 328.

685 BT-Drucks. VI/1973, hier S. 82.

anhand von Wortlaut und Zweck des Art. 25 Brüssel Ia-VO zu erfolgen.[686] Der Zweck der Formvorschriften besteht in erster Linie in der Gewährleistung des Einverständnisses beider Parteien; sie sollen ein unbemerktes Einschleichen und Unterschieben von Gerichtsstandsvereinbarungen verhindern.[687] Dieser Zweck kann aber nur dann zuverlässig erfüllt werden, wenn ohne Erfüllung der Formerfordernisse die zuständigkeitsbegründende Wirkung einer Gerichtsstandsvereinbarung abgelehnt wird, wenn also umgekehrt die Beachtung der Form Wirksamkeitsvoraussetzung ist.[688]

dd.) Willenseinigung

Die Willenseinigung ist – im Gegensatz zur Form – Bestandteil der materiellen Gültigkeit von Gerichtsstandsvereinbarungen. Wie in der Einleitung zum Kapitel "Form" unter cc.) bereits erwähnt, gelingt eine klare Abgrenzung beider Aspekte allerdings nicht in jedem Falle. Grundsätzlich gilt, dass Fragen der materiellen Willenseinigung und solche der Form zumindest rechtslogisch und systematisch voneinander zu unterscheiden sind und insofern nebeneinander stehen.[689] Ein materielles Einverständnis ohne Form ist ebenso denkbar wie eine formgerechte Vereinbarung ohne wirksamen Konsens.[690] Der erstere Fall wird in Art. 25 Abs. 1 Satz 3 lit. a Var. 2 Brüssel Ia-VO sogar vorausgesetzt: Zwischen Einigung

---

686 Vgl. zu Art. 23 Brüssel I-VO *Kropholler/v. Hein,* EuZPR, Art. 23 Rn. 32.

687 Magnus/Mankowski/*Magnus,* Art. 25 Rn. 90; Rauscher/*Mankowski*, Art. 25 Rn. 125; EuGH – Tilly Russ/Nova, aaO (Fn. 655) Rn. 24; Entscheidung des Privy Council v. 11.10.2006 – Appeal 82/2005, Rn. 23 – Bols Distilleries BV v Superior Yacht Services, abrufbar unter www.casemine.com; OGH, Beschl. v. 7.2.2007 – 2 Ob 280/05y, ZfRV 2007, 38, 39; OLG Düsseldorf, Urt. v. 6.1.1989 – 16 U 77/88, RIW 1990, 577, 579.

688 S. bereits EuGH – Estasis Salotti/RÜWA, aaO (Fn. 497) und EuGH – Segoura/Bonakdarian, aaO (Fn. 565), jeweils obiter im ersten Leitsatz; BGH, Urt. v. 26.4.2018 – VII ZR 139/17, NJW 2019, 76; s. auch Rauscher/*Mankowski*, Art. 25 Rn. 125; Reithmann/Martiny/*Hausmann*, Rn. 8.57; i. E. auch Magnus/Mankowski/*Magnus*, Art. 25 Rn. 91 und MüKo-ZPO/*Gottwald,* Art. 25 Brüssel Ia-VO Rn. 26; zu Art. 23 Brüssel I-VO *Kropholler/v. Hein,* EuZPR, Art. 23 Rn. 32; a.A. zu Art. 23 Brüssel I-VO aber *Kröll*, IPRax 2002, 113, 115 f.

689 *Spellenberg,* IPRax 2010, 464, 466; Geimer/Schütze/*Geimer*, EuZVR, Art. 25 Rn. 101; *Kropholler/v. Hein,* EuZPR, Art. 23 Rn. 27; *Kröll,* ZZP 113 (2000), 135, 144.

690 *Spellenberg,* IPRax 2010, 464, 466; beachte aber auch die Ausnahme vom Erfordernis der Willenseinigung für trusts, nach der eine einseitige Bestimmung des zuständigen Gerichts ausreicht, s. näher dazu beispielsweise Magnus/Mankowski/*Magnus*, Art. 25 Rn. 167.

und ihrer späteren formellen Bestätigung wird hier deutlich unterschieden.[691] Der zweite Fall, also Form ohne Konsens, kann dann eintreten, wenn für den Konsens der wirkliche subjektive Wille verlangt wird.[692] In der Praxis bilden beide Elemente allerdings häufig eine Einheit.[693] Die Form kann gleichermaßen als Hürde für die Einigung verstanden werden: Jedenfalls Gerichtsstandsvereinbarungen, bei denen die Willensübereinstimmung in Zweifel steht, scheitern meist bereits an Formerfordernissen; eine Prüfung, ob zwei übereinstimmende Willenserklärungen vorliegen, ist dann regelmäßig überflüssig.[694]

Ob nun die Frage des materiellen Konsenses unter die heutige Kollisionsnorm fällt oder von ihr ausgenommen ist, ist im Verhältnis zur Form mit weit weniger Eindeutigkeit zu beantworten.[695] Die Brüssel Ia-VO enthält keine ausdrückliche Regelung zu den Voraussetzungen einer gültigen Willenseinigung. Art. 25 Abs. 1 Satz 1 Brüssel Ia-VO erfordert seinem eindeutigen Wortlaut nach eine "Vereinbarung", erläutert aber nicht näher, was genau unter dieser Begrifflichkeit zu verstehen ist. Regelmäßig wird nach der allgemeinen Rechtslehre unter dem Begriff der Vereinbarung eine übereinstimmende Willensäußerung der Parteien verstanden;[696] mehr kann ihm auf den ersten Blick jedoch nicht entnommen werden. In Betracht käme also beides: Die sogenannte „Einheitslösung",[697] nach der die Kollisionsnorm als umfassende Regelung für das Vorliegen einer Vereinbarung, also als umfassende Verweisung ins nationale Recht auch für die Frage der Willenseinigung verstanden würde, oder die sogenannte „Differenzierungslösung",[698] nach der Art. 25 Brüssel Ia-VO das Vorliegen einer „Vereinbarung" als autonomes Konzept vorgeben und die Reichweite der Kollisionsnorm auf die übrigen Fragen materieller Wirksamkeit beschränken würde.

Bezogen auf die Brüssel Ia-VO gibt es lebhafte Diskussionen über die genaue Schnittmenge von Form- und Willenseinigungsfragen; die Grenzen sind hier fließend. Bereits im Hinblick auf Art. 17 EuGVÜ wurde das Meinungsbild zur

---

691 Vgl. EuGH 11.7.1985 – 221/84, ECLI:EU:C:1985:337 Rn. 16 = NJW 1985, 2893 – Berghoefer/ASA.

692 Vgl. *Spellenberg*, IPRax 2010, 464, 466.

693 *Kohler*, IPRax 1983, 265, 268; *Kropholler/v. Hein*, EuZPR, Art. 23 Rn. 27; vgl. auch Reithmann/Martiny/*Hausmann*, Rn. 8.50.

694 Vgl. Reithmann/Martiny/*Hausmann*, Rn. 8.52.

695 Magnus/Mankowski/*Magnus*, Art. 25 Rn. 79a.

696 MüKo-ZPO/*Gottwald*, Art. 25 Brüssel Ia-VO Rn. 14.

697 So bezeichnet von *Huber* in IPRax 2016, 197, 201.

698 Wiederum so bezeichnet von *Huber* in IPRax 2016, 197, 201.

Willenseinigung als „verworren" bezeichnet.[699] Verständlich ist das Ausmaß der Debatte vor allen Dingen vor dem Hintergrund des bereits oben genannten Ziels, ein unter den Mitgliedstaaten größtmöglich einheitliches Verständnis und eine gleichmäßige Anwendung und Auslegung zu gewährleisten.[700] Im Interesse einer integrationsfreundlichen Auslegung der europäischen Normen wird deren Reichweite regelmäßig eher ausgedehnt als eingeschränkt.[701]

aaa.) Art. 17 EuGVÜ und Art. 23 Brüssel I-VO

Der Wortlaut von Art. 23 Brüssel I-VO enthielt – abgesehen von der Verwendung des Begriffs der „Vereinbarung" – keinerlei Aussage zum Tatbestand der Willenseinigung; die bloße Lektüre hätte ohne weiteres den Schluss zulassen können, dass die Vorschrift einzig Form und Zulässigkeit von Gerichtsstandsvereinbarungen regele.[702] Allerdings hat der EuGH im Sinne des „effet utile" eine ganze Reihe von Regeln zur Verquickung von Form und Willenseinigung aufgestellt, durchweg für Gerichtsstandsvereinbarungen in AGB. Individualvereinbarungen hatte der EuGH in diesem Zusammenhang nicht zu beurteilen. Aus seinen bisherigen Entscheidungen lässt sich aber wohl Wesentliches auch für die Individualvereinbarung ableiten; schließlich wird die Gerichtsstandsvereinbarung, die Bestandteil von AGB ist, ohnehin als eigener Vertrag behandelt.[703] Auf diese Rechtsprechung soll im Folgenden näher eingegangen werden.

(1.) Rechtsprechung des EuGH zum Tatbestand des Konsenses

Die ersten erwähnenswerten Entscheidungen des EuGH, die Entscheidungen „RÜWA" und „Segoura",[704] bezogen sich noch auf Art. 17 Abs. 1 EuGVÜ, und zwar auf die ursprünglich in der Vorschrift vorhandenen formstrengen Varianten der schriftlichen Vereinbarung und der mündlichen Vereinbarung mit

---

699 *Lindenmayr*, S. 66.

700 *Rauscher*, ZZP 104 (1991), 271, 281; *Freitag*, FS Magnus, 419, 424; *Hausmann*, unalex, Brüssel I-VO, Art. 23 Rn. 24; s. zu Art. 17 EuGVÜ EuGH – Powell Duffryn/Petereit, aaO (Fn. 370) Rn. 12 ff.

701 *Rauscher*, ZZP 104 (1991), 271, 281.

702 Vgl. Heidelberg Report, Rn. 325: „Article 23 is phrased in a way that seemingly only mentions formalities of the consent."

703 *Spellenberg*, IPRax 2010, 464, 468.

704 EuGH – Estasis Salotti/RÜWA, aaO (Fn. 497); EuGH – Segoura/Bonakdarian, aaO (Fn. 565).

schriftlicher Bestätigung. Insgesamt können diesen Urteilen folgende Aussagen entnommen werden:

Für die Wirksamkeit einer Gerichtsstandsvereinbarung ist der Konsens der Parteien unverzichtbar.[705] Art. 17 EuGVÜ (ebenso Art. 23 Brüssel I-VO) verlangt eine „Vereinbarung", so dass das Gericht in erster Linie prüfen muss, ob die seine Zuständigkeit begründende Klausel *tatsächlich* Gegenstand einer Willenseinigung zwischen den Parteien war, die klar und deutlich zum Ausdruck gekommen ist; die Formerfordernisse des Art. 17 EuGVÜ (ebenso Art. 23 Brüssel I-VO) sollen gewährleisten, dass die Einigung (über die Zuständigkeitsbegründung bzw. -derogation) zwischen den Parteien *tatsächlich* feststeht.[706]

Zu Recht stellt Spellenberg fest, dass dieses Postulat des EuGH anfangs noch undeutlich formuliert ist.[707] Ob sich das europäische Recht mit der Begrifflichkeit der „Vereinbarung" auf die Forderung einer materiellen Willenseinigung beschränkt, ob das europäische Recht den Nachweis einer Willenseinigung sichern soll oder ob es darüber hinaus diese Einigung auch der Sache nach autonom regelt, blieb auf den ersten Blick unklar.

Fest stand zum damaligen Zeitpunkt aber in jedem Falle, dass seither nicht mehr die Form an sich, sondern der Formzweck „Gewährleistung tatsächlichen Konsenses" Maßstab der weiteren Entwicklung sein und die Auslegung der nur vordergründig rein formalen europäischen Vorschriften regieren würde.[708]

---

705 EuGH – Segoura/Bonakdarian, aaO (Fn. 565) Rn. 6 bzw. Castelletti/Hugo Trumpy, aaO (Fn. 533) Rn. 19.

706 EuGH – Estasis Salotti/RÜWA, aaO (Fn. 497) Rn. 7; EuGH – Segoura/Bonakdarian, aaO (Fn. 565) Rn. 6; vgl. dann zur Fortführung dieses Ausgangspostulats EuGH 14.7.1983 – 201/82, ECLI:EU:C:1983:217 Rn. 13 = NJW 1984, 2760 – Gerling/Tesoro; EuGH – Tilly Russ/Nova, aaO (Fn. 655) Rn. 17; EuGH – Berghoefer/ASA, aaO (Fn. 691) Rn. 13; EuGH – Powell Duffryn/Petereit, aaO (Fn. 370) Rn. 24; EuGH – MSG/Les Gravières, aaO (Fn. 89) Rn. 15; EuGH – Coreck Maritime/Handelsveem, aaO (Fn. 54) Rn. 13; hierzu *Dietze/Schnichels*, EuZW 2001, 581, 583; EuGH – Gasser/MISAT (Fn. 96) Rn. 49; EuGH – El Majdoub/CarsOnTheWeb, aaO (Fn. 12) Rn. 30; EuGH – Höszig/Alstom Power Thermal Services, aaO (Fn. 12) Rn. 36 f.; EuGH – Leventis und Vafeias/Malcon Navigation und Brave Bulk Transport, aaO (Fn. 12) Rn. 34; dem folgend BGH, Urt. v. 25.3.2015 – VIII ZR 125/14, NJW 2015, 2584, 2586 Rn. 31; BGH, Urt. v. 26.3.2019 – XI ZR 228/17, VersR 2019, 1502, 1504 Rn. 30; vgl. auch EuGH 20.4.2016 – C-366/13, ECLI:EU:C:2016:282 Rn. 27 = EuZW 2016, 419 – Profit Investment/Ossi u.a., wo von einer „echten" Willenseinigung die Rede ist.

707 *Spellenberg*, IPRax 2010, 464, 466.

708 *Rauscher*, ZZP 104 (1991), 271, 279; *Lindacher*, FS Schlosser, 491, 493.

Allerdings lässt sich bei näherer Betrachtung doch bereits den ersten Entscheidungen des EuGH zu diesem Fragenkomplex[709] entnehmen, dass er sich für die Festlegung der Voraussetzungen eines wirksamen Konsenses für zuständig erachtet. Er stellt -gerade ohne auf innerstaatliches Recht zu verweisen - das Postulat einer *tatsächlichen* Willenseinigung auf. Ein derartiges Postulat ist aber keineswegs als in der Staatengemeinschaft selbstverständlich anzusehen. Gerade im Bereich der Zurechnung von Willenserklärungen oder (nach deutscher Rechtsdogmatik) im Bereich des subjektiven Tatbestands von Willenserklärungen existieren verschiedene Abstufungsmöglichkeiten: Zumindest das deutsche Recht sieht beispielsweise vor, das Vorliegen einer (mit der Willenserklärung der anderen Partei übereinstimmenden) Willenserklärung auch in solchen Fällen zu bejahen, in denen der Autor der Erklärung eine diese verkörpernde Urkunde ungelesen unterschreibt oder eine in der Vertragsurkunde in Bezug genommene Regelung nicht kennt oder möglicherweise nicht einmal kennen kann.[710] Verlangt der EuGH nun ausdrücklich und wiederholt[711] *tatsächlichen* Konsens – in den zitierten ersten Fällen war Deutsch Verfahrenssprache –, ist davon auszugehen, dass er damit beabsichtigte, der erforderlichen Willenseinigung eine besondere Qualität hinzuzufügen und die Schwelle für eine Zurechnung höher als gewöhnlich anzusetzen; schließlich hätte sonst das Erfordernis einer einfachen Willenseinigung ausgereicht.[712] Das wird auch durch die weitere Wortwahl, dieses Verfahren gewährleiste nicht, dass die andere Partei „*tatsächlich* (...) der Klausel zugestimmt hat", unterstrichen.[713]

Der genaue Inhalt der höheren Schwelle bleibt offen: Ob der EuGH für die *tatsächliche* Willensübereinstimmung den wirklichen, inneren oder gar freien Willen der Parteien verlangt oder genügen lässt, dass die Partei den Sinn ihrer objektiv auf die Gerichtsstandswahl bezogenen Erklärung ohne weiteres kennen musste,[714] lassen die Urteile nicht eindeutig erkennen; es finden sich jedoch

---

709 EuGH – Estasis Salotti/RÜWA, aaO (Fn. 497) Rn. 7; EuGH – Segoura/Bonakdarian, aaO (Fn. 565) Rn. 6.

710 S. näher dazu *Lindacher*, FS Schlosser, 491, 492.

711 Das Wort „tatsächlich" fehlt offenbar nur ein einziges Mal, als der EuGH der Frage nachzugehen hatte, ob eine Gerichtsstandsvereinbarung i.S.d. Art. 17 Abs. 3 EuGVÜ einseitig zugunsten einer Partei gemeint war; EuGH 24.6.1986 – 22/85, ECLI:EU:C:1986:255 Rn. 14 („gemeinsamer Wille") = RIW 1986, 636 – Anterist/Crédit Lyonnais.

712 Vgl. *Lindacher*, FS Schlosser, 491, 492; *Spellenberg*, IPRax 2010, 464, 468.

713 EuGH – Estasis Salotti/RÜWA, aaO (Fn. 497) Rn. 9.

714 *Spellenberg* spielt beide möglichen Interpretationsvarianten ausführlich durch in IPRax 2010, 464, 468 ff.

einige Autoren, die zur Auslegung im ersteren Sinne tendieren.[715] Die Schlussfolgerung von Freitag, der EuGH habe sich mit dem Postulat einer *tatsächlichen* Willenseinigung komplett von Rechtsregeln gelöst und festgelegt, dass die Einigung im Wege bloßer Tatsachenermittlung festgestellt werden solle,[716] erscheint jedenfalls zu weitgehend. Es ist davon auszugehen, dass dem EuGH sehr wohl bewusst ist, dass Vertragsschlussregeln zugleich Rechtsregeln sind. Vielmehr dürfte der EuGH mit dem Postulat einer *tatsächlichen* Willenseinigung eine eigene Rechtsregel zum Zustandekommen der Willenseinigung aufgestellt haben, unter die die im Wege der Tatsachenermittlung festgestellten Sachverhalte zu subsumieren sind. Das Wort „tatsächlich" drückt dabei den Gegensatz zu bloß fingierten oder normativ zugerechneten Willenseinigungen aus.

Recht hat Spellenberg mit seinem Hinweis, dass die Frage nach dem genauen Inhalt des EuGH-Postulats dem EuGH bei nächster Gelegenheit zur Klärung vorgelegt werden sollte.[717] An dieser Stelle genügt allerdings die Erkenntnis, dass der EuGH sich offensichtlich mit dem Zustandekommen des materiellen Konsenses ohne Rückgriff auf nationales Recht beschäftigt und die Voraussetzungen allein aus der europäischen Regelung hergeleitet hat.

Nach alledem kann dem Hinweis von Kohler, der EuGH habe sich bereits in den ersten zu Art. 17 EuGVÜ ergangenen Entscheidungen für die autonome Auslegung des Begriffs der Vereinbarung und eine Beschäftigung mit dem materiellen Konsens entschieden, ohne allerdings diese Fragen ausdrücklich zu behandeln,[718] ohne Vorbehalt zugestimmt werden.

Nach einigen Jahren legte der EuGH in der Rechtssache „Powell Duffryn" ausdrücklich fest, dass der Begriff der Gerichtsstandsvereinbarung in Art. 17 EuGVÜ als autonomer Begriff und nicht als bloße Verweisung auf das innerstaatliche Recht des einen oder anderen beteiligten Staates zu verstehen sei; dies in Anlehnung an seine parallele Behandlung der Begrifflichkeiten „Vertrag oder Ansprüche aus einem Vertrag" in Art. 5 EuGVÜ in der Rechtssache „Peters"[719] und vor dem Hintergrund der Ziele und der allgemeinen Systematik des Übereinkommens.[720] Man wolle sicherstellen, dass sich aus dem Übereinkommen

715 *Lindacher*, FS Schlosser, 491, 495; *Kröll*, ZZP 113 (2000), 135, 150.

716 *Freitag*, FS Magnus, 419, 424.

717 *Spellenberg*, IPRax 2010, 464, 470 f.

718 *Kohler*, IPRax 1983, 265, 268.

719 EuGH 22.3.1983 – 34/82, ECLI:EU:C:1983:87 Rn. 9 f. = Slg. 1983, 987 – Peters/ZNAV.

720 EuGH – Powell Duffryn/Petereit, aaO (Fn. 370) Rn. 13 f.; s. auch die Bestätigung in EuGH – Gasser/MISAT, aaO (Fn. 96) Rn. 51; EuGH – Refcomp/Axa, aaO (Fn. 12)

soweit wie möglich gleiche und einheitliche Rechte und Pflichten für die Vertragsstaaten und die betroffenen Personen ergäben.[721] Der EuGH behandelte in dieser Entscheidung ganz konkret die Frage nach dem Einverständnis von Aktionären einer AG mit einer in der Satzung enthaltenen Gerichtsstandsvereinbarung und zeigte durch seine bloße Bezugnahme auf den Vereinbarungsbegriff, dass Art. 17 EuGVÜ unmittelbar den materiellen Konsens der Parteien regelt.

Weitere Jahre später bestätigte der EuGH seine Rechtsprechung zum autonomen Begriff der Vereinbarung und weitete sie gleichzeitig auf die 1978 hinzugefügte, im Vergleich zu Art. 17 Abs. 1 EuGVÜ a.F. erheblich liberalere Variante des lit. c aus, der dem heutigen Art. 25 Abs. 1 Satz 3 lit. c Brüssel Ia-VO entspricht und die Gerichtsstandsvereinbarung entsprechend internationalem Handelsbrauch vorsieht.[722] Ausweislich der Materialien sollte es sich bei der neu eingefügten Variante zwar lediglich um eine Erleichterung der Formerfordernisse handeln.[723] Generalanwalt Lenz distanzierte sich in der Rechtssache „Custom Made Commercial“ jedoch von dieser Maßgabe: Bezöge sich die Neufassung nur auf die Form, wäre das durch die Rechtsprechung entwickelte Erfordernis einer *tatsächlichen* Einigung nach wie vor zu prüfen; dann aber könne die (angestrebte) Erleichterung im Hinblick auf die Bedürfnisse des internationalen Handels nicht eintreten.[724] Der EuGH schlug in der Rechtssache „Les Gravières“ dieselbe Richtung ein wie Generalanwalt Lenz[725] und stellte fest, dass die neue Variante gerade nicht nur eine reine Formerleichterung enthalte; vielmehr werde fortan die Willenseinigung der Vertragsparteien über eine Gerichtsstandsvereinbarung vermutet, wenn in dem betreffenden Geschäftszweig des internationalen Handelsverkehrs entsprechende Handelsbräuche bestünden, die den Parteien bekannt seien oder als ihnen bekannt angesehen werden müssten.[726]

Rn. 21; vgl. außerdem BGH, Urt. v. 15.2.2007 – I ZR 40/04, NJW 2007, 2036, 2037; wohl a. A. noch OLG Düsseldorf, Urt. v. 6.1.1989 – 16 U 77/88, RIW 1990, 577, 578.

721 EuGH – Powell Duffryn/Petereit, aaO (Fn. 370) Rn. 13.

722 EuGH – MSG/Les Gravières, aaO (Fn. 89) Rn. 17; EuGH – Castelletti/Hugo Trumpy, aaO (Fn. 533) Rn. 18 f.

723 Schlosser-Bericht (Fn. 174) Rn. 179.

724 Schlussanträge des Generalanwalts Lenz v. 8.3.1994 – C-288/92, ECLI:EU:C:1994:86 Slg. 1994 I-2915, 2938 – Custom Made Commercial/Stawa Metallbau.

725 In der Rechtssache „Custom Made Commercial“ hatte sich eine Beantwortung der auf Art. 17 EuGVÜ bezogenen Vorlagefragen erübrigt, vgl. EuGH 29.6.1994 – C-288/92, ECLI:EU:C:1994:268 Rn. 30 = EuZW 1994, 763 – Custom Made Commercial/Stawa Metallbau.

726 EuGH – MSG/Les Gravières, aaO (Fn. 89) Rn. 18 f.; s. auch EuGH – Castelletti/Hugo Trumpy, aaO (Fn. 533) Rn. 20.

In der Literatur gingen einige Stimmen seither ausdrücklich davon aus, dass das in lit. a hineingelesene Erfordernis einer *tatsächlichen* Willenseinigung durch die in lit. c genannten Erfordernisse praktisch ersetzt werde.[727] Schlosser spricht insoweit offen an, dass die Ziele „Gewährleistung tatsächlichen Konsenses“ und „Berücksichtigung der Handelsgebräuchlichkeiten“ geradezu „antagonistischen Charakter“ hätten.[728]

Zusammenfassend lässt sich sagen: In gefestigter Rechtsprechung[729] ging der EuGH davon aus, dass die Vorschriften der Artt. 17 EuGVÜ und 23 Brüssel I-VO nicht nur Regelungen zur Form, sondern auch zur Frage des Zustandekommens der materiellen Willenseinigung im Hinblick auf Gerichtsstandsvereinbarungen enthielten.[730] Der Maßstab für die Willenseinigung wurde danach im Wesentlichen durch die vorhandenen Formvorschriften gebildet.[731]

Diese Rechtsprechung steht im Übrigen im Einklang mit dem Jenard-Bericht: Der Bericht spricht in seiner deutschen Fassung zwar nicht von „tatsächlicher Willenseinigung“, sondern von „echter Willensübereinstimmung“ als Voraussetzung für eine Gerichtsstandsvereinbarung.[732] Zwischen den Parteien müsse das Einverständnis hergestellt sein; Gerichtsstandsklauseln dürften nicht unbemerkt Vertragsinhalt werden.[733] Letztlich dürfte mit den Begrifflichkeiten „tatsächliche“ und „echte“ Willenseinigung aber dasselbe gemeint sein.[734] So nimmt auch der Sachverständigenausschuss eine autonome Auslegung vor und zieht für die Frage der Willensübereinstimmung eine Verweisung ins nationale Recht der Mitgliedstaaten nicht in Betracht.[735]

(2.) Praxis in den EU-Mitgliedstaaten

Der Heidelberg Report kommt zu dem Schluss, dass die Mitgliedstaaten der autonomen Regelung in unterschiedlich weitem Umfang folgten; für die Frage

---

727 *Kropholler/v. Hein*, EuZPR, Art. 23 Rn. 52; *Stöve*, S. 12 ff., 55, 69 f.

728 Schlosser/Hess/*Schlosser*, Art. 25 Rn. 1.

729 Vgl. auch aus der jüngeren Zeit EuGH – Refcomp/Axa, aaO (Fn. 12) Rn. 26 ff.

730 Vgl. *Kröll*, ZZP 113 (2000), 135, 146; *Magnus*, FS von Hoffmann, 664, 667; Heidelberg Report, Rn. 325.

731 Vgl. *Gebauer*, FS von Hoffmann, 577, 578; *Kohler*, IPRax 1983, 265, 268; *Kropholler/v. Hein*, EuZPR, Art. 23 Rn. 27.

732 BT-Drs. VI/1973, S. 82; die englische Fassung gebraucht die Formulierung des „real consent“.

733 BT-Drs. VI/1973, S. 82.

734 Vgl. *Lindacher*, FS Schlosser, 491, 500.

735 BT-Drs. VI/1973, S. 82.

der materiellen Willensübereinstimmung sei trotz der (dargelegten) gefestigten EuGH-Rechtsprechung häufig auf das nach IPR anwendbare nationale Recht zurückgegriffen worden.[736] Auf der Suche nach einer Erklärung dafür vermutet der Bericht, solche Ergebnisse seien wohl dem Umstand geschuldet, dass die Verordnung zwar auf der einen Seite größtmögliche Vereinheitlichung der Voraussetzungen für eine wirksame Gerichtsstandsvereinbarung beabsichtige, auf der anderen Seite aber auch versuche, dem nationalen Vertragsrecht der einzelnen Mitgliedstaaten genügend Raum zu lassen.[737] Bei Lichte betrachtet dürften solche Ergebnisse in erster Linie auf gewisse Unsicherheiten bei den Gerichten der Mitgliedstaaten im Hinblick auf die genaue Reichweite der europäischen Norm zurückzuführen sein.

(3.) Streitstand in der Literatur

Trotz der dargelegten EuGH-Rechtsprechung herrschte auch in der (deutschen) Literatur Streit darüber, welche Normen das Zustandekommen der Willenseinigung bestimmten.

(a.) Dem EuGH gegenüber kritische Stimmen

Mit Blick auf die ehemaligen Fassungen der europäischen Vorschrift über Gerichtsstandsvereinbarungen, Artt. 17 EuGVÜ und 23 Brüssel I-VO, vertraten einige Autoren, aber auch deutsche Gerichte, die Ansicht, dass sie über die Zulässigkeit der Gerichtsstandsvereinbarung hinaus nur deren Form regelten; weitergehende Aussagen im Hinblick auf Fragen der materiellen Wirksamkeit könnten oder sollten ihr nicht entnommen werden.[738] Nehme man die These ernst, dass sich das Vorliegen einer Willenseinigung aus der Einhaltung der Formvorschriften des Art. 23 Brüssel I-VO ergebe, bedeute dies nichts anderes, als dass der EuGH mangels vorhandener Regelungen letztlich dazu gezwungen sei, im Wege einer „autonomen Auslegung" ein eigenes Vertragsrecht für Gerichtsstandsklauseln zu kreieren.[739] Überzeugender erscheine es, aus der

---

736 Heidelberg Report, Rn. 325; dortige Fn. 443, die auf die „respective 3rd questionnaires, 2.2.25.2 of the national reports" verweist.

737 Heidelberg Report, Rn. 325.

738 *Staehelin*, S. 146 ff., 177, weil Art. 23 nicht genug dafür hergebe; *Oliver*, Cornell L. Rev. 70 (1985) 289, 311 f.; MüKo-ZPO/*Gottwald*, 4. Aufl., Art. 23 Brüssel I-VO Rn. 22; von einer „uneasy relationship" spricht *Briggs*, Rn. 7.07, vgl. auch Rn. 7.35; s. ebenso erneut OLG Düsseldorf, Urt. v. 6.1.1989 – 16 U 77/88, RIW 1990, 579; außerdem OLG Saarbrücken, Urt. v. 2.10.1991 – 5 U 21/91, NJW 1992, 987, 988.

739 *Freitag*, FS Magnus, 419, 424.

Einhaltung der Formvorschriften des Art. 23 Brüssel I-VO allenfalls eine Vermutung für das Vorliegen einer Willenseinigung abzuleiten – die dann allerdings nach nationalem Recht widerlegt werden könne.[740]

Einige Oberlandesgerichte sagten ausdrücklich, dass sich ihrer Auffassung nach die vom EuGH vorgenommene autonome Bestimmung stets auf Zulässigkeit, Form und Wirkung der „Vereinbarung" beschränke; ob eine Einigung zustandegekommen sei, müsse dagegen nach nationalem Recht bestimmt werden.[741]

(b.) Dem EuGH folgende Stimmen

Trotz dieser Einwände bestand auch in der Literatur überwiegend Einigkeit darüber, dass der Begriff der Vereinbarung in Artt. 17 EuGVÜ und 23 Brüssel I-VO im Hinblick auf die Willenseinigung insgesamt nicht als Verweisung auf innerstaatliches Recht zu verstehen, sondern europarechtsautonom auszufüllen sei.[742] Unter Berufung auf die erörterte Rechtsprechung des EuGH und den Jenard-Bericht entnahm die Mehrheit in der Literatur Art. 23 Abs. 1 Brüssel I-VO „Mindestanforderungen",[743] bzw. „bestimmte Grundelemente" der materiellen

---

740 *Freitag*, FS Magnus, 419, 424 f.

741 OLG Düsseldorf, Urt. v. 6.1.1989 – 16 U 77/88, RIW 1990, 579; außerdem OLG Saarbrücken, Urt. v. 2.10.1991 – 5 U 21/91, NJW 1992, 987, 988.

742 Geimer/Schütze/*Geimer*, EuZVR, 3. Aufl., Art. 23 Rn. 75; *Geimer*, EuZW 1992, 518; *Lindacher*, FS Schlosser, 2005, 491, 496; *Kropholler/v. Hein*, EuZPR, Art. 23 Rn. 23 ff.; *Basedow*, IPRax 1985, 133, 136 f.; Rauscher/*Mankowski*, 3. Aufl., Art. 23 Rn. 39; Magnus/Mankowski/*Magnus*, 2. Aufl., Art. 23 Rn. 75, 77 ff.; *Magnus/Mankowski*, ZVglRWiss 2011, 252, 274; *Kröll*, ZZP 113 (2000), 135, 144 ff.; *Rauscher*, ZZP 104 (1991), 271, 279; *Adolphsen*, ZZPInt 4 (1999), 243, 247; *Jayme/Kohler*, IPRax 1992, 346, 353; *Hausmann*, unalex, Brüssel I-VO, Art. 23 Rn. 50 f.; *Hess*, 1. Aufl., § 6 Rn. 137 f.; *Schack*, IZVR, 6. Aufl., Rn. 536; *Fentiman*, 2010, Rn. 2.32 ff.; Heidelberg Report, Rn. 325; vgl. auch *Max Planck Institute*, RabelsZ 2004, 1, 23; zurückhaltender *Saenger*, ZZP 110 (1997), 477, 483 f.: „in Abhängigkeit von der Art und Weise der Vereinbarung" und *Nagel/Gottwald*, IZPR, 7. Aufl., Rn. 201: „zumindest in den Fällen der Gepflogenheiten zwischen den Parteien und der Handelsbräuche".

743 *Kropholler/v. Hein*, EuZPR, Art. 23 Rn. 25; *Saenger*, ZZP 110 (1997), 477, 484; MüKo-BGB/*Martiny*, 5. Aufl., vor Art. 1 Rom I-VO Rn. 52; vgl. Heidelberg Report, Rn. 325: „Article 23 JR itself requires a certain quality of the consent"; s. auch *Max Planck Institute*, RabelsZ 2004, 1, 23: „Art. 23 must be considered as an autonomous legal basis for choice-of-forum agreements".

Gültigkeit von Gerichtsstandsvereinbarungen.[744] Art. 23 Abs. 1 Brüssel I-VO fordere unmittelbar die *tatsächliche* Einigung der Parteien.[745] In der Regel seien die Formerfordernisse in Art. 23 Abs. 1 Brüssel I-VO bereits selbst Ausdruck einer zugrunde liegenden Vertragseinigung; sie enthielten jedenfalls gewisse materielle Einigungselemente.[746] Unterschiedlich weitgehend wurde angenommen, aufgrund der Einhaltung der Formvorschriften werde die Existenz einer materiellen Willenseinigung „indiziert",[747] die Formstrenge sei das „Vehikel" für die Strenge der Anforderung an das Vorliegen einer Einigung[748] oder sie sei „Mittel zum Zweck".[749] Generell müssten all diejenigen materiellen Begriffe, die unlösbar eng mit den von der Brüssel Ia-VO unmittelbar geregelten Formvoraussetzungen verbunden seien, einheitlich und autonom ausgelegt werden.[750]

Regelmäßig wurde die Maßgeblichkeit des Zwecks der Vorschrift für die Bestimmung der inhaltlichen Reichweite in den Blick genommen, nämlich dass Gerichtsstandsvereinbarungen nicht unbemerkt Inhalt des Vertrags werden dürften.[751] Teilweise wurde jedoch auch der Wortlaut von Art. 23 Abs. 1 Brüssel I-VO unmittelbar für die Argumentation herangezogen: Die Formulierung „Haben die Parteien (...) *vereinbart* (...)" spreche eindeutig für eine autonome Regelung der Konsensbildung:[752] Der Text der Verordnung verlange eine „Vereinbarung" und belege damit seinen Anspruch, selbst einen zentralen Aspekt der materiell-rechtlichen Gültigkeit zu regeln.[753]

744 *Magnus,* FS von Hoffmann, 664, 673; vgl. auch Rauscher/*Mankowski,* 3. Aufl., Art. 23 Rn. 39: „Grundbedingungen des materiellen Tatbestandes" und *Lindacher,* FS Schlosser, 491, 496: „kommunitärrechtliche Grundanforderungen".

745 Magnus/Mankowski/*Magnus,* 2. Aufl., Art. 23 Rn. 75.

746 *Magnus,* FS von Hoffmann, 664, 674; vgl. auch *Antomo,* ZZPInt 17 (2012), 183, 185 f.

747 Rauscher/*Mankowski,* 3. Aufl., Art. 23 Rn. 39.

748 *Rauscher,* ZZP 104 (1991), 271, 278.

749 *Saenger,* ZZP 110 (1997), 477, 484.

750 *Adolphsen,* ZZPInt 4 (1999), 243, 247; *Rauscher,* ZZP 104 (1991), 271, 279.

751 *Kropholler/v. Hein,* EuZPR, Art. 23 Rn. 25.

752 *Magnus/Mankowski,* ZVglRWiss 2011, 252, 274; *Fentiman,* 2010, Rn. 2.34.

753 *Magnus,* FS von Hoffmann, 664, 667; vgl. auch Rauscher/*Mankowski,* 3. Aufl., Art. 23 Rn. 39; s. auch schon die Schlussanträge des Generalanwalts Capotorti v. 17.11.1976 – 25/76, ECLI:EU:C:1976:154 = Slg. 1976, 1863, 1867 – Segoura/Bonakdarian: „Soweit jene Voraussetzungen – seien sie materieller oder formeller Art – in Übereinkommen als notwendige Vorbedingungen für die Erreichung der von ihm geregelten prozessualen Wirkungen festgelegt wurden, ist eine autonome Auslegung zu wählen, da nur so Sinn und Zusammenhang des Übereinkommens gewahrt werden."

Nach dieser überwiegenden Literaturmeinung hatte die autonome Regelung der Willenseinigung ebenso abschließenden Charakter wie die Formvorschriften.[754] Soweit das europäische Konsenskonzept reiche, sei jedes nationale Vertragsrecht für die Beurteilung des Zustandekommens der Gerichtsstandsvereinbarung verdrängt.[755] Namentlich in nationalen Rechtsordnungen vorgesehene spezielle Wirksamkeitsvoraussetzungen für den Konsens – wie etwa die in der Literatur immer wieder angesprochene "consideration" des Common Law (auf die nachfolgend in einem gesonderten Exkurs unter ee.) eingegangen wird) – lasse die Vorschrift des Art. 23 Brüssel I-VO nach dieser Lesart gerade nicht zu; die autonom-europäische Voraussetzung der Willensübereinstimmung sei insoweit gleichermaßen erforderlich und ausreichend.[756]

bbb.) Art. 25 Brüssel Ia-VO

Die Frage, die sich seit der Reform der Brüssel I-VO stellt, ist die folgende: Hat die Einführung der Kollisionsnorm in Art. 25 Abs. 1 Brüssel Ia-VO Auswirkungen auf die aufgezeigte Diskussion in Rechtsprechung und Literatur? Wie schon zu Zeiten des Art. 17 EuGVÜ[757] sind auch heute die einschlägigen Materialien insoweit nicht eindeutig.

Zwar könnte die erstmalige Einführung einer Kollisionsnorm für materielle Gültigkeitsvoraussetzungen zum Ausdruck bringen, dass der Verordnungsgeber nunmehr klärend sämtliche Fragen, die nicht die Form betreffen, dem jeweils anwendbaren nationalen Recht habe überlassen wollen. Der Wortlaut „materiell

---

754 S. in diesem Sinne auch die Schlussanträge von Generalanwalt Lenz, aaO (Fn. 724), 2948: „Innerstaatliche Vorschriften, die die wirksame Einbeziehung von Bestimmungen, insbesondere solchen in Allgemeinen Geschäftsbedingungen, in den Vertrag unter dem Aspekt der tatsächlichen Willenseinigung und deren Form regeln, sind neben Art. 17 des Brüsseler Übereinkommens nicht anwendbar. Daher dürfen derartige Regeln des nationalen materiellen Rechts, das nach den Kollisionsnormen des mit dem Rechtsstreit befaßten Gerichts anwendbar ist, nicht herangezogen werden, um zu prüfen, ob eine dem Art. 17 genügende Gerichtsstandsklausel wirksam in den Vertrag einbezogen worden ist."; ebenso *Kropholler/v. Hein*, EuZPR, Art. 23 Rn. 28; s. aber auch die etwas vage Formulierung „so that there is little space left, if any, for an application of national rules concerning consent" in Heidelberg Report, Rn. 325.

755 *Gebauer*, FS von Hoffmann, 577, 578 f.; Rauscher/*Mankowski*, 3. Aufl., Art. 23 Rn. 39b; *Jayme/Kohler*, IPRax 1992, 346, 353.

756 *Magnus*, FS von Hoffmann, 664, 673; Magnus/Mankowski/*Magnus*, 2. Aufl., Art. 23 Rn. 79.

757 S. dazu *Stöve*, S. 17 ff.

nichtig" in Art. 25 Abs. 1 Satz 1 Halbsatz 2 Brüssel Ia-VO schließt jedenfalls nicht aus, dass sich die Verweisung ins nationale Recht auch auf die Willenseinigung beziehen könnte.[758] Zudem könnte das erklärte Ziel der EU-Kommission, die Vorschriften der Brüssel I-VO an diejenigen des HGÜ anpassen zu wollen,[759] ein Indiz dafür sein, dass nunmehr auch innerhalb der Brüssel Ia-VO der Bereich der Willenseinigung unter die neu geschaffene, an das HGÜ angelehnte Kollisionsnorm fallen solle; schließlich sieht das HGÜ keine autonomen Regeln für die Konsensbildung vor.[760]

Allerdings sind die für die Willenseinigung so bedeutsamen Formerfordernisse schon von vornherein nicht an das HGÜ angeglichen worden.[761] Darüber hinaus kann die erzielte Parallelität zwischen HGÜ und Brüssel Ia-VO aufgrund der Verschiedenheit beider Abkommen ohnehin niemals absolut erreicht werden. Die durch den EuGH in jahrzehntelanger Rechtsprechung vorgenommene Konkretisierung von Inhalt und Reichweite der europäischen Vorschriften ist innerhalb des HGÜ naturgemäß nicht erfolgt; sie wird auch in Zukunft mangels eines mit dem EuGH vergleichbaren Gerichtshofs mit primärer Auslegungszuständigkeit in der Form nicht erfolgen können.[762]

Vor diesem Hintergrund erscheint es überzeugender, den Willen des europäischen Verordnungsgebers anders zu deuten: Die neue Kollisionsnorm sollte ausschließlich diejenigen Fragen der materiellen Gültigkeit von Gerichtsstandsvereinbarungen erfassen, für die tatsächlich Regelungsbedarf vorhanden war; nur insoweit sollte auch eine Orientierung an der kollisionsrechtlichen Lösung des HGÜ erfolgen.[763]

Diese Sichtweise kam schon in Zwiefkas Berichtsentwurf für den Rechtsausschuss des Europäischen Parlaments[764] zum damaligen Kommissionsvorschlag zum Ausdruck. Denn in dem im Berichtsentwurf vorgeschlagenen Art. 23a[765] unterschied er ausdrücklich zwischen den Voraussetzungen für die materielle Gültigkeit in Absatz 1, die nach nationalem Recht zu beurteilen sei, und der

758 Vgl. *Magnus*, IPRax 2016, 521, 524.

759 EuGVVO-E, Abschnitt 3.1.3.

760 In diesem Sinne *Weller*, FS Schütze, 705, 710: Man dürfe in Anlehnung an die Regeln des HGÜ den „Nexus zwischen Konsens und Form" als zumindest gelockert ansehen.

761 Dies kritisiert *Weller* auch in FS Schütze, 705, 710.

762 Vgl. *Teitz*, 53 Am.J.Comp.L. 2005, 543, 546.

763 Vgl. *Magnus*, FS Martiny, 785, 792.

764 S. Fn. 144.

765 S. hierzu schon oben unter Abschnitt I. 1. c.).

„Zustimmung der Parteien zu der Vereinbarung“ in Absatz 4, für die die europäische Vorschrift unmittelbar gelten sollte.[766]

Für diese Sichtweise spricht zudem folgende Erwägung: Der Verordnungsgeber hatte bei der Revision der Brüssel I-VO die unter aaa.) (1.) dargestellte Rechtsprechung des EuGH vor Augen, die Art. 23 Brüssel I-VO durch die autonome Auslegung des Begriffs der Vereinbarung über die bloße Regelung von Formfragen hinaus auf Teile der materiellen Gültigkeit ausgedehnt und damit ein erhebliches Niveau der Vereinheitlichung geschaffen hatte. Darüber hinaus kannte er das Meinungsbild und damit die herrschende Ansicht in der Literatur, die dem EuGH beipflichtete.[767] Hätte der europäische Verordnungsgeber nun im Zuge der Reform die Voraussetzungen der Konsensbildung aus dem harmonisierten Regelungsbereich der Brüssel Ia-VO wieder herauslösen und in den Anwendungsbereich der Kollisionsnorm überführen wollen, hätte dies ein Zurückfallen hinter das bereits geschaffene Niveau der Vereinheitlichung des Rechts der Gerichtsstandsvereinbarungen bedeutet.[768] Wäre das aber tatsächlich der Wille des Verordnungsgebers gewesen, so hätte er dies wohl deutlich zum Ausdruck gebracht.[769] Ohne ausdrückliche Erklärung ließe sich eine Preisgabe bereits erreichter Vereinheitlichung nicht nachvollziehen.[770] Nicht zuletzt hätte ein derartiger neuer Ansatz zur Folge gehabt, dass besondere nationale Vertragsschlusskonzepte mit Sondervoraussetzungen, die vor der Reform aufgrund der extensiven Rechtsprechung des EuGH zum Konsens neben den abschließenden Vorschriften der Brüssel I-VO keinen Bestand haben konnten, wie beispielsweise die “consideration“ des Common Law, wieder hätten Geltung erlangen können.[771]

---

766 Zwiefka-Bericht, aaO (Fn. 144), S. 19; interessant ist insoweit der Unterschied zwischen deutscher und englischer Sprachfassung des Berichts: Während die englische Version von „the reality of the consent“ spricht, verzichtet die deutsche Fassung in Bezug auf die „Zustimmung“ auf den aus den zitierten EuGH-Entscheidungen bekannten Zusatz „tatsächlich“.

767 S.o. Abschnitt aaa.) (3.) (b.).

768 Vgl. *Magnus*, FS von Hoffmann, 664, 673 und *Magnus/Mankowski*, ZVglRWiss 2011, 252, 276; jeweils ist von einem Rückschritt („step backwards“) die Rede, würde man nationale Vorschriften zum Konsens über die Kollisionsnorm in Art. 25 Brüssel Ia-VO wieder zur Anwendung kommen lassen.

769 Vgl. auch Rauscher/*Mankowski*, Art. 25 Rn. 214.

770 Vgl. *Magnus*, FS von Hoffmann, 664, 673; *ders.*, IPRax 2016, 521, 524.

771 Vgl. *Magnus*, FS von Hoffmann, 664, 673; für die “consideration“ gilt dieser Gedanke, sofern sie überhaupt als Teil der Willenseinigung angesehen wird, s. dazu näher den nachfolgenden Exkurs unter ee.).

Schon früh hatte der EuGH in Bezug auf Art. 17 EuGVÜ die bereits mehrfach zitierte Aussage getroffen, es sei sicherzustellen, dass sich aus dem Übereinkommen soweit wie möglich gleiche und einheitliche Rechte und Pflichten für die Vertragsstaaten und die betroffenen Personen ergäben; der Begriff der „Gerichtsstandsvereinbarung" sei daher nicht als bloße Verweisung auf das innerstaatliche Recht des einen oder anderen beteiligten Staates zu verstehen.[772] Der Gerichtshof bestätigte dies für Art. 23 Brüssel I-VO.[773] Und auch den jüngeren, nunmehr auf Art. 25 Brüssel Ia-VO bezogenen Entscheidungen lässt sich die Beibehaltung der Linie entnehmen. Ohne die Kollisionsnorm auch nur mit einem Wort zu erwähnen, bleibt der EuGH ganz selbstverständlich bei seinem bekannten unionsrechtlich-autonomen Konzept: Die Gerichtsstandsklausel müsse tatsächlich Gegenstand einer Willenseinigung zwischen den Parteien sein, die klar und deutlich zum Ausdruck kommen müsse; die Formerfordernisse in Art. 25 Abs. 1 Brüssel Ia-VO sollten insoweit gewährleisten, dass die Einigung tatsächlich feststehe.[774]

Darüber hinaus streiten ein systematisches und ein teleologisches Argument dafür, dem EuGH in der Fortführung seiner Rechtsprechungslinie beizupflichten und die Kollisionsnorm für den Konsens außen vor zu lassen: Zunächst deutet ein Blick in die Rom I-VO in diese Richtung:[775] Art. 10 Rom I-VO differenziert schon in der Überschrift zwischen „Einigung" und „materieller Wirksamkeit". Und der Inhalt führt diese Differenzierung fort: Insbesondere Art. 10 Abs. 2 Rom I-VO unterwirft – bei Vorliegen der sonstigen Voraussetzungen – die Behauptung einer Vertragspartei, sie habe dem Vertrag nicht zugestimmt, einer (kumulativen) Anknüpfung sui generis, nämlich einer Anknüpfung an den gewöhnlichen Aufenthalt. Damit wird nicht nur die Möglichkeit einer Differenzierung zwischen Willenseinigung und materieller Wirksamkeit im Übrigen sichtbar; auch ein dahingehender Wille des europäischen Verordnungsgebers wird erkennbar. Die Erwägungsgründe 7 der Rom I- und der Rom II-VO lassen

772 EuGH – Powell Duffryn/Petereit, aaO (Fn. 370) Rn. 13.

773 EuGH – Höszig/Alstom Power Thermal Services, aaO (Fn. 12) Rn. 29.

774 EuGH – Saey Home & Garden/Lusavouga-Máquinas e Accessórios Industrials, aaO (Fn. 13) Rn. 25; vgl. hierzu *Mankowski*, EWiR 2018, 381, 382, der von „bewährten Bausteinen" spricht, die in der Entscheidung „zusammengesetzt und fortentwickelt" würden; EuGH – Ryanair/DelayFix, aaO (Fn. 13) Rn. 41; vgl. auch *Magnus*, IPRax 2016, 521, 524, der schon im Vorfeld nicht davon ausgegangen war, dass sich der EuGH von seiner bisherigen Rechtsprechung zum Einigungselement als autonomem Bestandteil der europäischen Regelung abwenden würde.

775 Vgl. Rauscher/*Mankowski*, Art. 25 Rn. 64.

auf eine Übertragbarkeit dieses Willens auch auf die Brüssel Ia-VO schließen.[776] Denn darin wird jeweils ein Einklang von Brüssel I-, Rom I- und Rom II-VO gefordert.[777]

Schließlich spricht die enge Verbundenheit von reinen Formfragen und solchen der materiellen Willenseinigung dafür, beide Komplexe demselben Recht, nämlich der vereinheitlichten europäischen Norm, zu unterwerfen.[778] Ansonsten käme der nicht immer einfachen Qualifikation als Form- oder als Willenseinigungsfrage zu viel Bedeutung zu. Dass die Qualifikation den Rechtsanwender mitunter vor nicht unerhebliche Probleme stellt, zeigen Praxisbeispiele:

So waren sich die französischen Gerichte Cour d'Appel Montpellier und Cour de Cassation in einem Fall offenbar uneinig im Hinblick auf die genaue Einordnung der konkret in Rede stehenden Problemfelder „ausreichende Hervorhebung einer Gerichtsstandsklausel" und „sprachliche Verständlichkeit".[779] Der streitgegenständliche Vertrag über den Kauf eines Perserkaters war auf Englisch abgefasst und enthielt nach den Unterschriften den Passus: „Place of jurisdiction is Viersen, Germany". Trotz erkannter Einschlägigkeit von Art. 23 Brüssel I-VO wandte die Cour d'Appel französisches Prozessrecht an, wonach die Vereinbarung hätte besonders hervorgehoben werden müssen. Zu diesem Schluss kam das Gericht offenbar deshalb, weil es in erster Linie nicht die Erfüllung von Formvoraussetzungen, sondern die (aus seiner Sicht dem nationalen Recht unterstehende) Zustimmung zum Gerichtsstand betrachtete und im Ergebnis verneinte.[780] Die Cour de Cassation hob die Entscheidung auf. Spellenberg kam

---

776 Vgl. Rauscher/*Mankowski*, Art. 25 Rn. 64.

777 Wortlaut Erwägungsgrund 7 der Rom I-VO: „Der materielle Anwendungsbereich und die Bestimmungen dieser Verordnung sollten mit der Verordnung (EG) Nr. 44/2001 des Rates vom 22. Dezember 2000 über die gerichtliche Zuständigkeit und die Anerkennung und Vollstreckung von Entscheidungen in Zivil- und Handelssachen (‚Brüssel I') und der Verordnung (EG) Nr. 864/2007 des Europäischen Parlaments und des Rates vom 11. Juli 2007 über das auf außervertragliche Schuldverhältnisse anzuwendende Recht (‚Rom II') im Einklang stehen." Der Wortlaut von Erwägungsgrund 7 der Rom II-VO ist inhaltlich identisch.

778 Vgl. zu Art. 17 EuGVÜ *Kröll*, ZZP 113 (2000), 135, 144 und zu Art. 25 Brüssel Ia-VO *Magnus*, IPRax 2016, 521, 524.

779 So dargestellt bei *Spellenberg*, IPRax 2010, 464 f., dem nicht nur die in Bull. Civ. I Nr. 17 = Dalloz 2008, 490 veröffentlichte Entscheidung der Cour de Cassation vorlag (Cass. 1ère civ., 23.1.2008 – 06-21898), sondern auch die nicht veröffentlichte Entscheidung der Cour d'Appel Montpellier v. 23.10.2006 (vgl. *Spellenberg*, aaO, dortige Fn. 7).

780 Vgl. wiederum die Darstellung bei *Spellenberg*, IPRax 2010, 464, 465.

in seiner Anmerkung zu der eigenen Bewertung, ein Sprachzwang dahingehend, dass die Erklärung nur in einer bestimmten Sprache ausgedrückt werden dürfe, sei Formfrage; die Verständlichkeit der Gerichtsstandsklausel in der gewählten Sprache für eine Partei sei dagegen als Teil des Konsenses zu qualifizieren.[781] Die Frage, ob die Gerichtsstandsvereinbarung ausreichend „ins Auge gesprungen sei" und an der richtigen Stelle stehe, beträfe wiederum die Form.[782]

Kompliziert wird die Qualifikation auch bei Zuständigkeitsvereinbarungen im Klauselwerk allgemeiner Geschäftsbedingungen. Betrifft die Frage der wirksamen Einbeziehung solcher AGB die Form oder den Konsens der Parteien? Zwar hat sich der EuGH im Bereich der Brüssel-Verordnungen (bzw. Art. 17 EuGVÜ) von vornherein für den Problemkreis AGB für zuständig erachtet und diesen allein durch Anwendung und Auslegung des europäischen Rechts gelöst.[783] Allerdings hat er – soweit ersichtlich – an keiner Stelle eine allgemeingültige Aussage dahingehend getroffen, dass es sich bei sämtlichen Fragen der Einbeziehung von AGB um solche der Form oder solche des Konsenses handele. Insbesondere der in diesem Zusammenhang vielfach wiederholte Satz

> „Die Formerfordernisse (…) sollen (…) gewährleisten, dass die Einigung tatsächlich feststeht."[784]

belegt die enge Verbindung zwischen beiden Elementen. Zum Teil führen Erwägungen zur Einbeziehung von AGB den EuGH zunächst zu dem ausdrücklichen Schluss, die Gerichtsstandsvereinbarung entspreche den in der europäischen Vorschrift aufgestellten *Formerfordernissen;* gleichwohl stellt er in demselben Urteil und unter Bezugnahme auf dieselben Erwägungen im Endergebnis fest, die Gerichtsstandsvereinbarung genüge den Anforderungen der europäischen Vorschrift in Bezug auf die *Einigung* der Parteien.[785] Entsprechend findet sich der Problemkreis der Einbeziehung von AGB auch in den Kommentierungen zu

781 *Spellenberg,* IPRax 2010, 464, 465; vgl. zum „language risk" auch Magnus/Mankowski/*Magnus,* Art. 25 Rn. 86.

782 *Spellenberg,* IPRax 2010, 464, 465.

783 S. statt aller EuGH – Estasis Salotti/RÜWA, aaO (Fn. 497) Rn. 7; EuGH – Segoura/Bonakdarian, aaO (Fn. 565) Rn. 6; s. allerdings BGH, Urt. v. 17.10.2019 – III ZR 42/19, EuZW 2020, 143, 144: „Soweit *materiell-rechtliche Wirkungen* der Gerichtsstandsvereinbarung zu beurteilen sind, richtet sich die Wirksamkeit der Einbeziehung (…) nicht nach Art. 25 EuGVVO, sondern nach § 305 II und III, §§ 305 a, 305 c I BGB."

784 Vgl. zuletzt etwa EuGH – Ryanair/DelayFix, aaO (Fn. 13) Rn. 41; EuGH – Saey Home & Garden/Lusavouga-Máquinas e Accessórios Industrials, aaO (Fn. 13) Rn. 25.

785 EuGH – Höszig/Alstom Power Thermal Services, aaO (Fn. 12) Rn. 42 und Rn. 49.

den Brüssel-Verordnungen sowohl unter der Überschrift „Form" als auch unter der Überschrift „Willenseinigung".[786]

Parallele Erwägungen sind schließlich im Hinblick auf das Schweigen auf ein kaufmännisches Bestätigungsschreiben anzustellen.[787] Im autonomen deutschen Recht ordnet man diese rechtliche Konstruktion dem Komplex der materiellen Willenseinigung zu, nicht dem der Form.[788] In Bezug auf die einschlägige Vorschrift in der Brüssel Ia-VO, Art. 25 Abs. 1 Satz 3 lit. c, fehlt es insoweit wiederum an Klarheit. Jedenfalls der oben dargestellte frühe Streit darüber, ob die entsprechende Vorschrift im EuGVÜ eine bloße Erleichterung der Formerfordernisse enthalte oder darüber hinausgehe,[789] offenbart die Schwierigkeiten bei dem Versuch einer eindeutigen Zuordnung. Die enge Verknüpfung zwischen Form und materieller Einigung wird in diesem Zusammenhang auch in der Literatur betont.[790] So wurde darauf hingewiesen, dass die europäische Vorschrift zwar von „Form" spreche, tatsächlich aber schuldrechtliche Aspekte der Einigung regele.[791] In diesem Sinne führte auch Generalanwalt Lenz aus:

> „Diese Bräuche, wie etwa solche betreffend das Schweigen auf ein kaufmännisches Bestätigungsschreiben, können Elemente der Form und der materiellen Willenseinigung miteinander verweben. Sie können mit anderen Worten eine gewisse Form, verstanden als Art und Weise der Willenseinigung betreffen."[792]

Diese Beispiele verdeutlichen: Die Formerfordernisse des Art. 25 Abs. 1 Satz 3 lit. a bis c Brüssel Ia-VO enthalten bereits die maßgebenden materiellen Einigungselemente übereinstimmender Willenserklärungen.[793] Sie haben somit einen Doppelcharakter.[794] Aufgrund dieser Verwobenheit von Form und Willenseinigung treten zwangsläufig Unklarheiten darüber auf, ob eine Frage im Einzelfall der Form oder dem Konsens zuzuordnen ist. Solche Unklarheiten sind allerdings zu verschmerzen, wenn nicht je nach Antwort unterschiedliche Rechtsordnungen zur Anwendung kommen. Käme aber als Konsequenz der

---

786 S. z.B. *Kropholler/v. Hein,* EuZPR, Art. 23 Rn. 25 (unter der Überschrift „Willenseinigung") und Rn. 34 ff. (unter der Überschrift „Form").

787 Vgl. dazu *Kropholler/v. Hein,* EuZPR, Art. 23 Rn. 27.

788 *Kröll,* ZZP 113 (2000), 135, 145.

789 S.o. aaa.) (1.).

790 *Kröll,* ZZP 113 (2000), 135, 145.

791 *Saenger,* ZZP 110 (1997), 477, 488.

792 Schlussanträge von Generalanwalt Lenz, aaO (Fn. 724), 2939.

793 Vgl. *Magnus,* FS Martiny, 785, 792.

794 *Kröll,* ZZP 113 (2000), 135, 145.

jeweiligen Zuordnung entweder unionsrechtlich-autonomes oder über die Kollisionsnorm innerstaatliches Recht zum Zuge, wäre eine erhebliche Unsicherheit in der Rechtsanwendung vorprogrammiert.

Nach alledem muss davon ausgegangen werden, dass Art. 25 Brüssel Ia-VO neben der Form auch (weiterhin) die Konsensbildung durch übereinstimmende Willenserklärungen der Parteien unionsrechtlich-autonom regelt.[795] Die Kollisionsnorm umfasst die Einigung als solche also nicht.

Vor dem Hintergrund der aufgezeigten Verwobenheit von Form und Willenseinigung[796] wird zu Recht angenommen, dass sich Form *und* Willenseinigung auch in Fällen, in denen der Geltungsbereich des CISG eröffnet ist, allein nach der europäischen Vorschrift richten.[797] Die materiellen Vertragsschlussregeln des CISG kommen generell nur insoweit zum Zuge, als die spezielleren Vorschriften über Gerichtsstandsvereinbarungen nichts Näheres vorsehen.[798]

ee.) Exkurs: Sonderproblem "consideration"

Da die sogenannte "consideration" aus dem Common Law immer wieder explizite Erwähnung in der Literatur zu Art. 25 Brüssel Ia-VO bzw. Art. 23 Brüssel I-VO findet, soll ihr ein kurzer Exkurs gewidmet werden.[799]

Nach dem Konzept der "consideration" kann ein Gläubiger das Versprechen einer vertraglichen Leistung seitens des Schuldners nur dann erwirken, wenn er selbst eine Gegenleistung verspricht oder erbringt.[800] Herkömmlich wird die "consideration" folgendermaßen definiert:

---

795 Vgl. auch Reithmann/Martiny/*Hausmann*, Rn. 8.41; Geimer/Schütze/*Peiffer/Peiffer*, IntRV, Art. 25 Rn. 85.

796 Vgl. auch die speziell auf das CISG bezogene Darstellung der Verwobenheit in Schlechtriem/Schwenzer/Schroeter/*Schroeter*, Vorb. zu Artt. 14-24 Rn. 62.

797 BGH, Urt. v. 25.3.2015 – VIII ZR 125/14, NJW 2015, 2584, 2589; s. aber zur „ganz überwiegenden" Gegenansicht die Nachweise in Schlechtriem/Schwenzer/Schroeter/*Schroeter*, Vorb. zu Artt. 14-24 Rn. 51, dortige Fn. 140; vgl. auch *Piltz*, NJW 2019, 2516, 2518: „Ungeachtet der Entscheidung des BGH, das Zustandekommen von Gerichtsstandsklauseln nicht dem UN-Kaufrecht zu unterwerfen, wenden deutsche Instanz- sowie ausländische Gerichte bei Gerichtsstandsklauseln (…) weiterhin das UN-Kaufrecht an, allerdings ohne sich mit dem BGH-Urteil auseinanderzusetzen."

798 Staudinger/*Magnus*, Art. 11 CISG Rn. 7.

799 Je nach Ausgang der Verhandlungen zwischen dem Vereinigten Königreich und der EU bzw. den Vertragsstaaten des LugÜ bleiben die Diskussionen bezogen auf Art. 23 LugÜ aktuell, s. Fn. 44.

800 Vgl. *Linardatos*, K&R 2018, 85, dortige Fn. 8 m.w.N.; eingehend *Benedict*, RabelsZ 2005, 1 ff.

> "A valuable consideration, in the sense of the law, may consist either in some right, interest, profit or benefit accruing to the one party, or some forbearance, detriment, loss or responsibility given, suffered or undertaken by the other."[801]

Als dem Common Law ureigene Konstruktion hat die "consideration" sowohl im Zusammenhang mit den Formerfordernissen des Art. 25 Brüssel Ia-VO als auch im Zusammenhang mit der viel diskutierten materiellen Willenseinigung Fragen aufgeworfen. Innerhalb der Rechtsordnung des Common Law ist die "consideration" notwendige (zusätzliche) Voraussetzung für das wirksame Zustandekommen eines Vertrags.[802] In den übrigen Rechtsordnungen sorgt eine genaue Einordnung dieser Voraussetzung aufgrund ihrer Eigenart jedoch für nicht unerhebliche Schwierigkeiten; ob sie Formerfordernis oder materielle Voraussetzung eines wirksamen Konsenses ist, ist jedenfalls alles andere als eindeutig.[803]

Soweit die "consideration" als Formerfordernis aufgefasst wird, konnte sie trotz grundsätzlicher Anwendbarkeit englischen Sachrechts neben den abschließenden Formerfordernissen von Art. 25 Brüssel Ia-VO keinerlei Geltung entfalten; es handelte sich nach diesem Verständnis um eine solche zusätzliche Formvoraussetzung des nationalen Rechts, die aufgrund des abschließenden Charakters der europäischen Vorschrift unbeachtlich blieb.[804]

Für diejenigen, die die "consideration" aber mehr der materiellen Willenseinigung zuordnen, galt es zu differenzieren: Innerhalb der Brüssel Ia-VO kam es dann darauf an, ob die zur Entscheidung berufene Instanz die Frage der Willenseinigung als gemeinschaftsrechtlich-autonom und damit abschließend durch die Verordnung geregelt betrachtete oder nicht. Diejenigen Autoren, die dies befürworten, mussten konsequenterweise davon ausgehen, dass die "consideration" keinerlei Anwendung finden könne.[805] Diejenigen Autoren, die die Konsensbildung dem jeweils anwendbaren nationalen Recht überlassen, mussten hingegen die "consideration" prüfen, wenn Common Law zur Anwendung berufen war.[806]

---

801 Currie vs. Misa (1875) LR 10 Ex 153.

802 Vgl. *Benedict*, RabelsZ 2005, 1, 19: „Wirksamkeitsattribut".

803 So finden sich Erörterungen der Thematik bei Magnus/Mankowski/*Magnus* sowohl unter der Überschrift "Material consent" (Rn. 79) als auch unter der Überschrift "Form" (Rn. 89); vgl. auch *Benedict*, RabelsZ 2005, 1 ff. mit seiner Betrachtung der "consideration as Form I: Formalismus" (18 ff.) und der "consideration as Form II: Realismus" (25 ff.).

804 Magnus/Mankowski/*Magnus*, Art. 25 Rn. 89.

805 *Magnus/Mankowski*, ZVglRWiss 2011, 274; Geimer/Schütze/*Peiffer/Peiffer*, IntRV, Art. 25 Rn. 88.

806 Diesen Hinweis gibt auch *Magnus* in Magnus/Mankowski, Rn. 79, dortige Fn. 271.

Zu letzterem Ergebnis gelangten beispielsweise Layton und Mercer: Nach ihrer Auffassung war der "consideration" auch im Anwendungsbereich der Brüssel I-VO Bedeutung als Wirksamkeitsvoraussetzung einzuräumen.[807]

ff.) Über die Willenseinigung hinausgehende Fragen der materiellen Gültigkeit

Neben der Frage des Konsenses gibt es zahlreiche weitere materielle Gültigkeitsvoraussetzungen einer Gerichtsstandsvereinbarung wie beispielsweise die wirksame Stellvertretung oder Botenschaft, die Abtretung, das Fehlen von Willensmängeln und von Sitten- und Gesetzeswidrigkeit oder die Rechts- und Geschäftsfähigkeit beider Parteien. An dieser Stelle treten Abgrenzungs- oder Qualifikationsschwierigkeiten nicht auf: Der aufgrund zweier übereinstimmender Willenserklärungen zustandegekommene Konsens auf der einen Seite und die den Konsens in Frage stellenden materiell-rechtlichen Wirksamkeitsgründe oder -hindernisse auf der anderen Seite lassen sich ohne weiteres voneinander unterscheiden.[808] Davon gehen im Übrigen auch andere europäische und internationale Regelwerke des Privatrechts aus. Neben dem oben bereits erwähnten Art. 10 Rom I-VO, der schon in der Überschrift zwischen „Einigung" und „materieller Wirksamkeit" differenziert,[809] seien insbesondere die folgenden erwähnt:

- Das CISG: Hier wird die Trennung von Vertragsschluss und sonstiger materieller Gültigkeit von Verträgen besonders deutlich. Das CISG regelt in seinen Artt. 14 bis 24 den Vertragsschluss ausführlich autonom, überlässt aber gemäß Art. 4 lit. a die Regelung der materiellen Gültigkeit geschlossener Verträge oder einzelner Vertragsbestimmungen dem nationalen Recht.
- Die UNIDROIT Principles of International Commercial Contracts (PICC):[810] Auch hier finden sich getrennt voneinander Regelungen über den Vertragsschluss ("formation") in Artt. 2.1.1 bis 2.1.22 und Regelungen über "grounds for avoidance" und "illegality" in Artt. 3.2.1 bis 3.3.2.

807 *Layton/Mercer*, Rn. 20.084.

808 Vgl. *Magnus*, FS Martiny, 785, 792.

809 Näher oben Abschnitt dd.).

810 Mehrfach fortgeschrieben, zuletzt 2016 Edition, Published by the International Institute for the Unification of Private Law (UNIDROIT), Rome 2016, abrufbar unter https://www.unidroit.org/instruments/commercial-contracts/unidroit-principles-2016

- Die Principles of European Contract Law (PECL) der sogenannten Lando-Kommission:[811] Eine parallele Trennung von "formation" in Artt. 2:101 bis 2:302 und "validity" in Artt. 4:101 bis 4:119 liegt auch dem PECL zugrunde.
- Die Fortentwicklung der PECL im Draft Common Frame of Reference (DCFR):[812] Dort finden sich in Artt. II.-4:101 bis II-4:303 Regeln über die "formation" von Verträgen, also Regeln, die sich auf den Vertragsschluss als solchen beziehen. Deutlich abgesetzt davon sind in Artt. II.-7:101 bis II-7:304 unter dem Oberbegriff "grounds of invalidity" Vorschriften über Irrtum ("mistake"), Täuschung ("fraud"), Zwang und Drohung ("coercion and threats"), Ausbeutung ("unfair exploitation") und die Verletzung fundamentaler Prinzipien oder zwingender Regelungen ("infringement of fundamental principles or mandatory rules") verortet.

Insofern erscheint es allerdings sinnvoll, hinsichtlich des Begriffs der materiellen Gültigkeit von Gerichtsstandsvereinbarungen zu differenzieren: Wenn der Konsens als materielle Grundvoraussetzung einer Gerichtsstandsvereinbarung wie aufgezeigt nicht von der Kollisionsnorm erfasst ist, wäre es angebracht, mit Blick auf die dagegen möglicherweise erfassten Gültigkeitsvoraussetzungen eine Begrifflichkeit zu wählen, die diesen Unterschied zum Ausdruck bringt, und beispielsweise von materieller Gültigkeit „im engeren Sinne" zu sprechen.[813] Inwiefern diese materiellen Gültigkeitsvoraussetzungen oder -hindernisse „im engeren Sinne" nun von der Kollisionsnorm in der Brüssel Ia-VO erfasst werden, ist nachfolgend zu klären.

Dass weder Art. 23 Brüssel I-VO noch Art. 25 Brüssel Ia-VO dafür ausgelegt ist, sämtliche Voraussetzungen für eine materiell-rechtlich wirksame Gerichtsstandsvereinbarung unionsrechtlich-autonom festzulegen, liegt auf der Hand.[814] Das dargestellte verordnungsautonome Vereinbarungskonzept beinhaltet gerade nicht sämtliche komplexeren Fragen der materiellen Gültigkeit der

811 Principles of European Contract Law, Parts I and II, Prepared by the Commission on European Contract Law, Edited by Ole Lando and Hugh Beale, Kluwer Law International, The Hague Netherlands 2000, abrufbar unter https://www.trans-lex.org/400200/_/pecl/

812 Outline Edition 2009, Herausgeber: v. Bar, Clive, Schulte-Nölke.

813 Vgl. insoweit auch *Magnus/Mankowski*, ZVglRWiss 2011, 252, 276, die von "validity in its strict sense" sprechen; in FS von Hoffmann wählt *Magnus* die Formulierung „eigentliche materielle Gültigkeit": 673.

814 Vgl. *Magnus*, FS von Hoffmann, 664, 667; *Antomo*, ZZPInt 17 (2012), 183, 185.

Vereinbarung.[815] Der europäische Verordnungsgeber hat sich dagegen entschieden, umfassende allgemeine Vertragslehren zu formulieren,[816] und stattdessen das über die Kollisionsnorm anwendbare nationale Recht als für materielle „Nichtigkeitsgründe" maßgebend erklärt. Die Ansicht mancher Autoren, nach der – wenn auch nur in Bezug auf Gerichtsstandsvereinbarungen nach Handelsbrauch – eine Anwendung des materiellen Rechts neben den prozessrechtlichen Vorschriften der Verordnung gänzlich auszuschließen sei,[817] dürfte vor diesem Hintergrund als überholt betrachtet werden.

Das Bedürfnis nach einer präzisen Abgrenzungsmöglichkeit zwischen der Reichweite des Unionsrechts und der lex causae für die Regelung materiellrechtlicher Fragen wurde schon lange angemahnt.[818] Im Folgenden soll geklärt werden, ob der europäische Verordnungsgeber dem durch Schaffung der heutigen Kollisionsnorm entsprochen hat.

aaa.) Aussagen des EuGH zum Prorogationsstatut

Der EuGH soll in seiner Rechtsprechung nach einer Literaturmeinung bereits Grenzen der einheitsrechtlichen Beurteilung aufgezeigt und bestimmte Bereiche ausdrücklich dem über das Kollisionsrecht zu bestimmenden innerstaatlichen materiellen Recht überlassen haben.[819] Bei näherem Hinsehen treffen die in diesem Zusammenhang zitierten Entscheidungen allerdings keine Aussage darüber, welche materiellen Gültigkeitsfragen einer Gerichtsstandsvereinbarung dem Prorogationsstatut unterliegen.

Zitiert wird zum einen die Entscheidung in der Rechtssache „Iveco Fiat",[820] in der festgelegt worden sein soll, dass die Verlängerung der Laufzeit einer Zuständigkeitsvereinbarung dem nationalen Recht unterliege.[821] Ein solches Verständnis dürfte allerdings zu kurz greifen. Gestritten wurde über die Gültigkeit einer

---

815 Vgl. *Gebauer*, FS von Hoffmann, 577, 579; schon im Hinblick auf Art. 17 EuGVÜ wies *Kohler* zu Recht darauf hin, dass es kaum möglich sei, der Vorschrift im Wege der vertragsautonomen Auslegung des Begriffs „Vereinbarung" weitere, über die Fragen des materiellen Konsenses hinausgehende Voraussetzungen zu entnehmen: IPRax 1983, 265, 268.

816 Zu Art. 23 Brüssel I-VO *Spellenberg*, IPRax 2010, 464, 467.

817 Vgl. *Stöve*, S. 23.

818 *Spellenberg*, IPRax 2010, 464, 467; s. auch *Rauscher*, ZZP 104 (1991), 271, 279 und *Hausmann*, unalex, Brüssel I-VO, Art. 23 Rn. 53.

819 Vgl. *Heinze*, RabelsZ 2011, 581, 584.

820 EuGH – Iveco Fiat/Van Hool, aaO (Fn. 370).

821 In diesem Sinne offenbar *Heinze*, RabelsZ 2011, 581, 584.

Gerichtsstandsvereinbarung in einem Alleinvertriebsvertrag, der vorsah, dass seine Verlängerung nur schriftlich erfolgen konnte. Nach Ablauf der Vertragslaufzeit stellte jener Vertrag trotz fehlender schriftlicher Verlängerung weiterhin die rechtliche Grundlage für die vertraglichen Beziehungen zwischen den Beteiligten dar.[822] Die Frage an den EuGH lautete dahin, ob der die Gerichtsstandsvereinbarung enthaltende schriftliche Vertrag unter diesen Umständen Art. 17 EuGVÜ entspreche.[823] Der EuGH antwortete differenziert, dass in einer solchen Konstellation die Gerichtsstandsvereinbarung

> „den *Form*erfordernissen [des Art. 17 EuGVÜ] entspreche, sofern die Parteien *nach dem anwendbaren Recht* den ursprünglichen Vertrag ohne Einhaltung der Schriftform wirksam verlängern konnten oder – im umgekehrten Fall – sofern eine der beiden Parteien diese Vereinbarung oder die Gesamtheit der stillschweigend übernommenen Vertragsbestimmungen, zu denen sie gehört, schriftlich bestätigt hat, ohne dass die andere Partei, der diese Bestätigung zugegangen ist, Einwendungen dagegen erhoben hätte."[824]

Der Gerichtshof untersuchte also einzig und allein, ob die Gerichtsstandsvereinbarung formwirksam zustande gekommen ist, und gerade nicht, ob sie in materieller Hinsicht gültig war. Hierfür stellte er ein Verhältnis her zu dem *auf den Hauptvertrag anwendbaren Recht*: Lässt dieses die Verlängerung des Hauptvertrags ohne Einhaltung der dafür ausdrücklich vorgesehenen Schriftform zu, sind die Parteien weiterhin an sämtliche Bestimmungen des Hauptvertrags einschließlich der Gerichtsstandsvereinbarung gebunden.[825] Ansonsten greifen die Formerfordernisse des Art. 17 EuGVÜ unmittelbar.[826] Eine Aussage dazu, inwieweit ein auf die materiell-rechtlichen Fragen der Gerichtsstandsvereinbarung selbst anwendbares nationales Recht zur Anwendung berufen werden könnte, findet sich in diesem Urteil des EuGH nicht.

Neben dieser Entscheidung wird das Urteil des EuGH in der Rechtssache „Powell Duffryn"[827] erwähnt, das festgelegt haben soll, dass das Zustandekommen einer in der Satzung einer Aktiengesellschaft enthaltenen

822 EuGH – Iveco Fiat/Van Hool, aaO (Fn. 370) Rn. 2.

823 EuGH – Iveco Fiat/Van Hool, aaO (Fn. 370) Rn. 3.

824 EuGH – Iveco Fiat/Van Hool, aaO (Fn. 370) Rn. 10; s. auch die Fortschreibung durch BGH, Urt. v. 6.12.2018 – IX ZR 22/18, IHR 2019, 172, 175 für Fälle einer im Anschluss an eine Kündigung mündlich vereinbarten Fortsetzung des ursprünglichen Vertrags zu unveränderten Bedingungen; hierzu *Mankowski*, WuB 2019, 149, 152.

825 EuGH – Iveco Fiat/Van Hool, aaO (Fn. 370) Rn. 7.

826 EuGH – Iveco Fiat/Van Hool, aaO (Fn. 370) Rn. 8 f.

827 EuGH – Powell Duffryn/Petereit, aaO (Fn. 370).

Gerichtsstandsvereinbarung dem nationalen Recht unterliege.[828] Auch diese Aussage kann in dem Urteil nicht bestätigt gefunden werden. Zu prüfen war zum einen, ob eine in der Satzung enthaltene Gerichtsstandsvereinbarung eine zwischen der Gesellschaft und ihren Aktionären getroffene Vereinbarung im Sinne des Art. 17 EuGVÜ darstelle.[829] Zum anderen wollte das vorlegende Gericht wissen, unter welchen Bedingungen eine in der Satzung enthaltene Gerichtsstandsvereinbarung den Formerfordernissen des Art. 17 EuGVÜ genüge.[830] Der EuGH nutzte diese Gelegenheit zur Klarstellung, dass der Begriff der Gerichtsstandsvereinbarung in Art. 17 EuGVÜ als autonomer Begriff und eben nicht als bloße Verweisung auf das innerstaatliche Recht des einen oder anderen beteiligten Staates zu verstehen sei.[831] Das anwendbare nationale Recht fand einzig insoweit Beachtung, als der EuGH in der Beantwortung der ersten Vorlagefrage voraussetzte, dass es sich bei der in Rede stehenden Gerichtsstandsvereinbarung um eine solche handele, die (so kann man hinzufügen: auch im Übrigen) in Übereinstimmung mit dem anwendbaren nationalen Recht (wie auch mit der Satzung der Aktiengesellschaft selbst) zustandegekommen ist.[832]

Weiterhin wird das Urteil des EuGH in der Rechtssache „Coreck Maritime“[833] zitiert; dort sei der Grundsatz aufgestellt worden, dass die Rechtsnachfolge in eine Gerichtsstandsvereinbarung dem anwendbaren nationalen Recht unterliege.[834] Allerdings kann auch dieser Schluss in der Form nicht nachvollzogen werden. Denn erneut stellt der EuGH unmittelbar nur solche Grundsätze auf, die sich aus einer autonomen Auslegung des europäischen Verordnungstextes ergeben. Konkret ging es in der (dritten) Vorlagefrage darum, ob eine Gerichtsstandsvereinbarung in einem Konnossement gegenüber jedem Drittinhaber wirksam sei.[835] Ähnlich differenzierend wie in der eben dargestellten Rechtssache „Iveco Fiat“ und unter Bezugnahme auf die in einer Drittkonstellation vorangegangene Entscheidung in der Rechtssache „Tilly Russ“[836] führte der Gerichtshof aus,

828 Vgl. *Heinze*, RabelsZ 2011, 581, 584.
829 EuGH – Powell Duffryn/Petereit, aaO (Fn. 370) Rn. 7.
830 EuGH – Powell Duffryn/Petereit, aaO (Fn. 370) Rn. 22.
831 EuGH – Powell Duffryn/Petereit, aaO (Fn. 370) Rn. 14, s. dazu schon oben unter Abschnitt dd.) aaa.) (1.).
832 EuGH – Powell Duffryn/Petereit, aaO (Fn. 370) Rn. 21.
833 EuGH – Coreck Maritime/Handelsveem, aaO (Fn. 54).
834 Vgl. *Heinze*, RabelsZ 2011, 581, 584.
835 EuGH – Coreck Maritime/Handelsveem, aaO (Fn. 54) Rn. 22.
836 EuGH – Tilly Russ/Nova, aaO (Fn. 655).

> „dass eine Gerichtsstandsklausel, die zwischen einem Verfrachter und einem Befrachter vereinbart und in ein Konossement eingefügt wurde, gegenüber dem Drittinhaber des Konnossements wirksam ist, wenn dieser mit Erwerb des Konnossements nach dem anwendbaren nationalen Recht in die Rechte und Pflichten des Befrachters eingetreten ist. Ist das nicht der Fall, so ist im Hinblick auf die Erfordernisse des Artikels 17 Absatz 1 des Übereinkommens zu prüfen, ob er der Klausel zugestimmt hat."[837]

Wie in der Rechtssache „Iveco Fiat" stellt der EuGH also ein Verhältnis zum zugrundeliegenden Rechtsverhältnis und dessen Übertragung her: Wenn der Drittinhaber nach dem anwendbaren nationalen Recht in die Rechte und Pflichten des Befrachters eintritt, muss nicht mehr geprüft werden, ob der Dritte der in den ursprünglichen Vertrag eingefügten Gerichtsstandsvereinbarung zugestimmt hat; in einem solchen Fall gehen vielmehr alle Rechte und Pflichten aus dem Konossement, einschließlich derjenigen aus der Gerichtsstandsvereinbarung, über.[838] Ansonsten greifen wiederum die Folgen aus den Formerfordernissen des Art. 17 EuGVÜ unmittelbar: Dann ist zu prüfen, ob der Dritte der ihm entgegengehaltenen Gerichtsstandsvereinbarung zugestimmt hat.[839] Diese Rechtsprechung hat der EuGH in der Folge in weiteren Drittkonstellationen bestätigt.[840] Erneut fehlt damit aber eine Aussage dazu, inwieweit ein auf die materiell-rechtlichen Fragen der Gerichtsstandsvereinbarung selbst anwendbares nationales Recht zur Anwendung berufen werden könnte.

Schließlich wird behauptet, der EuGH habe in der Rechtssache „Benincasa" den Grundsatz aufgestellt, dass sich die Auslegung von Gerichtsstandsvereinbarungen nach nationalem Recht richte.[841] Doch auch dieses letzte Zitat kann in einem solchen Sinne nicht verstanden werden. Insoweit kann auf die oben unter aa.) gemachten Ausführungen verwiesen werden: Nach der Rechtsprechung des EuGH sind Gerichtsstandsvereinbarungen zwar vom angerufenen nationalen Gericht (nicht etwa vom EuGH) auszulegen, aber primär anhand der Vorgaben der Brüssel Ia-VO und im Übrigen in autonomer Interpretation nach Sinn und Zweck der Vereinbarung und gerade *ohne Rückgriff auf ein über IPR bestimmtes nationales Recht*.[842]

---

837 EuGH – Coreck Maritime/Handelsveem, aaO (Fn. 54) Rn. 27.

838 EuGH – Coreck Maritime/Handelsveem, aaO (Fn. 54) Rn. 25 unter Bezugnahme auf EuGH – Tilly Russ/Nova, aaO (Fn. 655) Rn. 25.

839 EuGH – Coreck Maritime/Handelsveem, aaO (Fn. 54) Rn. 26.

840 EuGH – CDC/Akzo Nobel, aaO (Fn. 12) Rn. 64 f.; EuGH – Ryanair/DelayFix, aaO (Fn. 13) Rn. 47; s. dazu noch ausführlich unten Abschnitt bbb.) (3.).

841 Vgl. *Heinze*, RabelsZ 2011, 581, 584.

842 S. hierzu die Nachweise in den Fn. 505 bis 511.

Bei Betrachtung der jüngeren EuGH-Rechtsprechung ist die Rechtssache „Refcomp“ hervorzuheben, in der sich der EuGH mit der Übertragung von Gerichtsstandsvereinbarungen beschäftigt hat.[843] Dabei stellt der EuGH zwar ausdrücklich fest, dass der Wortlaut der europäischen Bestimmung (damals Art. 23 Brüssel I-VO) nicht präzisiere, ob eine Gerichtsstandsvereinbarung über den Kreis der Vertragsparteien hinaus auf einen Dritten übertragen werden könne.[844] Einer Lösung über das anwendbare nationale Recht erteilt er aber eine klare Absage und formuliert stattdessen nach autonomer Auslegung,

> „dass die in einen Vertrag aufgenommene Gerichtsstandsvereinbarung ihre Wirkung grundsätzlich nur im Verhältnis zwischen den Parteien entfaltet, die dem Abschluss dieses Vertrags zugestimmt haben. Grundsätzlich muss ein Dritter, damit ihm eine Klausel entgegengehalten werden kann, eine entsprechende Zustimmung erteilt haben.“[845]

Hieran hält der EuGH in der Rechtssache „Ryanair“ auch mit Blick auf Art. 25 Brüssel Ia-VO fest.[846]

Die Entscheidung in der Rechtssache „Ryanair“ ist zugleich die bislang einzige, die positiv feststellt, dass ein die materielle Gültigkeit der Gerichtsstandsvereinbarung betreffender Bereich dem Prorogationsstatut unterfällt, nämlich im konkreten Fall die Missbräuchlichkeit der Klausel.[847]

bbb.) Abgrenzung im Einzelnen

In der Literatur herrschte vor der Reform der Brüssel I-VO über einige wenige Aspekte nahezu Einigkeit; man ging von folgenden Punkten aus:

Die Verordnung weise weder Anhaltspunkte für eine einheitliche Regelung der (Rechts- und) Geschäftsfähigkeit der Parteien noch für eine einheitliche Regelung der Fragen der Stellvertretung (und Botenschaft) auf; diese Komplexe seien demnach nicht autonom von Art. 23 Brüssel I-VO geregelt, sondern nach innerstaatlichem Recht zu beurteilen.[848]

---

843 EuGH – Refcomp/Axa, aaO (Fn. 12).

844 EuGH – Refcomp/Axa, aaO (Fn. 12) Rn. 25; bestätigt in EuGH – Profit Investment/ Ossi u.a., aaO (Fn. 706) Rn. 23.

845 EuGH – Refcomp/Axa, aaO (Fn. 12) Rn. 29.

846 EuGH – Ryanair/DelayFix, aaO (Fn. 13) Rn. 40 ff.

847 EuGH – Ryanair/DelayFix, aaO (Fn. 13) Rn. 49 ff.; s. allerdings zu dem nach hiesigem Verständnis begrenzten Aussagegehalt oben in Abschnitt bb.) bbb.) (4.) (f.).

848 Zu Art. 17 EuGVÜ *Grunsky*, RIW 1977, 1, 6; *Kohler*, IPRax 1983, 265, 268; *Kröll*, ZZP 113 (2000), 135, 147; zu Art. 23 Brüssel I-VO *Freitag*, FS Magnus, 419, 424, dortige Fn. 27; *Hausmann*, unalex, Brüssel I-VO, Art. 23 Rn. 53; Rauscher/*Mankowski*, 3. Aufl., Art. 23 Rn. 43 f.; *Kropholler/v. Hein*, EuZPR, Art. 23 Rn. 18, 28; MüKo-ZPO/

Andere Punkte wurden deutlich kontroverser diskutiert. Diese sollen im Einzelnen abgehandelt und vor dem Hintergrund der neu eingeführten Kollisionsnorm einer Lösung zugeführt werden.

(1.) Reichweite der Formulierung „materiell nichtig"

Um eine präzise Einordnung der Formulierung des zweiten Halbsatzes der heutigen Kollisionsnorm wurde von Anbeginn heftig gerungen; sie soll an dieser Stelle noch einmal im Wortlaut wiedergegeben werden:

> „..., es sei denn, die Vereinbarung ist nach dem Recht dieses Mitgliedstaats materiell nichtig."

Die Kollisionsnorm in Art. 25 Abs. 1 Brüssel Ia-VO beschränkt damit ihren Anwendungsbereich ausdrücklich auf Tatbestände, nach denen die Gerichtsstandsvereinbarung „materiell nichtig" ist (in den anderen Sprachfassungen unter anderem "null and void", „nul", „nullo", „nietig"). Damit tut sich das erste Problemfeld auf: Was genau ist unter den Begriff der materiellen Nichtigkeitsgründe zu subsumieren? Für gewöhnlich versteht man darunter jedenfalls etwas anderes als unter dem Begriff der Entstehungsgründe.[849] Es ist also zu klären, ob hier ein strenges Verständnis des Wortlauts angebracht ist oder aber sämtliche Gründe für eine materielle Unwirksamkeit von der heutigen Kollisionsnorm erfasst sein sollen.

Freitag regt beispielsweise aufgrund der „Negativformulierung" des Art. 25 Brüssel Ia-VO eine recht strikte Differenzierung an: Der Wortlaut lege nahe, dass nur die der Wirksamkeit der Gerichtsstandsvereinbarung entgegenstehenden Gründe von der Kollisionsnorm erfasst und somit dem nationalen Recht zu entnehmen, dass aber die positiven Wirksamkeitsvoraussetzungen dagegen unionsrechtlich autonom zu bestimmen seien.[850] Freitag weist allerdings selbst auf die Schwierigkeiten seiner Überlegung hin: Schon innerhalb ein- und derselben

---

Gottwald, 4. Aufl., Art. 23 Brüssel I-VO Rn. 23; *Layton/Mercer*, Rn. 20.036; *Laumann*, EWS 2005, 554, 556; Magnus/Mankowski/*Magnus*, 2. Aufl., Art. 23 Rn. 84; *Magnus/Mankowski*, ZVglRWiss 2011, 252, 274; *Gebauer*, FS von Hoffmann, 577, 579; s. auch BGH, Urt. v. 25.3.2015 – VIII ZR 125/14, NJW 2015, 2584, 2588: Art. 23 Brüssel I-VO regele „nach einhelliger Auffassung insbesondere nicht die Frage einer Stellvertretung bei den der Einigung zu Grunde liegenden Willenserklärungen sowie die Heilung von Vertretungsmängeln"; so auch schon BGH, Urt. v. 15.2.2007 – I ZR 40/04, juris, Rn. 35; OGH, Beschl. v. 29.8.2000 – 1 Ob 149/00v, ZfRV 2001, 113 f.

849 Vgl. *Magnus*, IPRax 2016, 521, 524.

850 *Freitag*, FS Magnus, 419, 428.

Rechtsordnung könne eine klare Abgrenzung zu großen Problemen führen, denn das Fehlen einer Wirksamkeitsvoraussetzung stelle notwendigerweise gleichzeitig ein Wirksamkeitshindernis dar.[851] Hinzu komme, dass die verschiedenen Rechtsordnungen in der EU die Abgrenzungsfrage durchaus unterschiedlich beurteilen und beantworten könnten.[852] Wo die genaue Grenze zwischen Wirksamkeitsvoraussetzungen und -hindernissen gezogen werden müsse, sei letztlich durch den EuGH zu klären.[853]

Freilich gibt die Formulierung „nichtig" bzw. "null and void" Anlass zu Zweifeln, ob die Kollisionsnorm sämtliche Fragen der materiellen Gültigkeit erfassen solle.[854] Dennoch ist jedenfalls eine nach nationalen Maßstäben vorgenommene Differenzierung zwischen Wirksamkeitsvoraussetzung und -hindernis aus genau denjenigen Gründen abzulehnen, die Freitag zur Entkräftung seiner eigenen Idee anführt: Insbesondere die Gefahr unterschiedlicher Bewertungen je nach Rechtsordnung spricht von vornherein dagegen. Vielmehr muss eine autonome Auslegung ergeben, welche Tatbestände die Formulierung „materiell nichtig" erfassen soll.[855] Eine Einschränkung des vom EuGH entwickelten und für Art. 25 Brüssel Ia-VO ausdrücklich bestätigten[856] autonomen Konzepts zur Willenseinigung gilt es dabei zu vermeiden. Unter Beachtung der oben aufgezeigten Abgrenzungsmöglichkeit zwischen der Willenseinigung als europarechtlich autonom geregeltem materiellem Wirksamkeitselement einerseits und der materiellen Gültigkeit „im engeren Sinne" andererseits dürfte es sich deshalb anbieten, unter den nach nationalem Recht zu behandelnden „Nichtigkeitsgründen" solche zu verstehen, die zur Unwirksamkeit eines durch wirksamen Konsens zunächst einmal geschlossenen Vertrags führen.[857]

851 *Freitag*, FS Magnus, 419, 428 f.

852 *Freitag*, FS Magnus, 419, 429.

853 *Freitag*, FS Magnus, 419, 429.

854 Vgl. *Magnus*, FS von Hoffmann, 664, 674; *Magnus*, FS Martiny, 785, 792 f.

855 Vgl. *Magnus*, IPRax 2016, 521, 525; wohl auch Rauscher/*Mankowski*, Art. 25 Rn. 59, der „zum Vergleich" auf Book II Ch. 7 DCFR verweist.

856 S. o. Abschnitt dd.) bbb.) Fn. 774.

857 Ähnlich *Magnus*, IPRax 2016, 521, 525, der sich für sein Verständnis auf EuGH 30.4.2014 - C-26/13, ECLI:EU:C:2014:282 = EuZW 2014, 505 - Kasler/Jelzalogbank und EuGH 14.6.2012 - C-618/10, ECLI:EU:C:2012:349 = EuZW 2012, 754 - Banco Espanol de Credito/Calderon Camino bezieht; vgl. auch Geimer/Schütze/*Geimer*, EuZVR, Art. 25 Rn. 75: „Ausgenommen ist nur der Komplex ‚materielle Nichtigkeit', dh die Frage, ob der nach Unionsrecht zustande gekommene Konsens materiell wirksam ist."

In diese Richtung scheint auch der EuGH zu gehen: In der Rechtssache „Ryanair“ prüfte er zunächst nach bewährtem autonomem Konzept, ob die Gerichtsstandsvereinbarung tatsächlich Gegenstand einer Willenseinigung zwischen den Parteien war, um anschließend (die erstere Frage blieb offen) die Voraussetzungen für die Wirksamkeit einer solchen Klausel zu bestimmen.[858] Mit knappen Worten und ohne eingehende Auseinandersetzung mit den „neuen“ Begrifflichkeiten in der Kollisionsnorm führte er aus:

> „Der Unionsgesetzgeber hat (...) die Regel aufgestellt, dass die Wirksamkeit einer Gerichtsstandsklausel nach dem Recht des Staates zu beurteilen ist, dessen Gerichte in dieser Klausel bestimmt wurden.“[859]

An dieser Stelle soll auf eine weitere, vom EuGH ebenfalls noch nicht aufgegriffene Diskussion eingegangen werden, die die Formulierung der „Nichtigkeit“ nach sich zieht, nämlich: Welche Bedeutung wird der Frage beigemessen, ob das jeweils anwendbare nationale Recht an den einzelnen Nichtigkeitsgrund unmittelbar die Nichtigkeitsfolge anknüpft oder dem Betroffenen ein bloßes Anfechtungsrecht einräumt, das erst nach Ausübung zur Nichtigkeit führt?

Hierzu haben sich ausführlich Magnus und Mankowski geäußert, und zwar nach Untersuchung sowohl der deutschen als auch der englischen Sprachfassung des Art. 25 Brüssel Ia-VO.[860] Letztere hat folgenden Wortlaut:

> “...unless the agreement is null and void as to its substance under the law of that Member State.“

Nehme man den Wortlaut ernst, erfasse die Kollisionsnorm lediglich diejenigen materiellen Ungültigkeitsgründe, die unmittelbar und ohne weitere Erklärung zur Nichtigkeit der Gerichtsstandsvereinbarung führten, also nach deutschem Verständnis, aber auch nach demjenigen vieler anderer Rechtsordnungen, (nur) die Sitten- oder Gesetzeswidrigkeit oder die fehlende Geschäftsfähigkeit.[861] Diejenigen Ungültigkeitsgründe, die nur zur Vernichtbarkeit oder Anfechtbarkeit einer Willenserklärung führten, wären dann von der Kollisionsnorm ausgeschlossen, so also nach dem Verständnis vieler Rechtsordnungen, auch der deutschen, Irrtum, Täuschung und Drohung.[862] Denn ebenso wie der deutsche

858 EuGH – Ryanair/DelayFix, aaO (Fn. 13) Rn. 41 ff.

859 EuGH – Ryanair/DelayFix, aaO (Fn. 13) Rn. 49.

860 Bzw. des Art. 23 EuGVVO-E.

861 *Magnus,* FS von Hoffmann, 664, 674; *ders.,* FS Martiny, 785, 792 f.; *Magnus/Mankowski,* ZVglRWiss 2011, 252, 276.

862 *Magnus,* FS Martiny, 785, 793.

schließe auch der gewählte englische Wortlaut normalerweise sogenannte "voidable acts" aus, also solche Wirksamkeitshindernisse, die erst durch Gestaltungserklärung ihre Wirkung entfalten; umfasst seien danach streng genommen nur diejenigen Hindernisse, die ipso iure die Nichtigkeit der Willenserklärung zur Folge hätten.[863] Den Gedanken, eine solche Differenzierung und Einschränkung tatsächlich vorzunehmen, bezeichnet Magnus allerdings ausdrücklich als „unsinnig" und hält sie für vom europäischen Verordnungsgeber unbeabsichtigt.[864] Im Gegenteil spreche die ausdrückliche Intention der Kommission bei der Vorlage des Verordnungsentwurfs dafür, dass sämtliche Wirksamkeitshindernisse, ganz gleich ob sie eine Gestaltungserklärung erforderten oder eine Nichtigkeit ipso iure zur Folge hätten, von der Kollisionsnorm erfasst sein sollten.[865]

Diesen Überlegungen von Magnus und Mankowski ist mitsamt ihrer Lösung zu folgen. Ebenso wie der englische Wortlaut ist auch der deutsche missverständlich im Hinblick auf die Formulierung „materiell nichtig", vgl. Art. 25 Abs. 1 Satz 1 a.E. Brüssel Ia-VO. Gleiches gilt für die französische Sprachfassung:

> „...sauf si la validité de la convention attributive de juridiction est entachée de *nullité* quant au fond selon le droit de cet État membre."

Alle drei Formulierungen suggerieren zunächst, dass der europäische Verordnungsgeber bei Schaffung der Kollisionsnorm beabsichtigt haben könnte, lediglich die Nichtigkeit ipso iure in ihren Anwendungsbereich aufzunehmen. Den Gesetzesmaterialien lässt sich eine solche Intention allerdings nicht entnehmen.[866] Im Gegenteil überzeugt die Interpretation des Kommissionswillens durch Magnus und Mankowski: Die Absicht der „Einführung einer harmonisierten Kollisionsnorm zur materiellen Wirksamkeit der Gerichtsstandsvereinbarungen" spricht dafür, dass die Kommission sämtliche Wirksamkeitshindernisse von der Kollisionsnorm erfasst sehen wollte.[867]

Auch eine Untersuchung der parallelen Vorschriften im HGÜ, an denen sich der Kommissionsvorschlag explizit orientieren wollte,[868] führt nicht zu Hinweisen darauf, dass einzig die Nichtigkeit ipso iure von der Kollisionsnorm hätte erfasst sein sollen. Zwar finden sich in der dortigen Kollisionsnorm in

---

863 Vgl. *Magnus/Mankowski*, ZVglRWiss 2011, 252, 276.

864 *Magnus*, FS von Hoffmann, 664, 674; *Magnus*, FS Martiny, 785, 793.

865 *Magnus*, FS Martiny, 785, 793; *Magnus*, IPRax 2016, 521, 525.

866 EuGVVO-E, Abschnitt 3.1.3.

867 Vgl. *Magnus/Mankowski*, ZVglRWiss 2011, 252, 276.

868 S. Fn. 21.

den verbindlichen englischen und französischen Sprachfassungen[869] dieselben Begrifflichkeiten wie in der Brüssel Ia-VO ("null and void" und „nul"); nur die deutsche Übersetzung gebraucht interessanterweise nicht den Begriff der „Nichtigkeit", sondern nutzt den weiteren Begriff der „Ungültigkeit". Bezogen auf das HGÜ wird eine entsprechende Debatte in der deutschen Literatur aber in der Tiefe nicht geführt.[870]

Letztendlich kann eine Differenzierung nach Nichtigkeit ipso iure und Anfechtbarkeit im Rahmen der Brüssel Ia-VO aber selbst unter teleologischen Gesichtspunkten nicht überzeugen. Es wäre weder Gewinn noch Sinn dahinter erkennbar, Rechtsgeschäfte, die zunächst wirksam, aber vernichtbar sind, von der heutigen Kollisionsnorm auszunehmen und insoweit einem ungewissen rechtlichen Schicksal zu überlassen.[871] Alternativ anzuwendendes europäisches Einheitsrecht zu diesen Fragen existiert nämlich gerade nicht. Abgesehen davon wäre eine solche Differenzierung aber auch nicht praktikabel; es müsste nämlich immer untersucht werden, ob im konkreten Fall von einem Nichtigkeits- oder einem Anfechtungsgrund auszugehen wäre. Magnus betont, dass es entsprechend aufwendig wäre, das nach dem Prorogationsstatut jeweils anwendbare Recht zu befragen, was es als Nichtigkeitsgrund und was als Anfechtungsgrund einordne. [872] Schon diese Annahme erscheint allerdings zweifelhaft. Die Frage, was Nichtigkeits- und was Anfechtungsgrund ist, würde eine Vorfrage darstellen. Die von Magnus angenommene Arbeitshypothese (Bestimmung nach dem Prorogationsstatut) würde die gewünschte Rechtsvereinheitlichung wieder auf den Kopf stellen. Wenn beispielsweise die Täuschung bei Abgabe der auf die Gerichtsstandsvereinbarung gerichteten Willenserklärung in einer Rechtsordnung zur Nichtigkeit ipso iure führen, in einer anderen Rechtsordnung aber die Wirksamkeit nicht von vornherein, sondern erst nach erfolgter Anfechtung entfallen würde, würde die Kollisionsnorm bei Vorliegen ein und desselben Sachverhaltes nach dem Recht des einen Mitgliedstaats zur Anwendung kommen, nach dem Recht des anderen Mitgliedstaats aber nicht. Das kann nicht gewollt sein. Aber auch eine unionsrechtsautonome Lösung der Frage „Was ist Anfechtungs-, was ist Nichtigkeitsgrund?" wäre ohne Hilfe des EuGH unmöglich, denn insoweit fehlt es gänzlich an vereinheitlichten europäischen Vorgaben. Innerhalb der 27

869 Vgl. zur Verbindlichkeit nur dieser beiden Sprachfassungen die Schlussklausel des HGÜ.

870 Vgl. dazu näher unten Abschnitt b.) ee.) aaa.).

871 Vgl. *Magnus/Mankowski*, ZVglRWiss 2011, 252, 276.

872 *Magnus,* FS Martiny, 785, 793.

Rechtsordnungen in der EU gibt es vielmehr große Unterschiede hinsichtlich der Rechtsfolgen mangelhafter Rechtsgeschäfte. All dies zeigt, dass die aufgezeigte denkbare Differenzierung nicht beabsichtigt sein kann und folglich abzulehnen ist. Aus europäischer Sicht dürften die Nichtigkeit ipso iure und diejenige nach entsprechender Gestaltungserklärung als gleichwertig anzusehen sein.[873]

(2.) Gesetz- und Sittenwidrigkeit

Eine autonome Auslegung, welche Tatbestände die Formulierung „materiell nichtig“ erfasst, lässt einige zu dem Schluss kommen, dass sich die heutige Kollisionsregel unproblematisch jedenfalls auf Fälle von Gesetz- und Sittenwidrigkeit erstrecken dürfte.[874] Dieser Schluss ist allerdings abzulehnen.[875] Denn er verkennt die Nähe der Überprüfung einer Gesetz- und Sittenwidrigkeit zur AGB-Inhaltskontrolle; einer solchen Inhaltskontrolle nach nationalem Recht wird im Anwendungsbereich der Brüssel Ia-VO aber zu Recht grundsätzlich eine Absage erteilt.[876] Jedenfalls im Ergebnis würde es sich jeweils um nationale Prorogations- oder Derogationsverbote handeln, denen die Brüssel Ia-Verordnung grundsätzlich keinen Raum belässt.[877]

(3.) Bindung Dritter an die Gerichtsstandsvereinbarung

Ein weiterer wichtiger Punkt betrifft die Drittwirkung von Gerichtsstandsvereinbarungen.[878] Eine eigene Bestimmung dafür enthält die Brüssel Ia-VO nicht – obwohl das Europäische Parlament im Vorfeld des endgültigen Kommissionsvorschlags eine darauf gerichtete Forderung formuliert hatte.[879] Die

---

873 Vgl. Rauscher/*Mankowski*, Art. 25 Rn. 60; s. außerdem *Simotta*, Int J Proced L 3 (2013), 58, 67: Für die Frage des anwendbaren Rechts mache es keinen Unterschied, ob die materielle Nichtigkeit automatisch oder erst aufgrund der Geltendmachung durch die dazu befugte Partei eintrete.

874 *Magnus*, IPRax 2016, 521, 525; Saenger/*Dörner*, Art. 25 Rn. 16; *Simotta*, Int J Proced L 3 (2013), 58, 67; MüKo-ZPO/*Gottwald*, Art. 25 Brüssel Ia-VO Rn. 17.

875 Ebenso Rauscher/*Mankowski*, Art. 25 Rn. 74; Geimer/Schütze/*Peiffer/Peiffer*, IntRV, Art. 25 Rn. 98 f.

876 S.o. Abschnitt bb.) Fn. 535.

877 Geimer/Schütze/*Peiffer/Peiffer*, IntRV, Art. 25 Rn. 99; s. ausführlich zu den Prorogations- und Derogationsverboten wiederum oben Abschnitt bb.).

878 S. zum Komplex „Drittwirkungen von Gerichtsstandsvereinbarungen“ die Aufstellung von sechs bedeutsamen Aspekten in *Mankowski*, IPRax 2018, 233, 234.

879 Entschließung des Europäischen Parlaments vom 7. September 2010 zu der Umsetzung und Überprüfung der Verordnung (EG) Nr. 44/2001 des Rates über die gerichtliche

Frage der Bindung Dritter an eine Gerichtsstandsvereinbarung steht letztlich in unmittelbarem Zusammenhang mit der oben erörterten Frage der materiellen Willenseinigung zwischen Parteien.[880] Denn die Frage, inwieweit Dritte an eine Gerichtsstandsvereinbarung gebunden sein können, kann auch umformuliert werden: In welcher Weise muss ein Dritter Zustimmung zu einer Gerichtsstandsvereinbarung signalisieren, damit diese auch ihm gegenüber Wirkung entfaltet? Oder anders: Inwieweit muss ein Dritter an der auf Abschluss einer Gerichtsstandsvereinbarung gerichteten Willenseinigung teilhaben, um selbst auch daran gebunden zu sein? Damit dürfte feststehen: Schließt man sich dem EuGH und der überwiegenden Literaturmeinung an und verortet die Willenseinigung mitsamt ihren Voraussetzungen im Regelungsbereich von Art. 25 Brüssel Ia-VO, richtet sich auch die Bindung Dritter nach der europäischen Regelung bzw. der darauf bezogenen Rechtsprechung und nicht nach nationalem Recht.[881] Ohne die Argumente dafür wiederholen zu wollen, soll an dieser Stelle nur erneut vor Augen gehalten werden, dass bei Annahme einer Verweisung ins nationale Recht voneinander abweichende Lösungen denkbar wären und die Vorhersehbarkeit auf dem Gebiet der gerichtlichen Zuständigkeit gefährdet wäre.[882]

Für bestimmte Sonderkonstellationen sieht die Brüssel Ia-VO ausdrücklich die Möglichkeit vor, Gerichtsstandsvereinbarungen nicht nur zugunsten der Vertragsparteien, sondern auch zugunsten Dritter abzuschließen: So etwa in Art. 15 Nr. 2 Brüssel Ia-VO, der sich auf Versicherungsverträge bezieht und eine von den gesetzlichen Vorschriften abweichende Zuständigkeitsvereinbarung zulässt, „wenn sie dem *Versicherungsnehmer, Versicherten oder Begünstigten* die Befugnis einräumt, andere als die in diesem Abschnitt angeführten Gerichte anzurufen“.[883] Zur Vorgängerregelung im EuGVÜ hat der EuGH schon früh entschieden,

Zuständigkeit und die Anerkennung und Vollstreckung von Entscheidungen in Zivil- und Handelssachen (2009/2140(INI)), ABl. 2011 C 308 E/36, Rn. 13.

880 Vgl. auch *Fabig*, jurisPR-IWR 5/2018 Anm. 1, C.: „Es handelt sich hierbei um eine Konsensfrage.“

881 Vgl. auch *Melcher*, GPR 2017, 246, 250; zu Art. 23 Brüssel I-VO *Kropholler/v. Hein*, EuZPR, Art. 23 Rn. 28; a.A. wohl Rauscher/*Mankowski*, Art. 25 Rn. 252; *ders.*, EWiR 2011, 47, 48; dass der EuGH die Frage der Drittwirkung anhand der Voraussetzungen der europäischen Vorschrift beantwortet, bestätigt aber auch *Siaplaouras*, GPR 2019, 13, 14, dortige Fn. 15.

882 Vgl. EuGH – Refcomp/Axa, aaO (Fn. 12) Rn. 39.

883 Vgl. zu Art. 23 Brüssel I-VO *Kropholler/v. Hein*, EuZPR, Art. 23 Rn. 65.

> „dass sich im Falle eines Versicherungsvertrags zwischen einem Versicherer und einem Versicherungsnehmer, der von letzterem sowohl für sich selbst als auch zugunsten an dem Vertrag nicht beteiligter Dritter geschlossen worden ist und der eine Gerichtsstandsklausel für Prozesse enthält, die von diesen Dritten geführt werden können, diese Dritten selbst dann auf diese Gerichtsstandsklausel berufen können, wenn sie ihr zwar nicht ausdrücklich durch ihre Unterschrift zugestimmt haben, aber das Schriftformerfordernis des Art. 17 im Verhältnis zwischen dem Versicherer und dem Versicherungsnehmer eingehalten worden und die Zustimmung des Versicherers zu der genannten Klausel klar zum Ausdruck gekommen ist."[884]

Diese Ausnahme beruht auf dem in den europäischen Vorschriften generell beabsichtigten Schutz versicherter Personen.[885] Entsprechend hat der EuGH geurteilt, dass eine Gerichtsstandsvereinbarung einem begünstigten Versicherten nur entgegengehalten werden kann, wenn sie das Ziel, den wirtschaftlich Schwächeren zu schützen, nicht beeinträchtigt.[886] Der Schutzzweck führe zudem dazu, dass Gerichtsstandsvereinbarungen im Versicherungsvertrag den Geschädigten bei seiner Direktklage nicht (gegen seinen Willen) binden könnten.[887] Schließlich bindet nach neuerer Rechtsprechung eine Gerichtsstandsvereinbarung bei einem Versicherungsvertrag über Großrisiken einen bloßen Versicherten nicht, wenn dieser weder selbst der Gerichtsstandsvereinbarung zugestimmt hat noch selbst gewerblich im Versicherungssektor tätig ist.[888]

Zu anderen Drittkonstellationen hat sich der EuGH ebenfalls bereits äußern müssen, etwa zur französischen „action directe" (Klage eines Endabnehmers unmittelbar gegen den Hersteller), und im Zuge dessen festgestellt, dass sich aus der Verordnung selbst der Grundsatz ergebe, dass eine Gerichtsstandsvereinbarung nur im Verhältnis zwischen den Parteien Wirkung entfalte, die dem Abschluss dieses Vertrags zugestimmt hätten.[889] Nach diesem Grundsatz könne auch eine

---

884 EuGH – Gerling/Tesoro, aaO (Fn. 706) Ls. 1.

885 EuGH – Gerling/Tesoro, aaO (Fn. 706) Rn. 17 ff.; *Fabig*, jurisPR-IWR 5/2018 Anm. 1, C.

886 EuGH 12.5.2005 – C-112/03, ECLI:EU:C:2005:280 Rn. 38 = EuZW 2005, 44 – Société financière et industrielle du Peloux/Axa Belgium u.a.

887 EuGH 13.7.2017 – C-368/16, ECLI:EU:C:2017:546 Rn. 35 ff. = EuZW 2017, 822 – Assens Havn/Navigators Management; vgl. auch *Mankowski*, IPRax 2018, 233, 236.

888 EuGH 27.2.2020 – C-803/18, ECLI:EU:C:2020:123 = VersR 2020, 708 – Balta/Grifs; s. dazu auch die kritische Anmerkung von *Mankowski*, VersR 2020, 712 ff.

889 Vgl. EuGH – Refcomp/Axa, aaO (Fn. 12) Rn. 29, s. hierzu bereits oben Abschnitt aaa.) am Ende; so auch schon die Schlussanträge des Generalanwalts Jääskinen v. 18.10.2012, C-543/10, ECLI:EU:C:2012:637 Rn. 33 ff. – Refcomp/Axa; dem EuGH folgend BGH, Urt. v. 26.3.2019 – XI ZR 228/17, VersR 2019, 1502, 1504 Rn. 30; im

Gerichtsstandsvereinbarung, die in einem zwischen zwei Gesellschaften geschlossenen Vertrag enthalten sei, keine (Dritt-)Wirkung für und gegen ihre jeweiligen Vertreter entfalten, selbst wenn sie wegen ihnen zur Last gelegter unerlaubter Handlungen in Ausübung ihrer Pflichten gesamtschuldnerisch zur Verantwortung gezogen würden.[890] In der deutschen Literatur war zuvor noch vertreten worden, dass ein Gesellschafter im Fall seiner persönlichen Haftung für Schulden der Gesellschaft nach §§ 128, 161 Abs. 2 HGB an eine Gerichtsstandsvereinbarung der Gesellschaft gebunden sei.[891] Die Absage des EuGH lässt jedoch den Schluss darauf zu, dass eine Gerichtsstandsvereinbarung generell nicht auf alle Gesamtschuldner erstreckt werden kann.[892]

Als ausreichend für die Bindung von Aktionären hat der EuGH hingegen eine Gerichtsstandsvereinbarung in der Satzung der Aktiengesellschaft erachtet.[893] Bei einem Aktionär, der der Satzung einer Aktiengesellschaft beitrete, sei davon auszugehen, dass er einer darin enthaltenen Gerichtsstandsvereinbarung zugestimmt habe, weil dieser Beitritt sowohl zwischen dem Aktionär und der Aktiengesellschaft als auch zwischen den Aktionären untereinander Beziehungen begründe, die als vertraglich anzusehen seien.[894]

Erg. auch zustimmend *Moebus*, EuZW 2013, 319 f.; kritisch aber *Weller*, IPRax 2013, 501 ff.; EuGH – CDC/Akzo Nobel, aaO (Fn. 12) Rn. 64; EuGH – Leventis und Vafeias/Malcon Navigation und Brave Bulk Transport, aaO (Fn. 12) Rn. 35; EuGH – Ryanair/DelayFix, aaO (Fn. 13) Rn. 42; vgl. auch *Kropholler/v. Hein*, EuZPR, Art. 23 Rn. 63; Rauscher/*Mankowski*, Art. 25 Rn. 383.

890 EuGH – Leventis und Vafeias/Malcon Navigation und Brave Bulk Transport, aaO (Fn. 12) Rn. 43; zustimmend *Keller*, EWiR 2017, 611, 612; vgl. auch *Siaplaouras*, GPR 2019, 13 ff., der die Entscheidung im Verhältnis zur Rechtsprechung in der Rechtssache „Refcomp" als „konsequent" bezeichnet (S. 14), aber daran zweifelt, ob die aufgestellten Grundsätze ohne Berücksichtigung der Intensität der Beziehungen zwischen den Streitgenossen und der daran anknüpfenden Urteilswirkungen auch für künftige Fälle gelten können (S. 15 ff., 18).

891 MüKo-ZPO/*Gottwald*, Art. 25 Brüssel Ia-VO Rn. 61.

892 *Fabig*, jurisPR-IWR 5/2018 Anm. 1, C.; vgl. auch *Schlosser*, IPRax 2018, 22: „es ist noch nie behauptet worden, dass eine Gerichtsstandsklausel auch Personen bindet, die als Gesamtschuldner zusammen mit dem an die Klausel gebundenen Vertragspartner verklagt werden sollen."

893 EuGH – Powell Duffryn/Petereit, aaO (Fn. 281) Rn. 17 f.; s. auch hierzu bereits oben Abschnitt aaa.).

894 EuGH – Powell Duffryn/Petereit, aaO (Fn. 281) Rn. 16 ff.; krit. hierzu *Koch*, IPRax 1993, 19, 20.

Der EuGH sieht in den Rechtssachen „Tilly Russ" und „Coreck" selbst Ausnahmen vom Grundsatz der inter partes-Wirkung vor, und zwar im Bereich der Rechtsnachfolge: So binde eine Gerichtsstandsvereinbarung, die zunächst nur zwischen einem Verfrachter und einem Befrachter (wirksam) vereinbart und in ein Konossement eingefügt worden sei, den Drittinhaber des Konnossements, wenn dieser mit Erwerb des Konnossements in die Rechte und Pflichten des Befrachters eingetreten sei.[895] Dies ergebe sich aus dem europäischen Vertragswerk und seiner Zielsetzung selbst: Es solle dafür Sorge getragen werden, dass Gerichtsstandsklauseln, die unbemerkt in Vertragsverhältnisse eingeführt werden könnten, die Wirkung genommen werde.[896] Sei eine Gerichtsstandsvereinbarung aber einmal wirksam zustande gekommen, brauche dann nicht noch geprüft zu werden, ob der Dritte ihr zugestimmt habe.[897] Denn der Erwerb des Konnossements könne dem Drittinhaber nicht mehr Rechte und Pflichten verleihen, als der Befrachter gehabt habe.[898] Die Frage des Eintritts in die Rechte und Pflichten (hinzugefügt werden kann: aber nur diese) richte sich nach nationalem Recht.[899] Bei Verneinung eines solchen Eintritts sei eine Zustimmung des Drittinhabers erforderlich, für die die autonomen Voraussetzungen der europäischen Vorschrift (damals Art. 17 Abs. 1 EuGVÜ, heute Art. 25 Brüssel Ia-VO) maßgeblich seien.[900]

Diese Rechtsprechung hat der EuGH in der Rechtssache „Profit Investment" auf Gerichtsstandsvereinbarungen in Emissionsprospekten für Schuldverschreibungen ausgedehnt:[901] Eine solche Klausel erfordere dann keine ausdrückliche (oder auch nach internationalem Handelsbrauch stillschweigende) Zustimmung

895 EuGH – Tilly Russ/Nova, aaO (Fn. 655) Rn. 24 ff.; hierzu *Basedow*, IPRax 1985, 133, 137; EuGH – Coreck Maritime/Handelsveem, aaO (Fn. 54) Rn. 23 ff.; s. außerdem BGH, Urt. v. 15.2.2007 – I ZR 40/04, NJW 2007, 2036, 2038; OLG Stuttgart, Urt. v. 23.12.2003 – 3 U 147/03, IPRspr. 2003, Nr. 153; auch diese beiden Entscheidungen finden bereits Erwähnung in Abschnitt aaa.).

896 EuGH – Tilly Russ/Nova, aaO (Fn. 655) Rn. 24.

897 EuGH – Coreck Maritime/Handelsveem, aaO (Fn. 54) Rn. 25.

898 EuGH – Tilly Russ/Nova, aaO (Fn. 655) Rn. 24 f.; EuGH – Coreck Maritime/Handelsveem, aaO (Fn. 54) Rn. 25.

899 EuGH – Tilly Russ/Nova, aaO (Fn. 655) Rn. 24; EuGH – Coreck Maritime/Handelsveem, aaO (Fn. 54) Rn. 22; BGH, Urt. v. 15.2.2007 – I ZR 40/04, NJW 2007, 2036, 2038; OLG Stuttgart, Urt. v. 23.12.2003 – 3 U 147/03, IPRspr. 2003, Nr. 153.

900 EuGH – Coreck Maritime/Handelsveem, aaO (Fn. 54) Rn. 26; BGH, Urt. v. 15.2.2007 – I ZR 40/04, NJW 2007, 2036, 2038; krit. Schlosser/Hess/*Schlosser*, Art. 25 Rn. 44.

901 Vgl. hierzu *Melcher*, GPR 2017, 246, 249.

des Dritterwerbers, wenn die Gerichtsstandsvereinbarung im Verhältnis zwischen Bank und erstem Zeichner der Wertpapiere wirksam und der Dritterwerber nach dem anwendbaren nationalen Recht in die Rechte und Pflichten aus den Wertpapieren eingetreten sei.[902] Zusätzliche Wirksamkeitsvoraussetzung sei allerdings, dass der Dritterwerber die Möglichkeit gehabt habe, von dem die Klausel enthaltenden Prospekt Kenntnis zu erlangen, was voraussetze, dass dieser leicht zugänglich sei.[903] Der grundlegende Gedanke ist in den Rechtssachen „Tilly Russ", „Coreck" und „Profit Investment" derselbe: Die Gerichtsstandsvereinbarung bindet den Rechtsnachfolger, wenn und weil er in die Position des Rechtsvorgängers eingerückt ist und der Rechtsvorgänger seinerseits infolge der Wirksamkeit der Klausel gebunden war.[904]

Schließlich hat sich der EuGH mit einer weiteren Drittkonstellation, nämlich der Durchsetzung fremder Forderungen, befasst. In der Rechtssache „CDC" hat er zu erkennen gegeben, dass auch in einer solchen Konstellation die Grundsätze aus den Entscheidungen „Tilly Russ" und „Coreck" Geltung behielten: Nur wenn der Dritte nach dem in der Sache anwendbaren nationalen Recht in alle Rechte und Pflichten der ursprünglichen Vertragspartei eingetreten sei, könne ihm eine Gerichtsstandsvereinbarung, der er nicht zugestimmt habe, entgegengehalten werden.[905] Stadler weist darauf hin, dass der EuGH mit dieser Formulierung offen lasse, ob insoweit auch die einfache Forderungsabtretung (ohne Vertragsübernahme) genüge.[906] Unabhängig davon, dass im konkreten Fall wohl von einfachen (Schadensersatz-)Forderungsabtretungen auszugehen war,[907] dürften Konkretisierungen durch den EuGH diesbezüglich aber ohnehin nicht zu erwarten sein. Der in den Rechtssachen „CDC" und „Ryanair" wiederholte Grundsatz überlässt die Frage, ob ein Eintreten in alle Rechte und Pflichten der ursprünglichen Vertragspartei vorliegt, allein dem anwendbaren nationalen Recht. Einzig das nationale Recht kann also die Frage beantworten, ob bereits

902 EuGH – Profit Investment/Ossi u.a., aaO (Fn. 706) Rn. 36.

903 EuGH – Profit Investment/Ossi u.a., aaO (Fn. 706) Rn. 36.

904 Vgl. *Melcher*, GPR 2017, 246, 250; vgl. auch BGH, Urt. v. 26.3.2019 – XI ZR 228/17, VersR 2019, 1502, 1504 Rn. 31.

905 EuGH – CDC/Akzo Nobel, aaO (Fn. 12) Rn. 65; wiederum folgend BGH, Urt. v. 26.3.2019 – XI ZR 228/17, VersR 2019, 1502, 1504 Rn. 31; bestätigt in EuGH – Ryanair/DelayFix, aaO (Fn. 13) Rn. 47.

906 *Stadler*, JZ 2015, 1138, 1149, dortige Fn. 145; auch Musielak/Voit/*Stadler*, Art. 25 Rn. 4a.

907 Vgl. EuGH – CDC/Akzo Nobel, aaO (Fn. 12) Rn. 11; so auch in EuGH – Ryanair/DelayFix, aaO (Fn. 13) Rn. 14.

die einfache Abtretung oder erst die vollständige Vertragsübernahme ein solches Eintreten nach sich zieht.

Bislang nicht ausdrücklich geklärt durch den EuGH sind die Konstellationen der Schuldübernahme und der cessio legis. Seine Ausführungen zum Konnossement in den Rechtssachen „Tilly Russ“ und „Coreck Maritime“ können aber durchaus als verallgemeinerungsfähig auch im Hinblick auf diese Drittkonstellationen erachtet werden.[908] Erneut dürfte die Lösung im Ausgangspunkt in der europäischen Regelung des Art. 25 Brüssel Ia-VO zu suchen und hiernach regelmäßig die Frage zu beantworten sein, ob der Dritte nach dem in der Sache anwendbaren nationalen Recht im Sinne eines „Substitutionsverhältnisses“ an die Stelle des ursprünglichen Vertragspartners getreten ist.[909] Zur Schuldübernahme finden sich in Rechtsprechung und Literatur differenzierende Einordnungsansätze für den Fall, dass deutsches Recht in der Sache anwendbar ist: So derjenige, nach dem eine Gerichtsstandsvereinbarung im Falle eines Schuldbeitritts zu Lasten des die Schuld Übernehmenden mangels vollständigen Eintritts in die Rechte und Pflichten nur dann Wirkung entfalten soll, wenn dieser der Vereinbarung in der Form des Art. 25 Brüssel Ia-VO zustimmt; bei der befreienden Schuldübernahme sei eine solche Zustimmung hingegen nicht erforderlich.[910] Die befreiende Schuldübernahme sei im Gegensatz zum Schuldbeitritt „Rechtsnachfolgekonstruktion“.[911] Eine solche Differenzierung überzeugt, wobei es nicht darum geht, dogmatisch entlang der deutschen Kategorien Schuldbeitritt/befreiende Schuldübernahme zu argumentieren. Vielmehr sollte im Einklang mit der Rechtsprechung des EuGH ausschließlich danach gefragt werden, ob nach dem anwendbaren nationalen Recht der die Schuld Übernehmende in die Rechte und Pflichten des ursprünglichen Schuldners eintritt oder nicht; der insoweit in die Rechte und Pflichten Eintretende soll nicht mehr Rechte haben

---

908 Vgl. *Kropholler/v. Hein*, EuZPR, Art. 23 Rn. 64, dortige Fn. 191; so auch *Melcher*, GPR 2017, 246, 250; Geimer/Schütze/*Geimer*, EuZVR, Art. 25 Rn. 201c; Rauscher/*Mankowski*, Art. 25 Rn. 246, 256 f.; vgl. aus der Rechtsprechung HansOLG Hamburg, Urt. v. 21.12.2007 - 12 U 11/05, IHR 2008, 108; OGH, Beschl. v. 5.6.2007 - 10 Ob 40/07s, ZfRV 2007, 156 ff.; zur Bindungswirkung von Gerichtsstandsvereinbarungen gegenüber dem Insolvenzverwalter *Stürner*, IPRax 2005, 416 ff.

909 Musielak/Voit/*Stadler*, Art. 25 Rn. 4a.

910 Musielak/Voit/*Stadler*, Art. 25 Rn. 4a; vgl. wiederum OGH, Beschl. v. 5.6.2007 - 10 Ob 40/07s, ZfRV 2007, 156, 160; das HansOLG Hamburg bejaht im o.g. Urteil (Fn. 908) eine Bindung des Übernehmers allerdings unabhängig vom Charakter der Schuldübernahme und von seinem Einverständnis; ausführlich zu dem Ganzen *Jungermann*.

911 Rauscher/*Mankowski*, Art. 25 Rn. 257.

als der ursprüngliche Vertragspartner. Eine endgültige Klärung durch den EuGH hat der BGH vor einigen Jahren ausdrücklich angemahnt.[912]

Vom EuGH auch noch nicht behandelt ist die Konstellation des Vertreters ohne Vertretungsmacht.[913] Wiederum scheidet die Kollisionsnorm in Art. 25 Brüssel Ia-VO als Lösung aus; es steht nicht die materielle Wirksamkeit der Gerichtsstandsvereinbarung im Raum, sondern die Frage, ob ein vollmachtloser Vertreter aus Vertrauensgesichtspunkten an eine von ihm abgeschlossene Gerichtsstandsvereinbarung gebunden sein kann.[914] Im Schrifttum wird seine Bindung zum Teil dennoch über das nationale Recht angenommen.[915] Richtigerweise ist die Antwort allein im autonom-prozessrechtlichen Teil von Art. 25 Brüssel Ia-VO zu suchen.[916] Bei Befassung des EuGH dürfte wohl damit zu rechnen sein, dass er zunächst auf der Grundlage des von ihm entwickelten Konsenskonzepts prüft, ob der Vertreter ohne Vertretungsmacht der Vereinbarung formwirksam zugestimmt hat.[917] Ob der Gerichtshof daneben auf einen unionsrechtlichen Begriff von Treu und Glauben rekurrieren würde, bleibt abzuwarten.[918] Tut er dies nicht, dürfte eine Bindung mangels tatsächlicher Willenseinigung regelmäßig zu verneinen sein.[919]

(4.) Gebundenheit an eine abgegebene Willenserklärung

Zum Teil plädierten bereits mit Blick auf Art. 23 Brüssel I-VO Autoren dafür, die Frage der Widerruflichkeit von Willenserklärungen im Hinblick auf

---

912 BGH, Urt. v. 11.11.2010 – VII ZR 44/10, WM 2011, 282, 284; eine „deutlichere Auseinandersetzung" des BGH mit der Bindung an die Gerichtsstandsvereinbarung wünschend *Mankowski*, EWiR 2011, 47, 48.

913 S. hierzu ausführlich *Weller*, IPRax 2006, 444, 449.

914 Vgl. Geimer/Schütze/*Peiffer/Peiffer*, IntRV, Art. 25 Rn. 97; Gründe des Vertrauensschutzes werden auch angeführt in *Kropholler/v. Hein*, EuZPR, Art. 23 Rn. 64.

915 MüKo-ZPO/*Gottwald*, Art. 25 Brüssel Ia-VO Rn. 62 (Vertretungsstatut); *Keller*, EWiR 2017, 611, 612.

916 Geimer/Schütze/*Peiffer/Peiffer*, IntRV, Art. 25 Rn. 97; wohl auch *Kropholler/v. Hein*, EuZPR, Art. 23 Rn. 64.

917 Vgl. Geimer/Schütze/*Peiffer/Peiffer*, IntRV, Art. 25 Rn. 97.

918 S. hierzu *Merrett*, ICLQ 2009, 545, 559 ff.; auf der Grundlage eines solchen Grundsatzes von Treu und Glauben hat der EuGH in Bezug auf Art. 17 EuGVÜ bereits mehrfach entschieden: EuGH – Berghoefer/ASA, aaO (Fn. 691) Rn. 14; EuGH – Tilly Russ/Nova, aaO (Fn. 655) Rn. 18 und EuGH – Segoura/Bonakdarian, aaO (Fn. 565) Rn. 11; *Geimer* spricht in diesem Zusammenhang ausdrücklich von arglistigem Verhalten des falsus procurator in IZPR, Rn. 1730.

919 Vgl. Geimer/Schütze/*Peiffer/Peiffer*, IntRV, Art. 25 Rn. 97.

Gerichtsstandsvereinbarungen als durch europäisches Recht abschließend geklärt anzusehen.[920] Eine Betrachtung der EU-Richtlinien, die ganz spezielle Widerrufsrechte vorsähen, lasse dabei den Rückschluss zu, dass der sogenannte acquis communautaire ein generelles Widerrufsrecht im allgemeinen Vertragsrecht ausschließe.[921] Die wohl überwiegende Ansicht war dagegen geneigt, in dieser Frage das innerstaatliche Recht zur Anwendung kommen zu lassen.[922]

Durch die Neufassung von Art. 25 Brüssel Ia-VO hat sich diese Diskussion nicht maßgeblich verändert. Mangels ausdrücklicher Regelung in der Brüssel Ia-VO ist nach wie vor eine Entscheidung zu treffen: Ist davon auszugehen, dass die Frage der Widerrufbarkeit von Willenserklärungen hinreichend durch die europäischen Regelungen gedeckt und damit der Weg über das Kollisionsrecht ins nationale Recht versperrt ist? Diese Frage dürfte zu bejahen sein, und zwar wiederum mit Blick auf den Zusammenhang mit der ausführlich erörterten materiellen Willenseinigung. Nachdem letztere mit überzeugender Begründung Art. 25 Brüssel Ia-VO zu unterwerfen ist, dürfen damit unmittelbar verknüpfte Fragen nicht wieder abgespalten werden. Der Widerruf von Willenserklärungen kann von der Willenseinigung nicht sinnvoll getrennt werden. Jedenfalls nach deutschem Rechtsverständnis (§ 130 Abs. 1 BGB) schließt ein rechtzeitig ergangener Widerruf die Willenseinigung von vornherein aus, weil er die betreffende Willenserklärung erst gar nicht wirksam werden lässt.[923] So ist mit Magnus und Mankowski davon auszugehen, dass Art. 25 Brüssel Ia-VO die Widerruflichkeit von auf die Gerichtsstandsvereinbarung gerichteten Willenserklärungen unionsrechtlich autonom und im Sinne des acquis communautaire abschließend regelt; die Kollisionsnorm greift wiederum nicht.[924]

(5.) Willensmängel

Zahlreiche Autoren nehmen das Fehlen von Willensmängeln ohne nähere Auseinandersetzung in ihre Liste derjenigen materiellen Gültigkeitsvoraussetzungen

---

920 Magnus/Mankowski/*Magnus*, 2. Aufl., Art. 23 Rn. 85.

921 Magnus/Mankowski/*Magnus*, 2. Aufl., Art. 23 Rn. 85.

922 Etwa *Layton/Mercer*, Rn. 20.038; aber auch *Kropholler/v. Hein*, EuZPR, Art. 23 Rn. 28; Rauscher/*Mankowski*, 3. Aufl., Art. 23 Rn. 41.

923 MüKo-BGB/*Einsele*, § 130 BGB Rn. 40.

924 Vgl. Magnus/Mankowski/*Magnus*, Art. 25 Rn. 85; a.A. nach wie vor Rauscher/*Mankowski*, Art. 25 Rn. 238.

auf, die nicht europarechtsautonom, sondern durch das über das Kollisionsrecht zu bestimmende nationale Recht geregelt seien.[925]

Demgegenüber geht Spellenberg der Einordnung von Willensmängeln spezifisch nach. Ausgangspunkt ist für ihn die Frage, welche Konsequenzen aus dem EuGH-Postulat der *tatsächlichen* Willenseinigung zu ziehen sind.[926] Aus dem wiederholten „Insistieren" auf Tatsächlichkeit schließt Spellenberg darauf, dass der EuGH für eine wirksame Gerichtsstandsvereinbarung möglicherweise das Vorliegen des subjektiven, *realen* Willens beider Parteien verlange.[927] Das lege nicht nur die deutsche Formulierung, sondern insbesondere auch die französische Übersetzung des EuGH-Postulats nahe: „Consentement effectif" bezeichne für gewöhnlich den wirklichen Willen in Abgrenzung zum erklärten Willen.[928] Die EuGH-Rechtsprechung dürfe nie gleichsam durch die Brille der deutschen Dogmatik betrachtet werden, an die der EuGH selbstverständlich nicht gebunden sei.[929] Auch wenn der deutschen Rechtsordnung der innere Wille als maßgebliche Voraussetzung für die Gültigkeit einer Willenserklärung und damit auch der Gerichtsstandsvereinbarung fremd sei, gebe es durchaus benachbarte Rechtsordnungen, die Verträge wegen Fehlens des inneren Willens von vornherein als nichtig ansähen; ein entsprechendes Verständnis aufseiten des EuGH zu erkennen, sei also alles andere als abwegig.[930] Spellenberg weist darauf hin, dass für den Fall, dass der EuGH den inneren Willen fordere, damit auch die Frage nach den Folgen eines Auseinanderfallens von Willen und Erklärung automatisch autonom geregelt und das Problem der Willensmängel erheblich reduziert wäre; die Frage nach relevanten Irrtümern und ihren (Anfechtungs-)Folgen wäre nicht nach nationalem Recht zu lösen.[931] Umgekehrt, so Spellenberg, bliebe es natürlich bei der Notwendigkeit der Anwendung nationalen Rechts auf die Frage

---

925 MüKoZPO/*Gottwald*, Art. 25 Rn. 17; Geimer/Schütze/*Peiffer/Peiffer*, IntRV, Art. 25 Rn. 91; Rauscher/*Mankowski*, Art. 25 Rn. 238, 60; *Freitag*, FS Magnus, 419, 424, dortige Fn. 27; Reithmann/Martiny/*Hausmann*, Rn. 8.46, ebenso das Vorliegen eines (offenen oder verdeckten) Dissenses; *Magnus/Mankowski*, ZVglRWiss 2011, 252, 274; zu Art. 23 Brüssel I-VO *Kropholler/v. Hein*, EuZPR, Art. 23 Rn. 28; zu Art. 17 EuGVÜ *Lindenmayr*, S. 69.

926 *Spellenberg*, IPRax 2010, 464, 468; s. auch oben bereits Abschnitt dd.) aaa.) (1.).

927 *Spellenberg*, IPRax 2010, 464, 468.

928 *Spellenberg*, IPRax 2010, 464, 468.

929 *Spellenberg*, IPRax 2010, 464, 469.

930 *Spellenberg*, IPRax 2010, 469 mit Hinweis auf Dalloz Rép. Droit civil, Erreur Nr. 138 ff., 143 ff. (Ghestin/Serinet).

931 *Spellenberg*, IPRax 2010, 464, 470.

von Willensmängeln, wenn man die Rechtsprechung des EuGH dahingehend deute, dass er nicht einen wirklichen inneren Willen verlange, sondern bereits etwa dann von einer Vereinbarung ausgehe, wenn die Partei wissen müsse, was sie erklärt.[932] Spellenberg lässt seine Überlegungen nicht in einer eindeutigen Antwort münden, sondern spricht sich für eine Klärung der Frage durch den EuGH aus.[933] Allerdings dürften seine Ausführungen eher darauf hindeuten, dass er zur Interpretation der EuGH-Rechtsprechung im Sinne des Erfordernisses eines wirklichen, inneren Willens neigt. Dies ergibt sich nicht zuletzt aus dem von ihm erklärten Wunsch, den vielen unterschiedlichen Lösungen in den einzelnen nationalen Rechtsordnungen entgehen zu wollen.[934]

Von anderen Autoren wurde die Differenzierung von Spellenberg zwar aufgegriffen, aber mit der bloßen Bemerkung versehen, er weise zu Recht darauf hin, dass Willensmängel sich kaum von sonstigen Einigungsmängeln abgrenzen ließen.[935]

Tatsächlich erscheint Spellenbergs differenzierte Betrachtung plausibel. Zwar zeigt er selbst auf, weshalb es auch Gründe dafür geben könnte, Zweifel an einer Forderung des EuGH nach einem wirklichen, inneren Willen zu hegen: Spellenberg bezieht sich auf eine Passage in der Rechtssache „Estasis Salotti", in der der EuGH ausgeführt hatte, ein Einverständnis liege vor, wenn entweder auf der Vorderseite ausdrücklich auf die umseitigen AGB verwiesen werde oder wenn im Text des Vertrags auf ein Angebot Bezug genommen werde,

> „das seinerseits auf die eine Gerichtsstandsklausel enthaltenden AGB hingewiesen hatte",

doch

> „nur wenn feststeht, dass (…) die AGB der anderen Partei zugegangen sind."[936]

Hingegen sei das Schriftformerfordernis nicht erfüllt bei

> „einer mittelbaren oder stillschweigenden Verweisung auf einen vorangegangenen Schriftwechsel, da in diesem Fall keine Gewissheit bestehe, dass sich die Einigung (…) *tatsächlich* auf die Gerichtsstandsklausel erstreckt hat."[937]

---

932 *Spellenberg,* IPRax 2010, 464, 470.
933 *Spellenberg,* IPRax 2010, 464, 471.
934 *Spellenberg,* IPRax 2010, 464, 470.
935 *Freitag,* FS Magnus, 419, 424, dortige Fn. 27.
936 EuGH – Estasis Salotti/RÜWA, aaO (Fn. 497) Rn. 12.
937 EuGH – Estasis Salotti/RÜWA, aaO (Fn. 497) Rn. 12.

Insgesamt bedeuteten diese Aussagen, dass die Erklärung auf die Gerichtsstandsvereinbarung gerichtet sein und die Klausel der Partei vor Vertragsschluss grundsätzlich schriftlich vorliegen müsse.[938] Genau genommen sei so aber noch nicht sichergestellt, dass ein Kunde die Klausel wirklich gelesen und dann auch konkret gewollt habe.[939] Aus diesem Grunde könne man die Rechtsprechung des EuGH dahingehend verstehen, dass er kein Erfordernis des realen Willens aufstelle, sondern bereits dann von einer Vereinbarung ausgehe, wenn die Partei wissen könne oder wissen müsse, was sie erkläre.[940]

In welche Richtung der EuGH gehen wird, wenn ihm zum ersten Mal ein Fall eines Willensmangels vorgelegt wird, ist vor diesem Hintergrund nicht sicher prognostizierbar. Allerdings stehen alle Zeichen darauf, dass er eine autonome Lösung entwickeln dürfte.

Mit Blick auf Beeinträchtigungen der Willensbildung durch Zwang hatte sich bereits Kröll davon überzeugt gezeigt, dass der EuGH die Lösung im autonomen Begriff der „Vereinbarung“ suchen würde; das richterrechtlich entwickelte Erfordernis der Willenseinigung beinhalte zugleich die Voraussetzung, dass dieser Wille frei gebildet worden sei.[941] Ähnlich äußerten sich Leible und Röder: In Fällen, in denen einer Partei die freie Willensbildung nicht möglich sei, mangele es an einem von der europäischen Rechtsordnung akzeptierten Konsens und damit – trotz Einhaltung der Form – an einer wirksamen Gerichtsstandsvereinbarung; als Beispiel erwähnen sie die Zwangssituation aufgrund einer wirtschaftlichen Notlage.[942]

Zwar sagt Art. 25 Brüssel Ia-VO zu Willensmängeln nichts Spezifisches aus. Gleiches gilt allerdings bereits für die vom EuGH erst entwickelte und jüngst wieder bestätigte[943] Vorgabe einer *tatsächlichen* Willenseinigung.[944] Wenn der EuGH die Einigung autonom definiert, erscheint es nur konsequent, auch die Frage des Verhältnisses von Wille und Erklärung autonom zu regeln.[945] Gerade für die im deutschen Recht über § 119 Abs. 1 Alt. 2 BGB geregelten Fälle des Versprechens, Verschreibens, Vertippens oder Vergreifens (Erklärungsirrtum)[946]

938 *Spellenberg*, IPRax 2010, 464, 469; so auch *Lindacher*, FS Schlosser, 491, 497.
939 *Spellenberg*, IPRax 2010, 464, 469.
940 *Spellenberg*, IPRax 2010, 464, 470.
941 *Kröll*, ZZP 113 (2000), 135, 150; s. hierzu bereits oben Abschnitt bb.) bbb.) (1.) (a.).
942 *Leible/Röder*, RIW 2007, 481, 487.
943 EuGH – Ryanair/DelayFix, aaO (Fn. 13) Rn. 41.
944 *Spellenberg* spricht insoweit von „ziemlich freier Rechtsschöpfung“, IPRax 2010, 464, 469.
945 Vgl. erneut *Spellenberg*, IPRax 2010, 464, 470.
946 Näher MüKo-BGB/*Armbrüster*, § 119 BGB Rn. 46 f.

liegt eine Weiterentwicklung des Postulats der *tatsächlichen* Willenseinigung nahe. Andernfalls bliebe unklar, bis wohin das autonome Konsenskonzept reicht und ab wann die Kollisionsnorm schließlich einsetzen soll. Entsprechend denkbar ist die Weiterentwicklung des Konsenskonzepts aber auch für Fälle des Inhaltsirrtums im Sinne von § 119 Abs. 1 Alt. 1 BGB und sogar für Fälle von Täuschung und Drohung (§ 123 BGB).[947] Sollte jemand beispielsweise mit vorgehaltener Pistole zum Abschluss einer Gerichtsstandsvereinbarung genötigt werden, könnte nach dem oben Gesagten die *tatsächliche* Willenseinigung im Sinne einer freien Willenseinigung autonom verneint werden.[948]

Im Übrigen ist davon auszugehen, dass dem EuGH daran gelegen ist, Voraussetzungen und Rechtsfolgen erheblicher Willensmängel zu vereinheitlichen.[949] Spellenberg hat mit seinem Hinweis darauf recht, dass die Normen in den nationalen Rechtsordnungen hinsichtlich der Festlegung von sogenannten relevanten Irrtümern und deren Rechtsfolgen weit auseinandergehen.[950] Vergleichbar mit der bereits aufgezeigten Verwobenheit von Form- und Konsensfragen kann auch eine Verwobenheit von Willenseinigung und Willensmangel ausgemacht werden. Diese kommt besonders beim Schweigen als Willenserklärung zum Tragen, und zwar insbesondere beim autonom in Art. 25 Abs. 1 Satz 3 lit. c Brüssel Ia-VO geregelten Schweigen auf ein kaufmännisches Bestätigungsschreiben. So ist die Irrtumsanfechtung nach deutscher Rechtslehre nicht ausgeschlossen, wenn der Empfänger des Bestätigungsschreibens das Schreiben selbst inhaltlich missversteht und auf Grund des Missverständnisses und in Kenntnis der Rechtsfolge des Schweigens keinen Widerspruch erhebt.[951] Eine grundsätzliche Abweichung von den Regeln über die Willensmängel besteht nach deutscher Rechtsprechung und Lehre aber darin, dass der Empfänger des Bestätigungsschreibens sich nicht

---

947 Vgl. hierzu auch *Moebus*, S. 193, die es ausdrücklich für möglich erachtet, in Fällen von Täuschung und Betrug von fehlender Einigung auszugehen.

948 So dürften auch *Kröll*, ZZP 113 (2000), 135, 150 und *Leible/Röder*, RIW 2007, 481, 487 zu deuten sein.

949 Vgl. insoweit auch seine Aussage in der Rechtssache „Refcomp", aaO (Fn. 12) Rn. 39: „Eine (…) Verweisung auf das nationale Recht würde auch zu Unsicherheiten führen, was unvereinbar wäre mit dem Bestreben, die Vorhersehbarkeit auf dem Gebiet der gerichtlichen Zuständigkeit sicherzustellen (…)."

950 *Spellenberg*, IPRax 2010, 464, 470; *Kramer*, S. 94 ff.; *ders.*, ZeuP 2007, 247 ff.; s. auch *Jansen/Zimmermann*, AcP 2010, 196, 229 ff.: Für die Irrtumsanfechtung lasse sich „derzeit kein common core" finden.

951 MüKo-BGB/*Armbrüster*, § 119 BGB Rn. 67 m.w.N.

darauf berufen kann, er habe die (von der Verkehrssitte oder vom Gesetz typisierte) Bedeutung seines Schweigens als Zustimmung nicht gekannt.[952]

Die Verwobenheit wird darüber hinaus bei Betrachtung des Streits innerhalb der deutschen Rechtslehre über den Umgang mit einem fehlenden Erklärungsbewusstsein deutlich: Zum Teil wird das Erklärungsbewusstsein als konstitutives Erfordernis der Willenserklärung angesehen, andere behandeln hingegen das fehlende Erklärungsbewusstsein und Erklärungsirrtum (Inhaltsirrtum) grundsätzlich gleich.[953] Von solch diffizilen Einordnungen, die vor allen Dingen von Mitgliedstaat zu Mitgliedstaat erheblich variieren können, sollte nicht abhängen, ob das autonome Konsenskonzept (noch) greift oder aber nationales Recht zur Anwendung kommt. Das autonome Konzept ist vielmehr extensiv weiterzuentwickeln.

Vieles spricht dafür, dass der EuGH in autonomer Auslegung in erster Linie auf den wirklichen Willen der Parteien abstellen könnte; das hat Spellenberg ausführlich hergeleitet.[954] Geht dem EuGH eine solche Deutung jedoch zu weit, hat er andere Möglichkeiten autonomer Lösungen, die in der Literatur bereits aufgezeigt wurden: So sprachen sich bereits mit Blick auf Art. 23 Brüssel I-VO Autoren für den Rückgriff auf einen schon einmal erwähnten unionsrechtlichen Begriff von Treu und Glauben aus, um der auf Willensmängel bezogenen Gestaltungsvielfalt in den nationalen Rechtsordnungen zu entgehen.[955] Andere Autoren wollten unter Bezugnahme auf eine allgemeine Missbrauchskontrolle immerhin Fälle von Druck und Täuschung einheitlich lösen.[956]

Erneut ist darauf hinzuweisen, dass der europäische Verordnungsgeber mit Schaffung der heutigen Kollisionsnorm nicht hinter das Niveau bereits erreichter Vereinheitlichung zurückfallen wollte. Vielmehr war ihm daran gelegen, Art. 25 Abs. 1 Satz 1 Halbsatz 2 Brüssel Ia-VO ausschließlich die nicht autonom geregelten Restfragen zu unterstellen. Nach dem oben Gesagten dürfte also auch für Willensmängel eine kollisionsrechtliche Anknüpfung abzulehnen sein.

---

952 MüKo-BGB/*Armbrüster*, § 119 BGB Rn. 66 m.w.N.

953 S. zum Meinungsstand MüKo-BGB/*Armbrüster*, § 119 BGB Rn. 97.

954 Im Erg. auch *Kröll*, ZZP 113 (2000), 135, 150 und *Leible/Röder*, RIW 2007, 481, 487 (freier Wille).

955 *Merrett*, ICLQ 2009, 545, 559 ff.; auch *Leible/Röder* erwähnen ihn in RIW 2007, 481, 485.

956 *Heinig*, S. 374 ff.

(6.) *Teilfragenanknüpfung im Gegensatz zum allgemeinen Prorogationsstatut, insbesondere: Geschäftsfähigkeit und Stellvertretung*

Unter dem Regime des Art. 23 Brüssel I-VO herrschte über eine wichtige Frage weitestgehend Einigkeit: Die damals auf Gerichtsstandsvereinbarungen überwiegend angewandte lex fori[957] wurde nicht im Sinne eines allgemeinen Prorogationsstatuts für sämtliche materiell-rechtlichen Gültigkeitsvoraussetzungen herangezogen. Vielmehr wurde der überwiegende Teil dieser Voraussetzungen von Einzelanknüpfungen bestimmt, also beispielsweise für Fragen der Geschäftsfähigkeit oder der Stellvertretung das jeweils einschlägige Kollisionsrecht des Forumstaats zur Anwendung gebracht.[958] Nachdem aber für Gerichtsstandsvereinbarungen in Art. 25 Abs. 1 Satz 1 Halbsatz 2 Brüssel Ia-VO ein eigenes Prorogationsstatut kodifiziert worden ist, ist die Frage neu zu betrachten; dies ist bereits durch einige Autoren geschehen.

So hält es Gebauer für sinnvoll, Restfragen der materiellen Gültigkeit von Gerichtsstandsvereinbarungen[959] einem allgemeinen Prorogationsstatut, nun in Art. 25 Abs. 1 Brüssel Ia-VO statuiert, zu unterstellen, ist aber gleichzeitig der Ansicht, dass die Reichweite dieses allgemeinen Prorogationsstatuts erheblich begrenzt sei.[960] Nach wie vor entziehe sich ihm der überwiegende Teil der sich im Zusammenhang mit der materiellen Gültigkeit stellenden Fragen von vornherein, so neben der Geschäftsfähigkeit auch der Bereich der Stellvertretung[961] und darüber hinaus weitere Wirkungen von Gerichtsstandsvereinbarungen.[962] Für diese Einzelfragen sei weiterhin eine jeweilige Teilfragenanknüpfung erforderlich.[963] Gebauer beruft sich unter anderem auf Literatur aus dem Jahre 1932, nach der die Geschäftsfähigkeit hinsichtlich der Prorogation nach dem Personalstatut zu beurteilen, ein eigenes Sachstatut der Prorogationsabrede jedoch nicht

957 S.o. Abschnitt I. 1. a.).

958 S. etwa zur Stellvertretung Rauscher/*Mankowski*, 3. Aufl., Art. 23 Rn. 43 (eigenes Vollmachtsstatut) und zur Geschäftsfähigkeit Rn. 43a (Geschäftsfähigkeitsstatut); bezogen auf die Stellvertretung aber offen gelassen in BGH, Urt. v. 25.3.2015 – VIII ZR 125/14, NJW 2015, 2584, 2588: „sowohl nach dem Wirkungs- als auch nach dem Vertragsstatut".

959 Er benennt ausdrücklich das Fehlen von Willensmängeln.

960 *Gebauer*, FS von Hoffmann, 577, 582.

961 Ebenso für die Komplexe Geschäftsfähigkeit und Stellvertretung *Antomo*, ZZPInt 17 (2012), 183, 187; Reithmann/Martiny/*Hausmann*, Rn. 8.46.

962 *Gebauer*, FS von Hoffmann, 577, 582, 586 f.

963 *Gebauer*, FS von Hoffmann, 577, 582.

anzuerkennen sei.[964] Weiterhin bezieht er sich auf Mankowski, der sich zur Stellvertretung im Rahmen europäischer Gerichtsstandsvereinbarungen nach alter Rechtslage bereits wie folgt geäußert hatte:

> „Insoweit ist wegen abweichender Qualifikation im IPR aber nicht auf das Vertrags-, sondern auf ein eigenes Vollmachtsstatut abzustellen."[965]

Gebauer weist darauf hin, dass im Bereich dieser Teilfragen unvereinheitlichte oder gar unkodifizierte Kollisionsnormen „das Feld beherrschten".[966]

Auch nach heutiger Rechtslage plädiert Mankowski wie im Übrigen Magnus dafür, die Stellvertretung beim Abschluss von Gerichtsstandsvereinbarungen, die Abtretung (oder auch sonstige Übertragungen) einer solchen Vereinbarung und möglichst auch die Geschäftsfähigkeit aus dem Anwendungsbereich der Kollisionsnorm auszunehmen.[967] Was die Bereiche der Stellvertretung und der Abtretung angeht, steht es für Magnus außer Frage,[968] dass diese außerhalb der Kollisionsnorm anzusiedeln seien; hierfür bleibe es bei den „herkömmlichen Regeln".[969] Gemeint ist damit eine Anknüpfung über das IPR des angerufenen Gerichts und nicht des vereinbarten Gerichts.[970] Fragen der Stellvertretung, der Abtretung und auch der Geschäftsfähigkeit sollten für sämtliche Aspekte eines Vertrags, in dessen Zusammenhang die Gerichtsstandsvereinbarung stehe, einheitlich entschieden werden, und zwar im angerufenen Forum.[971] Im Gegensatz zur Stellvertretung, zur Abtretung und zur Geschäftsfähigkeit könnten die übrigen Aspekte der materiellen Gültigkeit unproblematisch von den sonstigen Vertragsbestimmungen getrennt und deshalb auch der heutigen, eigenen Kollisionsnorm unterworfen werden.[972]

---

964 *Nussbaum*, S. 402 f.

965 Rauscher/*Mankowski*, 3. Aufl., Art. 23 Rn. 43; für das Schiedsstatut ebenso *Geimer*, IPRax 2006, 233, 235, allerdings unter Hinweis darauf, dass der OGH dies wohl anders sehe in seinem Beschluss vom 24.8.2005 – 3 Ob 65/05p, IPRax 2006, 268.

966 *Gebauer*, FS von Hoffmann, 577, 582.

967 Rauscher/Mankowski, Art. 25 Rn. 69 (für die Handlungs- und die Geschäftsfähigkeit) und Rn. 71 f. (für Aspekte der Vertretung, die nicht die Statthaftigkeit einer Stellvertretung oder die Frage betreffen, wer Vertragspartei ist); *Magnus*, FS Martiny, 785, 793.

968 Vgl. die Formulierung „freilich": *Magnus*, FS Martiny, 785, 793.

969 *Magnus*, FS Martiny, 785, 793.

970 *Magnus*, FS Martiny, 785, 793.

971 *Magnus*, FS Martiny, 785, 793.

972 *Magnus*, FS Martiny, 785, 793.

Die Auffassung von Gebauer muss im Zusammenhang mit seinen übrigen Thesen gesehen werden; allesamt wurden sie im Hinblick auf den Kommissionsentwurf und nicht auf die endgültige Fassung der Verordnung aufgestellt. Gebauer geht, wie oben schon erwähnt, von einer Sachnormverweisung in Art. 23 Abs. 1 Satz 1 Halbsatz 2 EuGVVO-E aus.[973] Mangels Eignung dieser Sachnormverweisung, sämtliche Restfragen der materiellen Gültigkeit sinnvoll anzuknüpfen, müssten Teilfragen vom in der Verordnung festgelegten Prorogationsstatut ausgenommen und selbständig angeknüpft werden.[974] Gebauer weist allerdings selbst darauf hin, dass diese Annahme dann keinen Bestand hätte, wenn anstelle einer Sachnormverweisung von einer Gesamtnormverweisung auszugehen sei.[975] Diese Aussage kann nur so gedeutet werden, dass Gebauer dann, wenn die europäische Kollisionsnorm eine Gesamtverweisung enthielte, zu der Lösung tendieren würde, sämtliche Restfragen der materiellen Gültigkeit unter das Prorogationsstatut zu fassen und für Fragen der Stellvertretung und der Geschäftsfähigkeit nicht von vornherein Ausnahmen vorzusehen. Da der europäische Verordnungsgeber eine eindeutige Entscheidung zugunsten der Gesamtverweisung getroffen hat, kann die erhebliche Begrenzung des Prorogationsstatuts durch Gebauer aufgrund von Einzelanknüpfungen jedenfalls als erledigt betrachtet werden.

Zu Magnus' These ist zunächst anzumerken, dass die Abtretung (ebenso wie sonstige Übertragungen) unbedingt von den anderen von ihm genannten Wirksamkeitsvoraussetzungen zu unterscheiden ist. Denn wie oben herausgearbeitet,[976] gibt es für diese Drittkonstellation vom EuGH in Anwendung des europäischen Rechts entwickelte Grundsätze; lediglich für die (vielfach entscheidende) Frage, ob nach Abtretung einer Forderung der Zessionar in alle Rechte und Pflichten der ursprünglichen Vertragspartei eintritt, bleibt Raum für über Kollisionsrecht zu bestimmendes materielles Recht.

Darüber hinaus erscheint bemerkenswert, dass im Zusammenhang mit der Brüssel Ia-VO folgender Gedanke noch nicht aufgegriffen wird: Die Brüssel Ia-VO sieht selbst keinerlei Sonderanknüpfungen für Gerichtsstandsvereinbarungen vor. Sie enthält vielmehr nur die allgemein gehaltene Gesamtverweisung für Fragen der materiellen (Un-)Gültigkeit (im engeren Sinne). Insoweit liegt der Schluss nahe, dass durch die Gesamtverweisung auf das Kollisionsrecht

973 *Gebauer*, FS von Hoffmann, 577, 585 f., s. auch oben Abschnitt 1. b.) aa.).
974 Vgl. *Gebauer*, FS von Hoffmann, 577, 585.
975 Vgl. *Gebauer*, FS von Hoffmann, 577, 585.
976 S.o. (3.).

des vereinbarten Gerichts vorgegeben wird, dessen Sonderanknüpfungen zu beachten.[977] Die gegenteilige Annahme, nach der Sonderanknüpfungen nach nationalem Recht von vornherein aus dem Anwendungsbereich von Art. 25 Brüssel Ia-VO auszuklammern sind,[978] ist hingegen nicht überzeugend. Dies verdeutlicht auch folgendes: Nach den bisherigen Ausführungen bleiben neben dem vom EuGH in der Rechtssache „Ryanair" entschiedenen Ausnahmefall der Missbrauchskontrolle überhaupt nur die Stellvertretung und die Rechts- und Geschäftsfähigkeit übrig, die kollisionsrechtlich anzuknüpfen sind. Wenn nun diese Bereiche aufgrund von Sonderanknüpfungen für die heutige Kollisionsnorm außer Betracht bleiben müssten, würde eben diese Kollisionsnorm nahezu ins Leere laufen.[979]

Im Übrigen kann auch an dieser Stelle auf die oben in Abschnitt (1.) erwähnte ausformulierte Intention der Kommission verwiesen werden: Die Absicht der „Einführung einer harmonisierten Kollisionsnorm zur materiellen Wirksamkeit der Gerichtsstandsvereinbarungen"[980] spricht dafür, dass sie sämtliche nicht bereits unter Art. 25 Brüssel Ia-VO unmittelbar fallenden Restfragen der materiellen Gültigkeit von der neuen Kollisionsnorm erfasst sehen wollte.[981]

Die Bereichsausnahme für die Rechts- und Handlungsfähigkeit in Art. 1 Abs. 2 lit. a Brüssel Ia-VO ändert nichts an dieser Erkenntnis. Das gilt trotz einer anzunehmenden Erstreckung der Ausnahme auch auf die Geschäftsfähigkeit.[982]

---

977 Nur so kann im Übrigen folgende Passage von *Mankowski* in Rauscher, Art. 25 Rn. 46 gedeutet werden: „Zudem beachtet man Qualifikationsentscheidungen innerhalb des IPR der lex fori prorogati, insbesondere besondere Kollisionsnormen für Geschäftsfähigkeit und Stellvertretung."; s. zur parallelen Fragestellung im HGÜ *Huber*, IPRax 2016, 197, 200; näher ausgeführt unten Abschnitt b.) bb.).

978 So dann aber Rauscher/*Mankowski*, der an späterer Stelle erkennen lässt, dass er ganze Bereiche aus der Kollisionsnorm ausnimmt: Rn. 69 (für die Handlungs- und die Geschäftsfähigkeit) und Rn. 71 f. (für Aspekte der Vertretung, die nicht die Statthaftigkeit einer Stellvertretung oder die Frage betreffen, wer Vertragspartei ist); s. bereits Fn. 967.

979 Selbstverständlich greift dieser Gedanke dann nicht vollständig, wenn man Spellenberg u.a. nicht folgt und stattdessen die Willensmängel der Kollisionsnorm in Art. 25 Abs. 1 Satz 1 Halbsatz 2 Brüssel Ia-VO unterwirft.

980 EuGVVO-E, Abschnitt 3.1.3.

981 Dies betont auch *Magnus*, FS Martiny, 785, 793.

982 S. zu dieser Erstreckung auf die Geschäftsfähigkeit Musielak/Voit/*Stadler*, Art. 1 Rn. 4; Rauscher/*Mankowski*, Art. 25 Rn. 67; dies ergibt sich auch aus EuGH 16.11.2016 – C-417/15, ECLI:EU:C:2016:881 Rn. 25 = EuZW 2017, 36 – Schmidt/Schmidt; s. ebenfalls bereits die Schlussanträge der Generalanwältin Kokott v. 7.7.2016 – C-417/15, ECLI:EU:C:2016:535 Rn. 23 ff. – Schmidt/Schmidt: „Unterscheidungen, wie sie die deutsche Dogmatik innerhalb der Begriffstrias ‚Rechts-, Geschäfts- und

Denn für die Frage, ob die Bereichsausnahme greift oder nicht, sind die Natur der zwischen den Parteien des Verfahrens bestehenden Rechtsbeziehungen und der Gegenstand des Rechtsstreits maßgeblich.[983] Unschädlich ist hingegen, wenn vom Anwendungsbereich ausgenommene Rechtsgebiete für die Rechtsfindung „von präjudizieller Bedeutung“ sind, und zwar auch dann, wenn sie betreffende „Rechtsfragen [...] im Verfahren eine gewichtige Rolle spielen“.[984] Selbst wenn also im Verfahren aufgeworfene Rechtsfragen für sich genommen außerhalb des Anwendungsbereichs der Verordnung liegen, bleibt sie anwendbar; allein der Hauptgegenstand des Rechtsstreits muss in den Anwendungsbereich der Verordnung fallen.[985] Die Bereichsausnahme verfolgt also den Zweck, Verfahren über die Rechts-, die Handlungs- und die Geschäftsfähigkeit aus dem Zuständigkeitsregime der Brüssel Ia-VO herauszuhalten.[986]

Gemessen hieran ist die Bereichsausnahme für die (bloße) Frage der Reichweite der Kollisionsnorm ohne Bedeutung. Nur so erklärt sich im Übrigen, dass Zwiefka in seinem im Berichtsentwurf für den Rechtsausschuss enthaltenen Entwurf eines Art. 23a die „Rechtsfähigkeit“[987] ausdrücklich aus dem Prorogationsstatut ausgenommen hat.[988]

Es bleibt zu hoffen, dass der EuGH bei Gelegenheit zur Klärung der Abgrenzung von Prorogationsstatut und Einzelanknüpfungen beitragen wird. Solange er allerdings nicht anderweitig entscheidet, muss nach den hier angestellten

---

Handlungsfähigkeit von natürlichen Personen‘ vornimmt, können bei Zugrundelegung eines monistischen Konzepts wie der ‚capacité‘ gar nicht angestellt werden.“

983 Schlussanträge der Generalanwältin Kokott, aaO (vorige Fn.) Rn. 27; EuGH 22.10.2015 – C-523/14, ECLI:EU:C:2015:722 Rn. 30 = IPRax 2019, 147 – Aannemingsbedrijf Aertssen und Aertssen Terrassements/VSB Machineverhuur und van Sommeren; EuGH 23.10.2014 – C-302/13, ECLI:EU:C:2014:2319 Rn. 26 = EuZW 2015, 76 – flyLAL-Lithuanian Airlines/Starptautisa lidosta Riga und Air Baltic; EuGH 11.4.2013 – C-645/11, ECLI:EU:C:2013:228 Rn. 32 = EuZW 2013, 503 – Land Berlin/Sapir u. a.; EuGH 12.9.2003 – C-49/12, ECLI:EU:C:2013:545 Rn. 33 = EuZW 2013, 828 – Her Majesty's Revenue & Customs/Sunico u. a.

984 Schlussanträge der Generalanwältin Kokott, aaO (Fn. 982) Rn. 27; Schlosser-Bericht (Fn. 174) Nr. 51; s. auch Rauscher/*Mankowski*, Art. 25 Rn. 67.

985 Schlussanträge der Generalanwältin Kokott, aaO (Fn. 982) Rn. 28.

986 Vgl. MüKo-ZPO/*Gottwald*, Art. 1 Brüssel Ia-VO Rn. 11.

987 Englisch: „legal capacity“, vgl. Draft Report on the proposal for a regulation of the European Parliament and of the Council on jurisdiction and the recognition and enforcement of judgments in civil and commercial matters (recast), 28.6.2011 [2010/0383(COD), PR\869709EN.doc], S. 18.

988 Zwiefka-Bericht, aaO (Fn. 144), S. 19; s. zu Art. 23a schon oben Abschnitt I. 1. c.) und dd.) bbb.).

Überlegungen davon ausgegangen werden, dass die materiellen Restfragen der Stellvertretung und der Rechts- und Geschäftsfähigkeit von der Kollisionsnorm in Art. 25 Abs. 1 Satz 1 Halbsatz 2 Brüssel Ia-VO erfasst sind.

gg.) Verdrängung der Kollisionsnorm durch das CISG

Sofern sich die Handelsbeziehung zwischen den Parteien im konkreten Fall nach dem CISG bestimmt, werden die Vorschriften der Artt. 14 bis 24 CISG, maßgeblich unter Bezugnahme auf Art. 19 Abs. 3 CISG,[989] nach herrschender Meinung zwar grundsätzlich auf die „materielle Wirksamkeit von Gerichtsstandsvereinbarungen" angewandt.[990] Damit geht also auf den ersten Blick die Annahme einher, dass die Kollisionsnorm des Art. 25 Abs. 1 Satz 1 Halbsatz 2 Brüssel Ia-VO durch das CISG verdrängt wird. Allerdings ist erneut darauf hinzuweisen, dass dies nur insoweit gelten kann, als die spezielleren Vorschriften über Gerichtsstandsvereinbarungen nichts Näheres vorsehen.[991] Die Anwendbarkeit der Artt. 14 ff. CISG kommt allenfalls ergänzend in Betracht.[992]

Nachdem die Brüssel Ia-VO aber sowohl für die Auslegung als auch umfassend für den Komplex der materiellen Willenseinigung in Bezug auf Gerichtsstandsvereinbarungen europarechtsautonome Lösungen bereithält, fällt auch die Möglichkeit einer ergänzenden Anwendung der Artt. 14 bis 24 CISG weg. Hierzu führt die oben unter ff.) angesprochene Trennung von Vertragsschluss und sonstiger materieller Gültigkeit von Verträgen innerhalb des CISG. Das CISG regelt in Artt. 14 bis 24 nur den Vertragsschluss als solchen, überlässt aber gemäß Art. 4 lit. a die Regelung der materiellen Gültigkeit geschlossener Verträge oder einzelner Vertragsbestimmungen dem nationalen Recht. Die nach hiesigem Verständnis in Bezug auf die Brüssel Ia-VO im Sinne einer Ergänzung nur noch „interessanten" Restfragen der Stellvertretung und der

---

989 Wortlaut: „Ergänzungen oder Abweichungen, die sich insbesondere auf Preis, Bezahlung, Qualität und Menge der Ware, auf Ort und Zeit der Lieferung, auf den Umfang der Haftung der einen Partei gegenüber der anderen oder auf die Beilegung von Streitigkeiten beziehen, werden so angesehen, als änderten sie die Bedingungen des Angebots wesentlich."

990 *Schwenzer/Tebel*, FS Magnus, 319, 326; s. außerdem die umfangreichen Nachweise in Schlechtriem/Schwenzer/Schroeter/*Schroeter*, Vorb. zu Artt. 14-24 Rn. 51, dortige Fn. 140.

991 Staudinger/*Magnus*, Art. 11 CISG Rn. 7; s. bereits oben unter Abschnitt dd.) bbb.) am Ende.

992 Staudinger/*Magnus*, Vorb. zu Artt. 14 ff. CISG Rn. 8; Ferrari/Kieninger/Mankowski/*Mankowski*, Art. 90 CISG Rn. 6.

Rechts- und Geschäftsfähigkeit können also mithilfe des CISG gar nicht beantwortet werden.[993]

hh.) Zusammenfassung der Reichweite

Nach diesen umfassenden Ausführungen zur Reichweite der Kollisionsnorm in Art. 25 Abs. 1 Satz 1 Halbsatz 2 Brüssel Ia-VO steht fest: Sie ist ausgesprochen gering. Von den eigentlichen materiellen Gültigkeitsvoraussetzungen unterfallen Willenseinigung und Willensmängel der europäischen Regelung unmittelbar. Ebenso gelten unionsrechtlich-autononome Maßstäbe für die Frage der Bindung Dritter an Gerichtsstandsvereinbarungen. Gesetz- und Sittenwidrigkeit, AGB-Inhaltskontrolle und grundsätzlich auch die Missbrauchskontrolle bleiben als zusätzliche Prorogationsbeschränkungen ohnehin außen vor. Übrig bleiben am Ende neben dem vom EuGH in der Rechtssache „Ryanair" entschiedenen Ausnahmefall der Missbrauchskontrolle nur die Bereiche der Stellvertretung und der Rechts- und Geschäftsfähigkeit.

ii.) Lösung für die Frage nach dem anwendbaren Recht

Das Ausmaß der in Abschnitt 2. aufgezeigten Debatte um die Ermittlung des auf die materielle Wirksamkeit von internationalen Gerichtsstandsvereinbarungen anwendbaren Kollisionsrechts ist bezogen auf den Zeitraum *vor* Abschluss der Reform der Brüssel I-VO mehr als verständlich. Einige Autoren gehen nun davon aus, an der Diskussion habe sich auch durch die Reform nicht allzu viel verändert, weil die Entscheidung des europäischen Verordnungsgebers für eine Gesamtverweisung in Art. 25 Abs. 1 Satz 1 Halbsatz 2 Brüssel Ia-VO letztendlich wieder in das IPR der einzelnen Mitgliedstaaten führe und sich insofern dieselben Fragen im Hinblick auf die richtige Anknüpfung für die Weiterverweisung stellten.[994] Tatsächlich läuft es in der Debatte im Ergebnis nach wie vor auf dieselben Fragen hinaus, sie enthält aber neue Nuancen.

aaa.) Fortführung der Lösung über eine Analogie zu Artt. 3 ff. Rom I-VO

So formulierte etwa Magnus, die Lösung des Verordnungsgebers habe

993 Gleiches gilt im Übrigen für Willensmängel; s. zu den in Artt. 14–24 nicht geregelten Gegenständen Ferrari/Kieninger/Mankowski/*Mankowski*, Vorb. vor Art. 14-24 CISG Rn. 3 ff.

994 Vgl. *v. Hein*, RIW 2013, 97, 105.

„den Vorzug, dass alle befassten Gerichte die Gerichtsstandsvereinbarung nach demselben Recht beurteilen."[995]

Zwar hat Magnus recht, wenn er in diesem Zusammenhang darauf hinweist, der EuGH überwache die einheitliche Anwendung der Rom I-VO.[996] Dass diese Tatsache auch dazu führen könnte, dass die materielle Gültigkeit von Gerichtsstandsvereinbarungen in sämtlichen Mitgliedstaaten deshalb einheitlich beurteilt würde, wäre allerdings ein Trugschluss. Denn wie aufgezeigt, hat etwa der österreichische Gesetzgeber für vertragliche Schuldverhältnisse, die nicht in den Anwendungsbereich der Rom I-VO fallen, in § 35 IPRG eine eigene Kollisionsnorm geschaffen, die seither auch Gerichtsstandsvereinbarungen erfasst.[997] Damit wird für diesen Mitgliedstaat der Rückgriff auf die Rom I-VO nicht nur überflüssig, sondern eine analoge Anwendung gänzlich ausgeschlossen.[998]

Dies verdeutlicht zugleich: Hätte der europäische Verordnungsgeber eine einheitliche Lösung über die Rom I-VO angestrebt, hätte er parallel eine Änderung der Rom I-VO in Form einer Streichung der für Gerichtsstandsvereinbarungen geltenden Bereichsausnahme in Art. 1 Abs. 2 lit. e anstoßen können und wohl auch müssen, um auf diese Weise den Weg für ein ausdrücklich gewolltes einheitliches Kollisionsrecht außerhalb der Brüssel Ia-VO zu ebnen.

Im Ergebnis geht man de lege lata aufgrund der Gesamtverweisung in Art. 25 Abs. 1 Satz 1 Halbsatz 2 Brüssel Ia-VO überwiegend weiter davon aus, dass die kollisionsrechtliche Lösung für die Weiterverweisung innerhalb der deutschen Rechtsordnung mangels Alternativen im Rückgriff auf die Artt. 3 ff. Rom I-VO (gegebenenfalls in analoger Anwendung) liegt.[999]

Der oben unter 2. b.) aa.) dargestellte Gedankengang von Gebauer soll an dieser Stelle noch einmal aufgegriffen werden: Eine speziell auf die Gerichtsstandsvereinbarung bezogene Rechtswahl im Sinne von Art. 3 Rom I-VO sei in der Praxis eher selten zu finden; eine mangels Rechtswahl maßgebliche

---

995 *Magnus*, FS von Hoffmann, 664, 674; s. auch *Magnus*, FS Martiny, 785, 794.

996 *Magnus*, FS Martiny, 785, 794.

997 S.o. Abschnitt 2. b.) aa.); hierauf weist auch *Mankowski* hin in Rauscher, Art. 25 Rn. 50, dortige Fn. 264.

998 In IPRax 2016, 521, 525 hält *Magnus* einen Rückgriff für alle Mitgliedstaaten als „freiwilligen Akt der Rechtsprechung" allerdings auch selbst für unmöglich.

999 Rauscher/*v. Hein*, Art. 1 Rom I-VO Rn. 39; *ders.*, RIW 2013, 97, 105; MüKo-BGB/*Martiny*, Art. 1 Rom I-VO Rn. 27, 65; Ferrari/Kieninger/Mankowski/*Kieninger*, Art. 1 Rom I-VO Rn. 18a; Staudinger/*Magnus*, Art. 1 Rom I-VO Rn. 77; *ders.*, FS Martiny, 785, 794; *ders.* in Magnus/Mankowski, Art. 25 Rn. 81a; *Frensing-Deutschmann*, jurisPR-IWR 5/2016 Anm. 3, C.; *Staudinger*, NZV 2021, 39, 40; *Danelzik*, S. 108 ff.

charakteristische Leistung (Art. 4 Abs. 2 Rom I-VO) lasse sich bei Gerichtsstandsvereinbarungen nur schwerlich ermitteln.[1000] Mangels Rechtswahl und mangels charakteristischer Leistung dürfte für den Rechtsanwender die engste Verbindung im Sinne der Auffangregel in Art. 4 Abs. 4 Rom I-VO ausschlaggebend für die Anknüpfung sein.[1001]

Dabei werden – wie ebenfalls unter 2. b.) aa.) angesprochen – wahlweise die engste Verbindung mit dem Hauptvertrag (damit Geltung der lex contractus), mit dem Ort des gewählten Gerichts (damit Geltung der lex fori prorogati) oder mit dem Ort des angerufenen Gerichts (damit Geltung der lex fori) angenommen. Art. 20 Rom I-VO schließt an dieser Stelle (weitere) Weiter- und Rückverweisungen aus.

bbb.) Fortführung der Lösung über eine gegebenenfalls analoge Anwendung der Artt. 27 ff. EGBGB a.F.

Alternativ könnte man auch an eine Fortführung der oben unter 2. b.) bb.) dargestellten und von Schack bevorzugten Lösung über eine weitere, gegebenenfalls analoge Anwendung der Artt. 27 ff. EGBGB a.F. denken.[1002]

ccc.) Lösung

Auch wenn sich durch die heutige Kollisionsnorm in Art. 25 Abs. 1 Satz 1 Halbsatz 2 Brüssel Ia-VO am vorherigen Diskussionsstand nichts Grundlegendes verändert hat, lohnt es sich dennoch, die eingetretene Veränderung genauer unter die Lupe zu nehmen.

Der maßgebliche Unterschied gegenüber der bisherigen Rechtslage darf nicht unterbewertet werden: Die europäische Rechtsordnung steht heute *nicht mehr* ohne Kollisionsnorm für materielle Gültigkeitsfragen von Gerichtsstandsvereinbarungen da. Der europäische Verordnungsgeber hat den „Sitz des Rechtsverhältnisses" definiert und sich eindeutig und ausdrücklich für das Recht am Ort des gewählten Gerichts entschieden. Mit der Festlegung auf eine Gesamtverweisung hat er zugleich zu erkennen gegeben, dass er bei dem so definierten „Schwerpunktrecht" nicht stehen bleiben, sondern Weiterverweisungen Raum geben wollte. Dabei ist nicht davon auszugehen, dass der Verordnungsgeber im Zuge der Schaffung dieser Kollisionsnorm ohne jegliches Hinterfragen, gleichsam um jeden Preis, eine Parallelität mit dem HGÜ herstellen wollte; es ist vielmehr

---

1000 *Gebauer*, FS von Hoffmann, 577, 580.
1001 *Gebauer*, FS von Hoffmann, 577, 580.
1002 *Schack*, Rn. 557.

anzunehmen, dass er sich bewusst für eine Gesamtverweisung entschieden hat. Schließlich gab es auf dem Weg zur endgültigen Fassung von Art. 25 Brüssel Ia-VO auf europäischer Ebene Vorschläge wie den von Zwiefka,[1003] die ausdrücklich für eine Sachnormverweisung eingetreten waren und mit denen sich die europäischen Institutionen beschäftigen mussten.

Entscheidend für eine abschließende Analyse ist, sich vor Augen zu führen, welche Fragen überhaupt noch von der heutigen Kollisionsnorm in Art. 25 Abs. 1 Satz 1 Halbsatz 2 Brüssel Ia-VO erfasst werden; dazu diente der oben ausführlich gegebene Überblick. Die Lösung kann danach auf deutlich einfachere Weise gefunden werden, als es in den ausführlich geführten und detailliert aufgezeigten Debatten anklingt.

Nach hiesiger Auffassung bleiben für eine kollisionsrechtliche Anknüpfung nur die Bereiche der Stellvertretung und der Rechts- und Geschäftsfähigkeit übrig. Diese unterfallen – entgegen der Auffassung, die für Sonderanknüpfungen bereits innerhalb der europäischen Vorschrift plädiert –[1004] zunächst der Kollisionsnorm in Art. 25 Abs. 1 Satz 1 Halbsatz 2 Brüssel Ia-VO. Aufgrund der Gesamtverweisung ist sodann das IPR des prorogierten Gerichts zu befragen; erst dabei sind dessen Sonderanknüpfungen zu beachten. Art. 25 Abs. 1 Satz 1 Halbsatz 2 Brüssel Ia-VO überlässt also die Frage von Sonderanknüpfungen dem Kollisionsrecht des vereinbarten Gerichts.[1005] Knüpft das Kollisionsrecht des vereinbarten Gerichts etwa die Stellvertretung (auch) bei Gerichtsstandsvereinbarungen selbständig an, so ist diese Anknüpfung maßgeblich.[1006]

Innerhalb des deutschen IPR wird von solchen Sonderanknüpfungen für die Stellvertretung und die Rechts- und Geschäftsfähigkeit ausgegangen. Jene müssen allerdings erst gar nicht in der Rom I-VO gesucht werden; dort sind sie nämlich jeweils von Bereichsausnahmen erfasst: die Rechts- und Geschäftsfähigkeit (unbeschadet des Art. 13 Rom I-VO) von Art. 1 Abs. 2 lit. a und die Stellvertretung von Art. 1 Abs. 2 lit. g Rom I-VO.[1007] Die einschlägigen Sonderanknüpfungen finden sich vielmehr im EGBGB: Das auf die Rechts- und Geschäftsfähigkeit anwendbare Recht bestimmt sich nach Art. 7 EGBGB (in Verbindung mit der

---

1003 S.o. Abschnitt 1. b.) bb.).

1004 S.o. Abschnitt ff.) bbb.) (6.).

1005 Vgl. zum HGÜ *Huber*, IPRax 2016, 197, 200, s. näher dazu unten Abschnitt b.) bb.).

1006 Zum HGÜ wiederum *Huber*, IPRax 2016, 197, 200.

1007 Nach dem Kommissionsvorschlag für die Rom I-VO (Fn. 442) sollte in einem Art. 7 die rechtsgeschäftliche Stellvertretung noch durch Einbeziehung in das Vertragsstatut geregelt werden, vgl. hierzu MüKo-BGB/*Spellenberg*, Art. 12 Rom I-VO Rn. 5 m.w.N.

Verkehrsschutzvorschrift in Art. 12 EGBGB), das auf die rechtsgeschäftliche Stellvertretung anzuwendende Recht nach Art. 8 EGBGB.

So ergibt sich am Ende doch ein stimmiges Bild, und zwar insbesondere im Verhältnis zwischen Brüssel Ia-VO und Rom I-VO: Eine spezielle Kollisionsnorm für internationale Gerichtsstandsvereinbarungen findet sich in der Brüssel Ia-VO, die im Übrigen einen Großteil materieller Wirksamkeitsvoraussetzungen autonom regelt. Trotz Festlegung auf eine Gesamtverweisung bleibt die Bereichsausnahme für Gerichtsstandsvereinbarungen in Art. 1 Abs. 2 lit. e Rom I-VO unschädlich. Denn aufgrund der weiteren Bereichsausnahmen für die Rechts- und Geschäftsfähigkeit sowie die Stellvertretung kommt ein Rückgriff auf die Artt. 3 ff. Rom I-VO für die wenigen verbleibenden Restfragen gar nicht in Betracht.[1008] Das gilt selbst für den Fall, in dem die Parteien eine Rechtswahl für die Gerichtsstandsvereinbarung getroffen haben: Weder die Rechts- und Geschäftsfähigkeit noch die Stellvertretung können Gegenstand des von Art. 3 Rom I-VO bestimmten Statuts sein.[1009]

Die so gefundene Lösung steht im Einklang mit den Motiven des Verordnungsgebers bei Schaffung bzw. Beibehaltung der auf Gerichtsstandsvereinbarungen bezogenen Bereichsausnahme in Art. 1 Abs. 2 lit. e Rom I-VO; sie sollen hier noch einmal wiederholt werden:[1010] Man ging damals davon aus, dass für die ausgenommene Materie der Gerichtsstandsvereinbarungen die Brüssel I-Verordnung maßgebend sein sollte.[1011] Mit dem Festhalten an der Bereichsausnahme beabsichtigte man, einem weiteren Ausbau der Art. 23 Brüssel I-VO zu entnehmenden autonomen Kriterien den Vorzug zu geben.[1012] In erster Linie war also bezweckt, den Sonderregelungen für Gerichtsstandsvereinbarungen den Vortritt zu lassen.[1013] Nach der hier vertretenen Lösung lässt sich diese Zielsetzung verwirklichen: Die Art. 25 Brüssel Ia-VO zu entnehmenden autonomen Kriterien werden extensiv weiterentwickelt. Am Ende bleiben keine Fragen übrig, für die die Rom I-VO (analog) herangezogen werden müsste.

Die jüngst ergangene Entscheidung des EuGH in der Rechtssache „Ryanair“ vermag an diesem Ergebnis jedenfalls vorerst nichts zu ändern. Zwar wird dort ein Ausnahmefall der Missbrauchskontrolle der Kollisionsnorm in Art. 25 Abs. 1

1008 MüKo-BGB/*Spellenberg*, Art. 12 Rom I-VO Rn. 5 und dortige Fn. 9.
1009 Wiederum MüKo-BGB/*Spellenberg*, Art. 12 Rom I-VO Rn. 5 und dortige Fn. 9.
1010 S. ausführlich oben Abschnitt 2. b.) aa.).
1011 Vgl. insoweit den Kommissionsvorschlag für die Rom I-VO (Fn. 442), S. 5.
1012 Rauscher/*v. Hein*, Art. 1 Rom I-VO Rn. 38 m.w.N. (s. bereits Fn. 444).
1013 Rauscher/*v. Hein*, Art. 1 Rom I-VO Rn. 38 m.w.N. (s. bereits Fn. 445).

Satz 1 Halbsatz 2 Brüssel Ia-VO unterstellt.[1014] Aufgrund der herkömmlich angenommenen Gesamtverweisung müsste man nach dieser kritikwürdigen[1015] Lösung eine passende Kollisionsnorm in der Rechtsordnung des gewählten Gerichts suchen. Genau das hat der EuGH selbst aber nicht getan, sondern im Gegenteil vermuten lassen, dass er gar von einer Sachnormverweisung in Art. 25 Brüssel Ia-VO ausgeht.[1016] Aufgrund des nach hiesigem Verständnis in mehrfacher Hinsicht anzunehmenden Ausnahmecharakters dieser Entscheidung sollen daraus für die hier aufgestellten Grundsätze keine vorschnellen Konsequenzen gezogen werden.

Überlegungen zu vermeintlich besseren Lösungen de lege ferenda[1017] für das auf die materielle Gültigkeit von Gerichtsstandsvereinbarungen anzuwendende Recht brauchen von daher an dieser Stelle nicht verfolgt zu werden.

b.) HGÜ

Da Art. 5 Abs. 1 Halbsatz 2 HGÜ der Kollisionsnorm des Art. 25 Abs. 1 Satz 1 Halbsatz 2 Brüssel Ia-VO als Vorbild gedient hat,[1018] ist auch hier zu klären, welche Gültigkeitsfragen von der Kollisionsnorm erfasst und welche bereits durch das HGÜ selbst geregelt sind. Auch im Bereich des HGÜ ließ sich eine vollständige Harmonisierung der materiell-rechtlichen Aspekte von Gerichtsstandsvereinbarungen nicht verwirklichen.[1019]

aa.) Auslegung

Ebenso wenig wie Art. 25 Brüssel Ia-VO enthält das HGÜ umfassende Auslegungsregeln für Gerichtsstandsvereinbarungen.[1020] Auch der Hartley/Dogauchi-Bericht schweigt hierzu. Im Zusammenhang mit der Frage, ob eine

---

1014 EuGH – Ryanair/DelayFix, aaO (Fn. 13) Rn. 49 ff.

1015 S. zur Kritik näher oben Abschnitt a.) bb.) bbb.) (4.) (f.).

1016 S. dazu näher oben Abschnitt 1. b.) cc.) am Ende.

1017 Vgl. etwa die im Abschnitt 3. aufgezeigten Vorschläge von *Magnus* in IPRax 2016, 521, 527 ff. und *Staudinger* in NZV 2021, 39, 40.

1018 S.o. Abschnitt I. 2.

1019 *Wagner*, RabelsZ 2009, 100, 117 und dortige Fn. 90: Lediglich Art. 4 des Haager Übereinkommens über den vereinbarten Gerichtsstand von 1965 enthielt solche Ansätze.

1020 *Moebus*, S. 108.

Gerichtsstandsvereinbarung außervertragliche Ansprüche erfasst, findet sich nur die folgende Passage:

> „Ob dies in einem bestimmten Fall so ist, hängt von den Einzelheiten der Vereinbarung ab.“[1021]

Die Kollisionsnorm in Art. 5 Abs. 1 Halbsatz 2 HGÜ hilft insoweit nicht weiter. Ebenso wenig wie Art. 25 Abs. 1 Satz 1 Halbsatz 2 Brüssel Ia-VO ist sie Auffangregel für sämtliche nicht geregelten Fragen, die im Zusammenhang mit Gerichtsstandsvereinbarungen auftreten; sie betrifft ausdrücklich die materielle Nichtigkeit von Gerichtsstandsvereinbarungen und nicht Fragen der Auslegung.[1022]

Einziger Anhaltspunkt im Übereinkommen selbst ist Art. 3 lit. b HGÜ, der festlegt, dass Gerichtsstandsvereinbarungen im Zweifel als ausschließliche Vereinbarungen anzusehen sind. Diese Vermutungsregel ist eine spezielle Auslegungsregel,[1023] und eine bedeutende dazu: Denn sie bewirkt, dass die Anwendung des HGÜ erheblich ausgedehnt wird.[1024] Dies folgt aus der aufgezeigten Beschränkung des Anwendungsbereichs des Übereinkommens auf ausschließliche Gerichtsstandsvereinbarungen.[1025]

Auch wenn es für das HGÜ keine dem EuGH vergleichbare Auslegungsinstanz gibt, die weitere verbindliche Leitlinien für eine einheitliche Auslegung entwickeln kann, sollten die wenigen Vorgaben des HGÜ keinesfalls ignoriert werden. Anstatt nach ungeschriebenen kollisionsrechtlichen Lösungen zu suchen,[1026] sollte auch mit Blick auf das HGÜ gelten, dass das nationale Gericht die Gerichtsstandsvereinbarung primär anhand der Vorgaben des HGÜ auszulegen hat. Im Übrigen sollten Auslegungsfragen ohne Rückgriff auf ein nationales Recht in autonomer Interpretation nach Sinn und Zweck der Gerichtsstandsvereinbarung beantwortet werden.[1027] Namentlich die auszulegende Reichweite

1021 Hartley/Dogauchi-Bericht, Rn. 101.

1022 Im Erg. *Moebus*, S. 108.

1023 So für die Vermutungsregel in Art. 23 Abs. 1 Satz 2 Brüssel I-VO (jetzt 25 Abs. 1 Satz 2 Brüssel Ia-VO) EuGH – Höszig/Alstom Power Thermal Services, aaO (Fn. 12) Rn. 28, s. auch oben Abschnitt a.) aa.); a.A. offenbar *Moebus*, S. 108 f.

1024 *Schulz*, JPIL 2006, 243, 253.

1025 Vgl. Art. 1 Abs. 1 HGÜ.

1026 So *Moebus*, S. 109 ff.; s. aber auch *Weller*, FS Schütze, 705, 709, der eine Analogie zur konventionseigenen Kollisionsnorm für denkbar hält.

1027 So zu Art. 23 Brüssel I-VO *Kropholler/v. Hein*, EuZPR, Art. 23 Rn. 18.

der Vereinbarung muss für das angerufene Gericht schnell und unkompliziert feststellbar sein.[1028]

bb.) Zulässigkeitsschranken

Das HGÜ sieht ebenso wie die Brüssel Ia-VO zahlreiche Zulässigkeitsschranken für Gerichtsstandsvereinbarungen vor. So ist in Art. 3 und Art. 5 Abs. 1 HGÜ der Bestimmtheitsgrundsatz verankert. Erforderlich sind danach sowohl die Bestimmtheit der Gerichtswahl als auch die Bestimmtheit der von der Zuständigkeitsvereinbarung erfassten Streitigkeiten.[1029]

Grundsätzlich verlangt das HGÜ wie auch die Brüssel Ia-VO keinen objektiven Zusammenhang zwischen streitigem Rechtsverhältnis und gewähltem Forum.[1030] Allerdings sieht Art. 19 HGÜ folgende Vorbehaltsmöglichkeit vor: Ein Vertragsstaat kann durch ausdrückliche Erklärung seinen Gerichten erlauben, die Entscheidung von Rechtsstreitigkeiten abzulehnen, für die eine ausschließliche Gerichtsstandsvereinbarung vorliegt, wenn neben dem Ort des vereinbarten Gerichts keine weitere Verbindung zwischen dem Staat und den Parteien oder dem Rechtsstreit besteht.[1031] Darüber hinaus ist allerdings – wie bereits erwähnt –[1032] keine (weitere) Möglichkeit für ein angerufenes vereinbartes Gericht gegeben, eine Klage aus allgemeinen forum non conveniens-Erwägungen heraus abzuweisen. Dies folgt aus Art. 5 Abs. 2

1028 Vgl. auch *Schack*, Rn. 568.

1029 S. dazu näher den Hartley/Dogauchi-Bericht, Rn. 93, 101 und 139 f.: Die Gerichtsstandsvereinbarung muss sich nicht auf eine bestehende Rechtsstreitigkeit beziehen; sie kann auch eine künftige, aber aus einem bestimmten Rechtsverhältnis entspringende Rechtsstreitigkeit erfassen. Auch wenn die Parteien ein bestimmtes Gericht benennen, gelten für die örtliche Zuständigkeit dennoch die nationalen Vorschriften über die innerstaatliche Zuständigkeitsverteilung; näher auch *Reuter/Wegen*, ZVglRWiss 2017, 382, 397.

1030 Vgl. noch zum Entwurf *Coester-Waltjen*, FS Heldrich, 549, 557, die die zuvor geführte Diskussion darüber darstellt, ob, wie nach dem Zuständigkeitsrecht einiger US-Staaten, ein Mindestbezug zum gewählten Forum verlangt oder aber die Wahl eines „neutralen" Gerichts ermöglicht werden sollte.

1031 Diese Vorbehaltsmöglichkeit sollte offenbar die Bedenken einzelner US-amerikanischer Gliedstaaten ausräumen, näher *Coester-Waltjen*, FS Heldrich, 549, 558; vgl. aber auch *Wagner* in RabelsZ 2009, 100, 119 f., der darauf hinweist, dass die Bedeutung des Vorbehalts nicht überschätzt werden dürfe, da die Zuständigkeitsvorschriften des Übereinkommens ohnehin nur für internationale Sachverhalte im Sinne des Übereinkommens zur Anwendung kämen.

1032 S.o. Abschnitt B., insbesondere Fn. 76.

HGÜ: Danach darf ein nach Absatz 1 zuständiges Gericht die Ausübung seiner Zuständigkeit nicht mit der Begründung verweigern, dass ein Gericht eines anderen Staates über den Rechtsstreit entscheiden sollte.[1033]

Auch innerhalb des Anwendungsbereichs des HGÜ ergeben sich die Zulässigkeitsschranken ausschließlich aus den Vorschriften des Konventionstextes selbst; solche Beschränkungen liegen von vornherein außerhalb der Reichweite der Kollisionsnorm in Art. 5 Abs. 1 Halbsatz 2 HGÜ.[1034] Für nationale Abweichungen bleibt insoweit kein Raum.[1035]

Das muss wiederum zugleich bedeuten, dass eine Inhalts- und Missbrauchskontrolle nach nationalem Recht ausgeschlossen ist.[1036] Zwar plädieren Stimmen in der Literatur insoweit doch für eine Anwendbarkeit nationalen Rechts.[1037] Peter Huber etwa sieht die Grenze zur unzulässigen Prorogationsbeschränkung erst dann erreicht, wenn sich der jeweils einschlägige nationale Kontrollmechanismus gegen die Statthaftigkeit der Gerichtsstandsvereinbarung als solche richte; dann nämlich stünden generelle Zulässigkeitsschranken in Rede, die das HGÜ selbst abschließend regele.[1038] Ein solcher Vorschlag führt aber zwangsläufig zu Abgrenzungsschwierigkeiten.

Im Übrigen darf nicht übersehen werden, dass auch das HGÜ, wenn auch anders als die Brüssel Ia-VO, ein in sich geschlossenes System materieller Gerechtigkeitserwägungen enthält:[1039] Zwar hat es nicht die in Art. 4 Abs. 3 des nie in Kraft getretenen Haager Übereinkommens über den vereinbarten Gerichtsstand von 1965 gefundene Lösung übernommen, die da lautete:

> „The agreement on the choice of court shall be void or voidable if it has been obtained by an abuse of economic power or other unfair means.“[1040]

1033 Vgl. auch Hartley/Dogauchi-Bericht, Rn. 134; näher dazu *Wagner*, RabelsZ 2009, 100, 119; *Moebus*, S. 191 f.; *Huber*, IPRax 2016, 197, 203 f.; *Ahmed/Beaumont*, JPIL 2017, 1, 8.

1034 Vgl. *Huber*, IPRax 2016, 197, 202.

1035 Vgl. *Huber*, IPRax 2016, 197, 202; Rauscher/*Weller*, Einf HProrogÜbk 2005 Rn. 22: „es sei denn, die betreffenden Sachrechtsmaterien sind nach Art 2 vom sachlichen Anwendungsbereich des Übereinkommens ausgenommen oder der betreffende Vertragsstaat hat nach Art 21 eine Erklärung abgegeben, dass das Übereinkommen auf das betreffende Rechtsgebiet, aus dem das Derogationsverbot hervorgeht, nicht anzuwenden sei“.

1036 *Fricke*, VersR 2006, 476, 479.

1037 *Moebus*, S. 196 f.; *Huber*, IPRax 2016, 197, 202 f.

1038 *Huber*, IPRax 2016, 197, 202 f.

1039 Vgl. *Fricke*, VersR 2006, 476, 479.

1040 Bereits erwähnt in Fn. 536; s. hierzu auch *Gottschalk/Breßler*, ZEuP 2007, 56, 63.

Stattdessen gilt nach Art. 6 HGÜ der Grundsatz, dass nicht prorogierte Gerichte anderer Vertragsstaaten eine gemäß Art. 5 Abs. 1 Halbsatz 2 HGÜ gültige Gerichtsstandsvereinbarung anerkennen und ihr Verfahren aussetzen oder sich für unzuständig erklären müssen.[1041] Art. 6 lit. a bis e HGÜ sieht zugleich enge Ausnahmen hiervon vor.[1042] Nach der weiter oben schon thematisierten Ausnahme in Art. 6 lit. c[1043] darf ein derogiertes Gericht eine Gerichtsstandsvereinbarung insbesondere dann verwerfen, wenn diese zu „einer offensichtlichen Ungerechtigkeit" führen würde oder dem ordre public des angerufenen Gerichts widerspricht.[1044] Damit sieht das HGÜ zugleich die Möglichkeit vor, aus Eingriffsnormen resultierende Derogationsverbote zu beachten.[1045]

Einige Autoren ziehen Art. 6 lit. c HGÜ für einen Erst-recht-Schluss heran: Lasse man eine allgemeine Inhalts- und oder Missbrauchskontrolle nicht zu, bedeute dies, dass das angerufene Gericht über die Ordre-public-Klausel in Art. 6 lit. c HGÜ eine gewisse inhaltliche Kontrolle vornehmen dürfe, das gewählte Gericht hingegen nicht.[1046] Ein solches Ergebnis sei erkennbar nicht gewollt;[1047] vielmehr müsse man dem als zuständig vereinbarten Gericht erst recht eine Befugnis zur allgemeinen Inhaltskontrolle zugestehen.[1048]

Dieser Schluss erscheint indes nicht zwingend. Bezogen auf die Ordre-public-Klausel in Art. 6 lit. c HGÜ ist eine Gleichsetzung von prorogiertem und derogiertem Gericht von vornherein nicht angezeigt. Denn nur das derogierte Gericht, das das Verfahren grundsätzlich auszusetzen hat, muss überhaupt fürchten, dass die Anwendung der Vereinbarung zu einer offensichtlichen Ungerechtigkeit oder einem Widerspruch zu „seinem" ordre public führen könnte. Das angerufene prorogierte Gericht hat hingegen „Macht" über die Durchsetzung seiner eigenen Rechts- und Werteordnung.[1049]

Für die Ordre-Public-Klausel ist ein strenger Prüfungsmaßstab anzulegen.[1050] Eine allgemeine Inhalts- oder Missbrauchskontrolle wird darüber selbst

1041 *Gottschalk/Breßler*, ZEuP 2007, 56, 63; vgl. auch *Fricke*, VersR 2006, 476, 479.

1042 *Gottschalk/Breßler*, ZEuP 2007, 56, 63; s. zum Ausnahmekatalog auch Hartley/Dogauchi-Bericht, Rn. 146 ff.

1043 S.o. Abschnitt a.) bb.), Wortlaut in Fn. 538 wiedergegeben.

1044 S. hierzu ausführlich *Weller*, JPIL 2016, 1, 11 ff.; *ders.*, FS Schütze, 705, 711.

1045 *Huber*, IPRax 2016, 197, 205; Rauscher/*Weller*, Einf HProrogÜbk 2005 Rn. 30.

1046 So *Moebus*, S. 197.

1047 *Moebus*, S. 197 m.w.N.

1048 *Freitag*, FS Magnus, 419, 429.

1049 S. insoweit auch BGH, Urt. v. 6.6.1991 – III ZR 68/90, NJW 1991, 2215.

1050 Hartley/Dogauchi-Bericht, Rn. 152.

dem derogierten Gericht nicht zugestanden. Insofern scheidet auch ein hierauf gerichteter Erst-recht-Schluss aus.

Sowohl die Tatsache, dass eine bewusste Entscheidung gegen das entworfene Regime aus 1965 getroffen wurde, als auch die Tatsache, dass im HGÜ ein in sich geschlossenes System materieller Gerechtigkeitserwägungen vorhanden ist, sprechen dafür, eben dieses System als abschließend zu betrachten.[1051] Dies scheint auch im Ergebnis hinnehmbar.[1052] Denn nach Art. 2 Abs. 1 HGÜ sind mit den Verbrauchern und Arbeitnehmern die sogenannten schwächeren Parteien, die eines besonderen Schutzes bedürfen, vom Anwendungsbereich des HGÜ ausgenommen. Auch wenn kleine und mittlere Unternehmen im Einzelfall gleichfalls von einer umfassenden AGB-Inhaltskontrolle profitieren könnten, ist das HGÜ doch für einen Teilnehmerkreis konzipiert, dem man grundsätzlich ausreichend geschäftliche Erfahrung für die Wahrung eigener Interessen im internationalen Geschäftsverkehr unterstellen kann.[1053]

cc.) Form

Das HGÜ regelt die Formerfordernisse für Gerichtsstandsvereinbarungen in Art. 3 lit. c des Übereinkommens. Danach muss jede Gerichtsstandsvereinbarung entweder

„i) schriftlich oder
ii) durch jedes andere Kommunikationsmittel, das es ermöglicht, auf die Informationen später wieder zuzugreifen“[1054] (gemeint sind damit E-Mails,[1055] Telefaxe und sogenannte click-wrap agreements),[1056]

1051 Zur zweiten aufgeführten Tatsache *Fricke*, VersR 2006, 476, 479.

1052 Vgl. aber insbesondere die in der amerikanischen Literatur geäußerte Kritik, etwa *Kerns*, Temple Int'l & Comp. L.J. 2006, 509, 513, der einen fehlenden Schutz kleiner Unternehmen kritisiert; auch *Bruce*, Brook. J. Int'l L. 2007, 1103, 1105 ff., äußert sich besorgt mit Blick auf „non-negotiated contracts“.

1053 Vgl. *Fricke*, VersR 2006, 476, 479.

1054 Der Inhalt dieser Vorschrift ist Art. 6 Abs. 1 des UNCITRAL-Modellgesetzes über den elektronischen Geschäftsverkehr vom 12. Juni 1996 nachgebildet, vgl. Hartley/Dogauchi-Bericht, Rn. 112, dortige Fn. 144; *Wagner*, RabelsZ 2009, 100, 118, dortige Fn. 97.

1055 Insoweit ist umstritten, ob eine einfache E-Mail genügt oder eine digitale Signatur erforderlich ist; für ersteres *Huber*, IPRax 2016, 197, 199, für letzteres vgl. *Fricke*, VersR 2006, 476, 478.

1056 Hartley/Dogauchi-Bericht, Rn. 112 und *Huber*, IPRax 2016, 197, 199.

geschlossen oder dokumentiert sein. Es reicht also – im Gegensatz zu Art. 25 Abs. 1 Satz 3 lit. b und c Brüssel Ia-VO – nicht aus, wenn eine Vereinbarung lediglich auf Gepflogenheiten der Parteien oder auf Handelsbräuchen beruht.[1057] Der Begriff „schriftlich geschlossen oder dokumentiert“ ist übereinkommensautonom auszulegen.[1058] Laut Hartley und Dogauchi ist eine Unterschrift nicht zwingend erforderlich.[1059] Ob die Formulierung die sogenannte halbe Schriftlichkeit des Art. 25 Abs. 1 Satz 3 lit. a Var. 2 Brüssel Ia-VO, also mündlich geschlossene Vereinbarungen mit schriftlicher Bestätigung, ausreichen lässt, ist bislang nicht geklärt.[1060]

Die Formvorschriften sind als zugleich notwendig und ausreichend anzusehen.[1061] Problematisch ist dabei die Frage nach der Rechtsfolge bei Nichtbeachtung. Huber richtet hierfür den Blick zu Recht auf die oben bereits dargestellte[1062] eigene Systematik des Anwendungsbereichs des HGÜ.[1063] Art. 1 HGÜ setzt bereits für den Anwendungsbereich das Vorliegen einer Gerichtsstandsvereinbarung voraus, die den Erfordernissen des Buchstaben c, also den Formvorschriften genügt.[1064] Während die Einhaltung der Formvorschriften in der Brüssel Ia-VO Wirksamkeitsvoraussetzung der Gerichtsstandsvereinbarung ist, die Nichteinhaltung also abschließend formelle Ungültigkeit bedeutet,[1065] dürfte Art. 1 HGÜ dahingehend zu deuten sein, dass Folge der Nichteinhaltung der Formvorschriften innerhalb des HGÜ „lediglich“ die Unanwendbarkeit des Übereinkommens insgesamt ist.[1066] Damit bleibt der Weg in die nationalen Rechtsordnungen und deren Bestimmungen über die Formerfordernisse frei.[1067] Das Übereinkommen schließt also nicht aus, dass ein Gericht eines Vertragsstaats einer gegen Art. 3 lit.

1057 *Magnus*, FS von Hoffmann, 664, 670 f.

1058 Davon offenbar ausgehend Hartley/Dogauchi-Bericht, Rn. 111 ff.; *Huber*, IPRax 2016, 197, 199; *Moebus*, S. 85.

1059 Hartley/Dogauchi-Bericht, Rn. 112, dort wird allerdings zugleich darauf hingewiesen, dass die Unterschrift schon zur Vermeidung von Beweisschwierigkeiten sinnvoll sein dürfte, vgl. auch *Huber*, IPrax 2016, 197, 199.

1060 Vgl. *Magnus*, FS von Hoffmann, 664, 670, dortige Fn. 29; dafür *Huber*, IPRax 2016, 197, 199.

1061 Hartley/Dogauchi-Bericht, Rn. 110; vgl. auch *Moebus*, S. 83.

1062 S.o. Abschnitt B. I. 1.

1063 *Huber*, IPRax 2016, 197, 200.

1064 *Huber*, IPRax 2016, 197, 200.

1065 S.o. Abschnitt a.) cc.).

1066 Hartley/Dogauchi-Bericht, Rn. 110, dortige Fn. 141; *Huber*, IPRax 2016, 197, 200.

1067 *Huber*, IPRax 2016, 197, 200.

c HGÜ verstoßenden Gerichtsstandsvereinbarung Wirkung verleiht, wenn sie nach seinem eigenen (großzügigeren) Recht gültig ist.[1068] Für die Gerichte anderer Vertragsstaaten werden dann selbstverständlich keinerlei Verpflichtungen aus dem HGÜ ausgelöst: Sie müssen also weder gemäß Art. 6 HGÜ die Durchführung eigener Verfahren unterlassen noch nach Art. 8 HGÜ Entscheidungen anerkennen und vollstrecken.[1069]

Für den Fall, dass die Formerfordernisse des HGÜ aber erfüllt sind, ist die Rechtsfolge die gleiche wie im Bereich der Brüssel Ia-VO: Es dürfen keine weiteren Formvoraussetzungen nach innerstaatlichem Recht auferlegt werden; die in Art. 3 lit. c HGÜ aufgestellten Formerfordernisse sind abschließender Natur.[1070]

Auch im Verhältnis zum HGÜ bleibt die Formfreiheit in Art. 11 CISG unberücksichtigt; insoweit ist auf die Ausführungen im Zusammenhang mit der Brüssel Ia-VO zu verweisen.[1071] Der Anwendungsvorrang der Formvorschriften des HGÜ kann im Übrigen auf Art. 90 CISG gestützt werden; das HGÜ geht dem CISG als nachträglich geschlossene völkerrechtliche Übereinkunft grundsätzlich vor.[1072]

dd.) Willenseinigung

Im Rahmen des HGÜ wird die Debatte zur Einordnung der Willenseinigung zwar nicht in vergleichbarem Ausmaß wie im Rahmen der Brüssel Ia-VO geführt; dennoch haben sich bereits einige Autoren zu der Problematik positioniert. Ausgangspunkt ist dabei regelmäßig die Entstehungsgeschichte der Vorschriften.[1073] So wird beispielsweise darauf hingewiesen, man habe im Zuge der Vertragsverhandlungen etwa im französischen Text absichtlich kenntlich gemacht, dass die Form in Abweichung vom europäischen Recht nicht zugleich Elemente der Willenseinigung enthalte: Hierfür habe man das Wort „confirmé“ (par écrit) durch das Wort „documenté“ (par écrit) ersetzt.[1074]

1068 *Moebus*, S. 83.

1069 Hartley/Dogauchi-Bericht, dortige Fn. 141; vgl. auch *Wagner*, RabelsZ 2009, 100, 118; *Moebus*, S. 83 f.

1070 Hartley/Dogauchi-Bericht, Rn. 110; *Moebus*, S. 83 unter Bezugnahme auf das Wort „muss“; Rauscher/*Weller*, Einf HProrogÜbk 2005 Rn. 14; *ders.*, FS Schütze, 705, 710.

1071 S.o. Abschnitt a.) cc.) am Ende.

1072 Vgl. zum weit gefassten Kreis der vorgehenden Vereinbarungen Schlechtriem/Schwenzer/Schroeter/*Ferrari*, Art. 90 Rn. 2 m.w.N.

1073 S. zur Entstehungsgeschichte des HGÜ ausführlich *Reuter/Wegen*, ZVglRWiss 2017, 382, 383 ff.

1074 *Moebus*, S. 67; s. auch *Schulz*, JPIL 2006, 243, 253.

Immer wieder genannt wird auch der Entwurf des Hartley/Dogauchi-Berichts mit folgender Formulierung:

> "The application of autonomous rules may have been correct in the context of the Brussels Convention, but it is not correct with regard to the Hague Convention, under which the law of the State in question must decide whether there is consent (…)"[1075]

Damit sei bereits frühzeitig eine an die europäische Lösung angelehnte autonome Auslegung des Begriffs der Vereinbarung eindeutig abgelehnt worden.[1076]

Zu Recht weist Peter Huber allerdings darauf hin, dass eben jene Passage gerade nicht Eingang in die endgültige Fassung des Hartley/Dogauchi-Berichts fand.[1077] Hier wird vielmehr ausgeführt:

> „Ob eine entsprechende Zustimmung vorliegt, wird normalerweise[1078] nach dem Recht des Staates des vereinbarten Gerichts (…) entschieden (…).
>
> Das Übereinkommen als Ganzes greift jedoch nur dann, wenn eine Gerichtsstandsvereinbarung vorliegt, und dies setzt wiederum voraus, dass die grundlegenden tatsächlichen Voraussetzungen einer Zustimmung gegeben sind. Sind diese, gemessen an normalen Standards,[1079] nicht gegeben, könnte ein Gericht annehmen, dass das Übereinkommen nicht anwendbar ist, ohne ausländisches Recht berücksichtigen zu müssen."[1080]

Mit einem in diesem Zusammenhang aufgeführten Beispiel definieren Hartley und Dogauchi die „normalen Standards" als das „Recht jedes anderen Staates der Welt".[1081]

Im Grundsatz trennen Hartley und Dogauchi also den Bereich der Willenseinigung weiterhin von den Formfragen; die Einigung soll von der Kollisionsnorm erfasst sein. Stehen aber allgemein anerkannte Rechtsgrundsätze, gleichsam der internationale ordre public, der Annahme einer Willenseinigung entgegen, ist

---

1075 Preliminary Draft Convention on Exclusive Choice of Court Agreements, Explanatory Report drawn up by Masato Dogauchi and Trevor C. Hartley, December 2004, Rn. 62, abrufbar unter: www.assets.hcch.net/upload/wop/jdgm_pd26e.pdf; zitiert unter anderem von *Huber*, IPRax 2016, 197, 201; *Moebus*, S. 68; erwähnt auch von *Rühl*, IPRax 2005, 410, 411, dortige Fn. 18.

1076 *Rühl*, IPRax 2005, 410, 411; *Huber*, IPRax 2016, 197, 201; *Moebus*, S. 68, dortige Fn. 453.

1077 *Huber*, IPRax 2016, 197, 201.

1078 In der englischen Fassung: „normally".

1079 In der englischen Fassung: „any normal standards".

1080 Hartley/Dogauchi-Bericht, Rn. 94 f.

1081 Hartley/Dogauchi-Bericht, Rn. 96.

das Vorliegen einer solchen unabhängig von dem kollisionsrechtlich berufenen Sachrecht zu verneinen. Insofern, aber auch nur insofern, soll die Willenseinigung übereinkommensautonom geregelt sein. Um die bereits oben verwandten Begriffe von „Einheits- und Differenzierungslösung" wiederaufzugreifen,[1082] dürfte damit trotz Abkehr vom ursprünglich entworfenen Passus die grundsätzliche Entscheidung von Hartley und Dogauchi für die Einheitslösung feststehen: Sie sehen die Kollisionsnorm als umfassende Verweisung ins nationale Recht an, die auch für die Frage der Willenseinigung gilt.[1083]

Dafür spricht sich, neben vielen weiteren Autoren,[1084] auch Peter Huber aus,[1085] dessen ausführliche Argumentation näher betrachtet werden soll. Zum einen verweist Huber darauf, dass die Frage nach einer autonomen Regelung des Konsenses im Rahmen der Vorarbeiten zum Übereinkommen adressiert worden sei.[1086] Die Tatsache, dass man am Ende auf die Aufnahme einer solchen Regelung verzichtet habe, spreche für eine insoweit bewusste Entscheidung der Konventionsgeber für die Einheitslösung.[1087] Diese Argumentation verfängt insoweit nicht ohne weiteres, als auch der europäische Verordnungsgeber im Zuge der Reform der Brüssel I-VO um die Debatte über Einheits- und Differenzierungslösung im Hinblick auf die Willenseinigung wusste, eine ausdrückliche Regelung im Verordnungstext aber ablehnte. Nach den oben angestellten Erörterungen ist dennoch davon auszugehen, dass der europäische Verordnungsgeber der vom EuGH entwickelten Differenzierungslösung treu bleiben wollte.[1088] Allerdings ist zuzugeben, dass der europäische Verordnungsgeber vor dem Hintergrund der gefestigten EuGH-Rechtsprechung eine ausdrückliche Regelung zum Umgang mit der Willenseinigung als entbehrlich ansehen konnte. Ein entsprechend richterrechtlich entwickeltes Konzept stand dem Konventionsgeber

1082 S.o. Abschnitt a.) dd.).

1083 *Huber* sieht in der endgültigen Fassung allerdings eher einen Hinweis auf die Differenzierungslösung, IPRax 2016, 197, 201.

1084 Wohl die überwiegende Meinung: *Moebus*, S. 66 ff.; *Bläsi*, S. 35 ff., insbes. S. 41 f.; *Rühl*, IPRax 2005, 410, 411; *Schulz*, JPIL 2006, 243, 253; *Beaumont*, JPIL 2009, 125, 139 f.; Rauscher/*Weller*, Einf HProrogÜbk 2005 Rn. 22; Schlechtriem/Schwenzer/Schroeter/*Schroeter*, Vorb. zu Artt. 14-24 Rn. 59; *Reuter/Wegen*, ZVglRWiss 2017, 382, 396; a.A. aber *Brand/Herrup*, S. 40 f., 79: Danach soll auf Fragen der Willenseinigung die lex fori angewandt werden.

1085 *Huber*, IPRax 2016, 197, 201.

1086 *Huber*, IPRax 2016, 197, 201 m.w.N.

1087 *Huber*, IPRax 2016, 197, 201.

1088 S.o. Abschnitt a.) dd.) bbb.).

im Entstehungsprozess des HGÜ aber nicht zur Verfügung. Im Ergebnis könnte dessen Schweigen über den Konsens also doch als bewusste Entscheidung für die Einheitslösung und somit als bewusste Entscheidung dafür gedeutet werden, auch die Frage der Willenseinigung der Kollisionsnorm zu unterstellen.

Das zweite Argument, das Huber für die Einheitslösung ins Feld führt, überzeugt für sich genommen nicht; Huber bezeichnet dieses Argument selbst als ein systematisches, mit dem er Bedenken gegen die Einheitslösung ausräumen möchte.[1089] Unter diesen Bedenken versteht Huber offenbar (nur) die geäußerte Sorge, dass die Anwendung der Kollisionsnorm auch auf das Merkmal der Willenseinigung ungerechte Ergebnisse nach sich ziehen könnte.[1090] Derartige Bedenken würden im Übereinkommen aber anderweitig aufgefangen; einer übereinkommensautonomen Konsensregelung bedürfe es dafür nicht.[1091] Huber hat hier die Orde-public-Klausel vor Augen: Nach Art. 6 lit. c HGÜ dürften Gerichte die Derogationswirkung stets wegen einer „offensichtlichen Ungerechtigkeit" oder eines Verstoßes gegen den ordre public durchbrechen.[1092] Dabei übersieht Huber, dass eine übereinkommensautonome Lösung des Konsenserfordernisses aber nicht allein dafür Sorge getragen hätte, etwaigen Ungerechtigkeiten durch die Anwendung nationalen Rechts vorzubeugen. Eine übereinkommensautonome Lösung hätte darüber hinaus jedenfalls für Rechtsvereinheitlichung sorgen können. Diesen Gedanken berücksichtigt Huber bei seiner Argumentation nicht.

Huber sieht schließlich in der von ihm propagierten Einheitslösung einen Vorteil, der bei näherer Betrachtung als solcher nicht bestätigt gefunden werden kann: Die Einheitslösung führe mit Formvorschrift und Grundkollisionsnorm zu einer umfassenden Regelung der Wirksamkeit von Gerichtsstandsvereinbarungen; Qualifikationsentscheidungen seien also

> „nur noch insofern nötig, als festgelegt werden muss, ob eine Frage als Formfrage oder als Frage der materiellen Gültigkeit zu betrachten ist."[1093]

Die im Zusammenhang mit der Regelung in der Brüssel Ia-VO erörterten Beispiele haben allerdings deutlich aufgezeigt, dass gerade diese Qualifikationsentscheidungen eine erhebliche Herausforderung für den Rechtsanwender

---

1089 *Huber*, IPRax 2016, 197, 202.

1090 S. *Huber*, IPRax 2016, 197, 202 und das von ihm dort in Bezug genommene Beispiel.

1091 *Huber*, IPRax 2016, 197, 202.

1092 *Huber*, IPRax 2016, 197, 202; ähnlich *Moebus*, S. 68.

1093 *Huber*, IPRax 2016, 197, 202.

bedeuten.[1094] Dies gilt insbesondere mit Blick auf die von Huber selbst angesprochene Einordnung der Fragestellungen im Zusammenhang mit der Verwendung von AGB. Huber legt sich zwar fest: Ob der Verwender der anderen Partei den AGB-Text mitschicken müsse, wie der Hinweis darauf ausgestaltet sein müsse, in welcher Sprache er erfolgen müsse, der Schutz vor überraschenden Klauseln und „ähnliche Fragen“ seien im Rahmen des HGÜ keine Fragen der Form, sondern Fragen der materiell-rechtlichen Gültigkeit.[1095] Dennoch ist in Erinnerung zu rufen, wie unterschiedlich diese Fragen beurteilt und vom Rechtsanwender gehandhabt werden können. Vor diesem Hintergrund verwundert auch nicht die Auffassung von Magnus, nach der die Willenseinigung unter dem HGÜ genauso behandelt werden solle wie unter der Brüssel Ia-VO.[1096]

Auch wenn die von Huber aufgezeigten Vorzüge der Einheitslösung also im Detail nicht nachvollzogen werden können, so ist doch zu konstatieren, dass der Konventionstext selbst nicht mehr als den Begriff der „Vereinbarung“ enthält; ein Konsenskonzept sucht man vergebens.[1097] Und auch wenn der Begriff innerhalb der Brüssel Ia-VO ausreichte, um ein solches Konzept richterrechtlich zu entwickeln, so fehlt eben diese Möglichkeit für das HGÜ mangels einheitlicher Auslegungsinstanz. Eine eigentlich wünschenswerte vereinheitlichte Handhabung der Willenseinigung auch innerhalb des HGÜ scheint damit unerreichbar. Jedenfalls eine rechtssichere Lösung ist auf diesem Wege ausgeschlossen.[1098] Trotz des nach hiesiger Ansicht erheblichen Nachteils schwieriger Qualifikationsentscheidungen bzw. Differenzierungen zwischen Form und Konsens ist nach alledem mit der wohl überwiegenden Ansicht davon auszugehen, dass die Kollisionsnorm im HGÜ auch die Frage der Willenseinigung erfasst.

Da materiell-rechtliche Regeln für das Zustandekommen der Gerichtsstandsvereinbarung im HGÜ selbst fehlen und im Unterschied zur Brüssel Ia-VO auch kein richterrechtlich entwickeltes autonomes Konzept hierzu vorliegt, sind insoweit mit der herrschenden Meinung die Artt. 14 bis 24 CISG ergänzend heranzuziehen.[1099]

1094 S.o. Abschnitt a.) dd.) bbb.).

1095 *Huber*, IPRax 2016, 197, 202 f.

1096 *Magnus*, IPRax 2016, 521, 524.

1097 Vgl. Rauscher/*Weller*, Einf HProrogÜbk 2005 Rn. 12.

1098 Vgl. Rauscher/*Weller*, Einf HProrogÜbk 2005 Rn. 12.

1099 So ausdrücklich auf das HGÜ bezogen Schlechtriem/Schwenzer/Schroeter/*Schroeter*, Vorb. zu Artt. 14-24 Rn. 59; s. zur Darstellung der herrschenden Meinung im Übrigen schon oben Abschnitt a.) gg.) mit Fn. 990.

ee.) Über die Willenseinigung hinausgehende Fragen der materiellen Gültigkeit

Nachdem das HGÜ bereits den gesamten Bereich der Willenseinigung seiner Kollisionsnorm unterstellt, könnte daraus der Schluss gezogen werden, dass auch alle weiteren materiellen Gültigkeitsvoraussetzungen „im engeren Sinne" über das Kollisionsrecht, keinesfalls aber über das Abkommen selbst zu bestimmen seien. Im Grundsatz ist einem solchen Schluss nichts entgegenzusetzen. Dennoch stellen sich auch hier zahlreiche Einzelfragen.

aaa.) Reichweite der Formulierung „ungültig"

Auch bezogen auf Art. 5 Abs. 1 Halbsatz 2 HGÜ ist eine – allerdings im Verhältnis zur Brüssel Ia-VO begrenztere – Diskussion darüber eröffnet, ob nur anfängliche oder auch nachträgliche Unwirksamkeitsgründe in den Anwendungsbereich der Kollisionsnorm fallen.[1100] Wie oben unter a.) ff.) bbb.) (1.) bereits angesprochen, bietet im Gegensatz zu den verbindlichen englischen ("null and void") und franzöischen („nul") Sprachfassungen[1101] die deutsche Übersetzung mit dem Begriff der „Ungültigkeit" keine so große Angriffsfläche wie der Begriff der „Nichtigkeit" in Art. 25 Brüssel Ia-VO. „Ungültigkeit" lässt jedenfalls im Ausgangspunkt nicht auf eine Beschränkung auf anfängliche Unwirksamkeitsgründe bzw. eine Nichtigkeit ipso iure schließen. So wird sie zum Teil gänzlich ohne entsprechende Problematisierung mit der „rechtsgeschäftsrechtlichen Unwirksamkeit" gleichgesetzt; sie erfasse also Mängel im Konsens und sonstige allgemeine Wirksamkeitsvoraussetzungen.[1102] Im Übrigen spricht auch der Hartley/Dogauchi-Bericht das Problem nicht an. Er schließt lediglich formelle Ungültigkeitsgründe ausdrücklich aus dem Anwendungsbereich der Kollisionsnorm in Art. 5 Abs. 1 Halbsatz 2 HGÜ aus und beschreibt sodann, auf welche Ungültigkeitsgründe in erster Linie abgestellt werde:

> „Betrug, Irrtum, falsche Angaben, Nötigung und fehlende Fähigkeit"[1103]

1100 Vgl. *Huber*, IPRax 2016, 197, 200 und ausführlich *Moebus*, S. 187 ff., die vor allen Dingen eine Diskussion um die parallele Behandlung der Begriffe „ungültig" im HGÜ und „hinfällig" im UN-Übereinkommen vom 10. Juni 1958 über die Anerkennung und Vollstreckung ausländischer Schiedssprüche, BGBl. 1961 II S. 121, aufzeigt; letzteres hatte der Arbeitsgruppe zum HGÜ zur Orientierung gedient, vgl. *Moebus*, S. 6 m.w.N.

1101 Vgl. zur Verbindlichkeit nur dieser beiden Sprachfassungen wiederum die Schlussklausel des HGÜ, s. bereits Fn. 869.

1102 Rauscher/*Weller*, Einf HProrogÜbk 2005 Rn. 22.

1103 Hartley/Dogauchi-Bericht, Rn. 126.

Damit gibt er aber eindeutig zu erkennen, dass Nichtigkeit ipso iure und diejenige nach entsprechender Gestaltungserklärung nach seinem Verständnis gleichzubehandeln sind.

Auch unter Berücksichtigung der Tatsache, dass ein anderer Übersetzer möglicherweise den Begriff der „Nichtigkeit" in Art. 5 Abs. 1 Halbsatz 2 HGÜ gewählt hätte, ist eine Differenzierung zwischen anfänglichen und nachträglichen Unwirksamkeitsgründen parallel zu den in Bezug auf die Brüssel Ia-VO angestellten Erwägungen abzulehnen.[1104] Dabei sei insbesondere noch einmal auf fehlende Sinnhaftigkeit und fehlende Praktikabilität einer solchen Unterscheidung verwiesen, nicht zuletzt mit Blick auf nicht vorhandene internationale Standards zur Trennung zwischen Nichtigkeit und Anfechtbarkeit.[1105]

bbb.) Gesetz- und Sittenwidrigkeit

Nachdem nach hiesiger Auffassung einer AGB-Inhaltskontrolle nach nationalem Recht auch im Anwendungsbereich des HGÜ eine Absage zu erteilen ist,[1106] muss dasselbe für die Überprüfung einer Gesetz- und Sittenwidrigkeit gelten.[1107] Insoweit kann auf die entsprechenden Ausführungen zur Brüssel Ia-Verordnung verwiesen werden.[1108] Dieses Ergebnis wird gestützt durch die fehlende Aufzählung der Gesetz- und/oder Sittenwidrigkeit in der soeben zitierten Liste maßgeblicher Ungültigkeitsgründe im Hartley/Dogauchi-Bericht.

ccc.) Bindung Dritter an die Gerichtsstandsvereinbarung

Inwieweit Dritte durch eine Gerichtsstandsvereinbarung gebunden werden können, ist im HGÜ ebenso wenig unmittelbar geregelt wie in der Brüssel Ia-VO.[1109] Nach dem dazu oben Gesagten[1110] ist auch hier die Verknüpfung mit der materiellen Willenseinigung entscheidend: Unterläge sie dem Regime des HGÜ, dürfte sich auch die Bindung Dritter grundsätzlich nach dem Konventionsrecht bestimmen. Folgt man aber der Mehrheitsmeinung und lässt die Willenseinigung unter die Kollisionsnorm fallen, ist kein Grund dafür ersichtlich,

1104 So im Erg. auch *Huber*, IPRax 2016, 197, 200; *Moebus*, S. 190.
1105 S.o. Abschnitt a.) ff.) bbb.) (1.).
1106 S.o. Abschnitt bb.).
1107 A.A. zur Sittenwidrigkeit *Moebus*, S. 196; *Rühl*, IPRax 2005, 410, 413.
1108 S.o. Abschnitt a.) ff.) bbb.) (2.).
1109 *Moebus*, S. 119.
1110 S.o. Abschnitt a.) ff.) bbb.) (3.).

die Bindung Dritter nicht auch grundsätzlich nach dem danach anwendbaren nationalen Recht zu beurteilen.[1111]

Gegenstand ausführlicherer Erörterung ist in dem Zusammenhang die sich zu dieser Frage verhaltende Passage im Hartley/Dogauchi-Bericht, die wie folgt lautet:

> „Vorausgesetzt, die ursprünglichen Parteien haben der Gerichtsstandsvereinbarung zugestimmt, kann diese Vereinbarung auch für Dritte, die ihr nicht ausdrücklich zugestimmt haben, verbindlich sein, wenn deren Klagebefugnis davon abhängt, dass sie die Rechte und Pflichten einer der ursprünglichen Parteien übernehmen."[1112]

Diese Formulierung lässt auf den ersten Blick eine an die EuGH-Rechtsprechung zum europäischen Verfahrensrecht angelehnte Aufstellung autonomer Maßstäbe vermuten, nach denen bei fehlender Zustimmung des Dritten zur Gerichtsstandsvereinbarung neben den Ursprungsparteien nur der Rechtsnachfolger gebunden sein kann.[1113] Da eine entsprechende Einigung der Delegierten auf eine derartige Beschränkung aber gerade nicht stattgefunden hatte und im Gegenteil erheblicher Widerstand zu verzeichnen war, darf dieser Passage keine allzu hohe Bedeutung beigemessen werden.[1114] Sie sollte allenfalls als Hinweis darauf verstanden werden, dass für die Frage, ob eine Gerichtsstandsvereinbarung durch Rechtsgeschäft, Erbgang oder anderweitig auf einen Dritten übergegangen ist und ihn darüber bindet, eine selbständige Anknüpfung gelten sollte.[1115] Denn insoweit kann es allein auf die kollisionsrechtliche Beurteilung des Übergangstatbestands ankommen.[1116] Diese Erkenntnis steht im Übrigen im Einklang mit den wiederholten Hinweisen auf das auf die Rechtsnachfolge „anwendbare nationale Recht" in den die Bindung Dritter betreffenden Entscheidungen des EuGH.[1117]

1111 Dafür plädiert auch *Huber*, IPRax 2016, 197, 203.

1112 Hartley/Dogauchi-Bericht, Rn. 97; s. dazu *Moebus*, S. 120 ff.

1113 Vgl. *Moebus*, S. 120 ff.

1114 Vgl. hierzu die ausführliche Darstellung des Inhalts der zugehörigen Protokolle in *Moebus*, S. 120 ff.

1115 Vgl. *Magnus*, IPRax 2016, 521, 529.

1116 Vgl. *Magnus*, IPRax 2016, 521, 529.

1117 S. dazu die Darstellung in Abschnitt a.) ff.) bbb.) (3.), vgl. insbesondere zuletzt EuGH – Ryanair/DelayFix, aaO (Fn. 13) Rn. 47.

ddd.) Gebundenheit an eine abgegebene Willenserklärung

Nachdem der Aspekt der Willenseinigung im Rahmen des HGÜ der Einheitslösung und damit der Kollisionsnorm in Art. 5 Abs. 1 Halbsatz 2 HGÜ zu unterwerfen ist, stellt sich die Folgefrage der Behandlung des allgemeinen Widerrufsrechts von vornherein nicht.[1118] Unterfällt die Willenseinigung der Kollisionsnorm, ist kein Grund dafür ersichtlich, bezogen auf Widerrufsrechte anderweitig zu verfahren.

eee.) Willensmängel

Gleiches gilt für den Umgang mit Willensmängeln; sie unterfallen eindeutig der Kollisionsnorm in Art. 5 Abs. 1 Halbsatz 2 HGÜ.[1119]

fff.) Sonderanknüpfungen

Das HGÜ selbst sieht für die materielle Gültigkeit von Gerichtsstandsvereinbarungen keine Sonderanknüpfungen vor.[1120] Auch hier stellt sich also parallel zu der oben aufgezeigten Debatte zur Brüssel Ia-VO[1121] die Frage, ob bestimmte Vorfragen wie die Stellvertretung oder die Rechts- und Geschäftsfähigkeit von vornherein aus der Reichweite der Kollisionsnorm auszunehmen und gesondert (nach der lex fori) anzuknüpfen sind. Interessanterweise geht Peter Huber wie selbstverständlich davon aus, dass das HGÜ die Frage von Sonderanknüpfungen dem Kollisionsrecht des vereinbarten Gerichts überlässt.[1122] Die Gesamtverweisung im HGÜ auf das Kollisionsrecht des vereinbarten Gerichts führe dazu, dass dessen Sonderanknüpfungen zu beachten seien.[1123] Knüpfe das Kollisionsrecht des vereinbarten Gerichts also die Stellvertretung (auch) bei Gerichtsstandsvereinbarungen selbständig an, so sei diese Anknüpfung maßgeblich.[1124] Eine Gegenansicht zieht Huber dabei gar nicht in Betracht. Da sein dogmatischer Ansatz hier schon bezogen auf die Kollisionsnorm in Art. 25 Abs. 1 Satz 1

1118 Spezielle Widerrufsrechte für Verbraucher brauchen an dieser Stelle schon deshalb nicht thematisiert zu werden, weil Verbraucher aus dem Anwendungsbereich des HGÜ ausgenommen sind, vgl. erneut Art. 2 Abs. 1 lit. a HGÜ.

1119 Im Erg. auch Hartley/Dogauchi-Bericht, Rn. 126; *Rühl*, IPRax 2005, 410, 413; *Moebus*, S. 193 ff.

1120 *Huber*, IPRax 2016, 197, 200.

1121 S.o. Abschnitt a.) ff.) bbb.) (6.).

1122 *Huber*, IPRax 2016, 197, 200.

1123 *Huber*, IPRax 2016, 197, 200.

1124 *Huber*, IPRax 2016, 197, 200.

Halbsatz 2 Brüssel Ia-VO vertreten wurde,[1125] ist der Argumentation (auch) im Rahmen des HGÜ uneingeschränkt zu folgen.

Auf eine Besonderheit im HGÜ ist allerdings hinzuweisen: Art. 6 lit. b HGÜ könnte auf den ersten Blick vermuten lassen, dass das HGÜ für die Frage der Geschäftsfähigkeit doch eine Sonderanknüpfung bereithalte. Nach Art. 6 lit. b HGÜ darf ein Gericht trotz ausschließlicher Gerichtsstandsvereinbarung zugunsten eines anderen Gerichts die Derogationswirkung unbeachtet lassen und das Verfahren fortführen, wenn nach seinem eigenen Recht einer der Parteien die „Fähigkeit" fehlt, eine Gerichtsstandsvereinbarung zu schließen.[1126] Entgegen der Ansicht von Huber[1127] sollte die genaue Ausfüllung dieser Begrifflichkeit – Rechts- und Geschäftsfähigkeit dürften unstreitig erfasst sein –[1128] nicht dem jeweils anwendbaren nationalen Recht überlassen, sondern autonom vorgenommen werden.[1129] Dies scheint auch der Hartley/Dogauchi-Bericht so zu sehen, wenn er ohne einen Verweis ins nationale Recht den Versuch einer Annäherung an die Begrifflichkeit wagt:

> „Fähigkeit kann die Fähigkeit von Behörden zum Abschluss von Gerichtsstandsvereinbarungen umfassen."[1130]

Für die Frage, ob die autonom bestimmte „Fähigkeit" vorliegt, darf das derogierte Gericht dann aber sein eigenes Recht befragen. Das entbindet es allerdings nicht davon, bei Bejahung der Geschäftsfähigkeit nach eigenem Recht zusätzlich das Kollisionsrecht des Staates des vereinbarten Gerichts zu konsultieren; denn bei der Frage der Geschäftsfähigkeit handelt es sich ohne Zweifel um eine Frage der materiellen Gültigkeit im Sinne von Art. 5 Abs. 1 Halbsatz 2 bzw. Art. 6 lit. a HGÜ.[1131] Letztlich läuft die Regelung in Art. 6 lit. b HGÜ auf eine

---

1125 S.o. Abschnitt a.) ff.) bbb.) (6.).

1126 Auch insofern dürfte der Begriff „Recht" weit zu verstehen sein als Recht einschließlich des Kollisionsrechts, vgl. Hartley/Dogauchi-Bericht, Rn. 150; *Huber*, IPRax 2016, 197, 200; *Wagner*, RabelsZ 2009, 100, 122; Rauscher/*Weller*, Einf HProrogÜbk 2005 Rn. 27; a.A. *Fricke*, VersR 2006, 476, 479.

1127 *Huber*, IPRax 2016, 197, 201; in dem Sinne auch *Moebus*, S. 212 f.

1128 So zur Geschäftsfähigkeit *Huber*, IPRax 2016, 197, 201.

1129 So wohl auch Rauscher/*Weller*, Einf HProrogÜbk 2005 Rn. 28.

1130 Hartley/Dogauchi-Bericht, Rn. 126, dortige Fn. 159; s. aber auch *Moebus*, die aus dem Wort „kann" den gegenteiligen Schluss auf eine Lösung nach der lex fori zieht.

1131 Vgl. *Huber*, IPRax 2016, 197, 200.

kumulative Anknüpfung der Geschäftsfähigkeit hinaus, nicht jedoch auf eine echte Sonderanknüpfung.[1132]

Parallel zu Art. 6 lit. b HGÜ ist die Regelung in Art. 9 lit. b HGÜ für den Bereich der Anerkennung und Vollstreckung von Entscheidungen ausgestaltet: Danach kann das ersuchte Gericht die Anerkennung versagen, wenn nach seinem eigenen Recht einer der Parteien die (Geschäfts-)Fähigkeit fehlt.[1133]

ff.) Verdrängung der Kollisionsnorm durch das CISG

Soweit die Anwendungsvoraussetzungen des CISG vorliegen und soweit das den Vertragssschluss regelnde CISG einschlägige Vorschriften enthält, ist mit der herrschenden Meinung von einer ergänzenden Anwendung des CISG und damit zugleich von einer Verdrängung der Kollisionsnorm im HGÜ auszugehen.[1134] Das CISG enthält neben dem eigentlichen Konsenskonzept namentlich einheitliche Regeln zum allgemeinen Widerrufsrecht (Art. 16 CISG). Fragen der Stellvertretung, der Rechts- und Geschäftsfähigkeit sowie von Willensmängeln können aber mithilfe des CISG nicht beantwortet werden.[1135]

gg.) Zusammenfassung der Reichweite

Innerhalb des HGÜ gelangt man aufgrund der abweichenden Behandlung der Willenseinigung zu einer im Verhältnis zu Art. 25 Brüssel Ia-VO erheblich umfassenderen Reichweite der Kollisionsnorm für materielle Gültigkeitsfragen. Fallen innerhalb der Brüssel Ia-VO nur noch die wenigen Restfragen der Rechts- und Geschäftsfähigkeit sowie der Stellvertretung unter die Regelung des Art. 25 Abs. 1 Satz 1 Halbsatz 2, greift das Kollisionsrecht im HGÜ über jene Restfragen hinaus auch für die Willenseinigung und für die damit in unmittelbarem Zusammenhang stehenden Fragen der Bindung Dritter, der Widerrufsrechte und von Willensmängeln.

1132 Vgl. *Huber*, IPRax 2016, 197, 200 f.; Hartley/Dogauchi-Bericht, Rn. 150; Rauscher/*Weller*, Einf HProrogÜbk 2005 Rn. 27.

1133 S. hierzu wiederum *Huber*, IPRax 2016, 197, 201.

1134 S. schon oben dd.) am Ende und Fn. 1099 sowie zur Darstellung der herrschenden Meinung im Übrigen oben Abschnitt a.) gg.) mit Fn. 990.

1135 S. zu den in Artt. 14–24 nicht geregelten Gegenständen noch einmal Ferrari/Kieninger/Mankowski/*Mankowski*, Vorb. vor Art. 14-24 CISG Rn. 3 ff.; s. hierzu wiederum Abschnitt a.) gg.).

hh.) Lösung für die Frage nach dem anwendbaren Recht

Vor dem Hintergrund der ermittelten umfassenden Reichweite der Kollisionsnorm im HGÜ steht fest, dass außerhalb des Anwendungsbereichs des CISG die Frage nach dem auf die materielle Gültigkeit von Gerichtsstandsvereinbarungen anwendbaren Recht anders gelöst werden muss als im europäischen Recht. Nach Verweisung ins deutsche IPR über die Gesamtverweisung in Art. 5 Abs. 1 Halbsatz 2 HGÜ reichen die im EGBGB vorhandenen Vorschriften für Sonderanknüpfungen gerade nicht aus; es bedarf vielmehr einer (weiteren) Kollisionsnorm für die dem allgemeinen Prorogationsstatut unterfallenden Fragen. Insoweit ist an dieser Stelle eine Entscheidung hinsichtlich der Möglichkeit einer analogen Anwendung der Artt. 3 ff. Rom I-VO bzw. der Artt. 27 EGBGB a.F. zu treffen.

aaa.) Abkehr vom dogmatischen Ansatz

Ob für diese Entscheidung, wie in der Vergangenheit geschehen, die dogmatische Einordnung von Gerichtsstandsvereinbarungen allein oder weit überwiegend ausschlaggebend sein soll, darf durchaus in Zweifel gezogen werden.[1136]

Der BGH hat als wichtigster Vertreter der jedenfalls gemischt materiell-rechtlichen Theorie entschieden, dass für die materielle Gültigkeit von Gerichtsstandsvereinbarungen das nationale Recht maßgeblich sei, das vom IPR des Forums für anwendbar erklärt werde.[1137] Warum er sich dann aber nicht ausgiebig mit der Frage befasst, wo der insoweit ausschlaggebende „Sitz des Rechtsverhältnisses" zu lokalisieren ist, sondern ohne ausführliche Begründung auf die Anwendbarkeit des Hauptvertragsstatuts schließt,[1138] ist jedenfalls zu hinterfragen. Teilweise wird vermutet, der BGH habe den Ansatz der materiell-rechtlichen Theorie überhaupt nur entwickelt bzw. halte daran fest, um sich eindeutig vom aus seiner Sicht bei Prozessverträgen strikt anzuwendenden lex fori-Prinzip abgrenzen zu können. Es sei durchaus denkbar, dass der BGH sich ohne die strenge Ausprägung der prozessualen Theorie längst von seinem materiell-rechtlichen Ansatz verabschiedet hätte.[1139]

Ebenso wenig wie der Automatismus der materiell-rechtlichen Theorie ist einzusehen, warum die Vertreter der prozessualen Theorie zwangsläufig – oder auch nur, weil es nahe liegt – die Ausdehnung der lex fori auch auf materiell-rechtliche

---

1136 So auch *Antomo*, ZZPInt 17 (2012), 183, 198 ff.

1137 BGH, Urt. v. 15.2.2007 – I ZR 40/04, NJW 2007, 2036, 2037.

1138 S. dazu noch einmal oben Abschnitt 2. a.) aa.) aaa.).

1139 So *Antomo*, ZZPInt 17 (2012), 183, 199.

Fragen fordern, ohne diese Forderung mit einer stichhaltigen Begründung zu unterlegen.[1140] Hierzu hat Gerhard Wagner bereits vor geraumer Zeit festgestellt:

> „Auf eine sachliche Begründung dieses Grundsatzes wird dabei ebenso verzichtet wie auf eine Überprüfung der Angemessenheit der mit seiner Hilfe erzielten Ergebnisse."[1141]

Viel überzeugender als schlichte Automatismen in der Argumentation und ein Haftenbleiben an Fragen dogmatischer Einordnung ist die Bestimmung der passenden Anknüpfung der materiellen Gültigkeitsfragen von Gerichtstandsvereinbarungen anhand funktionaler und teleologischer Kriterien.[1142] Die Überlegung, ob die Gerichtsstandsvereinbarung als Ganzes eher prozessual oder materiellrechtlich einzuordnen ist, sollte dabei in den Hintergrund rücken; stattdessen müssen die grundlegenden Prinzipien des Zivilverfahrens eine größere Rolle einnehmen, namentlich die Prinzipien der Verfahrensökonomie, der Rechtssicherheit und der Einzelfallgerechtigkeit.[1143]

bbb.) Fortführung einer analogen Anwendung der Artt. 27 ff. EGBGB a.F.

Wie bereits in Abschnitt 2. b.) bb.) und 4. a.) ii.) bbb.) dargestellt, erwägen einige wenige Autoren die Möglichkeit, Artt. 27 ff. EGBGB a.F. weiterhin analog anzuwenden.[1144] Allerdings ist dieser Vorschlag abzulehnen: Zum einen beruhte die Streichung der Vorschriften auf einer bewussten Entscheidung des deutschen Gesetzgebers; er hätte durchaus die Möglichkeit gehabt, im Rom I-Anpassungsgesetz ausdrücklich intertemporal die weitere Anwendbarkeit der Artt. 27 ff. EGBGB a.F. auf nicht von der Rom I-VO erfasste Sachverhalte anzuordnen. Zum anderen wäre es wenig praktikabel, vom Rechtsanwender zu erwarten, dass er ohne gesetzliche Anordnung in Übergangsvorschriften oder ähnlichem aufgehobene Normen weiterhin zur (gegebenenfalls analogen) Anwendung bringt. Durchschlagend ist darüber hinaus die oben unter 2. b.) bb.) bereits aufgezeigte Argumentation von Magnus: Diejenigen, die die Rom I-VO wegen der Ausschlussnorm in Art. 1 Abs. 2 lit. e auf Gerichtsstandsvereinbarungen nicht anwenden möchten, müssten sich ebenso am parallelen Ausschluss im

1140 S. wiederum *Antomo*, ZZPInt 17 (2012), 183, 199.
1141 *Wagner*, S. 349.
1142 Vgl. auch *Antomo*, ZZPInt 17 (2012), 183, 199; für Schiedsvereinbarungen *König*, SchiedsVZ 2012, 129, 130.
1143 Vgl. *Antomo*, ZZPInt 17 (2012), 183, 201 ff.
1144 S. wiederum *Schack*, Rn. 557.

EVÜ stören.[1145] Konsequent wäre also allenfalls ein Rückgriff auf das vor dem 25. Juli 1986 geltende IPR.[1146]

ccc.) Analoge Anwendung der Artt. 3 ff. Rom I-VO[1147]

Einer analogen Anwendung der Artt. 3 ff. Rom I-VO auf die materielle Gültigkeit von Gerichtsstandsvereinbarungen stehen keine grundsätzlichen Erwägungen entgegen; insofern ist der überwiegenden Meinung in der Literatur zu folgen.[1148] Wo, etwa aufgrund der Gesamtverweisung in Art. 5 Abs. 1 Halbsatz 2 HGÜ, Bedarf besteht, können die Grundsätze der Rom I-VO herangezogen werden, auch wenn Gerichtsstandsvereinbarungen ausdrücklich nicht in ihren Anwendungsbereich fallen.[1149] Der Bereichsausnahme in Art. 1 Abs. 2 lit. e Rom I-VO kann insbesondere nicht entnommen werden, dass der europäische Verordnungsgeber eine Übertragung der in Artt. 3 ff. Rom I-VO enthaltenen Prinzipien auf Gerichtsstandsvereinbarungen in der Sache abgelehnt hätte.[1150]

Im Ergebnis bedeutet dies: Fragen der Rechts- und Geschäftsfähigkeit sowie der Stellvertretung werden aufgrund der Bereichsausnahmen in Art. 1 Abs. 2 lit. a und Art. 1 Abs. 2 lit. g Rom I-VO ebenso wie im Anwendungsbereich der Brüssel Ia-VO gesondert angeknüpft; das auf die Rechts- und Geschäftsfähigkeit anwendbare Recht bestimmt sich also gleichermaßen nach Art. 7 EGBGB (in Verbindung mit der Verkehrsschutzvorschrift in Art. 12 EGBGB) und das auf die rechtsgeschäftliche Stellvertretung anzuwendende Recht nach Art. 8 EGBGB.[1151] Auf die Willenseinigung und die damit in unmittelbarem Zusammenhang stehenden Fragen der Bindung Dritter, der Widerrufsrechte und von Willensmängeln werden hingegen die Artt. 3 ff. Rom I-VO analog mit ihrer bereits aufgezeigten Systematik angewandt:[1152]

Zunächst ist danach zu ermitteln, ob die Parteien bezogen auf ihre Gerichtsstandsvereinbarung eine Rechtswahl im Sinne von Art. 3 Rom I-VO getroffen

---

1145 *Magnus*, FS Martiny, 785, 794, dortige Fn. 27.

1146 *Magnus*, FS Martiny, 785, 794, dortige Fn. 27.

1147 Die folgenden Ausführungen würden bezogen auf Art. 25 Brüssel Ia-VO bei abweichendem Verständnis der Reichweite der Kollisionsnorm parallel gelten, namentlich dann, wenn ihr der Bereich der Willensmängel unterstellt würde.

1148 S. ausführlich zum Meinungsstand oben Abschnitt 2. b.) aa.), insbesondere Fn. 451 bis 456.

1149 *Martiny*, RIW 2009, 737, 740 (s. Fn. 453).

1150 S. zu den Motiven des Verordnungsgebers ausführlich oben Abschnitt 2. b.) aa.).

1151 S.o. Abschnitt a.) ii.) ccc.).

1152 S.o. Abschnitt 2. b.) aa.) am Ende.

haben. Speziell auf die Gerichtsstandsvereinbarung gerichtete Rechtswahlklauseln kommen zwar in der Praxis selten vor,[1153] am ehesten wohl in der Form isolierter Gerichtsstandsvereinbarungen nach Entstehen der (vertraglichen) Streitigkeit oder im Bereich von Deliktsrechtsstreitigkeiten.[1154] Allerdings soll an dieser Stelle die Frage aufgegriffen werden, ob sich eine auf den Hauptvertrag bezogene Rechtswahl auch auf die Gerichtsstandsvereinbarung erstreckt. Dies wurde sowohl vom BGH als auch von einigen Oberlandesgerichten bejaht.[1155] Der BGH erstreckt in der Konsequenz auch die Vorwirkungslehre auf die Gerichtsstandsvereinbarung.[1156] Diese besagt, dass sich die Wirksamkeit einer Rechtswahlklausel nach dem gewählten Recht beurteilt.[1157] Der BGH führt insoweit aus:

> „Über die Wirksamkeit der Rechtswahl entscheidet das Recht, dessen Anwendung nach der Rechtswahlklausel maßgebend sein soll. Ebenso ist dieses Recht maßgebend für die Voraussetzungen einer wirksamen Gerichtsstandsvereinbarung."[1158]

Seine Auffassung muss jedoch insgesamt im Lichte der fehlenden (ausdrücklichen) Anerkennung eines eigenen Prorogationsstatuts gesehen werden. Spätestens mit der in Art. 3 lit. d HGÜ auch völkerrechtlich verankerten strikten Trennung zwischen Hauptvertrag und Gerichtsstandsvereinbarung kann eine automatische Erstreckung der Rechtswahl nicht mehr ohne weiteres angenommen werden.[1159] So wird zum Teil darauf hingewiesen, dass auch die

---

1153 Vgl. wiederum *Gebauer*, FS von Hoffmann, 577, 580; s. auch *Magnus*, IPRax 2016, 521, 528.

1154 *Magnus*, IPRax 2016, 521, 528.

1155 BGH, Urt. v. 24.11.1988 – III ZR 150/87, NJW 1989, 1431 ff.; BGH, Urt. v. 21.11.1996 – IX ZR 264/95, NJW 1997, 397, 399; BGH, Urt. v. 17.10.2019 – III ZR 42/19, EuZW 2020, 143, 144; wohl auch BGH, Urt. v. 6.12.2018 – IX ZR 22/18, IHR 2019, 172, 175; OLG Bamberg, Urt. v. 22.9.1988 – 1 U 302/87, NJW-RR 1989, 371; OLG München, Urt. v. 28.9.1989 – 24 U 391/87, IPRax 1991, 46, 48; OLG Saarbrücken, Urt. v. 2.10.1991 – 5 U 21/91, NJW 1992, 987; s. bereits die Nachweise oben in den Fn. 400, 403 f., 408, 410 f.

1156 BGH, Urt. v. 24.11.1988 – III ZR 150/87, NJW 1989, 1431 ff.; hierzu *Antomo*, ZZPInt 17 (2012), 183, 196.

1157 Vgl. Art. 10 Abs. 1 Rom I-VO; außerdem BGH, Urt. v. 15.12.1986 – II ZR 34/86, NJW 1987, 1145; zu Schiedsvereinbarungen BGH, Urt. v. 10.5.1984 – III ZR 206/82, NJW 1984, 2763.

1158 BGH, Urt. v. 24.11.1988 – III ZR 150/87, NJW 1989, 1431, 1432.

1159 Vgl. auch *Antomo*, ZZPInt 17 (2012), 183, 195; a.A. wohl *Magnus*, IPRax 2016, 521, 528 f.

Vorwirkungslehre eigenständig betrachtet werden müsse: Wenn bei einer Rechtswahl das gewählte Recht vorwirke, so müsse konsequenterweise bei einer Gerichtsstandsvereinbarung das Recht des gewählten Gerichts vorwirken.[1160]

Natürlich bleiben Fälle denkbar, in denen der Parteiwille dahingehend zu deuten ist, dass die auf den Hauptvertrag bezogene Rechtswahl auch eine getroffene Gerichtsstandsvereinbarung erfassen soll. Nach Ansicht von Staehelin erfasst die Rechtswahl jedenfalls dann die Gerichtsstandsvereinbarung, wenn sie

> „global für den ganzen Vertrag als dessen letzte Klausel vor oder nach der Gerichtsstandsklausel vereinbart wurde."[1161]

Um nicht die Schwelle zur Fiktion zu überschreiten, sollte hier jedoch jede Form von Pauschalierung vermieden werden.[1162] Eine Einzelfallbetrachtung mit sorgfältiger Ermittlung des Parteiwillens durch Auslegung der abgegebenen Erklärungen bleibt unumgänglich.

In regelmäßiger Ermangelung einer Rechtswahl ist nach der „charakteristischen Leistung" zu fragen, Art. 4 Abs. 2 Rom I-VO. Diese lässt sich bei Gerichtsstandsvereinbarungen jedoch nicht ermitteln.[1163]

Insofern ist im Normalfall auf die in Art. 4 Abs. 4 Rom I-VO verankerte Auffangregel zurückzugreifen, nach der an die engste Verbindung anzuknüpfen ist. Die oben unter 2. b.) aa.) bislang nur angerissene „Kernfrage"[1164] der Bestimmung der engsten Verbindung ist an dieser Stelle einem Ergebnis zuzuführen:

Das angerufene Gericht erweist sich insoweit als untaugliche Anknüpfung. Zwar streitet der Aspekt der Verfahrensökonomie für eine Anwendung der lex fori. So könnte der angerufene Richter sein eigenes Recht anwenden; auf diese Weise würden Reibungsverluste vermieden, die die Anwendung fremden Rechts zwangsläufig mit sich bringt.[1165] Hier die engste Verbindung zu verorten, erscheint allerdings in den regelmäßig vorkommenden Fällen, in denen ein Gericht abredewidrig angerufen wird, geradezu widersinnig. Schließlich haben beide Parteien mit der abweichenden Gerichtsstandsvereinbarung die gewünschte Nähe zu einem anderen Forum zum Ausdruck gebracht.

1160 *Antomo*, ZZPInt 17 (2012), 183, 196.

1161 *Staehelin*, S. 179; s. hierzu auch *Antomo*, ZZPInt 17 (2012), 183, 196.

1162 Vgl. *Antomo*, ZZPInt 17 (2012), 183, 196.

1163 Vgl. *Gebauer*, FS von Hoffmann, 577, 580; *Antomo*, ZZPInt 17 (2012), 183, 194; zu Schiedsvereinbarungen auch *König*, SchiedsVZ 2012, 129, 131; Zöller/*Geimer*, § 1025 Rn. 11; *ders.*, IPRax 2006, 233, 234 (s. bereits oben Fn. 472).

1164 So *Antomo*, ZZPInt 17 (2012), 183, 197.

1165 So dargestellt auch von *Antomo*, ZZPInt 17 (2012), 183, 201.

Aber auch die von der materiell-rechtlichen Theorie vertretene Lösung über die lex contractus ist abzulehnen. Überzeugend wäre die Annahme der engsten Verbindung zum Hauptvertrag dann, wenn eine unterschiedliche Behandlung von Hauptvertrag und Gerichtsstandsvereinbarung tatsächlich zu einer Aufspaltung eines einheitlichen Lebenssachverhaltes führen würde.[1166] Dies ist allerdings nicht erkennbar.

Ein (bloß) enger Zusammenhang zwischen Gerichtsstandsvereinbarung und zugrundeliegendem Hauptvertrag ist erst einmal nicht zu bestreiten. Die Gerichtsstandsvereinbarung dient gewissermaßen der Sicherung einer geordneten Abwicklung des Hauptvertrags. Dennoch verfolgen Gerichtsstandsvereinbarung und Hauptvertrag jeweils eigene und möglicherweise ganz unterschiedliche Ziele, die es rechtfertigen können, die beiden Verträge unterschiedlichen Rechtsordnungen zu unterstellen.[1167]

Vor allen Dingen sind Fälle denkbar, in denen Gerichtsstandsvereinbarungen ohne einen dieser Vereinbarung zugrundeliegenden (Haupt-)Vertrag geschlossen werden, etwa, wenn über deliktische oder quasivertragliche Ansprüche gestritten wird. In einer solchen Konstellation fällt die Möglichkeit einer Anknüpfung über die lex contractus gänzlich weg.[1168] Das Gleiche dürfte für Sachverhalte gelten, in denen die Gerichtsstandsvereinbarung nicht in den Hauptvertrag integriert, sondern etwa nachträglich als eigenständige Abrede ausgestaltet wurde und/oder mehrere Verträge in Bezug nimmt, die womöglich unterschiedlichen Rechtsordnungen unterliegen.[1169] Auch letztere Konstellation stellt den Rechtsanwender bei Maßgeblichkeit der lex contractus vor eine unlösbare Aufgabe.[1170] Soweit ersichtlich, sind hierzu noch keine Urteile ergangen.

Nach der Regelung in Art. 3 lit. d HGÜ dürfte der Ansatz über die lex contractus die dort geschaffene ausdrückliche Trennung von Hauptvertrag und Gerichtsstandsvereinbarung und die damit vor allen Dingen bezweckte Selbständigkeit der Gerichtsstandsvereinbarung ohnehin konterkarieren. Auch wenn teilweise betont wird, die Favorisierung der Maßgeblichkeit des Hauptvertragsstatuts

---

1166 Vgl. auch *Antomo*, ZZPInt 17 (2012), 183, 200.

1167 Vgl. *Antomo*, ZZPInt 17 (2012), 183, 200; für Schiedsvereinbarungen ähnlich auch Zöller/*Geimer*, § 1025 Rn. 10 f.

1168 Vgl. *Antomo*, ZZPInt 17 (2012), 183, 200 f.

1169 S. auch hierzu *Antomo*, ZZPInt 17 (2012), 183, 200 f. mit Hinweis auf *Hausmann*, FS Lorenz, 359, 366, der jedenfalls in solchen Fällen die Geltung der lex causae ablehnt; zu Schiedsvereinbarungen entsprechend *König*, SchiedsVZ 2012, 129, 131.

1170 *Antomo*, ZZPInt 17 (2012), 183, 201; zu Schiedsvereinbarungen wiederum entsprechend *König*, SchiedsVZ 2012, 129, 131.

schließe nicht aus, das Prorogationsstatut rechtlich selbständig einzuordnen,[1171] fragt sich doch, an welcher Stelle die Eigenständigkeit der Gerichtsstandsvereinbarung gegenüber dem Hauptvertrag noch in bedeutender Weise hervortreten könnte.

Auch hier gilt allerdings: Es bleiben Einzelfälle, in denen die engste Verbindung zum Hauptvertrag besteht. Mit Antomo ist dabei etwa an die Konstellation zu denken, in denen um die Einbeziehung von AGB gestritten wird, die (auch) eine Gerichtsstandsvereinbarung enthalten.[1172]

In aller Regel streiten die besten Argumente dafür, die engste Verbindung beim gewählten Gericht zu verorten.[1173] Im Ergebnis sollte also die lex fori prorogati zur Anwendung gelangen, und zwar analog Art. 20 Rom I-VO ohne (weitere) Weiter- oder Rückverweisung. Die Parteien haben mit der Gerichtsstandsvereinbarung festgelegt, vor welchem Gericht ein etwaiger Rechtsstreit anhängig gemacht werden soll. Es liegt nahe, dann auch im Regelfall das gewählte Gericht anhand seines eigenen Rechts über die Wirksamkeit der Gerichtsstandsvereinbarung entscheiden zu lassen. Erwägungsgrund 12 der Rom I-VO bestimmt, dass eine ausschließliche Gerichtsstandsvereinbarung bei der Feststellung, ob eine Rechtswahl (für den Hauptvertrag) eindeutig getroffen wurde, einer der zu berücksichtigenden Faktoren sein sollte.[1174] Dies offenbart aber die Dimension der Verbindung des gesamten Rechtsverhältnisses zu dem gewählten Gericht. Denn es wird deutlich, dass nach Auffassung des europäischen Verordnungsgebers die auf den Hauptvertrag bezogene Rechtswahl der (ausschließlichen) Gerichtsstandsvereinbarung folgt und nicht umgekehrt.

Die Anwendung der lex fori prorogati steht an sich auch im Einklang mit dem Aspekt der Rechtssicherheit. Bei zuverlässiger Anwendung der lex fori prorogati ist für die Parteien schon vor Prozessbeginn erkennbar, welchem Recht die materielle Wirksamkeit ihrer Gerichtsstandsvereinbarung unterliegt.[1175]

c.) §§ 38 und 40 ZPO

Auch im Hinblick auf das autonome deutsche Recht gilt der Grundsatz: Nur soweit das deutsche Prozessrecht keine speziellen Regeln für Gerichtsstandsvereinbarungen bereithält, greift (gegebenenfalls ausländisches) materielles Recht

1171 *Gebauer*, FS von Hoffmann, 577, 581, dortige Fn. 34; *Schack*, Rn. 557.
1172 *Antomo*, ZZPInt 17 (2012), 183, 201.
1173 So auch *Peiffer/Weiler*, RIW 2020, 321, 325; *Antomo*, ZZPInt 17 (2012), 183, 205.
1174 S. hierzu bereits oben Abschnitt B. II. 1. mit den dortigen Nachweisen.
1175 Vgl. *Antomo*, ZZPInt 17 (2012), 183, 202.

als Prorogationsstatut ein.[1176] Freilich hat die von einigen wenigen vertretene Lösung, in § 38 ZPO unmittelbar eine eigene Kollisionsnorm hineinzulesen und so jegliche Umwege über das IPR zu vermeiden,[1177] auf den ersten Blick etwas für sich: Sie würde aufgrund ihrer Einfachheit ein hohes Maß an Rechtssicherheit versprechen. Richtigerweise wird allerdings eingewandt, ein solcher Ansatz müsse als gleichermaßen undogmatisch und systemfremd verworfen werden.[1178] Im Gegensatz zu Art. 25 Abs. 1 Brüssel Ia-VO und Art. 5 Abs. 1 HGÜ enthält der Wortlaut von § 38 ZPO keinerlei Hinweis darauf, dass die Vorschrift zugleich als Kollisionsnorm fungieren soll.[1179] Die Gerichtsstandsvereinbarung ist ein eigenständiger Vertrag und als solcher auf gewohntem Wege nach den Regeln des IPR anzuknüpfen.[1180] Zu klären ist also auch hier die Reichweite des Kollisionsrechts.

aa.) Auslegung

Für den Anwendungsbereich des autonomen deutschen Zivilprozessrechts hat der BGH in der Vergangenheit entschieden, dass sich die Auslegung der Gerichtsstandsvereinbarung, wenn sie Teil einer umfassenden Vereinbarung (im konkreten Fall eines Bürgschaftsvertrags) sei, nach dem über das Kollisionsrecht anzuwendenden materiellen Recht richte.[1181] Seiner oben unter 2. a.) aa.) dargestellten Auffassung folgend wäre sie insofern nach der lex contractus zu bestimmen,[1182] das heißt, in erster Linie nach dem von den Parteien gewählten und subsidiär nach dem objektiv angeknüpften Statut des Hauptvertrags. Die Auslegungsfrage wäre danach vom Kollisionsrecht erfasst.[1183] Nur kurze Zeit später hat der BGH allerdings die Gerichtsstandsvereinbarung auch bei ausländischem Prorogationsstatut nach deutschen Maßstäben ausgelegt.[1184]

1176 *Schack*, Rn. 550 mit Hinweis auf BGH, Urt. v. 17.5.1972 - VIII ZR 76/71, BGHZ 59, 23, 29.
1177 *Lorenz*, IPRax 1985, 256, 260; s. dazu bereits oben Abschnitt I. 3.
1178 *Antomo*, ZZPInt 17 (2012), 183, 194.
1179 Vgl. *Antomo*, ZZPInt 17 (2012), 183, 194.
1180 *Antomo*, ZZPInt 17 (2012), 183, 194; vgl. auch *Schack*, Rn. 557.
1181 BGH, Urt. v. 21.11.1996 - IX ZR 264/95, NJW 1997, 397, 399.
1182 BGH, Urt. v. 21.11.1996, s. vorige Fn.
1183 So auch *Antomo*, ZZPInt 17 (2012), 183, 191.
1184 BGH, Urt. v. 18.3.1997 - XI ZR 34/96, NJW 1997, 2885, 2886.

Letzteres ist zu begrüßen. Die auszulegende Reichweite einer Gerichtsstandsvereinbarung muss für das angerufene Gericht schnell und unkompliziert feststellbar sein.[1185]

Es gilt also wiederum das oben Gesagte:[1186] Auslegungsfragen sollten vom angerufenen Gericht ohne Rückgriff auf ein nationales Recht in autonomer Interpretation nach Sinn und Zweck der Gerichtsstandsvereinbarung beantwortet werden.[1187]

bb.) Zulässigkeitsschranken

Auch im Anwendungsberich des autonomen deutschen Zivilprozessrechts richtet sich die generelle Zulässigkeit internationaler Gerichtsstandsvereinbarungen nach den prozessrechtlichen Vorschriften.[1188] Diese bestimmen abschließend das Folgende:

Die internationale Gerichtsstandsvereinbarung muss sich gemäß § 40 Abs. 1 ZPO auf einen bestimmten bereits entstandenen oder auf einen künftigen Rechtsstreit beziehen, der aus einem bestimmten Rechtsverhältnis entspringt.[1189] Eine pauschale Unterwerfung unter ein bestimmtes Forum für beliebige künftige Rechtsstreitigkeiten ist unzulässig; die Folgen einer solchen Gerichtsstandsvereinbarung wären für die Parteien nicht absehbar.[1190]

Die Gerichtsstandsvereinbarung darf nach § 40 Abs. 2 Satz 1 Nr. 1 ZPO keine nichtvermögensrechtlichen Ansprüche betreffen, die den Amtsgerichten ohne Rücksicht auf den Wert des Streitgegenstands zugewiesen sind.[1191] § 40 Abs. 2 Satz 1 Nr. 2 ZPO verbietet eine Prorogation, wenn aus deutscher Sicht eine ausschließliche Zuständigkeit im Ausland begründet ist.[1192]

1185 Vgl. auch *Schack*, Rn. 568.

1186 S.o. Abschnitt b.) aa.) am Ende.

1187 So zu Art. 23 Brüssel I-VO *Kropholler/v. Hein*, EuZPR, Art. 23 Rn. 18; Vorschläge zu entsprechenden Auslegungsmaßstäben macht *Schack*, Rn. 569 ff.

1188 *Antomo*, ZZPInt 17 (2012) 183, 190 f.; BGH, Urt. v. 17.5.1972 – VIII ZR 76/71, NJW 1972, 1622, 1623 m. zust. Anm. *Geimer*, NJW 1972, 1624; BGH, Urt. v. 20.1.1986 – II ZR 56/85, NJW 1986, 1438, 1439; BGH, Urt. v. 24.11.1988 – III ZR 150/87, NJW 1989, 1431; Nagel/Gottwald/*Gottwald*, Rn. 3.565; MüKo-BGB/*Wurmnest*, § 307 BGB Rn. 264; *Wagner*, S. 358.

1189 *Geimer*, IZPR, Rn. 1682; *Schack*, Rn. 553.

1190 *Geimer*, IZPR, Rn. 1682.

1191 Gemeint sind vor allem Ehe- und Kindschaftssachen, vgl. *Schack*, Rn. 553.

1192 *Schack*, Rn. 554.

Das Aufstellen einer ungeschriebenen Prorogationsvoraussetzung, wonach zwischen dem streitigen Rechtsverhältnis und dem vereinbarten Gericht ein objektiver Zusammenhang erforderlich wäre, wird von der herrschenden Meinung[1193] ohne Umweg über das Kollisionsrecht abgelehnt; die Möglichkeit der Parteien, ein neutrales Forum wählen zu können, wolle man unterstützen, damit bei Bestehen eines solchen Wunsches nicht allein die Wahl der Schiedsgerichtsbarkeit eine Lösung darstelle.[1194]

Die deutsche Rechtsordnung sieht einige spezielle Prorogationsverbote bzw. -einschränkungen vor, allesamt prozessrechtlicher Natur und ohne Umweg über das Internationale Privatrecht anwendbar. Beispiele finden sich etwa in § 29c Abs. 4 ZPO, der Sondervorschrift für Haustürgeschäfte, und in § 215 Abs. 3 VVG, der die Prorogationsmöglichkeiten in Versicherungsverträgen einschränkt. Die Anwendung von Kollisionsrecht zur Ermittlung weiterer Zulässigkeitsschranken ist daneben ausgeschlossen.[1195]

Auch an dieser Stelle ist aber die Frage aufzuwerfen, ob eine allgemeine Inhalts- und Missbrauchskontrolle von internationalen Gerichtsstandsvereinbarungen in Betracht kommt; dies wird überwiegend bejaht.[1196]

Allerdings fehlt seit der Abschaffung von § 1025 Abs. 2 ZPO a.F. ein ausdrücklicher zuständigkeitsrechtlicher Missbrauchsvorbehalt im deutschen Recht völlig. Nach dieser Vorschrift war ein Schiedsvertrag unwirksam, wenn eine Partei ihre wirtschaftliche oder soziale Überlegenheit ausnutzte, um den anderen Teil zu seinem Abschluss zu nötigen.[1197] Diesen Rechtsgedanken zog der BGH in der Vergangenheit für die Beurteilung von Gerichtsstandsvereinbarungen heran.[1198]

1193 So bezeichnet von *Schack*, Rn. 555, dortige Fn. 25.

1194 *Schack*, Rn. 555; *Geimer*, IZPR, Rn. 1745 ff.

1195 *Schack*, Rn. 561; *Geimer*, IZPR, Rn. 1675.

1196 *Geimer*, IZPR, Rn. 1691, allerdings mit Hinweis darauf, dass eine Missbrauchskontrolle nicht zur grundsätzlichen Unzulässigkeit von Gerichtsstandsvereinbarungen zwischen Nichtkaufleuten führen dürfe; eine allgemeine Missbrauchskontrolle bejahen auch *Gottschalk/Breßler*, ZEuP 2007, 56, 58; *Weller*, S. 200 ff.; *Leible*, RIW 2001, 422, 429; MüKo-BGB/*Wurmnest*, § 307 BGB Rn. 265; MüKo-BGB/*Martiny*, vor Art. 1 Rom I-VO Rn. 76; Staudinger/*Wendland*, Anh zu §§ 305-310 Rn N 32; gegen die Anwendung von § 9 AGBG (heute § 307 BGB) aber *Stoll*, FS Kegel, 623, 653; s. ausführlich zur Problematik *Lindenmayr*, S. 338 ff.

1197 S. dazu bereits oben Abschnitt a.) bb.) bbb.) (1.) (a.).

1198 BGH, Urt. v. 3.12.1973 – II ZR 91/72, juris, Rn. 14; s. auch *Weller*, S. 210.

Aber auch unabhängig von diesem Gedanken wird eine Kontrolle nach §§ 138, 242, 307 Abs. 2 und 310 BGB für möglich gehalten, soweit deutsches Recht auf die Gültigkeit der Gerichtsstandsvereinbarung Anwendung findet.[1199]

Entsprechend finden sich in der Rechtsprechung Aussagen zu Kriterien für eine Missbrauchskontrolle, ebenso wie zu ihrer normativen Verortung. So könne beispielsweise im Rahmen der Inhaltskontrolle nach § 307 BGB regelmäßig nicht beanstandet werden, dass als Gerichtsstand der Ort am Sitz des Verwenders bestimmt wird; das Bestreben, sämtliche Rechtsstreitigkeiten an einem Ort zu konzentrieren, werde im internationalen Handel als unbedenklich eingestuft, umso mehr, wenn es sich bei beiden Parteien um international tätige Kaufleute handele.[1200] Das Hanseatische Oberlandesgericht Hamburg bejahte in einem Fall die Sittenwidrigkeit einer Gerichtsstandsvereinbarung, weil sie Bestandteil eines vorsätzlich falsch ausgefüllten Konossements war; zudem scheitere die Berufung auf die Vereinbarung am Einwand der unzulässigen Rechtsausübung (§ 242 BGB).[1201] Auch das OLG Köln erklärte die vereinbarte Derogation der deutschen Gerichtsbarkeit für rechtsmissbräuchlich im Sinne von § 242 BGB, und zwar vor dem Hintergrund der Tatsache, dass die Urteile des prorogierten polnischen Forums im Inland mangels Verbürgung der Gegenseitigkeit nach § 328 Abs. 1 Nr. 5 ZPO nicht anerkennungsfähig seien; dies sei für die Klägerin unzumutbar, die von der Beklagten vorsätzlich sittenwidrig geschädigt worden sei.[1202]

Innerhalb der Lehre finden sich ebenfalls Konkretisierungen eines Missbrauchsvorbehalts. Zunächst einmal sei zu beachten, dass das Bedürfnis für Gerichtsstandsvereinbarungen im internationalen Rechtsverkehr erheblich größer sei als im nationalen; nur auf diesem Wege könnten die Parteien im Vorfeld das Prozessrecht und das IPR, indirekt damit also auch das maßgebliche Sachrecht bestimmen, nach dem sich die Wirksamkeit ihrer vertraglichen Regelungen richte.[1203] Grundsätzlich seien Gerichtsstandsvereinbarungen in AGB insofern weder überraschend noch als solche inhaltlich unangemessen.[1204] Die

---

1199 MüKo-BGB/*Wurmnest*, § 307 BGB Rn. 265; *Weller*, S. 200; so wohl auch *Geimer*, IZPR, Rn. 1691.

1200 HansOLG Hamburg, Urt. v. 30.12.1985 – 11 U 159/85, RIW 1986, 462 ff.; im Bereich nationaler Prorogation OLG Karlsruhe, Urt. v. 22.3.1996 – 10 U 249/95, NJW 1996, 2041; OLG Karlsruhe, Urt. v. 10.03.2015 – 8 U 208/13, openJur, Rn. 22.

1201 HansOLG Hamburg, Urt. v. 12.2.1981 – 6 U 150/80, VersR 1982, 341.

1202 OLG Köln, Urt. v. 9.9.1996 – 19 U 253/95, RIW 1997, 233, 234.

1203 MüKo-BGB/*Wurmnest*, § 307 BGB Rn. 265.

1204 MüKo-BGB/*Wurmnest*, § 307 BGB Rn. 265; Nagel/Gottwald/*Gottwald*, Rn. 3.575.

Ausübung von Rechten aus Gerichtsstandsvereinbarungen finde jedoch wie jede andere Rechtsausübung im Prozess ihre Grenzen im allgemeinen Verbot treuwidrigen Handelns.[1205] Im Falle sittenwidriger Knebelungsverträge sei von der Nichtigkeit der Gerichtsstandsvereinbarung auszugehen.[1206]

Die §§ 38 und 40 ZPO enthalten kein auch nur ansatzweise so ausgefeiltes System zum Schutze schwächerer Parteien wie die Brüssel Ia-VO.[1207] Mit Blick auf eine anderweitige Umsetzung materieller Gerechtigkeitserwägungen steht das deutsche Recht auch hinter demjenigen des HGÜ zurück. Die Vorschriften in der ZPO beschränken sich darauf, einen allgemeinen Maßstab für die Zulässigkeit und für Wirkungen von Gerichtsstandsvereinbarungen aufzustellen: Lediglich die Geschäftserfahrung der Parteien, die Art der Streitigkeit, der Zeitpunkt und die inhaltliche Bestimmtheit sind danach ausschlaggebend für die Wirksamkeit der Derogation.[1208] Insofern muss es hier als gerechtfertigt angesehen werden, neben den prozessrechtlichen Schranken eine dem Prorogationsstatut unterfallende Inhalts- und Missbrauchskontrolle zuzulassen.[1209]

Es fragt sich, ob gleiches für die Berücksichtigung von Eingriffsnormen gilt. Eine entsprechende Linie verfolgt der BGH bereits seit Jahrzehnten.[1210] In Entscheidungen zur Mindesthaftung des Verfrachters gemäß § 662 HGB a.F. stellte er den Grundsatz auf, nach dem eine Gerichtsstandsvereinbarung unwirksam sei, wenn sie in Verbindung mit einer Rechtswahl dazu führe, dass zwingende Haftungsvorschriften ausgeschaltet würden; dabei gehe es nicht allein um die Ausschaltung von Eingriffsnormen als solchen, vielmehr seien die im konkreten Einzelfall erzielten Ergebnisse und ihre Vereinbarkeit mit den Vorgaben der Eingriffsnormen entscheidend.[1211] In der Folgezeit hat der BGH mit einem Urteil zur fehlenden Börsentermingeschäftsfähigkeit eine Verbindung zwischen der Berücksichtigung von Eingriffsnormen und der Nichtanerkennung der zu erwartenden Entscheidung gezogen:

1205 *Weller*, S. 211 f.
1206 *Weller*, S. 214.
1207 Vgl. *Geimer*, IZPR, Rn. 1632.
1208 Vgl. *Rühl*, IPRax 2007, 294, 296.
1209 Vgl. *Weller*, S. 200.
1210 S. dazu die umfassende Darstellung der älteren Rechtsprechung bei Rühl, IPRax 2007, 294, 296 f.
1211 Etwa BGH, Urt. v. 30.5.1983 – II ZR 135/82, NJW 1983, 2772; s. dazu auch *Rühl*, IPRax 2007, 294, 297.

„Ferner können aus diesem Grunde ausländische Urteile über Forderungen aus Börsentermingeschäften, in denen die Vorschriften des deutschen Rechts über die Termingeschäftsfähigkeit nicht beachtet worden sind, nicht zur Vollstreckung anerkannt werden, weil sonst der Zweck des Börsengesetzes verfehlt würde. (...) Aus demselben Grunde muss auch einer Gerichtsstandsvereinbarung die Wirksamkeit versagt werden, die bei ihrer Anwendung in Verbindung mit einer Rechtswahlklausel zur Folge hätte, dass die zur Entscheidung berufenen Gerichte den Termineinwand nicht beachten, wie dies hier der Fall wäre, da das englische Recht diesen Einwand nicht kennt."[1212]

Zwei Oberlandesgerichte schlossen sich der Rechtsprechung des BGH mit prominenten Entscheidungen an, nämlich das OLG München und das OLG Stuttgart.[1213] Dabei ging das OLG München sogar noch weiter und ließ für die Annahme der Unwirksamkeit der Gerichtsstandsvereinbarung bereits eine gewisse Wahrscheinlichkeit der Nichtanwendung deutscher Eingriffsnormen ausreichen: Die Gerichtsstandsvereinbarung sei unwirksam,

„wenn die nahe liegende Gefahr besteht, dass das Gericht des Drittstaats zwingendes deutsches Recht nicht zur Anwendung bringt."[1214]

Dem Beschluss des OLG Stuttgart sowie dem folgenden Beschluss des BGH[1215] lag die Frage zugrunde, ob die Grundsätze der Entscheidung des EuGH in der Rechtssache „Ingmar",[1216] wonach Artt. 17 und 18 der Handelsvertreterrichtlinie[1217] zwingendes Recht sein sollen und dementsprechend eine Rechtswahl zugunsten drittstaatlichen Rechts überlagern, auf Gerichtsstandsvereinbarungen übertragen werden könnten.[1218] OLG und BGH bejahten dies und hielten im Übrigen eine Vorlage an den EuGH zur Auslegung der einschlägigen Bestimmungen der Handelsvertreterrichtlinie nicht für veranlasst:

„Denn es besteht keinerlei Raum für vernünftige Zweifel (...), dass die genannten Richtlinienbestimmungen es nicht hindern, einer Gerichtsstandsvereinbarung, mit der die

---

1212 BGH, Urt. v. 12.3.1984 – II ZR 10/83, NJW 1984, 2037; s. auch BGH, Urt. v. 21.9.1993 – XI ZR 52/82, NJW-RR 1993, 1519, 1520.

1213 OLG München, Urt. v. 17.5.2006 – 7 U 1781/06, IHR 2006, 166 ff.; OLG Stuttgart, Beschl. v. 29.12.2011 – 5 U 126/11, IHR 2012, 163 ff.

1214 OLG München, Urt. v. 17.5.2006 – 7 U 1781/06, IHR 2006, 166, 168; dazu kritisch *Rühl*, IPRax 2007, 294, 297 ff.

1215 BGH, Beschl. v. 5.9.2012 – VII ZR 25/12, IHR 2013, 35.

1216 EuGH 9.11.2000 – C-381/98, ECLI:EU:C:2000:605 = NJW 2001, 2007 – Ingmar/Eaton Leonard Technologies.

1217 S.o. Fn. 644.

1218 S. hierzu *Antomo*, IHR 2013, 225 ff.

> ausschließliche internationale Zuständigkeit der Gerichte eines Drittstaates für den Ausgleichsanspruch des Handelsvertreters prorogiert wird, die Anerkennung zu versagen, wenn das von den Parteien gewählte Recht – wie hier nach den nicht angefochtenen Feststellungen des Berufungsgerichts das Recht von Virginia – keinen zwingenden Ausgleichsanspruch des Handelsvertreters nach Vertragsbeendigung kennt und das Gericht des Drittstaates das zwingende europäische und nationale Recht eines Mitgliedstaats nicht zur Anwendung bringen und die Klage auf den Ausgleichsanspruch abweisen wird." [1219]

In der Literatur wird vor allen Dingen kritisiert, dass der BGH bislang nie verdeutlicht habe, auf welcher dogmatischen Grundlage die Auswirkung von Eingriffsnormen auf Gerichtsstandsvereinbarungen überprüft werde.[1220] Mit dem Ergebnis sind jedoch viele einverstanden: So wird sie zum Teil als

> „logisch, folgerichtig, konsequent und angesichts des Urteils des EuGH, auf dem sie fußt, auch richtig und begrüßenswert"

bezeichnet.[1221]

Zum Teil findet sich in der Literatur aber auch deutliche Ablehnung der Rechtsprechung des BGH: Eine eindeutige Prognose, wie das forum prorogatum entscheiden werde, sei gar nicht möglich.[1222] Vor diesem Hintergrund sei die Derogation zunächst zu beachten und das ausländische Urteil abzuwarten; verstoße es tatsächlich gegen den deutschen ordre public, weil es aus deutscher Sicht Eingriffsnormen ignoriere, sei im Hinblick auf die Nichtanerkennung im Inland eine Ersatzzuständigkeit zu eröffnen.[1223]

Letztere Argumentation vermag nicht zu überzeugen. Zweifelsohne würden auf diese Weise Parteiautonomie und ausländische Prorogation bestmöglich geachtet.[1224] Dennoch scheint der Verweis auf einen solchen Umweg mit dem Gebot effektiven Rechtsschutzes zu kollidieren, jedenfalls dann, wenn von

---

1219 BGH, Beschl. v. 5.9.2012 – VII ZR 25/12, IHR 2013, 35 f.; s. auch OLG Stuttgart, Beschl. v. 29.12.2011 – 5 U 126/11, IHR 2012, 164 ff.; kritisch hierzu *v. Hein*, in: Jung, 23, 66.

1220 *Rühl*, IPRax 2007, 294, 297; *Redmann*, S. 46 f. und 51 ff.; *Antomo*, IHR 2013, 225.

1221 *Thume*, IHR 2006, 169; ebenso Musielak/Voit/*Heinrich*, § 38 Rn. 20; im Erg. auch zustimmend *Rühl*, IPRax 2007, 294, 299.

1222 *Geimer*, IZPR, Rn. 1770; s. zum auf das Schiedsverfahrensrecht bezogenen kritischen Meinungsstand *Antomo*, IHR 2013, 225, 230.

1223 *Geimer*, IZPR, Rn. 1770.

1224 Vgl. auch *Antomo*, IHR 2013, 225, 232.

vornherein abzusehen ist, dass das Verfahren keinen aus Sicht des Inlands verwertbaren Titel produzieren wird.[1225]

Im Anwendungsbereich des autonomen deutschen Zivilprozessrechts kann der der Brüssel Ia-VO zugrundeliegende Gedanke gegenseitigen Vertrauens[1226] nicht nutzbar gemacht werden; es kommt durchaus in Betracht und immer wieder vor, dass die Gerichte eines Drittstaats gewählt werden, dessen Schutzniveau für die Parteien nicht im Ansatz demjenigen innerhalb der deutschen Rechtsordnung gleicht. Hier allein auf die anerkennungsrechtliche Ordre-public-Kontrolle nach § 328 Abs. 1 Nr. 4 ZPO zu verweisen, würde mit der Akzeptanz einhergehen, weit hinter dem Schutzsystem des HGÜ zurückzubleiben. Denn dort werden, wie gesehen,[1227] über die Ordre-public-Klausel in Art. 6 lit. c HGÜ Gerechtigkeitserwägungen um- und durchgesetzt. Zudem geht ein solcher Verweis auf die anerkennungsrechtliche Ordre-public-Kontrolle in Fällen ins Leere, in denen bei Nichtbeachtung einer inländischen Eingriffsnorm im Ausland von vornherein keine in der Hauptsache zu vollstreckende Entscheidung ergeht, die im Inland anzuerkennen und für vollstreckbar zu erklären wäre.[1228] Unabhängig von der genauen dogmatischen Einordnung, die weder anhand des kollisionsrechtlichen Ordre-Public-Vorbehalts nach Art. 6 EGBGB noch anhand der anerkennungsrechtlichen Ordre-public-Kontrolle nach § 328 Abs. 1 Nr. 4 ZPO zwingend erscheint,[1229] sollte nach alledem mit dem BGH davon ausgegangen werden, dass die drohende Umgehung von Eingriffsnormen im Anwendungsbereich des autonomen deutschen Rechts Derogationsverbote auslösen kann.

cc.) Form

Innerhalb des deutschen internationalen Zivilprozessrechts hielt man im Hinblick auf Formfragen seit jeher die lex fori unter Ausschluss ihrer IPR-Normen für maßgeblich.[1230] § 38 ZPO regelt die Form ausdrücklich, so dass ein Rückgriff auf materielles Recht nicht erforderlich ist und ausscheidet; für die Form von

---

1225 Vgl. *Weller*, S. 184.

1226 S. dazu oben Abschnitt a.) bb.) bbb.) (4.) (c.).

1227 S. dazu oben Abschnitt b.) bb.).

1228 S. hierzu OLG Stuttgart, Beschl. v. 29.12.2011 – 5 U 126/11, IHR 2012, 163, 165.

1229 *Antomo* befasst sich mit beiden Varianten ausführlich in IHR 2013, 225, 233.

1230 BGH, Urt. v. 17.5.1972 – VIII ZR 76/71, NJW 1972, 1622, 1624; BGH, Urt. v. 24.11.1988 – III ZR 150/87, NJW 1989, 1431; *Schack*, Rn. 550; *ders.*, IPRax 1990, 19, 20; Nagel/Gottwald/*Gottwald*, Rn. 3.568; *Geimer*, IZPR, Rn. 1624; *Gottwald*, FS Henckel 1995, 295, 303 f.; anders MüKo-ZPO/*Patzina*, § 38 ZPO Rn. 28, offenbar von der Maßgeblichkeit der lex causae ausgehend.

Gerichtsstandsvereinbarungen gilt also allein § 38 ZPO, unabhängig davon, ob das auf den Hauptvertrag anwendbare Recht für diesen eine strengere oder auch gar keine Form verlangt.[1231]

Wie bereits innerhalb der Darstellung des Anwendungsbereichs der Vorschriften der §§ 38 ff. ZPO ausführlich erörtert, findet auf internationale Gerichtsstandsvereinbarungen nicht nur die Sondervorschrift des § 38 Abs. 2 ZPO Anwendung, sondern ebenso § 38 Abs. 1 ZPO.[1232] Sind die Vertragsparteien Kaufleute, können sie formfrei Gerichtsstandsvereinbarungen abschließen. Fehlt ihnen die Kaufmannseigenschaft, gilt § 38 Abs. 2 Satz 2 ZPO: Die Vereinbarung muss schriftlich abgeschlossen oder, falls sie mündlich getroffen wird, schriftlich bestätigt werden.

Die Formerfordernisse des autonomen deutschen Zivilprozessrechts gelten wiederum auch dann, wenn im konkreten Fall der Anwendungsbereich des CISG eröffnet ist; insoweit ist erneut auf die Ausführungen im Zusammenhang mit der Brüssel Ia-VO zu verweisen.[1233]

dd.) Willenseinigung und darüber hinausgehende Fragen der materiellen Gültigkeit

§ 38 ZPO regelt also ausdrücklich Fragen von Zulässigkeit und Form der Gerichtsstandsvereinbarung; sämtliche Aspekte des materiellen Rechts entziehen sich jedoch dem Anwendungsbereich des Prozessrechts.

Nach allgemeiner Auffassung wird der Konsens der lex causae unterstellt.[1234] Dies hatte der BGH erstmals 1968 entschieden[1235] und in einem weiteren Urteil von 1972 ergänzend ausgeführt, das Prozessrecht verweise hinsichtlich des Zustandekommens stillschweigend auf die Bestimmungen des bürgerlichen Rechts über den Abschluss von Verträgen.[1236]

1231 *Schack,* Rn. 550; BGH, Urt. v. 17.5.1972 – VIII ZR 76/71, NJW 1972, 1622, 1624; BGH, Urt. v. 24.11.1988 – III ZR 150/87, NJW 1989, 1431.

1232 Vgl. oben Abschnitt B. I. 3.

1233 S.o. Abschnitt a.) cc.) am Ende.

1234 *Schack,* Rn. 557; *ders.*, IPRax 1990, 19.

1235 BGH, Urt. v. 29.2.1968 – VII ZR 102/65, NJW 1968, 1233.

1236 BGH, Urt. v. 17.5.1972 – VIII ZR 76/71, NJW 1972, 1622, 1623 m. zust. Anm. *Geimer*, NJW 1972, 1624; so dann auch BGH, Urt. v. 20.1.1986 – II ZR 56/85, NJW 1986, 1438, 1439 m. Anm. *Geimer*, NJW 1986, 1439 f. und BGH, Urt. v. 18.3.1997 – XI ZR 34/96, NJW 1997, 2885, 2886.

Das allgemeine Prorogationsstatut gilt für Willenseinigung und Willensmängel.[1237] Sofern nicht im Einzelfall Formfragen streitig sind,[1238] umfasst das Prorogationsstatut somit richtigerweise auch die Einbeziehung von AGB und die Rechtsfolgen von Schweigen auf ein kaufmännisches Bestätigungsschreiben.[1239] Gleiches gilt für Widerrufsrechte. Werden Inhalts- und Missbrauchskontrolle generell zugelassen, spricht darüber hinaus nichts gegen eine Kontrolle der Gesetz- und Sittenwidrigkeit anhand des nach dem Kollisionsrecht zu bestimmenden materiellen Rechts. Nach dem oben Gesagten[1240] sollten auch die mit der materiellen Willenseinigung unmittelbar verknüpften Fragen der Bindung Dritter an die Gerichtsstandsvereinbarung dem Prorogationsstatut unterfallen.[1241] Über Rechts- und Geschäftsfähigkeit, Stellvertretung sowie ggf. Übergangstatbestand beim Übergang der Gerichtsstandsvereinbarung auf Dritte herrscht das vom IPR des Forums berufene Recht im Wege der Sonderanknüpfung.[1242]

Soweit die Anwendungsvoraussetzungen des CISG vorliegen und soweit das den Vertragssschluss regelnde CISG einschlägige Vorschriften enthält, ist mit der herrschenden Meinung wiederum von einer ergänzenden Anwendung des CISG und damit zugleich von einer Verdrängung des Kollisionsrechts auszugehen.[1243]

ee.) Zusammenfassung der Reichweite

Das Kollisionsrecht umfasst damit im Rahmen des autonomen deutschen Rechts sämtliche materiell-rechtlichen Aspekte einer Gerichtsstandsvereinbarung.

1237 *Schack*, Rn. 557.

1238 S. zu den dabei auftretenden Abgrenzungsschwierigkeiten oben Abschnitte a.) dd.) bbb.) und b.) dd.).

1239 Vgl. *Geimer*, IZPR, Rn. 1677; offenbar auch *Antomo*, ZZPInt 17 (2012) 183, 191, 201; a.A. *Schack*, Rn. 558 f.: Für die Einbeziehung von AGB gelte das Vertragsstatut, das vom IPR des Forums berufene Recht herrsche über die Rechtsfolgen von Schweigen auf ein kaufmännisches Bestätigungsschreiben.

1240 S.o. Abschnitt a.) ff.) bbb.) (3.) und b.) ee.) ccc.).

1241 So offenbar auch *Antomo*, ZZPInt 17 (2012) 183, 191, 201; freilich muss auch hier an die selbständige Anknüpfung der Frage erinnert werden, ob eine Gerichtsstandsvereinbarung auf einen Dritten übergegangen ist, s. dazu schon oben Abschnitt b.) ee.) ccc.); in dem Sinne ist auch *Schack*, Rn. 559, zu verstehen, der das Forderungsstatut für maßgeblich erachtet.

1242 Für Rechts-, Geschäftsfähigkeit und Stellvertretung auch *Schack*, Rn. 559; *Antomo*, ZZPInt 17 (2012) 183, 187; für den Übergangstatbestand *Magnus*, IPRax 2016, 521, 529.

1243 S. schon oben Abschnitt b.) ff.) sowie zur Darstellung der herrschenden Meinung im Übrigen Abschnitt a.) gg.) mit Fn. 990.

Allein Fragen der Form und der (meisten) Prorogationsbeschränkungen (sowie selbstverständlich auch der Wirkungen von Gerichtsstandsvereinbarungen) sind über das Prozessrecht abgedeckt und somit außerhalb des Anwendungsbereichs des Kollisionsrechts angesiedelt. Allerdings sind auch innerhalb des § 38 ZPO Stellvertretung und Geschäftsfähigkeit von den Bereichen der Willenseinigung und der Willensmängel zu trennen und den Sonderanknüpfungen nach Artt. 7 und 8 EGBGB zu unterwerfen. Schließlich ist die Frage, ob eine Gerichtsstandsvereinbarung durch Rechtsgeschäft, Erbgang oder anderweitig auf einen Dritten übergegangen ist und ihn darüber bindet, selbständig anzuknüpfen.[1244]

ff.) Lösung für die Frage nach dem anwendbaren Recht

Die Lösung liegt im Übrigen auf derselben Linie wie die im Rahmen des HGÜ angestellten Erörterungen: Auch innerhalb des autonomen deutschen Rechts ist das Fehlen einer gesetzlichen Bestimmung des Prorogationsstatuts auszugleichen. Demzufolge läuft auch hier alles auf eine analoge Anwendung der Artt. 3 ff. Rom I-VO mit den genannten Konsequenzen hinaus.[1245]

d.) Überlegungen de lege ferenda

Als zufriedenstellend kann man die Lösung über eine analoge Anwendung der Artt. 3 ff. Rom I-VO nicht bezeichnen. Es wurde ausführlich aufgezeigt, dass im Regelfall der Weg über die engste Verbindung zu gehen ist, Art. 4 Abs. 4 Rom I-VO. In diesem Zusammenhang wurde oben unter b.) hh.) ccc.) sehr bewusst formuliert: Die Anwendung der lex fori prorogati steht *an sich* im Einklang mit dem Aspekt der Rechtssicherheit. Dies gilt leider nicht für den Lösungsweg als solchen. Es gibt zahlreiche Stellen, an denen der Rechtsanwender in die eine oder andere Richtung „abbiegen" und entscheiden kann. Das gilt für die Grundsatzentscheidung über die analoge Anwendbarkeit der Rom I-VO auf Gerichtsstandsvereinbarungen ebenso wie für die Frage der Auswirkung einer auf den Hauptvertrag bezogenen Rechtswahl und letztlich auch für die Ausfüllung des Begriffs der engsten Verbindung in Art. 4 Abs. 4 Rom I-VO.

Freilich ist die Auslegung des Begriffs der engsten Verbindung stets mit gewissen Unsicherheiten behaftet, die grundsätzlich zu akzeptieren sind. An dieser Stelle erscheint dies aber insofern problematischer, als der ohnehin nur analog einschlägige Art. 4 Abs. 4 Rom I-VO als bloßer Auffangtatbestand konzipiert ist,

---

1244 S. bereits oben Abschnitt b.) ee.) ccc.) und wiederum *Magnus*, IPRax 2016, 521, 529.
1245 So auch *Antomo*, ZZPInt 17 (2012) 183, 194 ff.; vgl. hierzu Abschnitt b.) hh.) ccc.).

mangels passender anderweitiger Vorschrift aber bezogen auf Gerichtsstandsvereinbarungen im Regelfall zur Anwendung gelangt.

Um dieser umständlichen kollisionsrechtlichen Prüfung entgehen zu können, ist mit Magnus und Staudinger[1246] eine Lösung de lege ferenda für im Anwendungsbereich des HGÜ und des autonomen deutschen Rechts liegende Fälle anzustreben. In der Folge soll geklärt werden, wie der mögliche Inhalt einer neuen Kollisionsnorm aussehen könnte und wo genau im Gesetz sie zu verorten wäre.

aa.) Möglicher Inhalt einer Kollisionsnorm de lege ferenda

An dieser Stelle kann auf einige grundsätzliche Überlegungen von Magnus zurückgegriffen werden:

aaa.) Allgemeine Überlegungen

Zunächst steht außer Frage, dass eine Kollisionsnorm möglichst allgemein gehalten werden und für sämtliche Rechtsgebiete konzipiert werden sollte, in denen Gerichtsstandsvereinbarungen denkbar und ohne spezielle Einschränkungen zulässig sind.[1247] Ziel sollte sein, alle Fälle zu erfassen, die nicht bereits spezialgesetzlich geregelt sind oder nicht zwingend einer spezialgesetzlichen Regelung bedürfen.

bbb.) Rechtswahlmöglichkeit

Eine weitere grundsätzliche Entscheidung muss über die Frage getroffen werden, ob den Parteien die Möglichkeit einer auf die Gerichtsstandsvereinbarung bezogenen Rechtswahl eingeräumt wird. Weder Art. 25 Abs. 1 Satz 1 Halbsatz 2 Brüssel Ia-VO noch Art. 5 Abs. 1 Halbsatz 2 HGÜ sieht dies vor. Für die Beantwortung der Frage sollte differenziert werden:

Es ist nichts gegen eine Rechtswahl der Parteien einzuwenden, die sich ausdrücklich auf eine getroffene Gerichtsstandsvereinbarung bezieht. Der Parteiautonomie sollte größtmöglicher Raum gegeben werden. Eine ausdrückliche Rechtswahl führt dabei zu maximaler Vorhersehbarkeit und Rechtssicherheit für die Parteien.

Allerdings ist eine Regelung abzulehnen, die neben der ausdrücklichen auch eine konkludente Rechtswahl ermöglichen würde. Denn insoweit gehen

---

1246 *Magnus*, IPRax 2016, 521 ff. und *Staudinger*, NZV 2021, 39, 40; s. zu ihren Vorschlägen bereits oben Abschnitt 3.

1247 Vgl. *Magnus*, IPRax 2016, 521, 528.

die Sichtweisen bereits jetzt zu stark auseinander:[1248] So wird nicht nur in der Rechtsprechung[1249] von einer auf den Hauptvertrag bezogenen Rechtswahl auf eine parallel lautende Wahl des auf die Gerichtsstandsvereinbarung anzuwendenden Rechts geschlossen.[1250] Eine entsprechend verfestigte Rechtsprechungslinie würde aber unsachgerechte Ergebnisse erzeugen, nämlich regelmäßig und pauschal das für den Hauptvertrag gewählte Recht für anwendbar erklären. Auf diese Weise würde letztlich das in Art. 3 lit. d HGÜ[1251] niedergelegte Trennungsprinzip konterkariert.[1252]

Eine Diskrepanz zwischen einer die ausdrückliche Rechtswahl zulassenden Lösung und derjenigen in der Brüssel Ia-VO, die eine Rechtswahl in keiner Variante vorsieht, ist hinzunehmen. Aufgrund der durch den EuGH entwickelten weitgehenden unionsrechtlich-autonomen Regelung in Art. 25 Brüssel Ia-VO ist ein Gleichlauf mit HGÜ und ZPO insoweit von vornherein ausgeschlossen.

ccc.) Entscheidung zwischen lex fori, lex contractus und lex fori prorogati

Was die Ermittlung des sachgerechten Prorogationsstatuts betrifft, kann auf die Erörterungen zur engsten Verbindung verwiesen werden:[1253] Die besten Argumente streiten für die lex fori prorogati.

ddd.) Sachnorm- oder Gesamtverweisung

Schließlich ist eine Entscheidung darüber zu fällen, ob die neue Kollisionsnorm als Sachnorm- oder Gesamtverweisung auszugestalten wäre. Für letztere spräche die dann eintretende Parallelität mit den Gesamtverweisungen in Art. 25 Abs. 1 Satz 1 Halbsatz 2 Brüssel Ia-VO und Art. 5 Abs. 1 Halbsatz 2 HGÜ.

Bewegte man sich ausschließlich innerhalb des Anwendungsbereichs des HGÜ, fiele die Antwort jedoch eindeutig in die andere Richtung aus: Eine weitere Gesamtverweisung auf die lex fori prorogati nach erster Gesamtverweisung in Art. 5 Abs. 1 Halbsatz 2 HGÜ wäre völlig nutzlos.

Aber auch ganz allgemeine Erwägungen sprechen bezogen auf das autonome deutsche Recht für die Ausgestaltung einer neuen Kollisionsnorm als Sachnormverweisung.[1254] Zwar hat die Gesamtverweisung den Vorzug, dass sie dem auch

---

1248 S.o. Abschnitt b.) hh.) ccc.).

1249 Vgl. die Nachweise in Fn. 1155.

1250 S. insbesondere *Magnus,* IPRax 2016, 521, 528 f.

1251 Und Art. 25 Abs. 5 Brüssel Ia-VO.

1252 Vgl. wiederum *Antomo,* ZZPInt 17 (2012), 183, 195 f.

1253 S.o. Abschnitt b.) hh.) ccc.) am Ende.

1254 So auch *Magnus,* IPRax 2016, 521, 528.

das EGBGB noch immer bestimmenden Ziel der Förderung eines internationalen Entscheidungseinklangs am nächsten kommt.[1255] Wendet das zuständige Gericht sein Kollisionsrecht an, mag man ihm vor diesem Hintergrund den Aufwand auferlegen, den die Ermittlung fremden Kollisions- *und* Sachrechts mit sich bringt. Die Gesamtverweisungen in der Brüssel Ia-VO und im HGÜ muten dies dem Gericht bereits innerhalb der Zuständigkeitsprüfung zu, wenngleich die Brüssel Ia-VO (nur) in andere europäische Rechtsordnungen führen kann. Das genannte Ziel eines Entscheidungseinklangs wird aber bezogen auf Gerichtsstandsvereinbarungen entscheidend überlagert von dem erheblichen Bedürfnis nach einer schnellen und unkomplizierten Entscheidung über die (bloße) Zuständigkeitsfrage. Der EuGH fordert schon lange, es müsse gewährleistet sein, dass Gerichte ohne Schwierigkeiten über die eigene Zuständigkeit entscheiden können, ohne in eine Sachprüfung eintreten zu müssen.[1256] Selbst im eigenen IPR ist das Prorogationsstatut de lege lata schwer zu ermitteln. Ähnlich sieht es in anderen Rechtsordnungen aus.[1257] Wenigstens innerhalb des autonomen deutschen Rechts sollte also vermieden werden, den Rechtsanwender vor die zum Teil nahezu unlösbar erscheinende Aufgabe zu stellen, noch im Rahmen seiner Zuständigkeitsprüfung in entfernten Rechtsordnungen nach IPR-Regeln für mögliche Weiterverweisungen zu suchen.[1258]

eee.) Reichweite der Kollisionsnorm

Die Reichweite einer neuen Kollisionsnorm sollte dem unter c.) ee.) gefundenen Ergebnis entsprechen: Die Vorfragen der Rechts- und Geschäftsfähigkeit sowie der Stellvertretung sollten dem jeweils eigenen Statut nach Artt. 7 und 8 EGBGB unterstehen.[1259] Auch die Frage, ob eine Gerichtsstandsvereinbarung durch Rechtsgeschäft, Erbgang oder anderweitig auf einen Dritten übergegangen ist und ihn darüber bindet, ist selbständig anzuknüpfen. Im Übrigen sollten die materiellen Gültigkeitsfragen vom Prorogationsstatut erfasst sein.

1255 Vgl. *Kropholler*, S. 165 ff.; NK-BGB/*Freitag*, Art. 4 EGBGB Rn. 13 und 37; näher MüKo-BGB/*v. Hein*, Art. 4 EGBGB Rn. 25.

1256 EuGH – Benincasa/Dentalkit, aaO (Fn. 60) Rn. 27; s. auch die Schlussanträge des Generalanwalts Jääskinen, aaO (Fn. 889) Rn. 36.

1257 Vgl. die Nachweise bei *Magnus*, IPRax 2016, 521, 527, dortige Fn. 64.

1258 Vgl. auch noch einmal die entsprechende Kritik mit Bezug auf Art. 23 EuGVVO-E von *Gebauer* in FS von Hoffmann, 577, 585 f.

1259 Vgl. *Magnus*, IPRax 2016, 521, 529.

fff.) Abgrenzung zur europäischen Lösung

Nachdem nach hiesiger Auffassung innerhalb des Anwendungsbereichs der Brüssel Ia-VO trotz Gesamtverweisung in Art. 25 Abs. 1 Satz 1 Halbsatz 1 kein Bedürfnis nach einer weiteren Kollisionsnorm für die materielle Gültigkeit von Gerichtsstandsvereinbarungen zu verzeichnen ist, stellt sich die Frage, wie eine neue Regelung im autonomen deutschen Recht davon abzugrenzen ist.

Zwar könnte man mit Magnus argumentieren, einer zusätzlichen Abgrenzung bedürfe es aufgrund der Regelung in Art. 3 EGBGB gar nicht.[1260] Die Vorschrift stellt in Ziffer 1 den Vorrang von EU-Verordnungen[1261] und in Ziffer 2 den Vorrang völkerrechtlicher Vereinbarungen[1262] deklaratorisch fest. Ein bloßer Hinweis auf den Vorrang dürfte allerdings nicht als ausreichend erachtet werden. Denn existiert erst einmal eine neue und spezielle Kollisionsnorm für die materielle Gültigkeit von Gerichtsstandsvereinbarungen im autonomen deutschen Recht, ist die Gefahr groß, dass der Rechtsanwender sie vorschnell auf Fragen anwenden wird, die nach der hiesigen Lösung dem Prorogationsstatut gar nicht unterfallen. Eine ausdrückliche Einschränkung dahingehend, dass die neue Kollisionsnorm ausschließlich in den Fällen greift, die außerhalb des Anwendungsbereichs der Brüssel Ia-VO liegen, erscheint insofern angezeigt.

ggg.) Lösungsvorschlag

Nach alledem würde eine von Staudinger angedachte Lösung nach dem Beispiel von Art. 17 Abs. 2 EGBGB für die materielle Gültigkeit von Gerichtsstandsvereinbarungen nicht zum gewünschten Ergebnis führen. Denn damit würden (nur), freilich mit der Möglichkeit, über Maßgaben Abweichungen zu erreichen, die Vorschriften der Rom I-VO trotz der Bereichsausnahme in Art. 1 Abs. 2 lit. e Rom I-VO für verbindlich erklärt. Zwar würde man damit eine den Rechtsnormen in Belgien, den Niederlanden und Italien entsprechende Regelung schaffen.[1263] Es ist aber ausführlich dargelegt worden, dass und warum die allgemein für vertragliche Schuldverhältnisse geltenden Normen mit ihrem Konzept der Berücksichtigung einer konkludenten Rechtswahl und der objektiven Anknüpfung an die für den Vertrag charakteristische Leistung nicht passend erscheinen.

1260 *Magnus*, IPRax 2016, 521, 529.

1261 Näher MüKo-BGB/*v. Hein*, Art. 3 EGBGB Rn. 45 ff.

1262 Näher MüKo-BGB/*v. Hein*, Art. 3 EGBGB Rn. 175 ff.

1263 S. zu den dortigen Lösungen noch einmal oben Abschnitt 2. b.) aa.).

Aus demselben Grund kann auch die an der Rom I-VO stark orientierte österreichische Regelung in § 35 IPRG[1264] nicht als Vorbild dienen.

Es sollte vielmehr eine eigene, nur auf Gerichtsstandsvereinbarungen bezogene Kollisionsnorm geschaffen werden, die wie folgt aussehen könnte:

„Einigung und materielle Gültigkeit von Gerichtsstandsvereinbarungen

1) Außerhalb des Anwendungsbereichs der Brüssel Ia-VO beurteilen sich das Zustandekommen und die materielle Gültigkeit einer Gerichtsstandsvereinbarung nach dem Recht, das die Parteien hierfür vereinbart haben. Die Rechtswahl muss ausdrücklich erfolgen.
2) Soweit die Parteien keine Rechtswahl gemäß Absatz 1 getroffen haben, unterliegen das Zustandekommen und die materielle Gültigkeit einer Gerichtsstandsvereinbarung den Sachvorschriften des Staates, in dem das vereinbarte Gericht seinen Sitz hat.“

Mit Magnus ist auf eine Auffangnorm wie in Art. 4 Abs. 4 Rom I-VO zu verzichten.[1265] Denn die Ermittlung der engsten Verbindung stellt sich, wie aufgezeigt,[1266] als äußerst schwierig dar. Eine derartige Anknüpfung ist deshalb aus Gründen der Rechtssicherheit zu vermeiden.

bb.) Verortung der neuen Vorschrift

Wiederum in Übereinstimmung mit Magnus und insoweit auch mit Staudinger ist eine Verortung einer Kollsionsnorm de lege ferenda innerhalb des EGBGB zu befürworten.[1267] Dabei sollte die dogmatische Einordnung der Gerichtsstandsvereinbarung nicht in erster Linie ausschlaggebend sein. Vielmehr ist der Blick auf den Regelungsgehalt der vorgeschlagenen Norm zu richten: Es handelt sich um Kollisionsrecht für das Zustandekommen von Gerichtsstandsvereinbarungen und deren materielle Gültigkeit. Die entworfene Vorschrift soll gerade nicht die Zulässigkeit, Formerfordernisse oder Wirkungen von Gerichtsstandsvereinbarungen erfassen; für diese bleibt das Prozessrecht maßgeblich. Obwohl die §§ 38 bis 40 ZPO einen eigenen Titel über Gerichtsstandsvereinbarungen bilden, dürften Rechtsanwender vor diesem Hintergrund am ehesten das EGBGB konsultieren.[1268] Dort erscheint die Neueinführung eines „Artikel 11a EGBGB“

1264 S. wiederum Abschnitt 2. b.) aa.).
1265 Vgl. noch einmal seinen Vorschlag in IPRax 2016, 521, 529.
1266 S.o. Abschnitt b.) hh.) ccc.).
1267 *Magnus,* IPRax 2016, 521, 529; *Staudinger*, NZV 2021, 39, 40.
1268 Vgl. erneut *Magnus,* IPRax 2016, 521, 529.

oder eines „Artikel 12a EGBGB“ im Abschnitt „Recht der natürlichen Personen und der Rechtsgeschäfte“ sinnvoll. Magnus denkt daneben über einen „Artikel 6a EGBGB“ mit der Begründung nach, dass die Regelung von Gerichtsstandsvereinbarungen zu den allgemeinen Fragen gehöre;[1269] schließlich könnten sie im Grundsatz in jedem Rechtsgebiet abgeschlossen werden.[1270] Letzteres ist richtig, allerdings würde die Entscheidung für einen „Artikel 11a EGBGB“ oder einen „Artikel 12a EGBGB“ den rechtsgeschäftlichen Charakter der Gerichtsstandsvereinbarung stärker hervorheben.[1271]

1269 Der Abschnitt 1 („Allgemeine Vorschriften“) im Kapitel „Internationales Privatrecht“ reicht von Art. 3 bis Art. 6 EGBGB.

1270 *Magnus*, IPRax 2016, 521, 529.

1271 So im Erg. auch *Magnus*, IPRax 2016, 521, 529.

D. Zusammenfassung und Ausblick

Die abschließende Zusammenfassung erfolgt unterteilt in die Brüssel Ia-VO einerseits und das HGÜ und die ZPO andererseits. Letztere können wegen des parallel laufenden Ergebnisses, was den gesetzgeberischen Handlungsbedarf betrifft, gemeinsam behandelt werden.

I. Brüssel Ia-VO

Die Ziele, die der europäische Verordnungsgeber vor Augen hatte, als er die Regelungen der Gerichtsstandsvereinbarungen in der Brüssel I-Verordnung reformierte,[1272] sind ausnahmslos zu begrüßen. Angesichts der erheblichen Bedeutung von Gerichtsstandsvereinbarungen im internationalen Rechtsverkehr konnte die angestrebte Verbesserung ihrer Wirksamkeit nur befürwortet werden. Ebenso richtig und wichtig war die Absicht, für möglichst einheitliche Standards und einen möglichst einheitlichen Umgang mit Gerichtsstandsvereinbarungen innerhalb der Europäischen Union zu sorgen. Insofern war es überfällig, das für die materielle Gültigkeit maßgebende Kollisionsrecht in Art. 25 Abs. 1 Brüssel Ia-VO selbst festzulegen; eine weitere Harmonisierung war bereits seit langem gefordert worden.[1273]

Ob die Umsetzung dieser Ziele in der neuen Fassung der Brüssel Ia-VO tatsächlich gelungen ist, wird sehr unterschiedlich bewertet. Positiv hervorgehoben wird die Einführung der vereinheitlichten Kollisionsnorm in Art. 25 Abs. 1 Brüssel Ia-VO und die damit einhergehende Anpassung des europäischen Rechts an die Normen des HGÜ.[1274] Vielfach wird allerdings die Ausgestaltung als Gesamtverweisung kritisiert; mangels unmittelbarer Anwendbarkeit der Rom I-VO auf Gerichtsstandsvereinbarungen laufe sie letztendlich dem Vereinheitlichungsgedanken zuwider.[1275]

Folgende Unklarheiten bleiben bestehen:

1272 S. hierzu noch einmal EuGVVO-E, Abschnitt 3.1.3; Zusammenfassung der Folgenabschätzung, Fn. 2, Abschnitt 2.3.2.

1273 S. insbesondere Heidelberg Report, Rn. 349 Thesen 20 ff.

1274 S. *Hess*, Rn. 6.152 f.; zu Art. 23 EuGVVO-E *Gebauer*, FS von Hoffmann, 577, 588; Geimer/Schütze/*Peiffer/Peiffer*, IntRV, Art. 25 Rn. 82; Saenger/*Dörner*, Art. 25 Rn. 15.

1275 Näher oben Abschnitt C. II. 1. b.) cc.) mit den entsprechenden Nachweisen.

1. Zuordnung der materiellen Voraussetzung einer wirksamen Willenseinigung

Der Wortlaut von Art. 25 Brüssel Ia-VO enthält nach wie vor keinen ausdrücklichen Hinweis darauf, wie der europäische Verordnungsgeber zum richterrechtlich entwickelten unionsrechtlich-autonomen Konsenskonzept steht. Durch Einführung der Kollisionsnorm mit allgemeiner Verweisung ins nationale Recht ohne begleitende Hinweise könnte er die Auslegungseinheit diesbezüglich gefährdet haben.[1276] Ob die Willenseinigung unter die neue Kollisionsnorm fällt oder auf der Linie der EuGH-Rechtsprechung und im Sinne der überwiegenden Ansicht in der Literatur weiterhin über den Begriff der „Vereinbarung" als Grundelement betrachtet wird, das unmittelbar der Regelung des Art. 25 Abs. 1 Satz 1 Halbsatz 1 Brüssel Ia-VO unterliegt, kann nicht mit Sicherheit beantwortet werden. Vor dem Hintergrund der nunmehr seit Jahrzehnten geführten Diskussion hinsichtlich der richtigen Verortung des materiellen Konsenses wäre eine diesbezügliche Klarstellung wünschenswert gewesen, ganz gleich, ob im Wortlaut des Art. 25 Brüssel Ia-VO oder in den Erwägungsgründen. Bei aller erstrebenswerten Nähe zum HGÜ wäre es sinnvoll gewesen, in diesem Punkt eine deutliche Abgrenzung zu wagen und zum Ausdruck zu bringen, dass dem Unionsrecht im Gegensatz zum „weltweit gedachten" HGÜ ein einheitliches Konsenskonzept zugrunde liegt.[1277] Der EuGH hat sich zwischenzeitlich eindeutig positioniert. Ohne die Kollisionsnorm zu erwähnen, bleibt er bei seinem bekannten unionsrechtlich-autonomen Konzept: Die Gerichtsstandsklausel müsse tatsächlich Gegenstand einer Willenseinigung zwischen den Parteien sein, die klar und deutlich zum Ausdruck kommen müsse; die Formerfordernisse in Art. 25 Abs. 1 Brüssel Ia-VO sollten insoweit gewährleisten, dass die Einigung tatsächlich feststehe.[1278]

Ungeklärt bleibt im Übrigen die Frage, wo Willensmängel zu verorten sind. Ihre Behandlung könnte unter die Kollisionsnorm fallen, aber erneut gilt: Sie sollten vorzugsweise dem einheitlichen Konsenskonzept zugeordnet und somit als Teil der unionsrechtlich-autonomen Regelung in Art. 25 Abs. 1 Satz 1 Halbsatz 1 Brüssel Ia-VO aufgefasst werden.[1279]

1276 Vgl. *Gebauer,* FS von Hoffmann, 577, 585.

1277 Vgl. *Gebauer,* FS von Hoffmann, 577, 585; s. dazu noch einmal ausführlich oben Abschnitt C. II. 4. a.) dd.) bbb.).

1278 EuGH – Saey Home & Garden/Lusavouga-Máquinas e Accessórios Industrials, aaO (Fn. 13) Rn. 25; EuGH – Ryanair/DelayFix, aaO (Fn. 13) Rn. 41.

1279 S. dazu noch einmal ausführlich oben Abschnitt C. II. 4. a.) ff.) bbb.) (5.).

2. Wortwahl für diejenigen materiellen Wirksamkeitshindernisse, die von der Kollisionsnorm erfasst sind

Der Wortlaut der Kollisionsnorm ist missverständlich hinsichtlich der Frage, ob sie lediglich Nichtigkeitsfolgen ipso iure oder auch solche Nichtigkeitsfolgen erfasst, die erst durch Gestaltungserklärung eintreten.[1280] Auch wenn vieles dafür spricht, eine solche Differenzierung nicht vorzunehmen, bleibt Raum für diesbezügliche Diskussionen. Eine entsprechende Klarstellung im Normtext – in der deutschen Fassung etwa durch das Wort „ungültig" statt „nichtig" – würde dem vorbeugen und wäre insofern für die Zukunft wünschenswert.

3. Reichweite der Kollisionsnorm im Übrigen

Die Reichweite der Kollisionsnorm in Art. 25 Abs. 1 Satz 1 Halbsatz 2 Brüssel Ia-VO ist insgesamt nicht mit hinreichender Deutlichkeit bestimmbar. Während einige das dort geregelte Prorogationsstatut erheblich eingrenzen und ihm neben der Rechts- und Geschäftsfähigkeit auch den Bereich der Stellvertretung entziehen wollen,[1281] machten sich in der Vergangenheit andere dafür stark, die unter die Kollisionsnorm fallenden materiellen Gültigkeitsvoraussetzungen eher zu erweitern, sie dann aber auch enumerativ aufzulisten; einen solchen Vorschlag unterbreitete Magnus in deutscher Fassung:[1282]

> „Die materielle Gültigkeit (im Hinblick auf Geschäftsunfähigkeit, Sitten- und Gesetzeswidrigkeit, Irrtum, Täuschung, Drohung) einer Gerichtsstandsvereinbarung sowie die weiteren Fragen, die wie die Stellvertretung und die Abtretung mit dem Abschluss einer solchen Vereinbarung verbunden sein können, unterstehen dem Recht, auf das die Regeln des Internationalen Privatrechts des Landes verweisen, in dem sich das oder die vereinbarten Gerichte befinden."

Dieser Vorschlag ist aber aus mehreren Gründen abzulehnen. Zunächst enthält er eine Problemquelle in technischer Hinsicht. Während er zunächst den Eindruck einer abschließenden Auflistung erweckt, und zwar derjenigen Aspekte, die unter die Begrifflichkeit der materiellen Gültigkeit „im engeren Sinne" fallen sollen, gibt er diese Linie im Anschluss wieder auf: Nach der abschließenden

---

1280 S. dazu noch einmal ausführlich oben Abschnitt C. II. 4. a.) ff.) bbb.) (1.).

1281 S. hierzu noch einmal *Gebauer*, FS von Hoffmann, 577, 582, 586 f.; ebenso für die Komplexe Geschäftsfähigkeit und Stellvertretung *Antomo*, ZZPInt 17 (2012), 183, 187.

1282 *Magnus*, FS von Hoffmann, 664, 675.

Enumeration spricht er unbestimmt von „weiteren Fragen, die *wie* die Stellvertretung und die Abtretung mit dem Abschluss einer solchen Vereinbarung verbunden sein können". Auf diese Weise ermöglicht er neuen Raum für Diskussionen darüber, was über die genannten Beispielsfälle hinaus unter solchen „weiteren Fragen" zu verstehen sein könnte.

Aber auch inhaltlich erscheint der Vorschlag problematisch. Denn die Liste der Elemente materieller Gültigkeit ist zu weit gefasst. So ist hier herausgearbeitet worden, dass die Zulässigkeitsschranken für Gerichtsstandsvereinbarungen abschließend in der Brüssel Ia-VO geregelt sind und für Regelungen zur Sitten- oder Gesetzeswidrigkeit in nationalen Rechtsordnungen kein Raum verbleibt. Ebenso fallen sämtliche Elemente, die die Konsensbildung betreffen, also gerade auch Willensmängel, nach hiesigem Verständnis nicht unter die Kollisionsnorm, sondern sind unionsrechtlich-autonom geregelt. Zudem ist entwickelt worden, dass auch die Abtretung der Gerichtsstandsvereinbarung nicht unter die Kollisionsnorm fällt, sondern neben dem vom EuGH in der Rechtssache „Ryanair" entschiedenen Ausnahmefall der Missbrauchskontrolle ausschließlich die Bereiche der Rechts- und Geschäftsfähigkeit sowie der Stellvertretung.

4. Anwendbares Recht

Was den Anwendungsbereich der Brüssel Ia-VO betrifft, wird in der Literatur der Streit um die richtige Anknüpfung der materiellen Gültigkeitsfragen internationaler Gerichtsstandsvereinbarungen aufgrund der Entscheidung des europäischen Verordnungsgebers für eine Gesamtverweisung nahezu unverändert fortgeführt.

Aufgrund der stark begrenzten Reichweite der Kollisionsnorm kann die Diskussion allerdings nach hiesigem Verständnis bezogen auf Art. 25 Brüssel Ia-VO als erledigt betrachtet werden. Die insoweit nur übrig bleibenden Restfragen der Rechts- und Geschäftsfähigkeit sowie der Stellvertretung sind gerade nicht über aufwendig zu entwickelnde Regelungen für ein allgemeines Prorogationsstatut, sondern nach Gesamtverweisung ins nationale IPR nach dessen Sondervorschriften einzeln anzuknüpfen. Eben diese Sondervorschriften sind im deutschen nationalen IPR, nämlich im EGBGB, enthalten. Die Debatte um die analoge Anwendbarkeit der Artt. 3 ff. Rom I-VO erübrigt sich insoweit.

5. Fazit

Gesetzgeberischer Handlungsbedarf ist mit Blick auf die europäische Regelung nach alledem jedenfalls nicht mit der Dringlichkeit vorhanden, mit der ihn viele anmahnen. Was die Reichweite der neuen Kollisionsnorm betrifft, herrschen allerdings viele Unklarheiten. Sofern das Verständnis des europäischen Verordnungsgebers hier richtig gedeutet wurde, könnte zur Klarstellung des in sich kohärenten Systems eine ausdrückliche Beschränkung der Reichweite der Kollisionsnorm auf die (übrigen) Bereiche der Rechts- und Geschäftsfähigkeit sowie der Stellvertretung in Art. 25 Abs. 1 Brüssel Ia-VO angedacht werden. Sinnvoller erscheint allerdings eine Platzierung eines solchen Hinweises in den Erwägungsgründen anlässlich einer weiteren Reform der Verordnung. Denn dort wären ohnehin zusätzliche Erläuterungen, namentlich zum autonomen Konsenskonzept in Art. 25 Brüssel Ia-VO, wünschenswert.

II. HGÜ und ZPO

Aufgrund der erheblich größeren Reichweite der Gesamtverweisung im HGÜ und dem noch weiteren Verständnis des innerhalb des autonomen deutschen internationalen Zivilprozessrechts angewandten Kollisionsrechts ist man jeweils auf Regelungen zum allgemeinen Prorogationsstatut angewiesen. Nachdem die analoge Anwendung der Artt. 3 ff. Rom I-VO de lege lata den einzig gangbaren Weg darstellt, ist gesetzgeberischer Handlungsbedarf vorhanden.

Nach der hier vorgeschlagenen Lösung sollte eine neue Vorschrift ins EGBGB aufgenommen werden, entweder als „Art. 11a" oder als „Art. 12a", und zwar mit folgendem Wortlaut:

„Einigung und materielle Gültigkeit von Gerichtsstandsvereinbarungen

(1) Außerhalb des Anwendungsbereichs der Brüssel Ia-VO beurteilen sich das Zustandekommen und die materielle Gültigkeit einer Gerichtsstandsvereinbarung nach dem Recht, das die Parteien hierfür vereinbart haben. Die Rechtswahl muss ausdrücklich erfolgen.

(2) Soweit die Parteien keine Rechtswahl gemäß Absatz 1 getroffen haben, unterliegen das Zustandekommen und die materielle Gültigkeit einer Gerichtsstandsvereinbarung den Sachvorschriften des Staates, in dem das vereinbarte Gericht seinen Sitz hat."

Literaturverzeichnis

Adolphsen, Jens: Anmerkung zu EuGH, 16.3.1999 – C-159/97, Zeitschrift für Zivilprozess International 4 (1999), 243 ff. [zitiert: *Adolphsen,* ZZPInt 4 (1999)]

Ahmed, Mukarrum/Beaumont, Paul: Exclusive choice of court agreements: some issues on the Hague Convention on Choice of Court Agreements and its relationship with the Brussels I Recast especially anti-suit injunctions, concurrent proceedings and the implications of BREXIT, Journal of Private International Law 2017, 1 ff. (zitiert: *Ahmed/Beaumont,* JPIL 2017)

Alio, Tarec: Die Neufassung der Brüssel I-Verordnung, Neue Juristische Wochenschrift 2014, 2395 ff. (zitiert: *Alio,* NJW 2014)

Andrae, Marianne: Erste Entscheidungen des EuGH zu Art. 12 Abs. 3 EuEheVO, Praxis des Internationalen Privat- und Verfahrensrechts 2015, 212 ff. (zitiert: *Andrae,* IPRax 2015)

Antomo, Jennifer: Das auf internationale Gerichtsstandsvereinbarungen nach § 38 ZPO anwendbare Recht, Zeitschrift für Zivilprozess International 17 (2012), 183 ff. [zitiert: *Antomo,* ZZPInt 17 (2012)]

Antomo, Jennifer: Zum Verhältnis zwischen § 89b HGB sowie anderen Eingriffsnormen und internationalen Gerichtsstands- oder Schiedsvereinbarungen (§ 89b HGB) - zugleich Anmerkung zu BGH, Beschluss vom 5.9.2012 - VII ZR 25/12, Internationales Handelsrecht 2013, 225 ff. (zitiert: *Antomo,* IHR 2013)

Antomo, Jennifer: Aufwind für internationale Gerichtsstandsvereinbarungen – Inkrafttreten des Haager Übereinkommens, Neue Juristische Wochenschrift 2015, 2919 ff. (zitiert: *Antomo,* NJW 2015)

Antomo, Jennifer: Privatscheidungen und der neue Art. 17 Abs. 2 EGBGB: ROM III-VO à la berlinoise, Zeitschrift für Standesamtswesen, Familienrecht, Staatsangehörigkeitsrecht, Personenstandsrecht, internationales Privatrecht des In- und Auslands 2019, 33 ff. (zitiert: *Antomo,* StAZ 2019)

Antomo, Jennifer: Anmerkung zu BGH, Urteil vom 17.10.2019 – III ZR 42/19, Europäische Zeitschrift für Wirtschaftsrecht 2020, 149 f. (zitiert: *Antomo,* EuZW 2020)

Aull, Matthias: Zur isolierten Prorogation nach Art. 17 Abs. 1 LugÜ, Praxis des Internationalen Privat- und Verfahrensrechts 1999, 226 ff. (zitiert: *Aull,* IPRax 1999)

Backhaus, Richard: Wirksame Gerichtsstandsvereinbarung in AGB, Anmerkung zu EuGH, Urteil vom 07.07.2016 – C-222/15, jurisPR-HaGesR 5/2017 Anm. 4 (zitiert: *Backhaus*, jurisPR-HaGesR 5/2017 Anm. 4)

Basedow, Jürgen: Das forum conveniens der Reeder im EuGVÜ (zu EuGH, 19. 6. 1984 – RS 71/83), Praxis des Internationalen Privat- und Verfahrensrechts 1985, 133 ff. (zitiert: *Basedow*, IPRax 1985)

Basedow, Jürgen: Zuständigkeitsderogation, Eingriffsnormen und ordre public, in: Festschrift für Ulrich Magnus zum 70. Geburtstag, S. 337 ff., München 2014 (zitiert: *Basedow*, FS Magnus)

Beaumont, Paul: Hague Choice of Court Agreements Convention 2005: Background, Negotiations, Analysis and Current Status, Journal of Private International Law 2009, 125 ff. (zitiert: *Beaumont*, JPIL 2009)

Benedict, Jörg: Consideration, Formalismus und Realismus im Common Law of Contract, Rabels Zeitschrift für ausländisches und internationales Privatrecht 2005, 1 ff. (zitiert: *Benedict*, RabelsZ 2005)

Bläsi, Martin: Das Haager Übereinkommen über Gerichtsstandsvereinbarungen – Unter besonderer Berücksichtigung seiner zu erwartenden Auswirkungen auf den deutsch-amerikanischen Rechtsverkehr, Frankfurt am Main 2010 (zitiert: *Bläsi*)

Blobel, Felix: Unzulässigkeit der forum non conveniens-Doktrin im Europäischen Zivilprozessrecht – EuGH, Urteil vom 1. März 2005, Rs. C-281/02 – Owusu, Zeitschrift für das Privatrecht der Europäischen Union 2005, 140 ff. (zitiert: *Blobel*, GPR 2005)

Borges, Georg: Die europäische Klauselrichtlinie und der deutsche Zivilprozess, Recht der Internationalen Wirtschaft 2000, 933 ff. (zitiert: *Borges*, RIW 2000)

Brand, Ronald/Herrup, Paul: The 2005 Hague Convention on Choice of Court Agreements – Commentary and Documents, Cambridge 2008 (zitiert: *Brand/Herrup*)

Briggs, Adrian: Agreements on Jurisdiction and Choice of Law, Oxford 2008 (zitiert: *Briggs*)

Briggs, Adrian: What should be done about jurisdiction agreements? Yearbook of Private International Law, Vol. XII (2010), 311 ff. [zitiert: *Briggs*, YbPIL 12 (2010)]

Brödermann, Eckart: Zustandekommen von Rechtswahl-, Gerichtsstands- und Schiedsvereinbarungen, in: Festschrift für Dieter Martiny zum 70. Geburtstag, S. 1045 ff., Tübingen 2014 (zitiert: *Brödermann*, FS Martiny)

Bruce, Kari: The Hague Convention on choice-of-court agreements: is the public policy exception helping click-away the security of non-negotiated agreements?, Brooklyn Journal of International Law 32 (2007), 1103 ff. (zitiert: *Bruce*, Brook. J. Int'l L. 2007)

Coester-Waltjen, Dagmar: Parteiautonomie in der internationalen Zuständigkeit, in: Festschrift für Andreas Heldrich zum 70. Geburtstag, S. 549 ff., München 2005 (zitiert: *Coester-Waltjen*, FS Heldrich)

Coester-Waltjen, Dagmar: Ein Plädoyer für Art. 25 Brüssel Ia VO, in: Fairness Justice Equity, Festschrift für Reinhold Geimer zum 80. Geburtstag, S. 31 ff., München 2017 (zitiert: *Coester-Waltjen*, FS Geimer)

Crawford, Elizabeth/Carruthers, Janeen: Connection and Coherence Between and Among European Instruments in the Private International Law of Obligations, International and Comparative Law Quarterly Vol. 63, January 2014, 1 ff. (zitiert: *Crawford/Carruthers*, ICLQ 2014)

Czernich, Dietmar/Kodek, Georg/Mayr, Peter (Hrsg.): Europäisches Gerichtsstands- und Vollstreckungsrecht, Brüssel Ia-Verordnung (EuGVVO 2012) und Übereinkommen von Lugano 2007, 4. Auflage, Wien 2015 (zitiert: Czernich/Kodek/Mayr/*Bearbeiter*)

Danelzik, Kai: Die Gerichtsstandvereinbarung zwischen ZPO, EuGVVO und HGÜ, Baden-Baden 2019 (zitiert: *Danelzik*)

Deumier, Pascale/Laazouzi, Malik/Treppoz, Édouard: Le règlement Bruxelles I bis et la géometrie dans l'espace, Revue des contrats 2013, 1037 ff. (zitiert: *Deumier/Laazouzi/Treppoz*, RDC 2013)

Dickinson, Andrew: Surveying the Proposed Brussels I bis Regulation: Solid Foundations but Renovation Needed, Yearbook of Private International Law, Vol. XII (2010), 247 ff. [zitiert: *Dickinson*, YbPIL 12 (2010)]

Dickinson, Andrew: Realignment of the Planets – Brexit and European Private International Law, Praxis des Internationalen Privat- und Verfahrensrechts 2021, 213 ff. (zitiert: *Dickinson*, IPRax 2021)

Dietze, Jan/Schnichels, Dominik: Die aktuelle Rechtsprechung des EuGH zum EuGVÜ, Übersicht über das Jahr 2000, Europäische Zeitschrift für Wirtschaftsrecht 2001, 581 ff. (zitiert: *Dietze/Schnichels*, EuZW 2001)

Domej, Tanja: Die Neufassung der EuGVVO, Quantensprünge im europäischen Zivilprozessrecht, Rabels Zeitschrift für ausländisches und internationales Privatrecht 2014, 508 ff. (zitiert: *Domej*, RabelsZ 2014)

Dörner, Heinrich/Staudinger, Ansgar: Internationale Zuständigkeit – Vertragsstaatenbezug, rügelose Einlassung und Gerichtsstandsklausel (zu BGH, 21. 11. 1996 - IX ZR 264/95), Praxis des Internationalen Privat- und Verfahrensrechts 1999, 338 ff. (zitiert: *Dörner/Staudinger*, IPRax 1999)

Eichel, Florian: Das Haager Übereinkommen über Gerichtsstandsvereinbarungen vom 30. 6. 2005, Eine Bestandsaufnahme nach der Unterzeichnung durch die USA, Recht der Internationalen Wirtschaft 2009, 289 ff. (zitiert: *Eichel,* RIW 2009)

Eichel, Florian: Das Haager Übereinkommen über Gerichtsstandsvereinbarungen auf dem Weg zur Ratifikation und zum Inkrafttreten, Zeitschrift für das Privatrecht der Europäischen Union 2014, 159 ff. (zitiert: *Eichel,* GPR 2014)

European Group for Private International Law: Proposed Amendment of Regulation 44/2001 in Order to Apply it to External Situations, Praxis des Internationalen Privat- und Verfahrensrechts 2009, 283 ff. (zitiert: *EGPIL,* IPRax 2009)

Fabig, Philine: Keine Einbeziehung der Organe in eine Gerichtsstandsvereinbarung der Gesellschaft mit einem Dritten („Leventis"), jurisPR-IWR 5/2018 Anm. 1 (zitiert: *Fabig,* jurisPR-IWR 5/2018 Anm. 1)

Fentiman, Richard: International Commercial Litigation, Oxford 2010 (zitiert: *Fentiman,* 2010)

Ferrari, Franco/Kieninger, Eva-Maria/Mankowski, Peter u.a. (Hrsg.): Internationales Vertragsrecht, Rom I-VO, CISG, CMR, FactÜ, 3. Auflage, München 2018 (zitiert: Ferrari/Kieninger/Mankowski/*Bearbeiter*)

Franzen, Martin: Internationale Gerichtsstandsvereinbarungen in Arbeitsverträgen zwischen EuGVÜ und autonomem internationalem Zivilprozessrecht, Recht der internationalen Wirtschaft 2000, 81 ff. (zitiert: *Franzen,* RIW 2000)

Freitag, Robert: Halbseitig ausschließliche Gerichtsstandsvereinbarungen unter der Brüssel I-VO, in: Festschrift für Ulrich Magnus zum 70. Geburtstag, S. 419 ff., München 2014 (zitiert: *Freitag,* FS Magnus)

Frensing-Deutschmann, Ann-Catherine: Prüfung der materiellen Nichtigkeit nach Maßgabe des Art. 25 Abs. 1 Satz 1 Brüssel Ia-VO durch ein derogiertes Gericht, Anmerkung zu LG Kleve 4. Zivilkammer, Urteil vom 27.10.2015 - 4 O 119/15, jurisPR-IWR 5/2016 Anm. 3 (zitiert: *Frensing-Deutschmann,* jurisPR-IWR 5/2016 Anm. 3)

Fricke, Martin: Das Haager Übereinkommen über Gerichtsstandsvereinbarungen unter besonderer Berücksichtigung seiner Bedeutung für die Versicherungswirtschaft, Zeitschrift für Versicherungsrecht 2006, 476 ff. (zitiert: *Fricke,* VersR 2006)

Garcimartín Alférez, Francisco: The Rome I Regulation: Much ado about nothing?, The European Legal Forum 2008, I-61 ff. (zitiert: *Garcimartín Alférez,* EuLF 2008)

Gebauer, Martin: Das Prorogationsstatut im Europäischen Zivilprozessrecht, in: Grenzen überwinden – Prinzipien bewahren, Festschrift für Bernd von Hoffmann zum 70. Geburtstag, S. 577 ff., Bielefeld 2011 (zitiert: *Gebauer,* FS von Hoffmann)

Geimer, Reinhold: Anmerkung zu BGH, Urteil vom 22. 9. 1971 – VIII ZR 259/69, Neue Juristische Wochenschrift 1972, 394 (zitiert: *Geimer*, NJW 1972)

Geimer, Reinhold: Anmerkung zu BGH, Urteil vom 17. 5. 1972 – VIII ZR 76/71, Neue Juristische Wochenschrift 1972, 1624 (zitiert: *Geimer*, NJW 1972)

Geimer, Reinhold: Anmerkung zu BGH, Urteil vom 20. 1. 1986 – II ZR 56/85, Neue Juristische Wochenschrift 1986, 1439 f. (zitiert: *Geimer*, NJW 1986)

Geimer, Reinhold: Anmerkung zu BGH, EuGH-Vorlage vom 26.3.1992 – VII ZR 258/91, Europäische Zeitschrift für Wirtschaftsrecht 1992, 518 (zitiert: *Geimer*, EuZW 1992)

Geimer, Reinhold: Das Schiedsvereinbarungsstatut in der Anerkennungsperspektive, Praxis des Internationalen Privat- und Verfahrensrechts 2006, 233 ff. (zitiert: *Geimer*, IPRax 2006)

Geimer, Reinhold: Bemerkungen zur Brüssel I-Reform, in: Europäische und internationale Dimensionen des Rechts, Festschrift für Daphne-Ariane Simotta, S. 163 ff., Wien 2012 (zitiert: *Geimer*, FS Simotta)

Geimer, Reinhold: Die neue Brüssel I-Verordnung, in: 90 Jahre Fürstlicher Oberster Gerichtshof, Festschrift für Gert Delle Karth, S. 319 ff., Wien 2013 (zitiert: *Geimer*, FS Delle Karth)

Geimer, Reinhold: Internationales Zivilprozessrecht, 8. Auflage, Köln 2019 (zitiert: *Geimer*, IZPR)

Geimer, Reinhold/Schütze, Rolf: Europäisches Zivilverfahrensrecht, Kommentar zur EuGVVO, EuEheVO, EuZustellungsVO, EuInsVO, EuVTVO, zum Lugano-Übereinkommen und zum nationalen Kompetenz- und Anerkennungsrecht, 3. Aufl., München 2010 (zitiert: Geimer/Schütze/*Bearbeiter*, EuZVR, 3. Aufl.)

Geimer, Reinhold/Schütze, Rolf: EuZVR, Europäisches Zivilverfahrensrecht, Kommentar, 4. Auflage, München 2020 (zitiert: Geimer/Schütze/*Bearbeiter*, EuZVR)

Geimer, Reinhold/Schütze, Rolf: Internationaler Rechtsverkehr in Zivil- und Handelssachen, Loseblatt-Handbuch mit Texten, Kommentierungen und Länderberichten, 60. Auflage, München 2020 (zitiert: Geimer/Schütze/*Bearbeiter*, IntRV)

Girsberger, Daniel: Gerichtsstandsklausel im Konnossement: Der EuGH und der internationale Handelsbrauch (zu EuGH, 16. 3. 1999 - Rs. C-159/97 - Trasporti Castelletti Spedizioni Internazionali SpA ./. Hugo Trumpy SpA), Praxis des Internationalen Privat- und Verfahrensrechts 2000, 87 ff. (zitiert: *Girsberger*, IPRax 2000)

Gottschalk, Eckart/Breßler, Steffen: Missbrauchskontrolle von Gerichtsstandsvereinbarungen im europäischen Zivilprozessrecht, Zeitschrift für Europäisches Privatrecht 2007, 56 ff. (zitiert: *Gottschalk/Breßler,* ZEuP 2007)

Gottwald, Peter: Internationale Gerichtsstandsvereinbarungen - Verträge zwischen Prozeßrecht und materiellem Recht, in: Festschrift für Wolfram Henckel zum 70. Geburtstag am 21. April 1995, S. 295 ff., Berlin 1995 (zitiert: *Gottwald,* FS Henckel)

Grunewald, Barbara: Münchener Kommentar zum Handelsgesetzbuch, Band 5, 4. Buch. Handelsgeschäfte Erster Abschnitt. Allgemeine Vorschriften Zweiter Abschnitt. Handelskauf Dritter Abschnitt. Kommissionsgeschäft §§ 343-406, Wiener UN-Übereinkommen über Verträge über den internationalen Warenkauf – CISG, 4. Auflage, München 2018 (zitiert: MüKo-HGB/*Bearbeiter*)

Grunsky, Wolfgang: EWG-Übereinkommen über die gerichtliche Zuständigkeit und die Vollstreckung gerichtlicher Entscheidungen in Zivil- und Handelssachen im deutsch-italienischen Rechtsverkehr, Recht der Internationalen Wirtschaft 1977, 1 ff. (zitiert: *Grunsky,* RIW 1977)

Harms, Rüdiger/Sanner, Alexander/Schmidt, Johannes: EuGVVO: Gerichtsstand bei Kartellschadensersatzklagen, Kommentierung zu EuGH, Urt. v. 21.5.2015 – C-352/13 (CDC Hydrogen Peroxide/Akzo Nobel ua), Europäische Zeitschrift für Wirtschaftsrecht 2015, 584 ff. (zitiert: *Harms/Sanner/Schmidt,* EuZW 2015)

Hartley, Trevor: The Hague Choice-of-Court Convention, European Law Review 2006, 414 ff. (zitiert: *Hartley,* E.L.Rev. 2006)

Hartley, Trevor: Choice of law, choice of court and mandatory provisions, in: Europa als Rechts- und Lebensraum, Liber Amicorum für Christian Kohler zum 75. Geburtstag, S. 171 ff., Bielefeld 2018 (zitiert: *Hartley,* FS Kohler)

Hartley, Trevor/Dogauchi, Masato: Convention of 30 June 2005 on Choice of Court Agreements, Explanatory Report, deutsche Übersetzung abrufbar über die Website der Haager Konferenz für Internationales Privatrecht unter http: //www.hcch.net (zitiert: Hartley/Dogauchi-Bericht)

Hau, Wolfgang: Der Vertragsgerichtsstand zwischen judizieller Konsolidierung und legislativer Neukonzeption, Praxis des Internationalen Privat- und Verfahrensrechts 2000, 354 ff. (zitiert: *Hau,* IPRax 2000)

Hau, Wolfgang/Poseck, Roman (Hrsg.): BeckOK BGB, 57. Edition, Stand: 01.02.2021 (zitiert: Hau/Poseck/*Bearbeiter*)

Hauberg Wilhelmsen, Louise: International Commercial Arbitration and the Brussels I Regulation, Cheltenham, UK 2018 (zitiert: *Hauberg Wilhelmsen*)

Hausmann, Rainer: Einheitliche Anknüpfung internationaler Gerichtsstands- und Schiedsvereinbarungen?, in: Festschrift für Werner Lorenz zum siebzigsten Geburtstag, S. 359 ff., Tübingen 1991 (zitiert: *Hausmann,* FS Lorenz)

Heidel, Thomas/Hüßtege, Rainer/Mansel, Heinz-Peter/Noack, Ulrich (Hrsg.): BGB Allgemeiner Teil, EGBGB, Band 1, 4. Auflage, Baden-Baden 2021 (zitiert: NK-BGB/*Bearbeiter*)

Heinig, Jens: Grenzen von Gerichtsstandsvereinbarungen im Europäischen Zivilprozessrecht, Jena 2010 (zitiert: *Heinig*)

Heinig, Jens: Die Konkurrenz der EuGVVO mit dem übrigen Gemeinschaftsrecht, Zeitschrift für das Privatrecht der Europäischen Union 2010, 36 ff. (zitiert: *Heinig,* GPR 2010)

Heinze, Christian: Choice of Court Agreements, Coordination of Proceedings and Provisional Measures in the Reform of the Brussels I Regulation, Rabels Zeitschrift für ausländisches und internationales Privatrecht 2011, 581 ff. (zitiert: *Heinze,* RabelsZ 2011)

Heinze, Christian/Dutta, Anatol: Ungeschriebene Grenzen für europäische Zuständigkeiten bei Streitigkeiten mit Drittstaatenbezug, Praxis des Internationalen Privat- und Verfahrensrechts 2005, 224 ff. (zitiert: *Heinze/Dutta,* IPRax 2005)

Heldrich, Andreas: Internationale Zuständigkeit und anwendbares Recht, Berlin/Tübingen 1969 (zitiert: *Heldrich*)

Hess, Burkhard: Die Reform der EuGVVO und die Zukunft des Europäischen Zivilprozessrechts, Praxis des Internationalen Privat- und Verfahrensrechts 2011, 125 ff. (zitiert: *Hess,* IPRax 2011)

Hess, Burkhard: Die Auslegung kollidierender Gerichtsstandsklauseln im europäischen Zivilprozessrecht, in: Dogmatik im Dienst von Gerechtigkeit, Rechtssicherheit und Rechtsentwicklung, Festschrift für Hanns Prütting zum 70. Geburtstag, S. 337 ff., Köln 2018 (zitiert: *Hess,* FS Prütting)

Hess, Burkhard: Europäisches Zivilprozessrecht, 1. Auflage, Heidelberg 2010 (zitiert: *Hess,* 1. Aufl.)

Hess, Burkhard: Europäisches Zivilprozessrecht, 2. Auflage, Berlin 2020 (zitiert: *Hess*)

Hess, Burkhard/Pfeiffer, Thomas/Schlosser, Peter: The Brussels I-Regulation (EC) No 44/2001, The Heidelberg Report on the Application of Regulation Brussels I in 25 Member States (Study JLS/C4/2005/03), München 2008 (zitiert: Heidelberg Report)

Horn, Norbert: Einwand des Rechtsmissbrauchs gegen eine Gerichtsstandsvereinbarung i.S.d. Art. 23 EuGVO?, Praxis des Internationalen Privat- und Verfahrensrechts 2006, 2 ff. (zitiert: *Horn,* IPRax 2006)

Huber, Peter: Das Haager Übereinkommen über Gerichtsstandsvereinbarungen, Praxis des Internationalen Privat- und Verfahrensrechts 2016, 197 ff. (zitiert: *Huber*, IPRax 2016)

Jansen, Nils/Zimmermann, Reinhard: Vertragsschluss und Irrtum im europäischen Vertragsrecht: Textstufen transnationaler Modellregelungen, Archiv für die civilistische Praxis 2010, 196 ff. (zitiert *Jansen/Zimmermann*, AcP 2010)

Jayme, Erik/Kohler, Christian: Das Internationale Privat- und Verfahrensrecht der EG 1991 – Harmonisierungsmodell oder Mehrspurigkeit des Kollisionsrechts, Praxis des Internationalen Privat- und Verfahrensrechts 1991, 361 ff. (zitiert: *Jayme/Kohler*, IPRax 1991)

Jayme, Erik/Kohler, Christian: Das Internationale Privat- und Verfahrensrecht der EG nach Maastricht, Praxis des Internationalen Privat- und Verfahrensrechts 1992, 346 ff. (zitiert: *Jayme/Kohler*, IPRax 1992)

Jayme, Erik/Kohler, Christian: Europäisches Kollisionsrecht 2001: Anerkennungsprinzip statt IPR?, Praxis des Internationalen Privat- und Verfahrensrechts 2001, 501 ff. (zitiert: *Jayme/Kohler*, IPRax 2001)

Jung, Harald/Sandrock, Otto: Handbuch der Internationalen Vertragsgestaltung, Band 2, 1980 [zitiert: *Jung/Sandrock* (1980)]

Jungemeyer, Sebastian: Gerichtsstandsvereinbarungen und die (fehlende) Vermutung der ausschließlichen Zuständigkeit eines Gerichts nach ZPO und EuGVVO, Anmerkung zu OLG Hamm 32. Zivilsenat, Beschluss vom 29.05.2017 - 32 SA 4/17, jurisPR-IWR 5/2017 (zitiert: *Jungemeyer*, jurisPR-IWR 5/2017 Anm. 1)

Jungermann, Julia: Die Drittwirkung internationaler Gerichtsstandsvereinbarungen nach EuGVÜ/EuGVVO und LugÜ, Frankfurt am Main 2006 (zitiert: *Jungermann*)

Kegel, Gerhard/Schurig, Klaus: Internationales Privatrecht, 9. Auflage, München 2004 (zitiert: *Kegel/Schurig*, IPR)

Keller, Christoph: Keine Geltung einer in Vertrag zwischen Gesellschaften enthaltenen Gerichtsstandsklausel für Klage gegen Vertreter einer dieser Gesellschaften aus unerlaubter Handlung („Leventis und Vafias"), Entscheidungen zum Wirtschaftsrecht 2017, 611 f. (zitiert: *Keller*, EWiR 2017)

Kerns, Adam: The Hague Convention and Exclusive Choice of Court Agreements: An Imperfect Match, Temple International and Comparative Law Journal 2006, 509 ff. (zitiert: *Kerns*, Temple Int'l & Comp. L.J. 2006)

Koch, Harald: Internationale Prorogation im Statut einer Aktiengesellschaft (zu EuGH, 10. 3. 1992 – Rs. C 214/89, [Powell Duffryn plc ./. Petereit]), Praxis des Internationalen Privat- und Verfahrensrechts 1993, 19 ff. (zitiert: *Koch*, IPRax 1993)

König, Ute: Zur Bestimmung des Schiedsvertragsstatuts bei fehlender Gesetzesgrundlage nach Inkrafttreten der Rom I-Verordnung, Zeitschrift für Schiedsverfahren 2012, 129 ff. (zitiert: *König,* SchiedsVZ 2012)

Kohler, Christian: Internationale Gerichtsstandsvereinbarungen: Liberalität und Rigorismus im EuGVÜ, Praxis des Internationalen Privat- und Verfahrensrechts 1983, 265 ff. (zitiert: *Kohler,* IPRax 1983)

Kornblum, Udo: Bemerkungen zur Gerichtsstandsvereinbarung, Zeitschrift für das gesamte Familienrecht 1973, 416 ff. (zitiert: *Kornblum,* FamRZ 1973)

Kramer, Ernst: Der Irrtum bei Vertragsschluss – eine weltweit rechtsvergleichende Bestandsaufnahme, Zürich 1998 (zitiert: *Kramer*)

Kramer, Ernst: Bausteine für einen "Common Frame of Reference" des europäischen Irrtumsrechts, Zeitschrift für Europäisches Privatrecht 2007, 247 ff. (zitiert: *Kramer,* ZEuP 2007)

Kröll, Stefan: Gerichtsstandsvereinbarungen aufgrund Handelsbrauchs im Rahmen des GVÜ, Zeitschrift für Zivilprozess 113 (2000), 135 ff. [zitiert: *Kröll,* ZZP 113 (2000)]

Kröll, Stefan: Das Formerfordernis bei Gerichtsstandsvereinbarungen nach Art. 17 LugÜ – Unwirksamkeit trotz materieller Einigung? (zu BGH, 22. 2. 2001 - IX ZR 19/00), Praxis des Internationalen Privat- und Verfahrensrechts 2002, 113 ff. (zitiert: *Kröll,* IPRax 2002)

Kropholler, Jan: Internationales Privatrecht einschließlich der Grundbegriffe des Internationalen Zivilverfahrensrechts, 6. Auflage, Tübingen 2006 (zitiert: *Kropholler*)

Kropholler, Jan/von Hein, Jan: Europäisches Zivilprozessrecht, Kommentar zu EuGVO, Lugano-Übereinkommen 2007, EuVTVO, EuMVVO und EuGFVO, 9. Auflage, Frankfurt am Main 2011 (zitiert: *Kropholler/v. Hein,* EuZPR)

Krüger, Wolfgang (Red.): Münchener Kommentar zum Bürgerlichen Gesetzbuch, Band 2, Schuldrecht Allgemeiner Teil I (§§ 241-310), 8. Auflage, München 2019 (zitiert: MüKo-BGB/*Bearbeiter*)

Krüger, Wolfgang/Rauscher, Thomas (Hrsg.): Münchener Kommentar zur Zivilprozessordnung mit Gerichtsverfassungsgesetz und Nebengesetzen, ZPO Band 1, §§ 1-354, 6. Auflage, München 2020 (zitiert: MüKo-ZPO/*Bearbeiter*)

Krüger, Wolfgang/Rauscher, Thomas (Hrsg.): Münchener Kommentar zur Zivilprozessordnung mit Gerichtsverfassungsgesetz und Nebengesetzen, Band 3, §§ 946-1117, EGZPO, GVG, EGGVG, UKlaG, Internationales und Europäisches Zivilprozessrecht, 5. Auflage, München 2017 (zitiert: MüKo-ZPO/*Bearbeiter*)

Laumann, Daniel : Die Beurteilung gemeinschaftsrechtlicher Formvorschriften durch EuG und EuGH, Europäisches Wirtschafts- und Steuerrecht 2005, 554 ff. (zitiert: *Laumann,* EWS 2005)

Layton, Alexander/Mercer, Hugh: European Civil Practice, 2nd Edition, London 2004 (zitiert: *Layton/Mercer*)

Leible, Stefan: Gerichtsstandsklauseln und EG-Klauselrichtlinie, Recht der Internationalen Wirtschaft 2001, 422 ff. (zitiert: *Leible,* RIW 2001)

Leible, Stefan/Röder, Erik: Missbrauchskontrolle von Gerichtsstandsvereinbarungen im Europäischen Zivilprozessrecht, Recht der Internationalen Wirtschaft 2007, 481 ff. (zitiert: *Leible/Röder,* RIW 2007)

Lenaerts, Koen/Stapper, Thilo: Die Entwicklung der Brüssel I-Verordnung im Dialog des Europäischen Gerichtshofs mit dem Gesetzgeber, Rabels Zeitschrift für ausländisches und internationales Privatrecht 2014, 252 ff. (zitiert: *Lenaerts/Stapper,* RabelsZ 2014)

Linardatos, Dimitrios: Smart Contracts - einige klarstellende Bemerkungen, Kommunikation & Recht 2018, 85 ff. (zitiert: *Linardatos,* K&R 2018)

Lindacher, Walter: Internationale Gerichtsstandsklauseln in AGB unter dem Geltungsregime von Brüssel I, in: Festschrift für Peter Schlosser zum 70. Geburtstag, S. 491 ff., Tübingen 2005 (zitiert: *Lindacher,* FS Schlosser)

Lindenmayr, Barbara: Vereinbarung über die internationale Zuständigkeit und das darauf anwendbare Recht, Berlin 2002 (zitiert: *Lindenmayr*)

Lorenz, Egon: Zur internationalen Zuständigkeit und zur Formwirksamkeit der Derogation deutscher Arbeitsgerichte nach dem autonomen deutschen Kollisionsrecht, Praxis des Internationalen Privat- und Verfahrensrechts 1985, 256 ff. (zitiert: *Lorenz,* IPRax 1985)

Luther, Christoph: Die juristische Analogie, Juristische Ausbildung 2013, 449 ff. (zitiert: *Luther,* Jura 2013)

Magnus, Ulrich: Gerichtsstandsvereinbarungen im Vorschlag zur Reform der EuGVO, in: Grenzen überwinden – Prinzipien bewahren, Festschrift für Bernd von Hoffmann zum 70. Geburtstag, S. 664 ff., Bielefeld 2011 (zitiert: *Magnus,* FS von Hoffmann)

Magnus, Ulrich: Gerichtsstandsvereinbarungen unter der reformierten EuGVO, in: Festschrift für Dieter Martiny zum 70. Geburtstag, S. 785 ff., Tübingen 2014 (zitiert: *Magnus,* FS Martiny)

Magnus, Ulrich: Sonderkollisionsnorm für das Statut von Gerichtsstands- und Schiedsgerichtsvereinbarungen?, Praxis des Internationalen Privat- und Verfahrensrechts 2016, 521 ff. (zitiert: *Magnus,* IPRax 2016)

Magnus, Ulrich/Mankowski, Peter: Brussels I on the Verge of Reform – A Response to the Green Paper on the Review of the Brussels I Regulation –,

Zeitschrift für Vergleichende Rechtswissenschaft 2010, 1 ff. (zitiert: *Magnus/ Mankowski,* ZVglRWiss 2010)

Magnus, Ulrich/Mankowski, Peter: The Proposal for the Reform of Brussels I – Brussels Ibis ante portas –, Zeitschrift für Vergleichende Rechtswissenschaft 2011, 252 ff. (zitiert: *Magnus/Mankowski,* ZVglRWiss 2011)

Magnus, Ulrich/Mankowski, Peter (Hrsg.): Brussels Ibis Regulation, European Commentaries on Private International Law, Volume I, 2nd Revised Edition, Köln 2012 (zitiert: Magnus/Mankowski/*Bearbeiter,* 2. Aufl.)

Magnus, Ulrich/Mankowski, Peter (Hrsg.): Brussels Ibis Regulation, European Commentaries on Private International Law, Volume I, 3rd Revised Edition, Köln 2016 (zitiert: Magnus/Mankowski/*Bearbeiter*)

Mankowski, Peter: Fiscus non conveniens - oder: Einzug der Lehre vom forum non conveniens in das deutsche Recht der Prozesskostenhilfe?, Praxis des Internationalen Privat- und Verfahrensrechts 1999, 155 ff. (zitiert: *Mankowski,* IPRax 1999)

Mankowski, Peter: Die Brüssel I-Verordnung vor der Reform, Interdisziplinäre Studien zur Komparatistik und zum Kollisionsrecht, Bd. I, 31 ff., Wien 2010 (zitiert: *Mankowski,* IGKK/IACPIL 2010)

Mankowski, Peter: Rom I-VO und Schiedsverfahren, Recht der Internationalen Wirtschaft 2011, 30 ff. (zitiert: *Mankowski,* RIW 2011)

Mankowski, Peter: Anwendbarkeit des Rechts am Niederlassungsort des einer Schuld Beitretenden, Anmerkung zu BGH v. 11.11.2010 – VII ZR 44/ 10, Entscheidungen zum Wirtschaftsrecht 2011, 47 f. (zitiert: *Mankowski,* EWiR 2011)

Mankowski, Peter: Der Schutz von Gerichtsstandsvereinbarungen vor abredewidrigen Klagen durch Art. 31 Abs. 2 EuGVVO n.F., Recht der Internationalen Wirtschaft 2015, 17 ff. (zitiert: *Mankowski,* RIW 2015)

Mankowski, Peter: Zum Erfüllungsortsgerichtsstand bei internationalem Vertriebsvertrag zwischen Unternehmen aus verschiedenen EU-Mitgliedstaaten („Saey Home & Garden"), Anmerkung zu EuGH, Urteil vom 8.3.2018 – C-64/17, Entscheidungen zum Wirtschaftsrecht 2018, 381 f. (zitiert: *Mankowski,* EWiR 2018)

Mankowski, Peter: Eine Gerichtsstandsvereinbarung im Haftpflichtversicherungsvertrag entfaltet keine Derogationswirkung gegen den geschädigten Direktkläger (zu EuGH, 13.7.2017 – Rs. C-368/16 – Assens Havn ./. Navigators Management (UK) Ltd.), Praxis des Internationalen Privat- und Verfahrensrechts 2018, 233 ff. (zitiert: *Mankowski,* IPRax 2018)

Mankowski, Peter: RIW-Kommentar zu IPR – keine Regelung der Drittwirkung von Zessionen durch die Rom I-VO, EuGH (1. Kammer), Urteil vom 9. 10.

2019 – Rs. C-548/18; BGL BNP Paribas SA gegen TeamBank Nürnberg, Recht der Internationalen Wirtschaft 2019, 728 f. (zitiert: *Mankowski,* RIW 2019)

Mankowski, Peter: Kündigung und Fortsetzung eines Vertrags: Fortgeltung der Gerichtsstandsvereinbarung?; Rückgewähranspruch aus Sicherungsabrede: kein dinglicher Gerichtsstand Art. 23 Brüssel I-VO, Entscheidungsanmerkungen zum Wirtschafts- und Bankrecht 2019, 149 ff. (zitiert: *Mankowski,* WuB 2019)

Mankowski, Peter: Anmerkung zu EuGH, Urteil vom 27.2.2020 – C-803/18, Zeitschrift für Versicherungsrecht 2020, 712 ff. (zitiert: *Mankowski,* VersR 2020)

Mansel, Heinz-Peter/Thorn, Karsten/Wagner, Rolf: Europäisches Kollisionsrecht 2015: Neubesinnung, Praxis des Internationalen Privat- und Verfahrensrechts 2016, 1 ff. (zitiert: *Mansel/Thorn/Wagner,* IPRax 2016)

Markus, Alexander: Die revidierte europäische Gerichtsstandsverordnung, Eine „Lugano-Sicht", Aktuelle Juristische Praxis 2014, 800 ff. (zitiert: *Markus,* AJP 2014)

Martiny, Dieter: Neues deutsches internationales Vertragsrecht, Das Gesetz zur Anpassung der Vorschriften des Internationalen Privatrechts an die Rom I-Verordnung, Recht der Internationalen Wirtschaft 2009, 737 ff. (zitiert: *Martiny,* RIW 2009)

Masser, Anna/Harraschain, Nadja: Stellungnahme zu BGH, Urteil vom 26.11.2020 – I ZR 245/19, Zeitschrift für Schiedsverfahren 2021, 103 ff. (zitiert: *Masser/Harraschain,* SchiedsVZ 2021)

Max Planck Institute for Foreign Private and Private International Law: Comments on the European Commission's Green Paper on the conversion of the Rome Convention of 1980 on the law applicable to contractual obligations into a Community instrument and its modernization, Rabels Zeitschrift für ausländisches und internationales Privatrecht 2004, 1 ff. (zitiert: *Max Planck Institute,* RabelsZ 2004)

Mayr, Peter: Handbuch des europäischen Zivilverfahrensrechts, Wien 2017 (zitiert: Mayr/*Bearbeiter*)

McEleavy, Peter: Current Developments, Private International Law, I. The 20th Session of the Hague Conference: A New Choice of Court Convention and the Issue of EC Membership, International and Comparative Law Quarterly Vol. 55, April 2006, 447 ff. (zitiert: *McEleavy,* ICLQ 2006)

Melcher, Martina: Zur Drittwirkung von Gerichtsstandsvereinbarungen nach der EuGVVO nF, Zeitschrift für das Privatrecht der Europäischen Union 2017, 246 ff. (zitiert: *Melcher,* GPR 2017)

Merrett, Louise: Article 23 of the Brussels I Regulation: A Comprehensive Code for Jurisdiction Agreements, International and Comparative Law Quarterly Vol. 58, July 2009, 545 ff. (zitiert: *Merrett*, ICLQ 2009)

Mezger, Ernst: Die Beurteilung der Gerichtsstandsklausel nach dem Vertragsstatut, in: Multitudo legum ius unum : Festschrift für Wilhelm Wengler zu seinem 65. Geburtstag, Band II: Kollisionsrecht und Rechtsvergleichung, S. 541 ff., Berlin 1973 (zitiert: *Mezger*, FS Wengler)

Micklitz, Hans-W./Rott, Peter: Vergemeinschaftung des EuGVÜ in der Verordnung (EG) Nr. 44/2001, Europäische Zeitschrift für Wirtschaftsrecht 2001, 325 ff. (zitiert: *Micklitz/Rott*, EuZW 2001)

Moebus, Christine: Anmerkung zu EuGH (Erste Kammer), Urt. v. 7. 2. 2013 – C-543/10 (Refcomp SpA/Axa Corporate Solutions Assurance SA u. a.), Europäische Zeitschrift für Wirtschaftsrecht 2013, 319 f. (zitiert: *Moebus*, EuZW 2013)

Moebus, Christine: Das Haager Übereinkommen von 2005 – die Derogationswirkung des Art. 6 HÜ unter besonderer Berücksichtigung des NYÜ, Wiesbaden 2016 (zitiert: *Moebus*)

Müller, Gerd: Schriftformerfordernis nach ZustZHÜbk Art 17, Recht der Internationalen Wirtschaft 1977, 163 ff. (zitiert: *Müller*, RIW 1977)

Musielak, Hans-Joachim: Zivilprozessordnung mit Gerichtsverfassungsgesetz, Kommentar, 9. Auflage, München 2012 (zitiert: Musielak/*Bearbeiter*, 9. Aufl.)

Musielak, Hans-Joachim/Voit, Wolfgang (Hrsg.): Zivilprozessordnung mit Gerichtsverfassungsgesetz, Kommentar, 17. Auflage, München 2020 (zitiert: Musielak/Voit/*Bearbeiter*)

Nagel, Heinrich/Gottwald, Peter: Internationales Zivilprozessrecht, 7. Auflage, Köln 2013 (zitiert: *Nagel/Gottwald*, IZPR, 7. Aufl.)

Nagel, Heinrich/Gottwald, Peter: Internationales Zivilprozessrecht, 8. Auflage, Köln 2020 (zitiert: Nagel/Gottwald/*Bearbeiter*)

Nielsen, Peter Arnt: The Recast of the Brussels I Regulation, in: Liber Amicorum Ole Lando, Kopenhagen 2012, 257 ff. (zitiert: *Nielsen*, Liber Amicorum Lando)

Nielsen, Peter Arnt: The New Brussels I Regulation, Common Market Law Review 2013, 503 ff. (zitiert: *Nielsen*, CML Rev. 2013)

Nunner-Krautgasser, Bettina: Die Neuregelung der ausschließlichen Gerichtsstandsvereinbarungen in der EuGVVO, Zeitschrift für Zivilprozess 127 (2014), 461 ff. [zitiert: *Nunner-Krautgasser*, ZZP 127 (2014)]

Nussbaum, Arthur: Deutsches internationales Privatrecht, Tübingen 1932 (zitiert: *Nussbaum*)

Nuyts, Arnaud: La refonte du règlement Bruxelles I, Revue critique de droit internatinal privé 102 (2013), 1 ff. [zitiert: *Nuyts*, Rev. crit. DIP 102 (2013)]

Oliver, Geoffrey: Future Interpretations of Article 17 of the Convention of Jurisdiction and the Enforcement of Judgements in the European Communities, Cornell Law Review, Volume 70, 1985, 289 ff. [zitiert: *Oliver,* Cornell L. Rev. 70 (1985)]

Parenti, Claudia: Internationale Gerichtsstandsvereinbarungen – Lex fori oder lex causae Anknüpfung?, Zeitschrift für Europarecht, Internationales Privatrecht und Rechtsvergleichung 2003, 221 ff. (zitiert: *Parenti,* ZfRV 2003)

Peiffer, Evgenia/Weiler, Marcus: Vertraglicher Schadensersatzanspruch wegen Verletzung von Gerichtsstands- und Schiedsvereinbarungen – Teil I, Recht der Internationalen Wirtschaft 2020, 321 ff. (zitiert: *Peiffer/Weiler,* RIW 2020)

Pfeiffer, Thomas: Anmerkung zu EuGH, 4.6.2009 - C-243/08, Neue Juristische Wochenschrift 2009, 2369 (zitiert: *Pfeiffer,* NJW 2009)

Piltz, Burghard: Neue Entwicklungen im UN-Kaufrecht, Neue Juristische Wochenschrift 2019, 2516 ff. (zitiert: *Piltz,* NJW 2019)

Pohl, Miriam: Die Neufassung der EuGVVO – im Spannungsfeld zwischen Vertrauen und Kontrolle, Praxis des Internationalen Privat- und Verfahrensrechts 2013, 109 ff. (zitiert: *Pohl,* IPRax 2013)

Prinzing, Gertrud: Internationale Gerichtsstandsvereinbarung nach § 38 ZPO (zu OLG Bamberg, 22. 9. 1988 – 1 U 302/87), Praxis des Internationalen Privat- und Verfahrensrechts 1990, 83 ff. (zitiert: *Prinzing,* IPRax 1990)

Queirolo, Ilaria/De Maestri, Maria Elena: The effects of the Proposal for a recast of the Brussels I Regulation on rules concerning prorogation of jurisdiction, The European Legal Forum 2011, 61 ff. (zitiert: *Queirolo/De Maestri,* EuLF 2011)

Radicati di Brozolo, Luca G.: Choice of Court and Arbitration Agreements and the Review of the Brussels I Regulation, Praxis des Internationalen Privat- und Verfahrensrechts 2010, 121 ff. (zitiert: *Radicati di Brozolo,* IPRax 2010)

Rauscher, Thomas: Gerichtsstandsbeeinflussende AGB im Geltungsbereich des EuGVÜ, Zeitschrift für Zivilprozess 104 (1991), 271 ff. [zitiert: *Rauscher,* ZZP 104 (1991)]

Rauscher, Thomas (Hrsg.): Europäisches Zivilprozess- und Kollisionsrecht EuZPR/EuIPR, Band I, Brüssel I-VO, 3. Auflage, Köln 2011 (zitiert: Rauscher/*Bearbeiter,* 3. Aufl.)

Rauscher, Thomas (Hrsg.): Europäisches Zivilprozess- und Kollisionsrecht EuZPR/EuIPR, Band I, Brüssel Ia-VO, 5. Auflage, Köln 2020 (zitiert: Rauscher/*Bearbeiter*)

Rauscher, Thomas (Hrsg.): Europäisches Zivilprozess- und Kollisionsrecht EuZPR/EuIPR, Band II, EG-VollstrTitelVO, EG-MahnVO, EU-KPfVO,

HProrogÜbk 2005, EG-ZustVO 2007, EG-BewVO, EG-InsVO, 4. Auflage, Köln 2015 (zitiert: Rauscher/*Bearbeiter*, Einf HProrogÜbk 2005)

Rauscher, Thomas (Hrsg.): Europäisches Zivilprozess- und Kollisionsrecht EuZPR/EuIPR, Band III, Rom I-VO, Rom II-VO, 4. Auflage, Köln 2016 (zitiert: Rauscher/*Bearbeiter*)

Rauscher, Thomas/Krüger, Wolfgang (Hrsg.): Münchener Kommentar zur Zivilprozessordnung mit Gerichtsverfassungsgesetz und Nebengesetzen, Band 3, §§ 1025-1109 ZPO, EGZPO, GVG, EGGVG, UKlaG, Internationales und Europäisches Zivilprozessrecht, 4. Auflage, München 2013 (zitiert: MüKo-ZPO/*Bearbeiter*, 4. Aufl.)

Rauscher, Thomas/Fehre, Alexander: VollstrZustÜbk bzw EGV 44/2001 und forum non conveniens-Doktrin, Zeitschrift für Europäisches Privatrecht 2006, 463 ff. (zitiert: *Rauscher/Fehre*, ZEuP 2006)

Ratkovic, Tena/Zgrabljic Rotar, Dora: Choice-of-court Agreements under the Brussels I Regulation (Recast), Journal of Private International Law 2013, 245 ff. (zitiert: *Ratkovic/Zgrabljic Rotar*, JPIL 2013)

Redmann, Christoph: Ordre public-Kontrolle von Gerichtsstandsvereinbarungen, Hamburg 2005 (zitiert: *Redmann*)

Reithmann, Christoph/Martiny, Dieter: Internationales Vertragsrecht, 7. Auflage, Köln 2010 (zitiert: Reithmann/Martiny/*Bearbeiter*, 7. Aufl.)

Reithmann, Christoph/Martiny, Dieter: Internationales Vertragsrecht, 8. Auflage, Köln 2015 (zitiert: Reithmann/Martiny/*Bearbeiter*)

Reuter, Stefan/Wegen, Gerhard: Das Haager Übereinkommen über Gerichtsstandsvereinbarungen vom 30. 6. 2005 – Entstehung, Charakteristika, Erfolgschancen, Zeitschrift für Vergleichende Rechtswissenschaft 2017, 382 ff. (zitiert: *Reuter/Wegen*, ZVglRWiss 2017)

Rosenberg, Leo: Stellvertretung im Prozess: auf der Grundlage und unter eingehender, vergleichender Darstellung der Stellvertretungslehre des bürgerlichen Rechts nebst einer Geschichte der prozessualischen Stellvertretung, Band 1, Berlin 1908 (zitiert: *Rosenberg*)

Roth, Herbert: Gerichtsstandsvereinbarung nach Art 17 EuGVÜ und kartellrechtliches Derogationsverbot (zu OLG Stuttgart, 09-11-1990 - 2 U 16/90), Praxis des Internationalen Privat- und Verfahrensrechts 1992, 67 ff. (zitiert: *Roth*, IPRax 1992)

Rühl, Gisela: Das Haager Übereinkommen über die Vereinbarung gerichtlicher Zuständigkeiten: Rückschritt oder Fortschritt?, Praxis des Internationalen Privat- und Verfahrensrechts 2005, 410 ff. (zitiert: *Rühl*, IPRax 2005)

Rühl, Gisela: Die Wirksamkeit von Gerichtsstands- und Schiedsvereinbarungen im Lichte der Ingmar-Entscheidung des EuGH (zu OLG München, 17. 5.

2006 – 7 U 1781/06), Praxis des Internationalen Privat- und Verfahrensrechts 2007, 294 ff. (zitiert: *Rühl,* IPRax 2007)

Saenger, Ingo: Internationale Gerichtsstandsvereinbarungen nach EuGVÜ und LugÜ, Zeitschrift für Zivilprozess 110 (1997), 477 ff. [zitiert: *Saenger,* ZZP 110 (1997)]

Saenger, Ingo: Anmerkung zu EuGH, Urteil vom 16.3.1999 – C-159/97, Castelletti/Hugo Trumpy, Zeitschrift für Europäisches Privatrecht 2000, 666 ff. (zitiert: *Saenger,* ZEuP 2000)

Saenger, Ingo (Hrsg.): Zivilprozessordnung, 8. Auflage, Baden-Baden 2019 (zitiert: Saenger/*Bearbeiter*)

Samtleben, Jürgen: Internationale Gerichtsstandsvereinbarungen nach dem EWG-Übereinkommen und nach der Gerichtsstandsnovelle, Neue Juristische Wochenschrift 1974, 1590 ff. (zitiert: *Samtleben,* NJW 1974)

Samtleben, Jürgen: Der Art. 23 EuGVO als einheitlicher Maßstab für internationale Gerichtsstandsvereinbarungen, in: Festschrift Liber Amicorum Tuğrul Ansay zum 75. Geburtstag, S. 343 ff., Alphen 2006 (zitiert: *Samtleben,* FS Ansay)

Schack, Haimo: Derogation des Vermögensgerichtsstandes zwischen deutscher lex fori und ausländischem Prorogationsstatut (zu BGH, 24. 11. 1988 – III ZR 150/87), Praxis des Internationalen Privat- und Verfahrensrechts 1990, 19 ff. (zitiert: *Schack,* IPRax 1990)

Schack, Haimo: Perspektiven eines weltweiten Anerkennungs- und Vollstreckungsübereinkommens, Zeitschrift für Europäisches Privatrecht 1993, 306 ff. (zitiert: *Schack,* ZEuP 1993)

Schack, Haimo: Internationales Zivilverfahrensrecht, 6. Auflage, München 2014 (zitiert: *Schack,* IZVR, 6. Aufl.)

Schack, Haimo: Internationales Zivilverfahrensrecht, 8. Auflage, München 2021 (zitiert: *Schack*)

Schaper, Martin/Eberlein, Carl-Philipp: Die Behandlung von Drittstaaten-Gerichtsstandsvereinbarungen vor europäischen Gerichten – de lege lata und de lege ferenda, Recht der Internationalen Wirtschaft 2012, 43 ff. (zitiert: *Schaper/Eberlein,* RIW 2012)

Schiedermair, Gerhard: Vereinbarungen im Zivilprozess, Bonn 1935 (zitiert: *Schiedermair*)

Schlosser, Peter: Das internationale Zivilprozessrecht der Europäischen Wirtschaftsgemeinschaft und Österreich, in: Verfahrensrecht – Privatrecht, Festschrift für Winfried Kralik zum 65. Geburtstag, S. 287 ff., Wien 1986 (zitiert: *Schlosser,* FS Kralik)

Schlosser, Peter: Bindung von Gesamtschuldnern des Hauptschuldners an Gerichtsstandsvereinbarungen? (zu EuGH, 28.6.2017 – Rs. C-436/16 – Georgios Leventis u.a. ./. Malcon Navigation Co. Ltd. u.a.), Praxis des Internationalen Privat- und Verfahrensrechts 2018, 22 f. (zitiert: *Schlosser,* IPRax 2018)

Schlosser, Peter/Hess, Burkhard: EU-Zivilprozessrecht, EUGVVO, EuVTVO, EuMahnVO, EuBagVO, HZÜ, EuZVO, HBÜ, EuBVO, EuKtPVO, 4. Auflage, München 2015 (zitiert: Schlosser/Hess/*Bearbeiter*)

Schubert, Claudia (Red.): Münchener Kommentar zum Bürgerlichen Gesetzbuch, Band 1, Allgemeiner Teil, §§ 1-240, AllgPersönlR, ProstG, AGG, 8. Auflage, München 2018 (zitiert: MüKo-BGB/*Bearbeiter*)

Schulte-Hillen, Sven/Friedl, Markus: Wirksame Gerichtsstandsvereinbarung in internationalem Darlehensvertrag bei Zuständigkeit für „Gerichte in England", Anmerkung zu LG Mainz v. 13.09.2005 10 HK O 112/04, Entscheidungen zum Wirtschaftsrecht 2005, 825 f. (zitiert: *Schulte-Hillen/Friedl,* EWiR 2005)

Schulz, Andrea: The Hague Convention of 30 June 2005 on Choice of Court Agreements, Journal of Private International Law 2006, 243 ff. (zitiert: *Schulz,* JPIL 2006)

Schwenzer, Ingeborg/Schroeter, Ulrich (Hrsg.): Kommentar zum UN-Kaufrecht (CISG), Übereinkommen der Vereinten Nationen über Verträge über den internationalen Warenkauf, 7. Auflage, München 2019 (zitiert: Schlechtriem/Schwenzer/Schroeter/*Bearbeiter*)

Schwenzer, Ingeborg/Tebel, David: Das Wort ist nicht genug – Schieds-, Gerichtsstands- und Rechtswahlklauseln unter dem CISG, in: Festschrift für Ulrich Magnus zum 70. Geburtstag, S. 319 ff., München 2014 (zitiert: *Schwenzer/Tebel,* FS Magnus)

Siaplaouras, Philippos: Gerichtsstandsvereinbarungen und Streitgenossenschaft im Europäischen Zivilprozessrecht, zugleich Anmerkung zu EuGH, Urt. v. 28.6.2017 – C-436/16, Leventis und Vafeias, ECLI: EU: C: 2017: 497, Zeitschrift für das Privatrecht der Europäischen Union 2019, 13 ff. (zitiert: *Siaplaouras,* GPR 2019)

Simons, Thomas/Hausmann, Rainer (Hrsg.): Brüssel I-VO / LugÜ2007, Kommentar zur VO (EG) 44/2001 und zum Übereinkommen von Lugano, München 2012 (zitiert: *Bearbeiter,* unalex, Brüssel I-VO)

Simotta, Daphne-Ariane: Die Gerichtsstandsvereinbarung nach der neuen EGVVO, International Journal of Procedural Law, 3 (2013), 58 ff. [zitiert: *Simotta,* Int. J. Proced. L. 3 (2013)]

Simotta, Daphne-Ariane: Zur materiellen Nichtigkeit von Gerichtsstandsvereinbarungen (Art. 25 Abs. 1 S. 1 EuGVVO), in: Ars aequi et boni in mundo: Festschrift für Rolf A. Schütze zum 80. Geburtstag, S. 541 ff., München 2014 (zitiert: *Simotta,* FS Schütze)

Sirakova, Kristina/Westerhoven, Polina: Erfassen allgemein formulierte Gerichtsstandsvereinbarungen Schadensersatzklagen wegen Missbrauchs marktbeherrschender Stellung? (zu EuGH, 24.10.2018 – Rs. C-595/17 – Apple Sales International u.a. ./. MJA), Praxis des Internationalen Privat- und Verfahrensrechts 2019, 493 ff. (zitiert: *Sirakova/Westerhoven,* IPRax 2019)

Sonnenberger, Hans Jürgen (Red.): Münchener Kommentar zum Bürgerlichen Gesetzbuch, Band 10, Internationales Privatrecht, Rom I-Verordnung, Rom II-Verordnung, Einführungsgesetz zum Bürgerlichen Gesetzbuche (Art. 1-24), 5. Auflage, München 2010 (zitiert: MüKo-BGB/*Bearbeiter,* 5. Aufl.)

Spellenberg, Ulrich: Der Konsens in Art. 23 EuGVVO – Der kassierte Kater – (zu Cour de Cassation, 1ère civ., 23.1.2008 – 06-21898), Praxis des Internationalen Privat- und Verfahrensrechts 2010, 464 ff. (zitiert: *Spellenberg,* IPRax 2010)

Stadler, Astrid: Schadensersatzklagen im Kartellrecht – Forum shopping welcome!, JuristenZeitung 2015, 1138 ff. (zitiert: *Stadler,* JZ 2015)

Staehelin, Matthias: Gerichtsstandsvereinbarungen im internationalen Handelsverkehr Europas: Form und Willenseinigung nach Art. 17 EuGVÜ/LugÜ, Basel 1994 (zitiert: *Staehelin*)

Stauder, Dieter: Die Anwendung des EWG-Gerichtsstands- und Vollstreckungsübereinkommens auf Klagen im gewerblichen Rechtsschutz und Urheberrecht, Gewerblicher Rechtsschutz und Urheberrecht Internationaler Teil 1976, 465 ff. (zitiert: *Stauder,* GRURInt 1976)

Staudinger, Ansgar: Missbräuchliche Gerichtsstandsklausel in Verbrauchervertrag: Befugnis des Gerichts zur Prüfung der Rechtswidrigkeit von Amts wegen, Anmerkung zu EuGH, Urteil vom 27.06.2000 – C-240/98 bis C-244/98, Der Betrieb 2000, 2058 ff. (zitiert: *Staudinger,* DB 2000)

Staudinger, Ansgar: Das Transportrechtsreformgesetz und seine Bedeutung für das Internationale Privatrecht, Praxis des Internationalen Privat- und Verfahrensrechts 2001, 183 ff. (zitiert: *Staudinger,* IPRax 2001)

Staudinger, Ansgar: Streitfragen zum Erfüllungsortsgerichtsstand im Luftverkehr, Praxis des Internationalen Privat- und Verfahrensrechts 2010, 140 ff. (zitiert: Staudinger, IPRax 2010)

Staudinger, Ansgar: Allgemeine Beförderungsbedingungen / Rechtswahl / Check-in-Gebühr, Anmerkung zu OLG Wien, Urt. v. 28.5.2019–129 R 37/19p, ReiseRecht aktuell 2019, 236 ff. (zitiert: *Staudinger,* RRa 2019)

Staudinger, Ansgar: Anmerkung zu EuGH: Unwirksame Gerichtsstandsklauseln in Flugreiseverträgen, Urteil vom 18.11.2020 – C-519/19, Neue Zeitschrift für Verkehrsrecht 2021, 39 ff. (zitiert: *Staudinger,* NZV 2021)

Stoll, Hans: Rechtliche Inhaltskontrolle bei internationalen Handelsgeschäften, in: Festschrift für Gerhard Kegel zum 75. Geburtstag, S. 623 ff., Stuttgart Berlin Köln Mainz 1987, (zitiert: *Stoll,* FS Kegel)

Stöve, Elisabeth: Gerichtsstandsvereinbarungen nach Handelsbrauch, Art. 17 EuGVÜ und § 38 ZPO – Unter besonderer Berücksichtigung des kaufmännischen Bestätigungsschreibens, des Konnossements und der Faktura, Heidelberg 1993 (zitiert: *Stöve*)

Straub, Torsten: Zwei Wechselfälle der Parteiautonomie, Praxis des Internationalen Privat- und Verfahrensrechts 1994, 432 ff. (zitiert: *Straub,* IPRax 1994)

Streinz, Rudolf (Hrsg.): EUV/AEUV, Vertrag über die Europäische Union, Vertrag über die Arbeitsweise der Europäischen Union, Charta der Grundrechte der Europäischen Union, 3. Auflage, München 2018 (zitiert: Streinz/*Bearbeiter*)

Stürner, Michael: Gerichtsstandsvereinbarungen und Europäisches Insolvenzrecht, Praxis des Internationalen Privat- und Verfahrensrechts 2005, 416 ff. (zitiert: *Stürner,* IPRax 2005)

Stürner, Michael: Schweigen als Zustimmung zu Gerichtsstandsklausel?, Anmerkung zur Entscheidung der französischen Cour de Cassation vom 18. Januar 2011, Zeitschrift für Europäisches Privatrecht 2012, 353 ff. (zitiert: *Stürner,* ZEuP 2012)

Teitz, Louise Ellen: The Hague Choice of Court Convention: Validating Party Autonomy and Providing an Alternative to Arbitration, The American Journal of Comparative Law, Vol. 53, 2005, 543 ff. (zitiert: *Teitz,* 53 Am.J.Comp.L. 2005)

Thomas, Heinz/Putzo, Hans/Reichold, Klaus/Hüßtege, Rainer/Seiler, Christian (Hrsg.): Zivilprozessordnung, FamFG, Verfahren in Famliensachen, GVG, Einführungsgesetze, EU-Zivilverfahrensrecht, 35. Auflage München 2014 (zitiert: Thomas/Putzo/*Bearbeiter,* 35. Aufl.)

Thomas, Heinz/Putzo, Hans/Reichold, Klaus/Hüßtege, Rainer/Seiler, Christian (Hrsg.): Zivilprozessordnung, FamFG, Verfahren in Familiensachen, EGZPO, GVG, EGGVG, EU-Zivilverfahrensrecht, 42. Auflage, München 2021 (zitiert: Thomas/Putzo/*Bearbeiter*)

Thume, Karl-Heinz: § 89 b HGB, Art. 34 EGBGB, Art. 17-19 Richtlinie 86/653/EWG, Anmerkung zu OLG München, Urt. v. 17.5.2006 – 7 U 1781/06, Internationales Handelsrecht 2006, 169 f. (zitiert: *Thume,* IHR 2006)

Ultsch, Michael: Schadensersatzanspruch bei Verletzung einer Gerichtsstandsvereinbarung durch Klage vor einem US-amerikanischen Gericht,

Anmerkung zu BGH v. 17.10.2019 III ZR 42/19, Entscheidungsanmerkungen zum Wirtschafts- und Bankrecht 2020, 328 ff. (zitiert: *Ultsch*, WuB 2020)

von Bar, Christian: Wertpapiere im deutschen Internationalen Privatrecht, in: Festschrift für Werner Lorenz zum siebzigsten Geburtstag, S. 273 ff., Tübingen 1991 (zitiert: *v. Bar*, FS Lorenz)

von Hein, Jan: Die Neufassung der Europäischen Gerichtsstands- und Vollstreckungsverordnung (EuGVVO), Recht der Internationalen Wirtschaft 2013, 97 ff. (zitiert: *v. Hein*, RIW 2013)

von Hein, Jan: Eingriffsnormen und ordre public als Instrumente zur Durchsetzung von öffentlichem Wirtschaftsrecht im internationalen Verhältnis, in: Jung, Die private Durchsetzung von öffentlichem Wirtschaftsrecht, S. 23 ff., Tübingen 2018 (zitiert: *v. Hein*, in: Jung)

von Hein, Jan: Grenzen der Rechtswahl bei derivativen Geschäften zwischen inländischen Vertragsparteien (Art. 3 Abs. 3 Rom I-VO), in: Festschrift für Klaus J. Hopt zum 80. Geburtstag, S. 1405 ff., Berlin/Boston 2020 (zitiert: *v. Hein*, FS Hopt)

von Hein, Jan (Red.): Münchener Kommentar zum Bürgerlichen Gesetzbuch, Band 12, Internationales Privatrecht I, Europäisches Kollisionsrecht, Einführungsgesetz zum Bürgerlichen Gesetzbuche (Art. 1-26), 8. Auflage, München 2020 (zitiert: MüKo-BGB/*Bearbeiter*)

von Hein, Jan (Red.): Münchener Kommentar zum Bürgerlichen Gesetzbuch, Band 13, Internationales Privatrecht II, Internationales Wirtschaftsrecht, Einführungsgesetz zum Bürgerlichen Gesetzbuche (Art. 50-253), 8. Auflage, München 2021 (zitiert: MüKo-BGB/*Bearbeiter*)

von Staudinger, Julius (Hrsg.): J. von Staudingers Kommentar zum Bürgerlichen Gesetzbuch mit Einführungsgesetz und Nebengesetzen, Buch 2, Recht der Schuldverhältnisse, Anh zu §§ 305-310 (AGB-Recht 2: Ausgewählte Verträge; AGB-Kontrolle im Arbeitsrecht; Internationaler Geschäftsverkehr), Neubearb., Berlin 2019 (zitiert: Staudinger/*Bearbeiter*)

von Staudinger, Julius (Hrsg.): J. von Staudingers Kommentar zum Bürgerlichen Gesetzbuch mit Einführungsgesetz und Nebengesetzen, Buch 2, Recht der Schuldverhältnisse, Wiener UN-Kaufrecht (CISG), Neubearb., Berlin 2018 (zitiert: Staudinger/*Bearbeiter*)

von Staudinger, Julius (Hrsg.) : J. von Staudingers Kommentar zum Bürgerlichen Gesetzbuch mit Einführungsgesetz und Nebengesetzen, Einleitung zur Rom I-VO, Art 1-10 Rom I-VO (Internationales Vertragsrecht 1), Neubearb., Berlin 2016 (zitiert: Staudinger/*Bearbeiter*)

von Staudinger, Julius (Hrsg.): J. von Staudingers Kommentar zum Bürgerlichen Gesetzbuch mit Einführungsgesetz und Nebengesetzen, Art. 11-29

Rom I-VO, Art. 46b, c EGBGB; Verfahrensrecht für Internationale Verträge (IntVertVerfR): (Internationales Vertragsrecht 2), Neubearb., Berlin 2016 (zitiert: Staudinger/*Bearbeiter,* IntVertrVerfR)

Vollkommer, Max: Anmerkung zu OLG München, Urteil vom 17. 9. 1973 - 20 U 2422/73, Neue Juristische Wochenschrift 1974, 196 ff. (zitiert: *Vollkommer,* NJW 1974)

Vorwerk, Volkert/Wolf, Christian (Hrsg.): BeckOK ZPO, 40. Edition, Stand: 1.3.2021, München 2021 (zitiert: *BeckOK-ZPO*)

Wagner, Gerhard: Prozessverträge – Privatautonomie im Verfahrensrecht, Tübingen 1999 (zitiert: *Wagner*)

Wagner, Rolf: Das Haager Übereinkommen vom 30. 6. 2005 über Gerichtsstandsvereinbarungen, Rabels Zeitschrift für ausländisches und internationales Privatrecht 2009, 100 ff. (zitiert: *Wagner,* RabelsZ 2009)

Wagner, Rolf/Schüngeler, Jan Michael: Das Haager Übereinkommen vom 30. 6. 2005 über Gerichtsstandsvereinbarungen und die Parallelvorschriften in der Brüssel I-Verordnung (EuGVVO) – Gemeinsamkeiten und Unterschiede –, Zeitschrift für Vergleichende Rechtswissenschaft 2009, 399 ff. (zitiert: *Wagner/Schüngeler,* ZVglRWiss 2009)

Wais, Hannes: Einseitige Gerichtsstandsvereinbarungen und die Schranken der Parteiautonomie, Rabels Zeitschrift für ausländisches und internationales Privatrecht 2017, 815 ff. (zitiert: *Wais,* RabelsZ 2017)

Weigel, Michael/Blankenheim, Marcus: Europäische Gerichtsstandsklauseln – Missbrauchskontrolle und Vermeidung von Unklarheiten bei der Auslegung widersprechender Vereinbarungen, Zeitschrift für Wirtschafts- und Bankrecht 2006, 664 ff. (zitiert: *Weigel/Blankenheim,* WM 2006)

Weller, Matthias: Ordre-public-Kontrolle internationaler Gerichtsstandsvereinbarungen im autonomen Zuständigkeitsrecht, Tübingen 2005 (zitiert: *Weller*)

Weller, Matthias: Auslegung internationaler Gerichtsstandsvereinbarungen als ausschließlich und Wirkungserstreckung auf die Klage des anderen Teils gegen den falsus procurator, Praxis des Internationalen Privat- und Verfahrensrechts 2006, 444 ff. (zitiert: *Weller,* IPRax 2006)

Weller, Matthias: Der Kommissionsentwurf zur Reform der Brüssel I-VO, Zeitschrift für das Privatrecht der Europäischen Union 2012, 34 ff. (zitiert: *Weller,* GPR 2012)

Weller, Matthias: Keine Drittwirkung von Gerichtsstandsvereinbarungen bei Vertragsketten (zu EuGH, 7.2.2013 – Rs. C-543/10 – Refcomp SpA ./. Axa u.a.), Praxis des Internationalen Privat- und Verfahrensrechts 2013, 501 ff. (zitiert: *Weller,* IPRax 2013)

Weller, Matthias: Internationale Gerichtsstandsvereinbarungen: Haager Übereinkommen – Brüssel I-Reform, in: Ars aequi et boni in mundo, Festschrift für Rolf A. Schütze zum 80. Geburtstag, S. 705 ff., München 2014 (zitiert: *Weller,* FS Schütze)

Weller, Matthias: Choice of Forum Agreements under the Brussels I Recast and under the Hague Convention: Coherences and Clashes, Journal of Private International Law 2016, 1 ff. (zitiert: *Weller,* JPIL 2016)

Westermann, Harm: Münchener Kommentar zum Bürgerlichen Gesetzbuch, Band 4, Schuldrecht – Besonderer Teil I, §§ 433-534, Finanzierungsleasing, CISG, 8. Auflage, München 2019 (zitiert: MüKo-BGB/*Bearbeiter*)

Wiegandt, Dirk: Zur Anwendung einer Gerichtsstandsklausel auf Schadensersatzklage eines Händlers gegen Lieferanten wegen Marktmachtmissbrauchs („Apple Sales International u. a."), Anmerkung zu EuGH v. 24.10.2018 Rs C-595/17, Entscheidungen zum Wirtschaftsrecht 2019, 61 f. (zitiert: *Wiegandt,* EWiR 2019)

Wirth, Axel: Gerichtsstandsvereinbarungen im internationalen Handelsverkehr, Neue Juristische Wochenschrift 1978, 460 ff. (zitiert: Wirth, NJW 1978)

Zöller, Richard: Zivilprozessordnung, 33. Auflage, Köln 2020 (zitiert: Zöller/*Bearbeiter*)

www.ingramcontent.com/pod-product-compliance
Ingram Content Group UK Ltd.
Pitfield, Milton Keynes, MK11 3LW, UK
UKHW021844290926
8980IPUK00005B/649

9 783631 866627